北京市社会科学理论著作出版基金重点资助项目

吴晗全集

第4卷
历史卷（4）

吴晗 著　　常君实 编

中国人民大学出版社
· 北京 ·

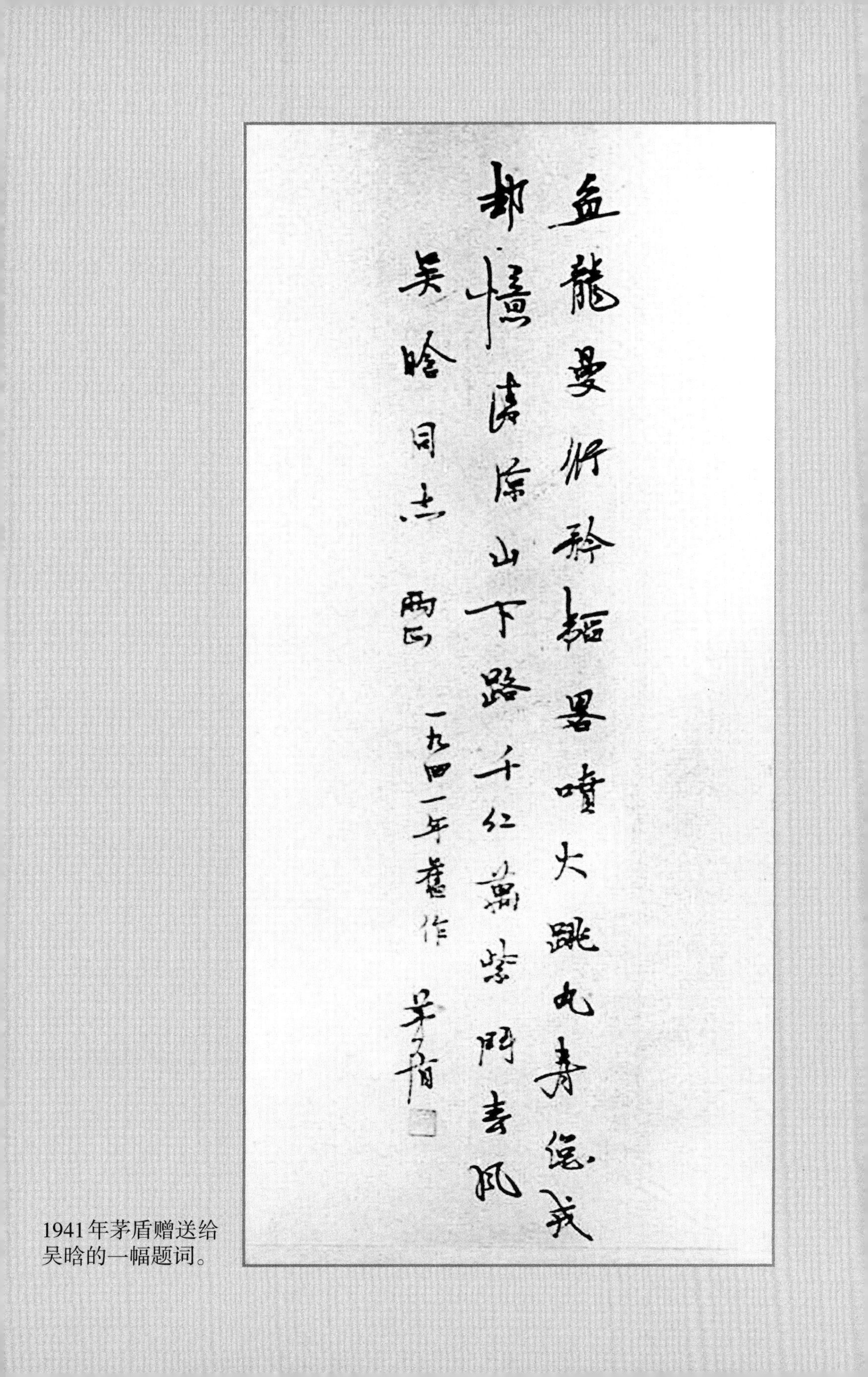

1941年茅盾赠送给吴晗的一幅题词。

鳥獸不可與同羣吾非斯人之徒與而誰與

甲申歲除書為辰伯兄補壁 一多

1944年，闻一多为吴晗题词：“鸟兽不可与同群，吾非斯人之徒与而谁与”。

1945年，吴晗在西南联大的一次群众集会上讲话。

1946年3月吴晗和闻一多参加“一二·一”惨案四烈士殡葬典礼。殡葬典礼在西南联大举行，前排右一吴晗，左三闻一多，左五尚钺，左六钱端升。

1946年3月，吴晗（二排右一）参加“一二·一”烈士殡葬游行。

1946年5月7日，吴晗、袁震离开昆明到重庆，在重庆住了一个月。这是在重庆民盟总部时与李文宜、周新民合影。右起：李文宜、周新民、吴晗、袁震。

1947 年 7 月 15 日，清华大学闻一多殉难周年纪念会会场门前，左起潘光旦夫人闻名、闻一多夫人高真、吴晗、张奚若、潘光旦、朱自清、李广田、许雄遹、余冠英。

1948 年，吴晗和袁震在清华大学校园内。

目　录

明史（未完稿）

明史简述

明　史

（未完稿）

说明：

吴晗写过两部明史稿，一部是现在编入本卷的《明史》(未完稿)，20 世纪 40 年代写于昆明，原有四章，现在只留存下来三章，缺少第四章。

另一部是编入本卷的《明史简述》，是 1962 年吴晗应中共中央党校的邀请，前往该校讲授明史的记录稿，当时讲座名称叫“明史讲座”。后来，吴晗对这次讲授的记录稿校阅后，交给他在担任北京师范学院名誉教授任课时的学生谢承仁、张海瀛二人帮助加以整理而成一部完整的书稿。“文化大革命”中，时任北京市副市长的吴晗遭受林彪、“四人帮”的残酷迫害，惨死狱中，谢承仁、张海瀛把吴晗这部遗稿妥善保存下来。粉碎“四人帮”后，1979 年，张海瀛将其交由《北京师范学院学报》发表。1980 年，吴晗这部遗稿改名为《明史简述》，由中华书局出版单行本。

现在将吴晗这两部遗稿一并收入本卷。

——编者注

第一章 元帝国之崩溃与明太祖之建国

一、从政治革命转变到民族革命

14 世纪中叶勃发的民族革命，经过了二十年（1348—1368）的长期战争，方才结束。战争所波及的地带，北至和林，东至高丽，南至两广，西至陕甘，无一地不受蹂躏。战争的主角最初是被统治的南人、汉人向统治者的蒙古人、色目人进攻，夺取当地的政权，形成群雄割据的局面。后来这些割据者的向外发展，引起各个军事集团利益的冲突，陷于混乱的互相残杀的吞并战中；同时元的统治阶层也发生内部的政变，也同样的互相吞并，发生内战。这样，一方面是统治者和被统治者不断地在苦战，另一方面统治者因内部分化而发生内战，被统治者也因个别发展而互相吞并，结果，双方的实力俱因内战、外战而削弱，许多有势力的军事领袖都自然地被淘汰，被吞并，形成一个混乱的分裂的局面。最后，元统治者因内讧而失去抵抗的能力，被统治者的无数军事集团则为一后起的有力的革命领袖所吞并，一蹴而将盘踞中国百余年的外族逐出塞外，建立了一个统一的汉族自治的大帝国。这一次大混战的原因是人民大众不堪经济的、政治的压迫而要求政权的让与，最后才一转而喊出民族革命的口号。在革命开始时，外表上蒙着极浓厚的宗教的迷信的外衣，绝大多数的革命领袖和群众都是白莲教和弥勒教的信徒，举行种种仪式，宣传弥勒下世救民疾苦的口号。一方面又假托是宋的后人，把这次革命解释为宋的复国运动。直到朱元璋出来，他本人及其军队虽然曾隶属于上述的团体，可是到了能独立行动的时候，他便决然地舍弃这多重的矛盾的策略——肤浅的欺骗的神话宣传和已经失去时效的冒牌的复宋掩护旗帜，进一步赤裸裸地提出这一次革命的目标是民族的解放，汉族应由汉人治理。这一鲜明的转变，更掀起了过去一百多年被剥削被压迫的民族仇恨，得到知识分子和一般民众的深切同情，像地主们也因利益的保全而加入合作，十年中便完成了他们的使命，把整个汉族从蒙古族铁蹄之下解放出来。可是从另一方面看，二十年混战的结果虽然完成了民族革命的伟业，而在实质上，分析双方的阶级成分，官吏、地主、商人完全拥护旧势力，和蒙古皇室及贵族站在同一战线。在反面，革命的领袖及其群众却完全是另一阶级，主要是以贫农、佃户、流民为基础组成了以推翻统治者为共同目标的革命势力。阶级意识的对立性划分了双方的群众，农民和地主冲突的尖锐化导致了这一次战争。统治者是代表地主利益的，革命集团所代表的却是农民的利益，所以在表面上，尽管是揭示出政治的、民族的解放口号，而在实质上，却完全是农民和地主的斗争。到后期民族意识的被特别提出强调，使革命集团的口号从政治经济的被压迫，转而侧重于民族地位的歧视方面去，这种转变，曾使民族革命取得成功，但是，胜利以后，这一群领导者却已忘记了当初起事时的动机和目标，外族的压迫虽已解除，同族同种间的不合理的经济社会组织，却并未因之而有所改变。并且，这一群成功的领袖，都因他们的劳绩从下层爬到最上层，从平民变成新贵族，从农民变成大地主，代替被他们所打倒的蒙古人、色目人的贵族地主的地位，以暴易暴，农民所受的剥削，日累月积，愈来愈厉害；统治者的榨取技术，经过长时期的训练，却愈来愈高明。因此，从历史发展来看，这一口号的转变，虽然在当时是革命成功的主要手段，可是，同时也因为这转变，忽略了革命之所以发生的背景和最初所指出的社会不合理现象，不可能对最切要的土地问题加以彻底地解决，这是一个重要的失败。

二、元帝国的崩溃

元朝覆灭，被逐出中国，是被汉族用武力推翻的结果，是元帝国的自然崩溃的必然结局。

元代的社会组织，是不合理的，不健全的。在文化方面，蒙古族比汉族落后，落后的控制先进的；在人口方面，蒙古族人数很少，汉族却人口众多，以少数统治多数。元的皇室、贵族、僧侣、官吏、商人、地主所组成的统治阶级，和用以维持政权的庞大军队，一切的费用均由被征服的汉人、南人负担。汉人、南人的生命、财产由统治者任意处分，在政治上享受差别待遇，在同为被征服者的色目人之下。汉人、南人的一部分被强迫做奴隶，世世子孙都为政府及其主人服役。统治阶级一方面是大地主，拥有全国最大部分的土地；汉人、南人除一小部分外，大多被迫失去土地降为贫农及佃户。国内最大的商业经营操纵在回鹘人手中，他们还替蒙古贵族经营惊人的高利贷，挤取汉人、南人的血汗。元政府并下令没收汉人、南人的军器马匹，不许汉人、南人集党结会，各地遍驻戍军，武装弹压，用以防止汉人、南人的叛乱。①

对汉人、南人实行军事统治的后果，一方面不待说种下民族间的深刻仇恨，同时统治者也因之松懈了警备征服地的情绪，耽溺于生活服用之享受，日渐腐化，替自己掘下待终的坟墓。

元世祖（1260—1294）继承成吉思汗的事业，继续用武力征服南宋国，建立元帝国。这个帝国的规模是由他开始奠定的。他在位的几十年是元代的极盛时代，同时也由他的登基而种下元帝国崩溃和覆亡的因素。

按蒙古族的习惯，合罕（即皇帝）的产生须由库利尔台（Khuriltai）选举。库利尔台在蒙古语中为聚会之义，凡国家有重大事件，须召集贵族大臣开库利尔台决定之。除选举合罕外，凡出征外国、

① 详见拙著《元代之社会》，载清华大学《社会科学》第1卷第3期。

颁布法令均有召集库利尔台之举。据可信记载，蒙古族自俺巴孩（Ambakhai）合罕以来即用选举制度。前合罕对其后继者有指名之惯例，但无左右库利尔台之权力。合罕之位，不但非父子世袭，即前合罕发表其所希望之后继者时，亦不必由己子中选之，而由其他皇族选出的。1189年铁木真（Temudjin）由库利尔台选举为蒙古合罕，始称成吉思合罕（Chingis Khaghan）。1206年统一北方民族，敖嫩河源地所开之库利尔台，同样尊号，举行第二次即位礼。成吉思合罕生前，指定第三子斡哥歹（Ogede）为后继人。成吉思合罕死后，1229年秋于怯绿涟河曲雕阿拉（即Kerülen河之Kodeghü-aral，Kodeghü为荒野草原之意，aral为岛之意）召开库利尔台，推戴斡哥歹为合罕。斡哥歹合罕（即太宗）初指定其子曲出（Guchu）为后继人，曲出死，更指定曲出之子失烈门（Shiramun）。但斡哥歹合罕死后，皇后朵咧格捏（Döregene）称制，召开库利尔台，不依指定，改选己子贵由即定宗为合罕。不为皇族中最有势力之拔都大王所赞同。定宗死，拔都以与太宗后人不合之故，拥立成吉思合罕第四子拖雷（Tului）之子蒙哥（Müngge），虽经成吉思合罕儿子察阿歹（Changhadai）系及太宗后人之反对，卒召开库利尔台立为合罕，是为宪宗。即位后对反对派大加屠杀，由此察阿歹汗国及斡哥歹汗国始不附。宪宗崩时，末弟阿里不哥（Arigu Bukha）居守和林，中弟忽必烈（Khubilai）率师征宋，得宪宗死的消息，即回军在开平开库利尔台，即蒙古合罕之位。阿里不哥亦于漠北开库利尔台自立，内乱以起。宪宗诸子及察阿歹系诸王均附阿里不哥，太宗孙合失大王子海都（Khaitu）亦起兵助之，阿里不哥虽于至元元年（1264年）势蹙来降，但海都仍拥兵与察阿歹后王笃哇联合抗中央。至元二十四年（1287年）诸王乃颜叛于辽东，诸王哈丹等应之。由此钦察汗国、斡哥歹汗国、察阿歹汗国联为一系以与中央作战，数十年中兵祸相仍，蒙古大帝国在事实上已经瓦解了，忽必烈合罕（世祖）及其子孙所领有的只是东方一部分的土地而已。①

① 参见箭内亙：《蒙古库利尔台之研究》；《元史纪事本末》二，北边诸王之乱；赵翼：《廿二史劄记》卷二九，《元代叛王》。

世祖即位以后，库利尔台的形式虽然保存，但在实质上则已完全废弃，改选举制为世袭，采用汉人制度预立太子。至元十年（1273年）二月立嫡长子真金（Chinkin）为皇太子，在册命中指明过去的内乱的原因是库利尔台制度的失败，他说：

> 仰惟太祖皇帝遗训，嫡子中有克嗣服继统，预选定之，是用立太宗英文皇帝，以绍隆丕构。自时厥后，为不显立冢嫡，遂启争端。①

制度虽然改变，但贵族大臣的势力仍足以左右帝室，成宗以后诸帝全由大臣拥立，再照例由库利尔台通过。世祖太子真金早薨，未及即位，真金子成宗（铁穆耳）方抚军北边，玉昔帖木儿拥之即位。成宗崩，丞相哈剌哈孙拥真金孙武宗、仁宗相继即位。仁宗立英宗为皇太子，英宗后为铁失所弑，拥立世祖长孙晋王甘麻剌子也孙铁木儿为泰定帝。泰定帝崩于上都，丞相倒剌沙立其皇太子阿剌吉八为皇帝，枢密使燕铁木儿则立武宗子文宗，力战破上都军。文宗后让位其兄明宗，燕铁木儿弑明宗，仍立文宗。后文宗、宁宗相继死，皇后卜答失里已遣人迎明宗长子妥懽帖睦尔入京，欲付以位，而燕铁木儿不愿，遂不得立，燕铁木儿死，元顺帝始立。② 政变内乱，相继不已，帝位的继承，全由权臣操纵，引起帝国的分裂和统治权之动摇，元统治集团核心的内部矛盾日益尖锐，终至崩溃而不可收拾。

世祖自平宋后，即从事于海外之侵略。至元十九年（1282年）命阿塔海、范文虎、忻都、洪茶丘等率兵十万出海征日本，遇飓风破舟，丧师而还。帝大怒，欲再征日本，遣王积翁往招谕，为舟人杀于途，始终不得要领乃止。又兴安南之役、占城之役、缅甸之役、爪哇之役。安南用兵三次（1284—1294）最后师还，几为所邀截，从间道始得归。出兵缅甸两次（1282—1287）丧失了七千军队。打占城（1282—1284）时舟为风涛所碎者十之七八，深入为所截，力

① 《元史》卷一一五，《裕宗传》。

② 《廿二史劄记》卷二九，《元诸帝多由大臣拥立》；《元史纪事本末》卷一九至二二。

战始得归。打爪哇（1292年）也占不到便宜。统计数十年中，无岁不用兵。用兵的军费无从设法，就从百姓头上打主意，任用善于剥削的商人做财政官，中统三年（1262年）即以财赋之任委阿合马，典铁冶，增盐税，小有成效，拜平章中书政事。又立制国用使司，以阿合马领使事。已复罢制国用使司，立尚书省，以阿合马平章尚书省事。奏括天下户口，下至药材榷茶，亦纤屑不遗，其所设施，专以掊克敛财为事。逋赋不蠲，征敛愈急，天下之人，无不思食其肉。阿合马死，又用卢世荣，亦以增多岁入为能，盐铁、榷酤、商税、田课凡可以弄到钱的都千方百计搜括。世荣诛死后，又用桑哥，再立尚书省，改行中书省为行尚书省，六部为尚书六部，以丞相领尚书兼统制使，奏遣忻都、阿散等十二人理算六省钱谷，以刑爵为贩卖，天下骚然，至元二十八年（1291年）始伏诛。总之，世祖在位的三十几年，几乎和这三位财政家相终始。① 因侵略海外而极力搜括民财，任用以理财见长的官吏，造成一种贪污刻薄的吏治空气。

除用兵外，对于诸王和僧侣的负担，也对促进元统治集团的崩溃起了作用。

上文曾说过合罕之举出须经库利尔台的同意，而库利尔台之最主要人物即为帝室同族的诸王及贵族重臣。诸王贵族例有岁赐，如察阿歹大王位岁赐银一百锭（锭五十两），缎三百匹，绵六百二十五万，常课金六锭六两。斡真那颜位岁赐银一百锭，绢五千九十八匹，绵五千九十八斤，缎三百匹，诸物折中统钞一百二十锭，羊皮五百张，金一十六锭四十五两，又有岁例外之赐予，如中统四年（1263年）赐公主巴古银五万两。至元二年（1265年）赐诸王只必帖木儿银二万五千两，钞千锭。至元四年（1267年）赐诸王玉龙答失银五千两，币三百，岁以为常。其非时之赐予，如武宗以金二千七百五十两，银十二万九千二百两，钞万锭，币帛二万二千二百八十匹奉兴圣宫，赐皇太子（弟仁宗）亦如之。又有朝会之赐予，元贞二年（1296年）定太祖位下金千两，银七万五千两；世祖位下金各五百

① 参见《廿二史劄记》卷三〇，《元世祖嗜利黩武》；《元史纪事本末》卷七，《阿合马、桑、卢之奸》；《元史》卷二〇五，《奸臣传》。

两，银二万五千两，余各有差。成吉思合罕的宗族后人遍布欧亚，这几笔开支的数目是无法计算的。单就库利尔台会后一项赐予算，如武宗至大元年（1308年）中书省臣言朝会应赐予者为钞总三百五十万锭，已给者百七十万，未给者犹百八十余万，两都所储已罄。至大四年（1311年）仁宗即位时的赐予总数是金三万九千六百五十两，银百八十四万九千五十两，钞二十二万三千二百七十九锭，币帛四十七万二千四百八十八匹。① 这一年的额外赏赐是钞三百余万锭。② 僧侣的费用也占国家支出之大部。赵翼记：

> 古来佛事之盛，未有如元朝者。邵戒三谓元起朔方，本尚佛教，及得西域，世祖欲因其俗以柔其人，乃即其地设官分职，尽领之帝师。初立宣政院，正使而下，必以僧为副，帅臣而下亦必僧俗并用。于是帝师授玉印，国师授金印，其宣命所至，与朝廷诏敕并行，自西土延及中夏，务屈法以顺其意，延及数世，浸以成俗，至于积重而不可挽……帝师体制之僭，虽亲王太子不及也……仗卫之侈，虽郊坛卤簿不过也……土木之费，虽离宫别馆不过也……供养之费，虽官俸兵饷不及也……财产之富，虽藩王国戚不及也……威势之横，虽强藩悍相不过也。③

并且时代愈后，僧侣势力愈大，费用也愈多。至大三年（1310年）张养浩上疏言僧侣之病国云：

> 古者十农夫而闲民或一，今也十闲民而农夫仅一焉。欲民无饥寒之道邈矣。今释老二氏之徒，畜妻育子，饮醇啖腴，萃逋逃游惰之民，为暖食饱衣之计，使吾民日羸月瘠，曾不得糠秕蓝缕以实腹盖体焉。今日诵藏经，明日排好事，今日造某殿，明日构某宫，凡天下人迹所到，精蓝胜观，栋宇相望，使吾民穴居露处，曾不得茎茅撮土以覆顶托足焉……谬论生死，簧鼓流俗，聚徒结党，使人施五谷以为之食，奉丝枲以为之衣，纳

① 参见《新元史》卷七八，《食货志·赐赉下》。
② 参见《元史》卷二四，《仁宗本纪》。
③ 《陔余丛考》卷一九，《元时崇奉释教之滥》。

> 子弟以为之童仆，构木石以为庐室，而人见其不蚕不稼，不赋不征，声色自如，而又为世所钦，为国家所重，则莫不望风奔效，髡首漫游，所以奸民日繁，实本于此。臣尝略会国家经费三分为率，僧居二焉。以之犒军则卒有余粮，以之赈民则民有余粟，以之裕国则国有余资。①

僧侣的耗费竟占国家经费的三分之二，可能夸大了一些，但毕竟是一个很大的支出。试以具体的事实作证，以内廷佛事一项而论，至元中内廷佛事之目每岁仅百有二，大德七年（1303年）再立功德司，其目增至五百有余。十年中增至五倍。以内廷佛事的费用一项而论，据延祐四年（1317年）宣徽院会计，岁贡以斤计者面四十三万九千五百，油七万九千，酥二万一千八百七十，蜜二万七千三百，他物称是。延祐五年（1318年）前各寺做佛事，日用羊至万头。②元代的国家财政岁出岁入总数，据至大四年（1311年）的报告，每岁支出钞六百余万锭，土木营缮百余处计钞数百万锭，北边军需又六七百万锭，又加上内降旨赏赐三百余万锭，总计约需钞二千万锭。岁入常赋则仅钞四百万锭，其中京师者又只二百八十万锭。而且同年十一月份国库所存只十一万锭。③ 岁出竟超过岁入十分之八，这个国家是维持不了的。当时弥补的办法之一是饮鸩止渴，预卖盐引和动支钞本，例如至大元年（1308年）的办法：

> 二月乙未，中书省臣言，陛下登极以来，锡赏诸王，恤军力，赈百姓，及殊恩泛赐，帑藏空竭，豫卖盐引。今和林、甘肃、大同、隆兴、两都军粮，诸所营缮及一切供亿，合用钞八百二十余万锭。往者或遇匮急，奏支钞本。臣等固知钞法非轻，曷敢动，然计无所出，今乞权支钞本七百一十余万锭以周急用，不急之费姑后之。④

---

① 《归田类稿》卷二，《时政书》。

② 参见《陔余丛考》卷一九，《元时崇奉释教之滥》。

③ 参见《元史》卷二四，《仁宗本纪》。

④ 《元史》卷二二，《武宗本纪》。

结果是阻滞盐法和钞法，扰乱金融，国家和人民都受其弊。另一办法是加税，延祐元年（1314年）的课额已比元初时增五十倍。① 中叶以后，课税较世祖时代亦增二十余倍，即色银之赋亦增至二十余倍。② 可是国家财政仍不免入不敷出，陷于破产的地位。《元史》陈思谦传记：

至顺二年（1331年）九月上言，户部赐田诸怯薛支请，海青狮豹肉食，及局院工粮，好事布施，一切泛支，以至元三十年以前较之，动增数十倍。至顺经费，缺二百三十九万余锭。③

柯劭忞论元代财政，以为"夫承平无事之日而出入之悬绝若此，若饥馑洊臻盗贼猝发，何以应之。是故元之亡亡于饥馑盗贼。盖民穷财尽，公私困竭，未有不危且乱者也"④，是说得很中肯的。

三、元帝国政治和军队的腐化

元代中叶的政治情形，武宗至大三年（1310年）有一概括的报告。在这文件中已经很感慨地说一代不如一代，世祖时代的搜括政治，已成为后人咏叹的资料了。这文件的开头就说：

近年以来，稽厥庙谟，无一不与世祖皇帝时异者……世祖皇帝时官外者有田，今仍假禄未以夺之。世祖皇帝时江南无质子，今乃入泉谷以诱之。世祖皇帝时用人必循格，今则破宪法以爵之。世祖皇帝时守令三载一迁，今则限九年以困之。世祖皇帝时楮币有常数，今则随所费以造之。世祖皇帝时省路异选，今则侵其官而代之。世祖皇帝时墨敕在所禁，今则开幸门以纳之。世祖皇帝时课额未常添，今则设苛禁以括之。世祖皇帝时言事者无罪，今则务锻链以杀之。

---

① 《元史》卷二〇五，《铁木迭儿传》。
② 《新元史》卷六八，《食货志序》。
③ 《元史》卷一八四。
④ 《新元史》卷六八，《食货志序》。

以下列举当时政治腐败的情形，最值得注意的几点。

第一是名爵太轻：

> 陛下于左右之人，往往爵之太高，禄之太重，微至优伶屠沽僧道，有授左丞平章参政者。其他因修造而进秩，以技艺而得官者曰国公、曰司徒、曰丞相者相望于朝。自有国以来，名器之轻，无至今日。今朝廷诸大臣不知有何勋何戚，无一不开府仪同三司者。①

左右近侍因之恃恩骫法，紊乱官政，《元史》记：

> 至大二年正月乙巳塔思不花、乞台普济言：诸人恃恩径奏，玺书不由中书直下翰林院给与者，今核其数，自大德六年至至大元年所出凡六千三百余道，皆由于田土、户口、金银铁冶、增余课程、进贡奇货、钱谷、选法、词讼、造作等事，害及于民。②

更互相援引，以中旨授官，破坏铨法：

> 时承平日久，风俗侈靡，车服僭拟，上下无章，近臣恃恩请求无厌，时宰不为裁制，乃更相汲引，望引恩赐，耗竭公储，以为私惠。③

英宗时近臣传旨，以姓名赴中书铨注者六七百员，选曹为之壅滞。④此种由嬖幸得官之内外官吏，其对于人民及政府之恶影响，当可想见。

第二是贵族擅政：

> 今国家为制宽大，所有诸王家室皆有生死人进退人之权……天下淫僧邪巫庸医谬卜游食末作及因事亡命无赖之徒，往往依庇诸侯王驸马，为其腹心羽翼。无罪者以之而求进，有罪者以之而求免。出则假其势以凌人，更因其众而结党。入则离间宗戚，构造事端，唱以甘言，中以诡计，中材以下鲜不为其所惑。⑤

---

① 《归田类稿》卷二，《时政书》。
② 《元史》卷二三，《武宗本纪》。
③ 《元史》卷一七五，《李孟传》。
④ 参见《元史》卷一三六，《拜住传》。
⑤ 《归田类稿》卷二，《时政书》。

第三是刑禁太疏，纪纲破坏。僧侣和嬖幸的恣肆，使法律成为具文，如秃鲁麻：

西僧作佛事请释罪人祈福，谓之秃鲁麻。豪民犯法者皆贿赂之以求免。有杀主杀夫者，西僧请被以帝后御服，乘黄犊出宫门释之，云可得福。不忽木曰："人伦者王政之本，风化之基，岂可容其乱法为是！"帝责丞相曰："朕戒汝无使不忽木知，今闻其言，朕甚愧之。"使人谓不忽木曰："卿且休矣！朕今从卿言。"然自是以为故事。①

如大赦之频数，张养浩说：

近年臣有赃败，多以左右贿赂而免。民有贼杀，多以好事赦宥而原。加以三年之中未尝一年无赦，杀人者固已幸矣，其无辜而死者冤孰伸耶？臣尝官县，见诏赦之后，罪囚之出，大或仇害事主，小或抢夺编氓，有朝蒙恩而夕被执，旦出禁而暮杀人，数四发之，未尝一正厥罪者。又有始焉鼠偷，终成恶狼之噬者。问之则曰赦令之频故耳。意者以为先犯幸而不死，今犯则前日应死之罪，两御人货而止坐一罪，于我已多，况今犯未必死，我因而远引虚攀，根连株逮，故蔓其狱，未及期岁，又复宥之。岂人性固恶，防范不能制哉！诚以在上者开其为盗之涂故也。②

奖励官吏及人民之犯罪。政事混乱如此，在荒旱交逼的时候，统治者独自大兴土木，极宫室犬马之娱：

累年山东、河南诸郡旱蝗洊臻，沴疫暴作，郊关之外，十室九空。民之扶老携幼，累累焉鹄形菜色，就食他所者络绎道路。其他父子兄弟夫妇至相与鬻为食者在在皆是……今闻创城中都，崇建南寺，外则有五台增修之役，内则有养老宫殿营造之劳。括匠调军，旁午州郡，或度辽伐木，或济江取材，或陶甓攻石，

---

① 《元史》卷一三〇，《不忽木传》。
② 《归田类稿》卷二，《时政书》。

督责百出。蒙犯毒瘴，崩沦压溺而死者无日无之。粮不实腹，衣不覆体，万目睊睊，无所控告，以致道上物故者在所不免。①

政治腐化到了这个地步，更严重的是元统治者以征服者的地位，抱着极端褊隘的种族的成见，内外官之长必以蒙古人为之，以汉人、南人为贰，色目人则与汉人、南人处于互相钳制的地位。② 南北的区分，种族的畛域，分别极严，歧视极甚，使当时人极感愤恨，叶子奇说：

元朝自混一以来，大抵皆内北国而外中国，内北人而外南人，以至深闭固拒，曲为防护，自以为得亲疏之道。是以王泽之施，少及于南，渗漉之恩，悉归于北。③

蒙古人、色目人不了解中国情势，不懂政治，甚至不识中国文字：

国朝以蒙古、色目不谙政事，必以汉人佐之，官府色目居长，次设判署正官，谓其识治体练时务也。近年以来，正官多不识字。④

叶子奇记：

北人不识字，使之为长官。或缺正官，要题判署事，及写日子，"七"字钩不从右"七"转而从左"乚"转，见者为笑。⑤

其主要的使命即为牵制汉官，事事掣肘：

国朝之制，州府司县各置监临官谓之达鲁花赤，州府官往往不能相下。⑥

蒙古官之作威作福肆恶，固不待说，即和蒙古官有关系之汉官亦倚以肆虐，此种关系，当时称为"蒙古根脚"：

---

① 《归田类稿》卷二，《时政书》。
② 参见箭内互：《蒙汉色目待遇考》；吴晗：《元代之社会》。
③ 叶子奇：《草木子》卷三上，《克谨篇》。
④ 李翀：《日闻录》。
⑤ 叶子奇：《草木子》卷四下，《杂俎篇》。
⑥ 《元文类》卷五八，王磐：《中书右丞相史公神道碑》。

新昌州有人命狱，府委公（刘基）复检，按核得其故杀状。初检官得罢职罪。其家众倚蒙古根脚欲害公以复仇。①

色目官吏则更豪横，殴詈汉官，一无忌惮，如宋濂所记邵武路长官事：

郡长官乃西域人，恃与宪部有连，其猛若鬼，与守议稍不合，遽引杖击之，守俯首遁去。②

上下相蒙，唯以贪污相尚，卖官鬻爵，贿赂公行：

元初法度犹明，尚有所惮，未至于泛滥。自秦王伯颜专政，台宪官皆谐价而得，往往至数千缗。及其分巡，竟以事势相渔猎而偿其值，如唐债帅之比。于是有司承风，上下贿赂，公行如市，荡然无复纪纲矣。肃政廉访司官所至州县，各带库子，检钞秤银，殆同市道矣。③

各项勒索及贿赂均有名色：

元朝末年，官贪吏污，始因蒙古、色目人罔然不知廉耻之为何物。其问人讨钱，各有名目，所属始参曰拜见钱，无事白要曰撒花钱，逢节日曰追节钱，生辰曰生日钱，管事而索曰常例钱，送迎曰人情钱，勾追曰赍发钱，论诉曰公事钱，觅得钱多曰得手，除得州美曰好地分，补得职近曰好窠窟，漫不知忠君爱国之为何事也。④

当时最高的监察机关为御史台，末期的御史大夫几乎成为丞相亲属的专官。如太平王燕铁木儿为相，即用其弟买里古思为御史大夫。秦王伯颜为相，即用其兄子脱脱为御史大夫。脱脱为相，亦用其弟野先不花为御史大夫。答麻为相，御史大夫又是其弟雪雪。⑤行政权和监察权同属一家人，监察机关的作用便完全丧失了。

---

① 《诚意伯文集》卷首，吴伯生：《诚意伯刘公行状》。

② 《宋学士文集》卷三，《元故翰林待制朝散大夫致仕雷府君墓志铭》。

③④ 叶子奇：《草木子》卷四下，《杂俎篇》。

⑤ 参见叶子奇：《草木子》卷三下，《杂制篇》。

任用官吏除种族的差别外，又有地域上的差别，两广和江淮是两个截然不同的政治区域，被任为两广的官吏便一生无升调之望，只好向百姓剥削，作发财之计：

> 五岭之南，列郡数十，县百有十，统于广、桂、雷三大府。自令至簿尉，庙堂岁遣郎官御史与行省考其岁月，第其高下而迁之，谓选。仕于是者政甚善不得迁中州、江淮，而中州、江淮士夫一或贪纵则左迁而归之。是选焉，终身不得与朝士齿。虽良心善性油然复生，悔艾自新，不可得已。夫如是则孜孜为利，旦旦而求仇贼其民而鱼肉之……地益远而吏益暴，法益隳而民益偷。①

政治的情形如此，在军队方面，也是一样。蒙古军、色目军世驻中原的结果，将领荒于酒色，失去作战能力：

> 元朝自平南宋之后，太平日久，民不知兵，将家之子累世承袭，骄奢淫佚，自奉而已。至于武事，略不之讲。但以飞觞为飞炮，酒令为军令，肉阵为军政，讴歌为凯歌，兵政于是不修也久矣。②

在平时除耗费国家俸饷外，只会向百姓敲诈勒索。在战时则但知劫掠，见敌即溃：

> 朝廷闻红军起，令枢密院同知赫厮领阿速军六千并各支汉军讨颍上红军。阿速者，绿睛回回也，素号精悍，善骑射。与河南行省徐左丞俱进军，二将沉湎酒色，军士但以剽掠为务。赫厮军马望见红军阵大，扬鞭曰阿卜。阿卜者，走也。于是所部皆走，至今淮人传以为笑。③

当时名相脱脱弟野先不花率重兵南下，也遇敌即逃：

> 汝宁余寇尚炽，丞相脱脱命其弟中台御史大夫野先不花董师三十万讨之。至城下，与贼未交锋即跃马先遁。汝宁守官某执马不听其行，即拔佩刀欲斫之曰：我的不是性命。遂逸，师

---

① 朱思本：《贞一斋杂著》卷一，《广海选论》。

② 叶子奇：《草木子》卷三上，《克谨篇》。

③ 权衡：《庚申外史》。

遂大溃。汝宁不守，委积军资如山，率为盗有。脱脱匿其败，反以捷闻。①

蒙古军、色目军既不能用，只得调湖广的苗军，苗军是以犷悍著名的士兵，无军纪可言，淫掠更甚：

杨完者凶肆，掠人货钱，至贵家命妇室女，见之必围宅勒取淫污，信宿始得径还。少与相拒，则指以通贼，纵兵屠害。由是部曲骄横。凡屯壁之所，家户无得免焉。民间谣曰：死不怨泰州张（士诚），生不谢宝庆杨。②

就元军和起义军的军纪比较，恰好相反，有这样一个典型例子：

至正十二年（1352 年）七月，蕲黄徐寿辉贼党入杭州城。其贼不淫不杀，招民投附者注姓名于簿，籍府库金帛悉辇以去。二十六日浙西廉访使自绍兴率盐场灶丁过江，同罗木营官军克复城池，贼遂溃散……四平章教化自湖州统军归，举火焚城，残伤殆尽。③

蒙古兵、汉兵都不能用，于是只好用募兵和义兵了。募兵是用钱雇人为兵：

江州已陷，贼据池阳。太平官军止三百人，贼号百万。乃贷富人钱募人为兵。先是行台募兵，人给百五十千无应者。至是星吉募兵，人五十千，众争赴之，一日得三千人。④

义兵则为地主及官吏所组织的地方私军。这两种军队的领袖大体都是汉人在元帝国将亡的前夕，蒙古人种族之见仍未消泯，汉人有功亦不蒙赏，而对于叛军领袖则一抚再抚，縻以好爵，结果义兵也只好掉过头来起义加入起义军队伍中去。叶子奇记：

---

① 叶子奇：《草木子》卷三上，《克谨篇》。
② 姚桐寿：《乐郊私语》。
③ 钱谦益：《国初群雄事略》卷三。
④ 《元史》卷一四四，《星吉传》。

> 天下治平之时，台省要官皆北人为之，汉人、南人万中无一二，其得为者不过州县卑秩，盖亦仅有而绝无者也。后有纳粟、获功二途，富者往往以此求进。令之初行，尚犹与之，及后求之者众，亦绝不与。南人在都求仕者北人目为腊鸡，至以相訾诟，盖腊鸡为南方馈北人之物也，故云。及方寇起，濒海豪杰如蒲圻赵家、戴纲司家、陈子游等倾家募士，为官收捕，至兄弟子侄皆歼于盗手，而卒不沾一命之及，屯膏吝赏至于此。其大盗一招再招，官已至极品矣。于是上下解体，人不向功，甘心为盗矣。又获功之官，于法非得风宪体复牒文，不辄命官。宪使招揽非得数千缗不与行遣，故有功无钱者往往事从中辍，皆抱怨望。其后盗塞寰宇，空名宣敕，遇微功即填给，人已不荣之矣。①

反之，无功而有钱的富商大贾，则乘机用贿拜官：

> 庐州开义兵三品衙门，而使者悉以富商大贾为之。有一巨商五兄弟受宣者，此岂尝有寸箭之功！而有功者皆不受赏。故寇至之日，得赏者皆以城降，而未赏者皆去为贼。②

在这局面下，当时比较有眼光的学者的看法，一派人以为是纪纲败坏的结果，应由中央负责：

> 承平以来，百年于兹。礼乐教化，日益不明，纲纪法度，日益废弛，上下之间，玩岁愒日，率以为常，恬不为怪。一旦盗贼猝起，茫然无措，总兵者唯事虚声，秉钧者务存姑息，其失律丧师者未闻显戮一人，玩兵养寇者未闻明诛一将。是以不数年间，使中原云扰，海内鼎沸，山东、河北，莽为丘墟，千里王畿，举皆骚动，而终未见尺寸之效者，此无他，赏罚不明而是非不公故也。③

另一派人以为是吏治腐败的缘故，应由地方负责：

---

① 叶子奇：《草木子》卷三上，《克谨篇》。

② 余阙：《青阳集》卷五，《再上贺丞相书》。

③ 李士瞻：《经济文集》卷一，《上中书丞相书》。

> 国家承平百年，武备浸弛，方面多贵游子弟，贪鄙庸才，漫不省君臣大义，草芥吾民，虚张战功，肆意罔上，诛求冤滥，惨酷百端。重以吏习舞文，旁罗鹰犬，意所欲陷，则诬与盗贼通，其弊有不忍言者。间存一二廉介，则又矜独断，昧远图，坐失机会，民日益弊，盗日益滋。①

可以说是都说中了，但都只说到了一面。

四、元帝国的土地和农民问题

元代的土地大部分属于蒙古人、色目人的贵族及僧侣，一部分集中于汉人、南人的大地主手中。占极大多数的农民只耕种着最小部分的土地，却负担着国家赋役的绝大部分，除掉他们自己应尽的义务和应纳的赋税以外，他们还应当替贵族和地主们尽一部分对国家的责任。②

世祖平江南后，于各地遍驻戍军，实行军事镇压，官吏和军帅的苛扰，逼使农民到处举行武装起义。内中一部分假宋后为名，如至元二十年（1283 年）建宁路总管黄华第二次起义时称宋祥兴年号。至元二十三年（1286 年）西川赵和尚自称宋福王子广王起事。一部分不立名号或者自立名号，如至元十七年（1280 年）漳州陈桂龙、建宁黄华的起义；至元二十年（1283 年）广州新会林桂芳、赵良钤等拥众万余，号罗平国，称延康年号。至元二十一年（1284 年）漳、邕、宾、梧、韶、衡诸州农民的起义。至元二十三年（1286 年）婺州永康县民陈巽四起义。至元二十五年（1288 年）广东民董贤举，浙江民杨镇龙、柳世英，循州民钟明亮相继起兵，皆称大老。至元二十七年（1290 年）江西华大老、黄大老等掠乐昌诸郡。成宗元贞二年（1296 年）赣州民刘六十聚众至万余，建立名号。二十年中蒙古人所称为南人的地带，不断发生军事反抗行为。③《元史》记福建

---

① 周霆震：《石初集》卷二，《古金城谣序》。

② 参见《元代之社会》。

③ 参见《元史纪事本末》卷一，《江南群盗之平》。

人民起义系由戍军扰民所致：

> 至元十六年左丞唆都行省福建。中书言唆都在福建麾下扰民，致南剑等路往往杀长吏叛。①

再次，起义则由长吏贪酷之故：

> 至元二十六年授（王恽）少中大夫、福建闽海道提刑按案使。乃进言于朝曰：福建所辖郡县五十余，连山距海，实为边徼重地，而民情轻诡，由平定以来官吏贪残，故山寇往往啸聚，愚民因而蚁附，剽掠村落，官兵致讨，复蹂践之。②

农民是最能忍耐、最驯顺的，可是到了山穷水尽无可容受时，也会突变为最勇敢的斗士，奋臂一呼，立刻成为一支不可侮的革命势力。元军平江南后，蒙古军队的压迫和官吏的剥削逼得农民非进行武装反抗不可，接连不断的起义，使元军疲于奔命。后来，一个起义接着一个起义，元朝政府改变办法，用政治解决，除去害民的官吏：

> 赣州盗刘六十伪立名号，聚众至万余。朝廷遣兵讨之，主将观望退缩不肯战，守吏又因以扰良民，贼势益盛。（董）士选请自往，众欣然托之，即日就道，不求益兵，但率掾吏李霆镇、元明善二人持文书以去，众莫测其所为。至赣境，捕官吏害民者治之，民相告语曰：不知有官法如此！进至兴国县，去贼巢不百里，命择将校分兵守地待命。察知激乱之人悉寘于法，复诛奸民之为囊橐者，于是民争出请自效，不数日遂擒贼魁，散余众归农。③

农民除受地方军政长官之压迫及剥削外，最使农民陷于绝境的是元政府的搜括和过重的负担。因赋税无法完纳，不得不舍弃乡里而度逃亡生活的农民大流动，在元代是常见的现象。在未统一前，刘秉忠上书太宗说：

> 天下户过百万，自忽都那演断事之后，差徭甚大。加以军马

① 《元史》卷一三一，《忙兀台传》。
② 《元史》卷一六七，《王恽传》。
③ 《元史》卷一五六，《董士选传》。

调度，使臣烦扰，官吏乞取，民不能当，是以逃窜。宜比旧减半或三分之一，就见在之民以定差税，招逃者复业，再行定夺。①

这文件指明当时流人逃亡的情况。嘉熙二年（1238 年）的报告说，农民因灾逃亡者竟占十分之四五：

太宗戊戌，天下大旱蝗。初籍天下户得一百四万，至是逃亡者十四五，而赋仍旧，天下病之。（耶律楚材）奏除逃户三十五万，民赖以安。②

统一后仍有此种情形，北人多流徙江南。至元二十年（1283 年）崔斌言：

内地百姓流移江南避役者已十五万户。去家就旅，岂人之情，赋重政繁，驱之致此。

至元二十三年（1286 年）又奏：

军站诸户，每岁官吏非名取索，赋税倍蓰，民多流移。③

在江南，元政府为了增加税收，理算天下钱粮，农民被逼逃亡，政府仍不放松，发兵搜捕：

先是，桑哥遣忻都王巨济等理算天下钱粮，已征入数百万，未征入者尚数千万。民不聊生，自杀者相属。逃山林者则发兵捕之，皆莫敢沮其事。④

农民只好以武力保卫自己，团结抵抗。欧阳玄《魏国赵文敏公神道碑记》：

（此役）名曰理算，其实暴敛无艺，州县置狱诛逮，故家破产十九，逃亡入山，发兵蒐捕，因相挺拒命，两河间盗有众数万。⑤

① 《元史》卷一五七，《刘秉忠传》。

② 《元文类》卷五七，宋子贞：《中书令耶律公神道碑》。

③ 《元史》卷一七三，《崔斌传》。

④ 《元史》卷一七二，《赵孟頫传》。

⑤ 《圭斋文集》卷九。

延祐元年（1314年）又从章闾之议，经理钱粮，括江南民田，作增税之计，限期猝迫，贪刻并用，官府震动，人不聊生，富民黠吏，并缘为奸，盗贼并起，田莱荒芜。①《元史》记：

> 延祐元年，（铁木迭儿）奏江南钱粮往岁虽尝经理，多未核实，可始自江浙以及江东、西，宜先事严格信罪赏，令田主实顷亩状入官，诸王、驸马、学校、寺观亦令如之。仍禁私匿民田，贵戚势家毋得阻挠。请敕台臣协力以成，则国用足矣。仁宗从之，遣使者分行各省，括田增税，苛急烦扰，江右为甚。致赣民蔡五九作乱宁都，南方骚动，远近惊惧，乃罢其事。②

当时经理情形，地方官务以增多为功：

> 延祐二年吴元珪奏曰：今经理江淮田土，第以增多为能，有司头会箕敛，俾元元之民，困苦日甚。③

农民无法，也只好虚报塞责：

> 朝廷令民自实田土，有司强以峻法，民多虚报以塞命。其后差税无所于征，民多逃窜流移者。④

剥削过甚，于是延祐二年（1315年）有蔡五九之变：

> 八月丙戌赣州贼蔡五九陷汀州宁化县，僭称王号。诏遣江浙行省平章张驴率兵讨之。乙未台臣言：蔡五九之变，皆由昵匝马丁经理钱粮，与郡县横加酷暴，逼抑至此。新丰一县撤民庐千九百区，夷墓扬骨，虚张顷亩，流毒居民。乞罢经理冒括田租。制曰可。⑤

昵匝马丁因括田激起民变，遣张驴率兵平定，元政府并即下令罢冒括田租，这事似已告一结束了。但这只是书面上的报告，括田

---

① 参见《元文类》卷四〇，《经世大典序录·经理》。

② 《元史》卷二〇五，《铁木迭儿传》。

③ 《元史》卷一七七，《吴元珪传》。

④ 《元史》卷一二二，《塔海传》。

⑤ 《元史》卷二五，《仁宗本纪》。

的举动并不因民变而暂停，因为蔡五九起事于延祐二年（1315 年）八月，同年九月又有负责平变的张驴以括田逼死九人的记载。① 并且括田所得的新租，还是照样征收，三年后在同一地点又引起第二次民变：

五年十月癸丑，赣州路雩都县里胥刘景周以有司征括田新租，聚众作乱，敕免增新租，招谕之。

同年七月亦因同样原因罢河南省左丞陈英等所括民田，只如旧例输税。② 可是两年后又改变了策略，江南田地一律增加田赋：

七年四月己巳增两淮、荆湖、江南东西道田赋，斗加二升。③

同时凡括田地带还没有引起农民武装反抗的仍照新加赋额征收：

泰定元年（1324 年）（张珪）奏：国家经费皆取于民，世祖时淮北内地惟输丁税。铁木迭儿为相，专务聚敛，遣使括勘两淮、河南田土，重并科粮，又以两淮、荆襄沙碛作熟征收，徼名具利，农民流徙。臣等议宜如旧制，止征丁税，其括勘重并之粮及沙碛不可田亩之悉除之。帝不能从。④

除田赋外，又对日常生活必需品茶、盐、酒、醋之类课以重税，一增再增，后来竟超过原额数十倍，这也是农民的直接负担，元顺帝时姚桐寿记：

近来盗贼四起，在在用兵，课赋无艺，即税额一节，往往增加无算，市中不堪其扰。当延祐间程文宪条言江南茶、盐、酒、醋等课税，近来节次增添，比初时十倍。今又逐季增添，正缘管课程官虚添课额以谄上司，其利则归已，虚额则张挂欠籍云云。奉仁宗皇帝圣旨，诸色课程，特与查照，并从蠲减，从实恢办。明旨凛然，今但挂壁而已。⑤

---

① 参见《元史》卷二五，《仁宗本纪》。

② 参见《元史》卷二六，《仁宗本纪》。

③ 《元史》卷二七，《仁宗本纪》。

④ 《元史》卷一七五，《张珪传》。

⑤ 姚桐寿：《乐郊私语》。

农民在生活方面已经苦到无可再苦，一遇荒年，除忍饿外，还须应付催租吏的勒索。诗人耶律铸、张养浩的诗章中充满了同情农民疾苦的呼声。① 元政府在名义上虽有劝农使的设置，却不过问农民所遭遇的困难。② 一方面徭役繁重，农民只能忍痛卖去田产以求免役。③ 有些地区的壮丁被征发充军，田地即随之而荒芜，无论年岁丰歉，均不免于饿寒。④ 农民困于赋役和荒旱，在本土不能生活，只好相率逃亡，成为流民。⑤ 可是其他地区也同样是蒙古人在统治着，同样不能生活，结果人自相食，弱肉强食，演成人类史上的悲剧。如大德十一年（1307年）两浙饥，浙东为甚，越民死者殆尽，人相食以图苟存。⑥ 甚至沟中死尸也不免为饥民所食。⑦ 这是至正十八年（1358年）的事。元政府对于这种情形的处置，我们可以举一个可

---

① 耶律铸《双溪醉隐集》卷二《苦旱叹》："六月亢旱田苗枯，自嗟自叹耕田夫。差官咫尺征秋税，今岁田家一粒无。饥民日夜望霖雨，意欲成云云散去。天公胡不用老龙，年年只被蛟螭误。"张养浩《归田类稿》卷一六《闵农》："父子传衣出，夫妻趁熟分。未言先欲泣，乍见内如焚。征负敲门急，充饥饮水勤。何当天雨粟，四海共欢欣。"

② 陈泰《所安遗集·苗青青》："苗青青，东阡西陌苗如云，经年不雨过秋半，苗穗不实空轮囷。田家留苗见霜雪，免使枭岁劳耕耘，县官催租吏胥急，籴粟输官莫论直，劝农使，不汝恤。"

③ 元淮《金囦集·农家》："田夫有话向谁言，麦饮依稀野菜羹。半顷薄田尤户役，近来贱卖与人耕。"

④ 童冀《尚䌹斋集》卷三《荒田行》："永州荒田多宿草，永州田多人苦少。南村田荒无人耕，北村草深人不行。往年峒瑶据城壁，驱迫编户充军役。十户殆今无一存，当时宁望长儿孙。壮者随军入军伍，老者尽作泉下土。少者仅存虽长成，十家九户惟单丁。应当门户倦奔走，岂有余力到农亩！荒苗积草如人长，熟田近年亦抛荒。男啼女号饭不足，草根木实常充腹。荒田幸免官征科，熟田征科真奈何？永民自叹生来苦，不信人间有乐土。"

⑤ 张养浩《归田类稿》卷一二《哀流民操》："哀哀流民，为鬼非鬼，为人非人。哀哀流民，男子无褞袍，女子无完裙。哀哀流民，剥树食其皮，掘草食其根。哀哀流民，昼行绝烟火，夜行依星辰。哀哀流民，父不子厥子，亲不亲厥亲。哀哀流民，言辞不忍听，号泣不忍闻。哀哀流民，朝不敢保夕，暮不敢保晨。哀哀流民，死者已满路，生者与鬼邻。哀哀流民，一女易斤粟，一男钱数文。哀哀流民，甚至不得将，割爱委路尘。哀哀流民，何时天雨粟？使汝俱生存。哀哉流民！"

⑥ 参见吾衍：《闲居录》。

⑦ 张翥《蜕庵诗集》卷一《书所见》："沟中人啖尸，道上母抛儿。有眼不曾见，无方能疗饥。干戈未解日，风雪正寒时。归与妻孥说，毋嫌朝食糜。"周霆震《石初集》卷三《人食人》："髑髅夜哭天难补，旷劫生人半为虎。味甘同类日磨牙，肠腹深于北邙土。郊关之外衢路旁，旦暮反接如驱羊。喧呼朵颐择肥胾，快刀一落争取将。凭陵大嚼刳心燎，竞赌兕觥夸饮醑。不知剑吼已相随，后日还贻髑髅笑。阴风腐余犬鼠争。白昼鬼语偕人行。衔冤抱恨连死骨，著地春草无由生。"

信的记载来做代表。余阙《书合鲁易之作颍川老翁歌后》：

至正四年（1344年）河南北大饥，明年又疫，民之死者半。朝廷尝议鬻爵以赈之，江淮富民应命者甚众，凡得钞十余万锭，粟称是。会夏小稔，赈事遂已。然民罹此大困，田莱尽荒，蒿藜没人，狐兔之迹满道。时予为御史，行河南北，请以富民所入钱粟贷民具牛种以耕，丰年则收其本，不报。①

元政府不但不肯负责救济，并且连赈款也整个吞没。《元史·顺帝本纪》记陈思谦事可以作这一记述的旁证：

至正五年三月以陈思谦参议中书省事。先是思谦建言所在盗起，盖由岁饥民贫，宜大发仓廪赈之，以收人心，仍分布重兵镇守中夏。不听。②

农民左右是死路一条。再加上地方官吏的不顾死活的剥削，农民只好揭竿而起，参加起义的洪流了。永嘉的农民暴动可以代表这一时期的情形。③ 朱德润替当时的农民起义下一正确的解释。他说：

今太平日久，民不知兵，经费所入，江浙独多。（岁给馈饷二百五十余万）而比岁以来，水旱濒仍，田畴渰没，昔日膏土，今为陂湖者有之。而亲民之官不识大体，重赋横敛，务求羡余，致有激变。所得有限，所费不赀。且以州县税粮言之，有额无田、有田无收者一例闭纳。科征之际，枷系满屋，鞭笞盈道，直致民生困苦，饥寒迫身，此其为盗之本情也。至于酒课盐课

---

① 《青阳集》卷八。

② 《元史》卷四一。

③ 《诚意伯文集》卷一三《赠周宗道六十四韵》："永嘉浙名郡，有州曰平阳。面海负山林，实维瓯闽疆。闽寇不到瓯，倚兹为保障。官司职防虞，当念怀善良。用民作手足，抚爱勿害伤。所以获众心，即此是仞墙。奈何纵滛毒，反肆其贪攘。破廪取菽粟，夷垣劫牛羊。朝出系空橐，暮归荷丰囊。丁男跳上山，妻女不得将。稍或违所求，便以贼见戕。负屈无处诉，哀号动穹苍。斩木为戈矛，染红什巾裳。鸣锣撼岩谷，聚众守村乡。官司大惊怕，弃鼓撇旗枪。窜伏草莽间，股栗面玄黄。窥伺不见人，湍江走伥伥。可中得火伴，结伴归营场。顺途劫寡弱，又各夸身强。将吏悉有献，欢喜赐酒觞。杀贼不计数，纵横书荐章。民情大不甘，怨气动肾肠。遂令父子恩，化作蚕与蝗。恨不斩官头，剔骨取肉尝。"

> 比之国初，增至十倍。征需之际，民间破家荡产，不安其生，改作贩夫入海者有之。目今沿海贫民食糠秕不足，老弱冻饿，而强壮者入海为盗者有之。一夫首唱，众皆胁从，此其为盗之本情也。其言谓与其死于饥寒，孰若死于饱暖，因是啸聚群起，劫掠官粮，杀伤军民。①

在未起义地区，官军所至，鸡犬皆空。② 犒赏饮食，都强迫农民负担。③ 征敛税粮，较平时更形苛急。④ 结果是已起义区域的军力日益壮大，未起义的区域也因不堪压迫而被逼起义，革命的条件成熟了，革命的队伍发展了，革命的地区也日益扩大了。

五、红军之起与元之内讧

至正十一年（1351年）五月民军刘福通陷颍州，奉韩林儿诈称宋徽宗后人颁发诏书，略曰：

---

① 《存复斋续集·平江路问弥盗策》。

② 舒頔《贞素家藏集》卷三《感时歌》："移曳元帅为总制，病民本甚，邑中添设罔计数，无非苛政，姑计之：郡邑自从乱离后，官设总制因防寇，奉公守法能几人，窃禄贪婪来贸贸。大府日夜催军需，和籴草料无时无，富家卖田为供给，贫者缚窘充寨夫。老幼不得息，抱恨向天泣，元戎贪利病民力，盐半斤，斗米入……道路多白骨，髑髅带绛抹，道旁遇行人，一半是兵卒。荒田弥望无人耕，深夜时见鬼火明，居无室庐隐无所，排列县官不识名。"

③ 周霆震《石初集》卷二《农谣》："万田草生农务忙，饭牛夜半饥且僵。侵晨荷耒散阡陌。和买犒军官取将，高堂大嚼饮继烛。持遗妻子丰括囊（官吏饱足之后，复以大囊满贮，送至其家）。苍头庐儿饱欲死，义丁畴敢染指尝。锄耰漫劳犊方稚，十步九顿空彷徨。将军大笑不负腹，东皋南亩从渠荒。"

④ 袁彦章《书林外集》卷一《征粮叹》："至正十七载，丁酉夏六月。江淮尚兵戈，岁久未休息。捍敌百万兵，甲胄生虮虱。有司供馈饷，费冗每匮乏。上官急诛求，僚属走。折屐。嗟此穷海邦，田赋岁不给。巨室能几家，何如有蓄积。况罹去年秋，农苗半无实。民生正艰危，朝来不谋夕。未秋先借粮，粮米从何出？吏曹幸此灾，公檄出如蝶。皂隶且欣然，纷纷入村落。喧呼夜打门，鸡犬尽惊怛。恣取无不为，孰忍受驱迫。顾兹田野间，青黄曾未接。米缸久无来，楮币不堪籴。一升百青蚨，杖头何处觅？督责严限程，十室九逃匿。田莱尚多荒，讵暇顾耕织。隔篱有邻翁，头颅白如雪。七十苦膺门，一日两遭责。日暮寄衣归，斑斑血犹湿。相看重叹伤，家赀复谁惜。负郭数亩田，出鬻不论值。求售卒亦难，搔首了无策。新谷从沫升，粜一折从十。肯为身后思，且济目前急。养兵固自壮，剥民无乃瘠。寄言吾父母，夫何至此极。"

> 蕴玉玺于海东，取精兵于日本，贫极江南，富称塞北。

前两句指宋广王走崖山，丞相陈宜中走倭。后两句指出蒙古人统治下的掠夺结果，说明起义的动机。前两句是政治的宣传，后两句则为经济的解剖。“时天下承平已久，法度宽纵，贫富不均，多乐从乱，不旬月众殆数万人。”①

韩山童生于白莲教世家，倡弥勒佛下生之说：《元史·顺帝本纪》：

> 初滦城人韩山童祖父以白莲会烧香惑众，谪徙广平永平县。至山童倡言天下大乱，弥勒佛下生，河南及江淮愚民皆翕然信之。刘福通与杜遵道、罗文素、盛文郁、王显忠、韩咬儿等复鼓妖言，谓山童实宋徽宗八世孙，当为中国主，福通等杀白马黑牛誓告天地，欲同起兵为乱，事觉，县官捕之急，福通遂反，山童就擒。其妻杨氏其子韩林儿逃之武安。②

起义时以红巾为号，故号红军。以烧香礼弥勒佛，又号香军。③同年八月萧县李二及老彭、赵君用攻陷徐州。李二号芝麻李，亦以烧香聚众起义。蕲州罗田县徐真一（寿辉）与麻城人邹普胜等起义，亦以红巾为号。④ 又有北琐红军，南琐红军：

> （刘福通起兵）河、淮、襄、陕之民翕然从之。故荆、汉、许、汝、山东、丰、沛以及两淮红军皆起应之。起颍上者推杜遵道为首，陷朱皋，据仓粟，从者数十万，陷汝宁、光、息、信阳。起蕲黄者彭莹玉和尚推徐真逸为首，陷德安、沔阳、安阳、武昌、江陵、江西诸郡。起湘、汉者推布三王、孟海马为首，布三王号北琐红军，奄有唐、邓、南阳、嵩、汝、河南府。孟海马号南琐红军，奄有均、房、襄阳、荆门、归、峡。起丰、沛者推芝麻李为首。⑤

---

① 参见叶子奇：《草木子》卷三上，《克谨篇》。

② 《元史》卷四二。

③ 参见权衡：《庚申外史》。

④ 参见《元史》卷四二，《顺帝本纪》。

⑤ 权衡：《庚申外史》。

在几个月内，湖南、湖北、河南、安徽、江苏、山东诸地纷纷起事，不约而同地都称红军，把元帝国拦腰而断，南北不通。元人记红军起后，“当时贫者从乱为归”①。可见这是一种贫农的结合。再看前后红军和非红军的起事领袖的身份，如方国珍和张士诚是贩私盐的；陈友定是农人，曾为佣于富家；韩林儿的祖父被罪迁谪；陈友谅为渔家子；徐寿辉（真一）是贩布的；明玉珍家世代务农；朱元璋是游方穷和尚；没有一个是出身于有产阶级的。②

应该指出，至正十一年（1351年）红军的大起义，只是最后一次的大爆发，事实上在元代前期已有此种秘密组织，并曾陆续发生过几次暴动。红军是白莲教徒的武装团体，所崇拜的偶像是弥勒佛。元崇信宗教，白莲教也被准许公开传教，成宗时（1295—1307）曾特降圣旨受政府的保护。并建有寺院，有报恩堂、复一堂、清应堂诸祠宇。以都掌教为首领。③ 武宗至大元年（1308年）五月丙子禁白莲社，毁其祠宇，以其人还隶民籍。④ 至治二年（1322年）五月癸卯又下诏禁白莲佛事。⑤ 从此白莲教便成秘密团体，不能公开活动。弥勒佛下生当有天下的预言，也早在泰定二年（1325年）便已流行。《元史》记：

> 泰定二年六月，息州民赵丑厮、郭菩萨妖言弥勒佛当有天下，有司以闻。命宗正府、刑部、枢密院、御史台及河南行省官杂鞫之。⑥

后被杀。⑦ 至元三年（1337年）弥勒教徒起事河南：

> 二月棒胡反于汝宁信阳州。棒胡本陈州人，名闰见。以烧香惑众，妄造妖言作乱，破归德府鹿邑，焚陈州，屯营于杏冈。

---

① 叶子奇：《草木子》卷三上，《克谨篇》。
② 参见钱谦益：《国初群雄事略》。
③ 参见《元典章》卷三三，《礼部六·白莲教》。
④ 参见《元史》卷二二，《武宗本纪》。
⑤ 参见《元史》卷二八，《英宗本纪》。
⑥ 《元史》卷一九，《泰定帝本纪》。
⑦ 参见《新元史》卷一九，《泰定帝本纪》。

命河南行省左丞庆童领兵讨之。己丑，汝宁献所获棒胡弥勒佛、伪宣敕、紫金印、量天尺。①

同年朱光卿等起兵于广东，自拜其徒为定光佛：

正月癸卯广州增城县民朱光卿反，其党石昆山、钟大明率众从之，伪称大金国，改元赤符。命指挥狗札里、江西行省左丞沙的讨之。四月己亥惠州归善县民聂秀卿、谭景山等造军器，拜戴甲为定光佛，与朱光卿相结为乱，命江西行省左丞沙的捕之。②

据至正二十六年（1366年）朱元璋讨张士诚檄所数元廷罪状：

近睹有元之末，王居深宫，臣操威福，官以贿成，罪以情免。宪台举亲而劾仇，有司差贫而优富。庙堂不以为忧，方添冗官，又改钞法，役数十万民，湮塞黄河，死者枕藉于道，哀苦声闻于天，致使愚民误中妖术，不解偈言之妄诞，酷信弥勒之真有，冀其治世，以苏其苦。聚为烧香之党，根据汝、颍，蔓滋河、洛，妖言既行，凶谋遂逞。焚荡城郭，杀戮士夫，荼毒生灵，无端万状。③

按此檄文中所指弥勒为一事，烧香又为一事，弥勒为佛教中之重要人物，相传“弥勒菩萨应三十劫，当成无上正真等正觉”④。应入世三十次，佛薄伽梵灭度后八百年，胜军王都有阿罗汉名难提蜜多罗在般涅槃前预言人寿七万岁时，十六阿罗汉既护法藏毕，造窣堵波赞叹已，至窣堵波金地之中，入般涅槃，释迦牟尼正法遂灭：

次后弥勒如来应正等觉出现世间时，瞻部州广博严净，无诸荆棘，谿谷堆阜，平正润泽，金沙覆地，处处皆有清池茂林，名华瑞阜，及众宝聚，更相辉映，甚可爱乐。人皆慈心修行十善，

①② 《元史》卷三九，《顺帝本纪》。

③ 祝允明：《九朝野记》。

④ 《增一阿含》第四二品，《八难品》、《八大人念经》。

以修善故，寿命长远，丰乐安稳。士女殷稠，城邑邻次，鸡飞相及，所营农稼，一营七获，自然成实，不须耘耨。①

这是佛教徒所幻想的极乐园，也是农民所最渴望的理想世界。烧香则为白莲教徒必须举行的仪式。白莲教徒有政治的目的，可是缺少一个组织和吸引农民参加起义的终极目标。弥勒佛下生的预言已经流传了快一千年，为农民所熟知，其意义即等于救世主。白莲教徒就利用这传说，宣传弥勒已经降生为尘世主宰，其使命即为解除现在农民身受之一切疾苦。农民久困于异族统治下之苛征重敛，一听有能使他们“所营农稼，一营七获”并且“自然成实，不须耘耨”的救世主出来，自然死心塌地信仰，一致加入去追求这理想的乐园了。

红军中势力最大的是韩林儿、芝麻李、徐寿辉三支，韩林儿最先起，兵力最强。芝麻李不久即为元所灭。徐寿辉的势力后分二系，一为陈友谅，一为明玉珍。非红军中最强的是张士诚、方国珍、陈友定三支。红军的目的是推翻元政府的政权，从异族压迫之下解放自己，和元政府完全处于敌对的不两立的地位。非红军则无一定宗旨，起事的目的只是为自己个人的生命安全，割据一隅，恣意于生活的享受。和元政府的关系也以利害为转移，时降时叛，时合时离。和红军则处于敌对地位，互相攻击。

在元政府方面，贵族和官吏为保持自己的地位和身家，当然竭力拥护政府坚决抗拒红军，但是，正如上文所说，腐化了的军队和官吏，大部分失去作战能力和意志，事实上和红军作战的是各地的地主，他们出私财，募“义”军，用全力保卫自己的家族和家产，间接地也替元政府支持了十几年。各地的“义”军倏起倏灭的不可胜计，如东莞李氏、凌氏：

东莞李氏尤豪于诸族。朝政不行，盗贼蜂起，富民各专武断，聚兵自卫。既而各据乡土，争为长雄，或更相攻掠，井邑萧然。凌氏亦结民为保，内援官军，外击强盗，里人赖之以安。②

---

① 《大阿罗汉难提蜜多罗所说法住记》。

② 王叔英：《静学文集》卷二，《凌府君行状》。

龙泉胡氏：

至元壬辰，江、淮俶扰，盗贼蔓延闽、浙，由建之浦城、松溪入龙泉。公（胡深）叹曰：浙水东地气白矣，生民无所赖，祸将及矣。乃集乡民共为守御计而结寨于湖山。①

京山刘氏：

至正辛卯两河乱。（京山人刘则礼）割财募兵，隶四川平章爻著麾下，攻安陆、襄、樊、唐、邓，悉讨平之。兄弟子侄多死于兵。②

临川陈氏：

元至正十二年壬辰大盗起江、汉间，郡县相继陷，聚落民争揭竿为旗以应寇。（陈）天锡顿足曰：事急矣，可奈何！即跃马入郡城白监郡完者帖木儿曰：天锡家世以义声著吴越间，今天下大乱，贼以红巾帕首，呼啸成群，所蹴蹈处绝无一人御者。天锡虽不才，愿竭忠以报国家。自度乡里健儿，一呼之间，可得千人，甲胄糗粮，当一一自给，不以烦县官。教以坐作击刺进退之法可用，或攻或守，惟明公所命。即从所请，奖励者甚力。天锡还，朝夕聚兵训练如前谋。③

江阴许氏：

至正十二年十月红巾陷江阴州。州大姓许普字德昭与其子如章聚无赖恶少，资以饮食。贼四散抄掠，诱使深入，歼而埋之。战于城北之祥符寺，父子皆死。④

其他地方官吏所率之军队，亦多由地主私军改编。如王宣之黄军：

淮东豪民王宣请募城墅�béi勇惯捷者，可以攻城，前后得三

① 王祎：《王忠文公集》卷二二，《故参军缙云郡伯胡公行述》。

② 李继本：《一山文集》卷六，《刘则礼传》。

③ 宋濂：《翰苑别集》卷九，《元赠进义副尉金溪县尉陈府君墓铭》。

④ 陶宗仪：《辍耕录》。

万人，皆黄衣黄帽，号曰黄军。脱脱用以攻徐州，一鼓克之。①

答失八都鲁所统之义丁：

> 至正十二年五月用宋廷杰计，召募襄阳官吏及土豪避兵者，得义丁二万，编排部伍，败贼于蛮河。②

各地地主不约而同的组织私军，抵抗农民起义军攻击，形式上是红军和元政府作战，而本质上则为农民和地主的战争。内中势力最大，和红军相持最久的是起自沈丘的察罕帖木儿父子。《元史·察罕帖木儿传》：

> 察罕帖木儿字廷瑞，系出北廷。幼笃学，尝应进士举，有时名，居常慨然有当世之志。至正十一年盗发汝、颍，焚城邑，杀长吏，所遇残破，不数月，江淮诸郡皆陷。朝廷征兵致讨，卒无成功。十二年察罕帖木儿奋义起兵，沈丘之子弟从者数百人。与信阳之罗山人李思齐合兵，同设奇计袭破罗山。事闻，朝廷授察罕帖木儿中顺大夫、汝宁府达鲁花赤。于是所在义士俱将兵来会，得万人，自成一军，屯沈丘，数与贼战，辄克捷。

察罕帖木儿以至正十五年（1355年）定河北，十七年（1357年）定关陕，十九年（1359年）复汴梁，定河南，韩林儿遁走，檄书始能达江浙。以兵分镇关陕、荆襄、河洛、江淮，而重兵屯太行……营垒旌旗所望数千里，谋大举以复山东。正在准备东征的时候，和另一支抵抗红军的有力军队孛罗帖木儿发生地盘的冲突。内战以起。③

孛罗帖木儿为答失八都鲁之子，答失八都鲁是元政府的世将，红军起后，率义丁复襄阳。至正十五年（1315年）攻克亳州，韩林儿遁走。数和刘福通作战，均有功。④ 死后子孛罗帖木儿领其众，移镇大同。晋冀之地皆察罕帖木儿所平定，孛罗帖木儿欲据晋冀，两军交战数年，元政府几次派人为之讲和，至正二十一年（1361年）

---

① 权衡：《庚申外史》。

② 《元史》卷一四二，《答失八都鲁传》。

③ 参见《元史》卷一四一，《察罕帖木儿传》。

④ 参见《元史》卷一四二，《答失八都鲁传》。

冬兵始解。时察罕帖木儿已进占山东大部，至正二十二年（1363年）围攻益都，为降人田丰、王士诚所刺死，子扩廓帖木儿代领其兵，攻克益都，山东悉平。而孛罗帖木儿复以兵来争晋冀，内战又起。①

这时候元政府和宫廷内也发生重大的政变，丞相脱脱于至正十二年（1352年）出兵攻徐州，擒芝麻李后，威名大震。与幸臣哈麻交恶，至正十四年（1354年）脱脱率大兵征张士诚，围高邮，城垂破，为哈麻所谮贬死，士城势复振。② 哈麻为相后，谋废元顺帝立皇太子爱育失里达腊，事发诛死。③ 太子母高丽奇皇后和皇太子仍图废立，遣宦者朴不花喻意于丞相太平，太平不肯，为皇太子所恶，谮杀之。④ 时扩廓帖木儿正和孛罗帖木儿相持，于是皇太子的亲信丞相搠思监及朴不花倚扩廓帖木儿为外援，皇帝的亲信贵臣老的沙为皇太子所怒，逃奔孛罗帖木儿军中。皇太子怨孛罗帖木儿匿老的沙，搠思监、朴不花等遂诬孛罗帖木儿与老的沙等图谋选反，至正二十四年（1364年）四月下诏扩廓帖木儿举兵讨伐。孛罗帖木儿知道不是元顺帝的主张，采取主动，先举兵进攻大都，元顺帝杀搠思监、朴不花，孛罗帖木儿始还大同。皇太子出走，再征扩廓帖木儿兵讨孛罗帖木儿，攻大同，孛罗帖木儿又率兵向大都，皇太子战败逃太原，孛罗帖木儿入京师，拜中书右丞相。至正二十五年（1365年）皇太子调扩廓帖木儿及诸路兵进讨，孛罗帖木儿战败，被刺死于宫中。⑤ 太子奔太原时，欲用唐肃宗灵武故事自立，扩廓帖木儿不赞成，及孛罗帖木儿死，扩廓帖木儿还京师，奇皇后谕旨令以重兵拥太子入城，胁元顺帝禅位，扩廓帖木儿又不肯。因此扩廓帖木儿为太子所恨。⑥ 至正二十六年（1366年）扩廓帖木儿奉命总天下兵出平江、淮，檄关中四将军会师大举。李思齐以与察罕帖木儿同起义兵，得檄大怒，不肯受命，下令一甲不得出武关。张思道、孔兴、脱列伯三军亦不受节制，连兵力拒扩廓帖木儿。

---

① 《元史》卷一四一，《察罕帖木儿传》；卷二〇七，《孛罗帖木儿传》。

② 参见《元史》卷一三八，《脱脱传》；卷二〇五，《哈麻传》。

③ 参见《元史》卷二〇五，《哈麻传》。

④ 参见《元史》卷一四〇，《太平传》；卷二〇四，《朴不花传》。

⑤ 参见《元史》卷二〇七，《孛罗帖木儿传》；卷二〇四，《朴不花传》。

⑥ 参见《明史》卷一二四，《扩廓帖木儿传》。

相持经年数百战不分胜负。元顺帝谕扩廓帖木儿罢兵，专力南征，扩廓帖木儿不听。其部下骁将貊高、关保叛归元政府，和李思奇等合。元顺帝乃尽削扩廓帖木儿官，分其兵隶诸将，并令关保戍太原。扩廓帖木儿怒，尽杀元政府所置官吏，元顺帝令诸将四面讨之。时朱元璋兵已下山东，收大梁，元兵方忙于内战，列城望风降遁。兵逼潼关，李思奇等仓皇解兵西归，而貊高、关保亦皆为扩廓帖木儿所擒杀。元顺帝大恐，又复扩廓帖木儿官，令与李思齐等分道南征，一个月后，朱元璋兵已逼大都，元帝北走。扩廓帖木儿仍拥兵西北，图谋恢复，洪武元年（1368年）败明将汤和于韩店，北出雁门欲攻北平，明将徐达、常遇春乘虚攻太原，扩廓帖木儿还救大败，以十八骑遁去。明兵遂西入关，李思齐以临洮降，张思道、张良臣败死。洪武三年（1370年）明徐达大败扩廓帖木儿于沈儿峪，扩廓帖木儿奔和林，时元顺帝已死，皇太子继位，复任以国事。洪武四年（1371年）明复遣大将徐达、李文忠、冯胜将十五万人出塞攻扩廓帖木儿，至岭北与扩廓帖木儿遇，明兵大败，死者数万人。明年扩廓帖木儿复攻雁门，以明兵严备不得入。后随宣光帝徙金山，洪武八年（1375年）卒。①

元顺帝北走后，他的子孙虽失去在中原的政权，可是在漠北却仍是合罕。明前期国力强时，数出兵北讨，蒙古族逐渐北徙。自明成祖五次北征以后，明兵力渐衰，国防线渐由开平内移，三卫弃而辽东和宣、大的声援隔绝，东胜、兴和徙而边防虚，蒙古族又渐南移，至入居河套，边墙之外，即为敌国。三百年中汉人和蒙古人的战争迄未停止。“北虏”的威胁致使明用全力防御北边，遍设戍兵，置九边要塞，国力为之疲敝，为明一代的大患。

六、明太祖之起事与削平群雄

元政府的政变和内战，给红军以发展的好机会。红军的内讧和

① 《元史》卷一四一，《察罕帖木儿传》；《明史》卷一二四，《扩廓帖木儿传》。

与非红军的混战，又给后起的红军领袖朱元璋以发展的好机会。朱元璋在称帝后三年发表一道文件，说明他取天下于群雄之手，而不是从元取得的。他说：

当元之季，君晏安于上，臣跋扈于下，国用不经，征敛日促，水旱灾荒，频年不绝，天怒人怨，盗贼蜂起，群雄角逐，窃据州郡。朕不得已，起兵欲图自全。及兵力日盛，乃东征西讨，削除渠魁，开拓疆宇。当是时，天下已非元氏有矣。向使元君克畏天命，不自逸豫；其臣克尽乃职，罔敢骄横，天下豪杰曷得乘隙而起。朕取天下于群雄之手，不在元氏之手。①

他是起义于濠州的红军领袖郭子兴的部下，郭子兴死后，代为领袖，直隶于韩林儿，受宋的官爵，用龙凤年号，是红军中后起的一支有力的部队。可是一到红军领袖因内讧而军力锐减，韩林儿失去根据地来投奔以后，就立刻抛去红军的宗教意味的宣传，严厉地加以指示。在至正二十六年（1366 年）讨张士诚的檄文中，公开地抨击红军：

致使愚民误中妖术，不解偈言之妄诞，酷信弥勒之真有，冀其治世，以苏其苦，聚为烧香之党，根据汝、颍，蔓延河、洛。妖言既行，凶谋遂逞，焚荡城廓，杀戮士夫，荼毒生灵，无端万状。②

前一部分斥红军为妖言为妖术，后一部分以采恐怖手段，屠杀地主——有产阶级为红军的罪状。接着他说：

元以天下钱粮兵马大势而讨之，略无功效，愈见猖獗，终不能济世安民。是以有志之士，旁观熟宪，乘势而起。或假元氏为名，或托香军为号，或以孤军独立，皆欲自为，由是天下土崩瓦解。余本濠县之民，初列行伍，渐至提兵，灼见妖言不能成事，又度胡运难与立功，遂引兵渡江。

指斥元政府无力济世安民，最后把自己的立场和红军分开，不愿分担红军所负的责任。可是这时候在名义上他还是韩林儿的臣下，

---

① 《明太祖实录》卷五三。

② 祝允明：《九朝野记》。

在这文件的开首还不能不用“皇帝圣旨，吴王令旨”，末后也不能不用龙凤十二年（1366年）的年号。同年十二月他采取更进一步的手段，彻底消灭了红军的残余势力，授意部下大将廖永忠沉韩林儿于瓜步。[①] 宋亡后，他听取了幕中儒生的劝告，把这次革命解释为民族解放运动，喊出驱逐蒙古人的口号。原来韩林儿在起事时虽假托宋后，国号也用宋的旧称，以图收拾民心，可是这时离南宋亡国已久，实际作用不大。后来就索性不提宋后的话，专意于弥勒救世的宣传，虽然吸引了大量穷苦农民，对地主阶级和知识分子来说，不但没有作用还招致强烈的抗拒。为了发展和扩大革命力量，这时候就不得不放弃宗教性的弥勒佛出世的口号，代替以能为农民和地主阶级都能接受的新口号。鲜明地指出这次革命是被压迫民族争取解放的战争，集合汉族和各族人民的力量。同时也给予知识分子及旧地主官吏以安全的保障，取得他们的合作。至元二十七年（1367年）十月丙寅檄谕齐、鲁、河、洛、燕、苏、秦、晋之人以北伐之意曰：

> 自古帝王临御天下，中国居内以制夷狄，夷狄居外以奉中国，未闻以夷狄居中国治天下者也……当此之时，天运循环，中原气盛，亿兆之中，当降生圣人，驱逐胡虏，恢复中华，立纲陈纪，救济斯民……方今河、洛、关、陕虽有数雄，忘中国祖宗之姓，反就胡虏禽兽之名，以为美称，假元号以济私，恃有众以要君，阻兵据陕，互相吞噬，反为生民之巨害，皆非华夏之主也……予恭天承命，罔敢自安，方欲遣兵北逐胡虏，拯生民于涂炭，复汉官之威仪……归我者永安于中华，背我者自窜于塞外。盖我中国之民，天必命中国之人以安之，夷狄何得而治哉？[②]

这是一个创时代的转变，是朱元璋之所以成功的条件之一。

红军诸领袖之所以失败，第一是地主阶级的顽强抵抗，第二是红军内部的分裂。红军之发动地为河南、湖北一带，起事后诸领袖人自为战，不相统属，并各自称帝称王，互相攻略。至正十五年（1355

① 参见钱谦益：《太祖实录辨证》。
② 《明太祖实录》卷二六；王世贞：《诏令杂考》一。

年）刘福通等立韩林儿为帝，国号宋，年号龙凤（1355—1366），建都于亳。至正十八年（1358年）迁都汴梁。至正十九年（1359年）察罕帖木儿破汴梁，韩林儿退据安丰。至正二十三年（1363年）吴张士诚将吕珍破安丰，韩林儿奔滁州依朱元璋。宋势力最盛时，四出略地，所至无不摧破，至正十七年（1357年）分兵三道，关先生、破头潘、冯长舅、沙刘二、王士诚趋晋、冀，白不信、大刀敖、李喜喜趋关中，毛贵出山东，刘福通则率众出没河南北。白不信一支被察罕帖木儿、李思齐所破，走入蜀。毛贵一支则陷济南、蓟州，略柳林，直逼大都，元政府至议迁都以避之。关先生一支则分军为二，一出绛州，一出沁州，逾太行，破辽、潞，陷冀宁，掠大同、兴和塞外诸郡，至陷上都，毁诸宫殿，转掠辽阳，抵高丽，复折回陷大宁，犯上都。李喜喜余部则陷宁夏，掠灵武诸边地。红军出没于黄河以北，东至高丽，北至和林，西至宁夏的广大地区。可是初建国时，红军上层领袖就争权夺利，互相残杀，丞相杜遵道用事，平章政事刘福通阴令甲士擿杀之，自为丞相，国事均决于刘福通，其他诸将俱与刘福通同起事，率不肯遵约束，刘福通不能制，兵虽盛，威令不行。所攻城邑，亦不能守，随得随失。接着在山东最得民心的毛贵为赵均用所杀，赵均用又被续继祖所杀，所部自相攻击。远征诸大将李喜喜、关先生等转战万里，亦多走死。于是在北为蒙古军队所围剿，在南又受张士诚的攻击，安丰破后，势力就完全消灭。①

起自湖北的徐寿辉（1351—1360）于至正十一年（1351年）称帝，国号天完，建元治平，都蕲水。后迁都汉阳。分兵四出，陷饶、信，连陷湖、广、江西诸郡，东南发展至杭州、太平诸路。天完和宋一样，同样地陷于内讧的局面。至正十七年（1357年）丞相倪文俊谋杀徐寿辉自立，不克，奔黄州。其将陈友谅杀倪文俊代其位。至正二十年（1360年）弑徐寿辉自立为帝，国号汉，改元大义（1360—1363），尽有江西、湖、广之地。② 徐寿辉别部明玉珍略地四川，闻徐寿辉被杀，自立为陇蜀王，以兵塞瞿塘，绝不与陈友谅通。至正二十三

① 参见《明史》卷一二二，《韩林儿传》；《国初群雄事略》卷一，《韩林儿》。

② 参见《明史》卷一二三，《陈友谅传》；《国初群雄事略》卷三，《天完徐寿辉》。

年（1363年）即皇帝位于重庆，国号夏，建元天统（1362—1366）。①

陈友谅势力方盛时，朱元璋起兵据集庆路，取太平，和陈友谅接界。陈友谅陷池州，朱元璋遣将击取之，由是结仇，连兵不解。陈友谅大将赵普胜守安庆，最骁勇，为朱元璋所间，陈友谅杀普胜，并其军。恃其兵强，欲东取应天，约张士诚从东面夹攻，朱元璋惧两面受敌，以计促陈友谅先发兵，大败之于龙湾。陈友谅部下诸将因赵普胜被杀，多不安，于光、欧普祥、吴宏、王溥、胡廷瑞等纷纷以所守地来降，陈友谅疆土日蹙。至正二十三年（1363年）大发兵来围洪都，与朱元璋军遇于鄱阳湖，大战三日，陈友谅兵败中矢死，大将张定边挟其次子陈理奔还武昌，立为帝。至正二十四年（1364年）二月朱元璋亲督师围武昌，陈理出降，汉亡。② 明玉珍在位五年死，子明昇嗣位方十岁。诸大臣皆粗暴不肯相下，大将万胜以私憾杀知院张文炳，内府舍人明昭复矫皇后旨杀万胜。胜为玉珍开国大将，功最高，人心多不平，保宁镇守平章吴友仁举兵杀明昭，入执国政，朝事大坏。洪武四年（1371年）明将汤和、廖永忠、傅友德等伐蜀，昇出降，夏亡。③

在非红军的集团中，张士诚以被地主凌侮起事：

> 以操舟运盐为业，缘私作奸利。常鬻盐诸富家，富家多凌侮之，或负其值不酬。而弓手丘义尤窘辱士诚甚。士诚愤，即帅诸弟及壮士李伯升等十八人杀义，并灭诸富家，纵火焚其居。入旁郡场招少年起兵，盐丁方苦重役，遂共推为主。④

陷泰州、高邮。至正十四年（1354年）自称诚王，国号大周，建元天祐。至正十六年（1356年）陷平江、湖州、松江、常州诸路，改平江为隆平府，自高邮来都之。时朱元璋亦下集庆，境遂相接。士诚遣将攻镇江，徐达败之于龙潭。朱元璋亦遣将来攻常州，士诚大败，由此交兵不已。士诚所据要塞长兴、常州、江阳相继失，兵不得四出，

---

① 参见《明史》卷一二三，《明玉珍传》；《国初群雄事略》卷五，《夏明玉珍》。

② 参见《明史》卷一二三，《陈友谅传》；《国初群雄事略》卷四，《汉陈友谅》。

③ 参见《明史》卷一二三，《明玉珍传》。

④ 《明史》卷一二三，《张士诚传》。

不得已请降于元。乘间袭取杭州，所据地南抵绍兴，北逾徐州，达于济宁之金沟，西距汝、颍、濠、泗，东至海二千余里，带甲数十万。至正二十三年（1363 年）九月复自立为吴王。士诚无远图，自据吴后，渐奢纵怠于政事，诸将帅日夜歌舞自娱，偃蹇不用命，不以军务为意，及丧师失地还，亦概置不问，已复用为将。陈友琼约士诚夹攻应天，士诚欲守境观变，虽许而兵不出。及陈友谅既平，朱元璋遂大发兵取吴，至正二十七年（1367 年）九月破平江，擒张士诚，吴亡。①

浙东的方国珍的起事，和张士诚很相像，其对元政府的态度，也和张士诚同样的反复不定。《明史》记：

> 元至正八年，有蔡乱头者行摽海上，有司发兵捕之。国珍怨家告其通寇，国珍杀怨家，遂与兄国璋，弟国瑛、国珉亡入海，聚众数千人，劫运艘，梗海道。

地方官往讨为所败，胁使请于朝，授定海尉。未几复叛，再又降元为海道漕运万户，进行省参政，据有温、台、庆元之地。以兵和张士诚相攻，至士诚亦降元，始罢兵。朱元璋取婺州，与国珍接境，国珍惧不敌，自请纳土，未几又反复不受命。张士诚被擒后，朱元璋将朱亮祖、汤和取浙东，国珍不能抗，奉表降。②

非红军领袖中始终效忠于元政府的是陈友定。友定以乡农立功为黄土寨巡检，十年中以军力镇压农民起义，扩充地盘，西拒陈友谅，北拒朱元璋，累官至平章，尽有福建八郡之地。方国珍败降后，朱元璋即发兵由海陆两道入闽，洪武元年（1368 年）明兵取建宁、延平二路，友定被执死。③

在这样一个混战局面之下，红军出身的朱元璋竟能推翻元政府，统一全国，解放汉人、南人和各族人民，建立大明帝国。成功的基本原因是及时提出民族革命的口号，取得全民支持。他出自于贫农之家，很懂得农民的心理。青年时代过的是漂流乞食的生活：

---

① 参见《明史》卷一二三；《国初群雄事略》卷七，《周张士诚》。

② 参见《明史》卷一二三，《方国珍传》；《国初群雄事略》卷八，《方谷真》。

③ 参见《明史》卷一二四，《陈友定传》；《国初群雄事略》卷一二，《陈友定》。

年十七父、母、兄相继殁，贫不克葬，里人刘继祖与之地乃克葬，即凤阳陵也。太祖孤无所依，乃入皇觉寺为僧。逾月游食合肥，凡历光、固、汝、颍诸州，三年复还寺。

起兵后极力团结知识分子，学习过去历史经验和儒家的政治理论。至正十三年（1353年）破滁州后即得名儒范常，留置幕下。范常首先劝他整饬兵纪：

诸将克和州，兵不戢。常言于太祖曰：得一城而使人肝脑涂地，何以成大事？太祖乃切责诸将，搜军中所掠妇女还其家，民大悦。①

至正十五年（1355年）渡江取太平后，又得耆儒李习、陶安。陶安批评当时诸领袖的行为，独推重他的不乱杀人：

海内鼎沸，豪杰并争，然其意在子女玉帛，非有拨乱救民安天下心。明公渡江，神武不杀，人心悦服，应天顺人，以行吊伐，天下不足平也。②

至正十六年（1356年）克集庆，立即宣布政纲，他说：

元政渎扰，干戈蜂起，我来为民除乱耳。其各按堵如故。贤士吾礼用之，旧政不便者除之，吏毋贪暴殃吾民。③

这正是农民所渴望的政治。地主阶级因为地方治安得以保持，也对新政权表示好感。至正十七年（1357年）克徽州后，耆儒朱升劝他“高筑墙，广积粮，缓称王”④。至正十八年（1358年）克婺州后，得学者范祖干、叶仪、许元等十三人，至正二十年（1360年）复征学者刘基、宋濂、叶琛、章溢，为其定策安民，及取天下大计。农民、地主和知识分子参加了起义，并且拥护这个政权，是他之所以成功的最大原因。其次，不乱杀人，节俭朴素，和军事指挥上争取主动。

---

① 《明史》卷一三五，《范常传》。

② 《明史》卷一三六，《陶安传》。

③ 《明史》卷一，《太祖本纪》。

④ 《明史》卷一三六，《朱升传》。

在天下平定后，他曾自述成功的原因：

朕遭时丧乱，初起乡土，本图自全。及渡江以来，观群雄所为，徒为生民之患，而张士诚、陈友谅尤为巨蠹，士诚恃富，友谅恃强，朕独无所恃，惟不嗜杀人，布信义，行节俭，与卿等同心共济。初与二寇相持，士诚尤逼近，或谓宜先击之，朕以友谅志骄，士诚器小，志骄则好生事，器小则无远图。故先攻友谅。鄱阳之役，士诚卒不能出姑苏一步，以为之援。向使先攻士诚，浙西负固坚守，友谅必空国而来，吾腹背受敌矣。二寇既除，北定中原。所以先山东，次河洛，止潼关之兵，不遽取秦陇者，盖扩廓帖木儿、李思齐、张思道皆百战之余，未肯遽下，急之则并力一隅，猝未易定。故出其不意，反旆而北。燕都既举，然后西征，张、李望绝势穷，不战而克，然扩廓犹力战不屈，向令未下燕都，骤与角力，胜负未可知也。①

这是一个公正的自白。

至正二十七年（1367 年）冬天的时候，红军势力除僻处四川的夏国以外，已全部消灭，非红军方面，张士诚已被扑灭，方国珍来降。北面则已派徐达、常遇春乘元军内战北伐，南面则汤和、廖永忠已逼福州，两路大军均势如破竹，天下指日可定。朱元璋遂以至正二十八年为洪武元年（1368 年），即皇帝位，定有天下之号曰明，是为明太祖（1368—1398）。

洪武元年（1368 年）陈友定平后，即命廖永忠率舟师取广东，广东行省左丞何真迎降。广西亦继定。北征军方面以次定山东、河南，八月入大都，元帝北走。十二月扩廓帖木儿走甘肃，山西平。洪武二年（1369 年）八月徐达克庆阳，斩张良臣，陕西平。洪武四年（1371 年）元平章刘益以辽东降。明昇降，四川平。时元后梁王把匝剌瓦尔密犹据云南，纳哈出据辽东。洪武十四年（1381 年）遣傅友德、沐英定云南。洪武二十年（1387 年）复大举讨纳哈出，时大宁已为明所取，纳哈出和蒙古政府的呼应断绝，势竭来降，始成大一统之业。

① 《明史》卷三，《太祖本纪》。

七、明太祖之建国与开国规模

蒙古人在中国所施的种族压迫政策引起了汉族的反感，发生一场战争，二十年的民族革命，终于被逐回蒙古去。这教训，明太祖是很记得的。他北征时的口号虽然是“驱逐胡虏”，但其意义只限于推翻异族的统治权，对蒙古人、色目人并不采歧视的态度。在北征檄文中并特别提出这一点说：

> 如蒙古、色目虽非华夏族类，然同生天地之间，有能知礼义，愿为臣民者，与中国之人抚养无异。①

即位以后，蒙古、色目的官吏和汉人同样登用，中央官如以鞑靼指挥安童为刑部尚书，以咬住为副都御史，以忽哥赤为工部右侍郎②，以高昌安为吏部侍郎③。外官如以高昌安为河东盐运司同知，以脱因为兼州知府，以道同为番禺知县。④ 军官如以鞑靼酋长孛罗帖木儿为庐州卫指军佥事，仍领所部鞑官二百五十人。⑤ 即亲军中亦有蒙古军队，如洪武五年（1372年）之置蒙古卫亲军指挥使司，以答失里为佥事。⑥ 洪武二十二年（1389年）特设泰宁、朵颜、福余三卫于兀良哈之地，以居降胡。⑦ 时蒙古人、色目人多改为汉姓，与汉人无异，有求仕入官者，有登显要者，有为富商大贾者。⑧ 洪武三年（1370年）曾一度下诏禁止擅改汉姓：

> 四月甲子禁蒙古、色目人更易姓氏，诏曰：朕尝诏告天下，蒙古诸色人等皆吾赤子，果有材能，一体擢用。比闻入仕之后，或多更姓名。朕虑岁久，其子孙相传，昧其本源，诚非先王致

---

① 王世贞：《弇山堂别集》卷八五。
② 参见《明太祖实录》卷一九九。
③ 参见《明太祖实录》卷二〇二。
④ 参见《明史》卷一三八，《周祯传》；卷一四〇，《道同传》。
⑤ 参见《明太祖实录》卷一九〇。
⑥ 参见《明太祖实录》卷七一。
⑦ 参见《明太祖实录》卷一九六。
⑧ 参见《明太祖实录》卷一〇九。

谨氏族之道。中书省其告谕之，如已更易者听其改正。①

但此项法令不久即自动取消：

永乐元年九月庚子，上谓兵部尚书刘俊曰："各卫鞑靼人多同名，无姓以别之，并宜赐姓。"于是兵部请如洪武中故事，编置勘合，给赐姓名，从之。②

可知在洪武时代已有编置勘合、给赐姓名之举。其唯一的限制为特立一条蒙古人、色目人的婚姻法：

凡蒙古、色目人听其与中国人为婚姻，务要两相情愿。不许本类自相嫁娶，违者杖八十，男女入官为奴。其中国人不愿与回回、钦察为婚姻者，听从本类自相嫁娶，不在禁例。③

这禁例的用意一面是要同化蒙古人、色目人，一面是防止其种类之繁殖。法令虽然颁布，可是实行的程度，也许和禁改汉姓一样，实际上并不发生效力。在生活习俗方面，太祖登基后立刻下令将衣冠恢复如唐制，并禁止生活习惯之蒙古化：

洪武元年二月壬子，诏复衣冠如唐制。其辫发、椎髻、胡服（男袴褶窄袖及辫线腰褶，妇女衣窄袖短衣，下服裙裳）、胡语、胡姓，一切禁止。④

元制尚右，吴元年（1367年）十月令百官礼仪尚左。⑤ 元人轻儒，至有九儒十丐之谣，谢枋得记：

滑稽之雄以儒为戏者曰：我大元制典，人有十等，一官二吏，先之者贵之也，贵之者，谓有益于国也。七匠八娼九儒十丐，后之者贱之也，贱之者，谓无益于国也。嗟乎卑哉！介乎娼之下丐之上者今儒也。⑥

---

① 《明太祖实录》卷五〇。

② 《明成祖实录》卷三三。

③ 《明律》卷六，《户律》。

④ 《明太祖实录》卷三〇。

⑤ 参见《明史》卷一，《太祖本纪》。

⑥ 《叠山集》卷六，《送方伯载归三山序》。

郑思肖说：

> 鞑法：一官二吏三僧四道五医六工七猎八民九儒十丐。①

这虽都是宋末遗老的话，但元人也有同样记载，余阙《贡泰父文集序》：

> 至元初奸回执政，乃大恶儒者，因说当国者罢科举，摈儒士。其后公卿相师，皆以为当然，而小夫贱隶亦以儒为嗤诋。当是时士大夫有欲进取立功名者，皆强颜色，昏旦往候于门，媚说以妾婢，始得尺寸。②

可见儒者在元代之被摈斥。而明则在太祖初起时已重儒者，建国以后，大臣多用儒生，后来流弊至以科举为入官之唯一途径。反之，元人重吏：

> 国初有金、宋，天下之人，惟才是用，无所专主，然用儒者为居多也。自至元以下始浸用吏，虽执政大臣亦以吏为之。自是中州小民，粗识字能治文书者，得入台阁供笔札，累日积月皆可以致通显。③

方孝孺《林君墓表》也说：

> 元之有天下，尚吏治而右文法。凡以吏仕者捷出取大官，过儒生远甚。④

因法令极繁，案牍冗泛，故吏得恣为奸利，为弊最甚。明典即革此弊，从简、严法令下手：

> 吴元年十一月壬寅，上谓台省官曰：近代法令极繁，其弊滋甚。今之法令正欲得中，毋袭其弊。如元时条格极繁冗，吏得夤缘出入为奸，所以其害不胜。今立法正欲矫其旧弊，大概不过简、严下手，简则无出入之弊，严则民知畏而不敢轻犯。⑤

---

① 《心史》卷下，《大义略》。

② 《青阳文集》卷四。

③ 《青阳文集》卷四，《杨君显民诗集序》。

④ 《逊志斋集》卷二二。

⑤ 《明太祖实录》卷二七。

洪武十二年（1379年）又立案牍减繁式颁示诸司：

> 初元末官府文移案牍最为繁冗，吏非积岁莫能通晓，欲习其业，必以故吏为师。凡案牍出入，惟故吏之言是听。每曹自正吏外，主之者曰主文，附之者曰帖书曰小书生，骫文繁词，多为奸利。国初犹未尽革。至是吏有以成案进者，上览而厌之曰：繁冗如此，吏焉得不为奸弊而害吾民也。命廷臣议减其繁文，著为定式，镂版颁之，俾诸司遵守。①

自后吏员遂为杂流，其入仕之途惟外府、外卫、盐运司首领官，中外杂职、入流未入流官，由吏员、承差等选。② 这是一个大变化，一面用严法重刑来肃清元代所遗留的政治污点，《明史》说：

> 太祖惩元纵弛之后，刑用重典。凡官吏人等犯枉法赃者不分南北，俱发北方边卫充军。

采辑官民过犯，条为《大诰》、《续诰》，后又增为《三编》，诸司敢不急公而务私者，必穷搜其原而罪之。凡所列凌迟、枭示、种诛者无虑千百，弃市以下万数。《三编》稍宽容，然所记进士、监生罪名自一犯至四犯者犹三百六十四人，幸不死还职，率戴斩罪治事。郭桓之狱，直省诸官吏系死者数万人：

> 郭桓者户部侍郎也。帝疑北平二司官吏李彧、赵全德等与桓为奸利，自六部左、右侍郎下皆死，赃七百万，词连直省诸官吏，系死者数万人。核赃所寄借遍天下，民中人之家，大抵皆破。

空印之狱，也施行了一次官吏的大屠杀：

> 十五年，空印事发。每岁布政司、府州县吏诣户部核钱粮、军需诸事，以道远，预持空印文书，遇部驳即改，以为常。及是，帝疑有奸，大怒，论诸长吏死，佐贰榜百戍边。③

---

① 《明太祖实录》卷一二六。

② 参见《明史》卷七一，《选举志》。

③ 《明史》卷九四，《刑法志》。

由此中外官吏均重足凛息以“不保首领”为惧，以生还田里为大幸。①

元的统治虽然被推翻，但是元统治机构的组织方式却大部分被保存下来，这是因为元的统治机构组织方式基本上因袭唐、宋，便于镇压人民。最明显的是官制和教育制度，一直沿用到朱元璋统治集团内部发生矛盾，展开剧烈的斗争以后才放弃了旧的机构，建立新的统治机构。

中央的官制，在洪武十三年（1380年）以前，大抵依据元制，行政最高机关为中书省，置左、右丞相，平章政事，左、右丞，参知政事等官，下设吏、礼、户、兵、刑、工六部为执行机关。监察最高机关则为御史台，置御史大夫、御史中丞等官。军政最高机关改元之枢密院为大都督府，置左、右都督，同知都督等官。洪武十三年（1380年）胡惟庸党案发生后，更改官制，提高皇权，集中军政庶务一切权力在皇帝个人手中。废中书省不设，提高六部地位，使得单独执行政务，改御史台为都察院，分大督府为五军都督府，均直隶于皇帝。地方行政则置行中书省，设行省平章政事等官，改路为府，设知府，州设知州，县设知县。洪武九年（1376年）改浙江、江西、福建、北平、广西、四川、山东、河南、陕西、湖广、山西诸行省俱为承宣布政使司，后增设云南、贵州为十三布政使司（北平后改为京师，与南京称为两京，直隶中央），置布政使参政、参议诸官；司法则仍元制，置各道提刑按察司，设按察使及副使、佥事领之。军政则置都指挥使司十三（北平、陕西、山西、浙江、江西、山东、四川、福建、湖广、广东、广西、辽东、河南），行都指挥使司三（陕西、山西、福建），后增都司三（云南、贵州、万全，北平改为大宁），行都司二（四川、湖广），置都指挥使领之，掌一方军政。②

在兵制方面，元代内廷设左、右、前、后、中五卫，卫设都指挥使，下设镇抚所、千户所、百户所，以总宿卫诸军。又因各族兵设阿速、唐兀、贵赤、蒙古、西域、钦察诸卫亲军都指挥使司。外

① 参见《明史》卷一三八，《杨靖传》附《严德珉传》。

② 参见《明史》卷七六，《职官志》。

则万户之下置总管，千户之下置总把，百户之下置弹压，立枢密院以总之。军士则蒙古壮丁无众寡尽签为兵，汉人则以户出军，定入尺籍伍符，不可更易，死则役次丁，户绝别以民补之。① 明兴后，中外皆用卫所制，亲军都尉府（后改为锦衣卫）统左、右、前、后、中五卫，其下有南、北镇抚司。又别置金吾前、后，羽林左、右，虎贲左、右，府军左、右、前、后十卫，以时番上，号亲军。外则革诸将，袭元旧制枢密、平章、元帅、总管、万户诸官号，度要害地，系一郡者设所，连郡者设卫，大率五千六百人为卫，千一百二十人为千户所，百有十二人为百户所。所设总旗二，小旗十，大小联比以成军。卫以指挥使领之，外统之都指挥使司，内则统于五军都督府。这是依元亲军制扩充的。征伐则命将充总兵官，调卫所军领之。既旋则将上所佩印，官军各回卫所，将无专兵，兵无私将。这又是模仿唐代的府兵制度。② 其内军之分配训练则又略近汉制，刘献廷说：

> 明初军制仿佛汉之南、北军。锦衣等十二卫卫宫禁者，南军也。京营等四十八卫巡徼京师者，北军也。而所谓春秋班换，独取山东、河南、中都、大宁者，则又汉调三辅之意也。③

军士则行垛集令，民出一丁为军。三丁以上，垛正军一，别有贴户，正军死，贴户丁补。外又有从征，有归附，有谪发。从征者，诸将所部兵，既定其地，因为留戍。归附则是元和陈友谅、方国珍张士诚的降兵。谪发以罪迁隶为兵者。其军皆世籍。④

在教育制度方面，元制于京师立国子学、蒙古国子学、回回国子监，教授汉、蒙、回学术。监设祭酒、监丞、博士、助教，教授生徒。地方则诸路、府、州、县皆置学，其他先儒过化之地，名贤经行之所，与好事之家出钱粟赡学者并立为书院。凡师儒之命于朝廷者曰教授，路府上中州置之。命于礼部及行省、宣慰司者曰学正、山长、学录、教谕，路州县及书院置之。又有医学及阴阳学教授专

---

① 参见《元史》卷九八，《兵志》；卷八六，《百官志》。

② 参见《明史》卷八九，《兵志》。

③ 《广阳杂记》卷一。

④ 参见《明史》卷九〇，《兵志》。

门人才。生徒皆廪饩于官，诸学皆有学田。各行省设儒学提举司，提举凡学校之事。① 明代完全接受这制度，于京师设国子监，府、州、县、卫、所皆建儒学，生员各地皆有定额。生员考试初由地方官吏主持，后特设提举学政官以领之。士子未入学者通谓之童生，入学者谓之诸生（有廪膳生、增广生、附学生之别），三年一次考试，以诸生试之直省曰乡试，中试者为举人。次年以举人试之京师曰会试，中试者再经皇帝亲自考试曰殿试，分三甲，一甲只三人，曰状元、榜眼、探花，赐进士及第；二甲若干人，赐进士出身；三甲若干人，赐同进士出身。状元授修撰，榜眼、探花授编修，二、三甲考选庶吉士者皆为翰林官。其他或授给事、御史、主事、中书、行人、评事、太常、国子博士，或授府推官、知州、知县等官。举人、贡生不第、入监而选者，或授小京职，或授府佐及州县正官，或授教职。由此入仕必由科举，而科举则必由学校，《明史》说：

> 盖无地而不设之学，无人而不纳之教，庠声序音，重规叠矩，无间于下邑荒徼，山陬海涯，此明代学校之盛，唐、宋以来所不及也。②

学校的教育和科举的范围，元初许衡即提议罢诗赋，重经学。皇庆二年（1313年）中书省臣言：

> 夫取士之法，经学实修己治人之道，词赋乃摘章绘句之学。自隋、唐以来，取人专尚词赋，故士习浮华。今臣等所拟，将律赋省题诗小义皆不用，专立德行明经科，以此取士，庶可得人。帝然之。③

由此专重经学，“四书”、“五经”成为学者的宝典，入仕的津梁。至明更变本加厉，专取“四书”、“五经”命题取士，又特定一种文体，略仿宋经义，然代古人语气为之，体用排偶，通谓之制义。④ 解述指定限于几家的疏义，不许发挥自己见解。文章有一定

---

① 参见《元史》卷八一，《选举志·学校》。

② 《明史》卷六九，《选举志》。

③ 《元史》卷八一，《选举志·科目》。

④ 参见《明史》卷七〇，《选举志》。

的格式，思想又不许自由，这是明代科举制度的特色。学校和科举打成一片，官吏的登用必由科举，而科举则必由学校，政治上一切人物均由学校产生，而训练这些未来政治人物的工具，却是过去几千年前的古老经典，这些经典又不许用自己的见解去解释去研究。选用这一些政治人物的方法，却是一种替古代人说话，替古代人设想，依样画葫芦的八股文。这个办法从元传到明，明传到清，束缚了多少人的聪明才智，造成了无量数的八股政治家，是一个消磨民族精力的最大损失。

红军之起，是要求经济的、政治的、民族的地位之平等，就政治的和民族的要求来说，目的是达到了。在经济方面，虽已推翻了蒙古人、色目人对汉族的控制特权，但就汉族和各族人民而说，地主对农民的剥削压迫却完全没有改变。

在上文曾经说元末的地主是拥护旧政权的，在混乱的局面之下，他们要保存自己的地位，便用尽可能的力量组织私军来抵抗农民的袭击。等到新政权建立，事实证明能够保持地方秩序的时候，他们便毫不犹疑地参加了新政权，竭力拥护。同时一大批新兴的贵族、大臣、官吏获得了大量的田地，成为新的地主。新兴的政权和旧政权一样是为地主服务的。虽然在表面上不能不对农民做了一些让步，以便恢复和发展生产，巩固自己的统治。但在实质上，依然骑在农民的头上，吮吸农民的血汗。但是在革命的过程中，他们又不得不靠地主的财力和他们合作。在这矛盾的关系之下，产生了对地主的双重矛盾政策。他们一面仍旧和地主合作，让地主参加政治，如登用富户，《明史·选举志》：

> 俾富户耆民皆得进见，奏对称旨，辄予美官。①

洪武八年（1375 年）特下诏举富民素行端洁达时务者。② 如用地主为粮长：

> 洪武四年九月丁丑，上以郡县吏每遇征收赋税，辄侵渔于民。乃命户部令有司科民田土，以万石为率。其中田土多者为

---

① 《明史》卷七一，《选举志》。

② 参见《明史》卷二，《太祖本纪》。

粮长，督其乡之赋税。且谓廷臣曰：此以良民治良民，必无侵渔之患矣。①

《明史》记：

> 粮长者，太祖时令田多者为之，督其乡赋税。岁七月州县委官偕诣京师勘合以行。粮万石长、副各一人，输以时至，召见语合，辄蒙擢用。②

但在另一方面，则又极力排除地主势力。排除的方法第一是迁徙，如初年之徙地主于濠州：

> 吴元年十月乙巳，徙苏州富民实濠州。③

建国后徙地主实京师，《明史》记：

> 太祖惩元末豪强侮贫弱，立法多右贫抑富。尝命户部籍浙江等九布政司、应天十八府州富民万四千三百余户，以次召见，徙其家以实京师，谓之富户。④

第二是用苛刑诛灭，方孝孺《采苓子郑处士墓碣》：

> 妄人诬其家与权臣（胡惟庸）通财。时严党与之诛，犯者不问实不实，必死而覆其家。当是时浙东西巨室故家多以罪倾其宗。⑤

不问实不实，必诛而覆其家，这是消灭地主的另一手段。

对农民方面，在开国时为了应付农民过去的要求和谋赋税之整顿，曾大规模地举行土地丈量：

> 元季丧乱，版籍多亡，田赋无准。明太祖即帝位，遣周铸等百六十四人复浙西田亩，定其赋税。复命户部核实天下土田。⑥

---

① 《明太祖实录》卷六八。
② 《明史》卷七八，《食货志·赋役》。
③ 《明太祖实录》卷二六。
④ 《明史》卷七七，《食货志》。
⑤ 《逊志斋集》卷二二。
⑥ 《明史》卷七七，《食货志》。

以后每平定一地后，即派人丈量土地，如：

洪武五年六月乙巳，命户部遣使度四川田，以蜀始平故也。①

洪武十九年（1386年），又再丈量一次，方孝孺《贞义处士郑君墓表》：

洪武十九年，诏天下度田，绘疆畛为图，命太学生莅其役。②

量度田亩方圆，次以字号，悉书主名及田之丈尺，编类为册，状如鱼鳞，号曰鱼鳞图册。另一方面则调查人口，编定黄册：

洪武十四年诏天下编赋役黄册。以一百一十户为一里，推丁粮多者十户为长，余百户为十甲，甲凡十人。岁役里长十人，甲首一人，董一里一甲之事，先后以丁粮多寡为序。

黄册以户为主，详具旧管、新收、开除、实在之数为四柱式。而鱼鳞图册以土田为主，诸原阪、坟衍、下隰、沃瘠、沙卤之别毕具。以鱼鳞图册为经，土田之讼质焉；黄册为纬，赋役之法定焉。凡买卖田土，备书税粮科则，官为籍记之，毋令产去税存，以为民害。③这法度虽然精密，可是地主舞弊的方法也随之而进步，农民仍然和过去一样，要负几重义务，生活之困苦，并不因政权之转换而稍减。④

最后，元代滥发交钞的结果，财政破产，民生困瘁。《元史》记：

至正十一年置宝钞提举司，掌鼓铸至正通宝钱，印造交钞，令民间通用。行之未久，物价腾踊，价逾十倍。又值海内大乱，军储供给，掌赐犒劳，每日印造，不可数计。舟车装运，轴轳相接，交钞之散满人间者无处无之。昏软者不复行用，京师料

---

① 《明太祖实录》卷七四。

② 《逊志斋集》卷二二。

③ 参见《明史》卷七七，《食货志》；梁方仲：《明代鱼鳞图册考》，载《地政月刊》，第8期。

④ 参见吴晗：《明代之农民》，载《益世报史学》，第12～13期。

钞十锭易斗粟不可得。既而所在郡县皆以物货相贸易，公私所积之钞，遂俱不行，人视之若弊楮，而国用由是遂乏矣。①

原来在初行钞法时，钞本和钞相权印造，钞本或为丝，或为银，分存在中央和地方，所以钞和物货能维持稳定的比率，流通无阻。到末年钞本移用一空，却一味印发，用多少就印多少，自然物价愈高，钞价愈跌，导致不能行使市面了。明兴以后，仍沿其弊。洪武初年铸大中通宝钱，商贾用钞惯了，都不愿用钱。洪武七年（1374年）设宝钞提举司，造大明宝钞，命民间通行，分六等，曰一贯，曰五百文，四百文，三百文，二百文，一百文。每钞一贯，准钱千文，银一两，四贯准黄金一两。禁民间不得以金银物货交易，违者罪之。可是并无钞本，政府唯一的准备是允许用钞交纳赋税，初期凭政治的威力，虽然滥发，钞法尚通，后来钞价渐跌，钱重钞轻，一贯只值钱一百六十文，物价愈贵，政府虽屡次想法改进钞的价值，严禁其他货币行使，可是仍不相干。宣德初年米一石至用钞五十贯，成化时钞一贯至不值钱一文。这是蒙古人传给明代的一个最大祸害。

在这样一个局面之下，农民并没有从革命中得到什么好处，也许比从前还更糟，可是新的统治权并不因此而发生动摇。这有两个原因可以解释，第一是已经经过几十年的战争，农民已经厌倦了，不能再忍受那样的生活了，暂时能够苟安一下，虽然还是吃苦，也比在兵火之下转侧强一点。并且壮丁多已死亡，新统治者的军力超过旧政府远甚，农民只好屈服。第二是战争的结果，天然地淘汰了无数千万的人口，空出了大量无人耕种的土地，人口比过去少，土地却比过去多，农民生活暂时得到一个解决。元末残破的情形试举一例：

丁酉（1357年）十一月甲申，元帅缪大亨取扬州克之。青军元帅张明鉴降。明鉴日屠城中居民以为食，至是按籍，城中居民仅余十八家。知府李德林以旧城虚旷难守，乃截城西南隅而守之。②

---

① 《元史》卷九七，《食货志·钞法》。

② 《明太祖实录》卷五。

这是至正十七年（1357 年）的事，扬州是江南最繁富的地方，几年的战争，便残破如此，其他各地的情形可想而知。土地空旷的情形也举一例：

> 洪武三年（1370 年）六月丁丑，济南府知府陈修及司农官上言：北方郡县近城之地多荒芜，宜召乡民无田者垦辟，户率十五亩，又给地二亩，与之种蔬。有余力者不限顷亩，皆免三年租税。其马驿、巡检司、急递铺应役者各于本处开垦，无牛者官给之。守御军在远者亦移近城。若王国所在，近城存留五里以备练兵牧马，余处悉令开耕。从之。①

可是一过几十年，休养生息，人口又飞快地增加，土地又不够分配，同时政府的军力也逐渐衰敝，政治的腐化，政府和地主的苛索，又引起了接连不断的农民革命。②

① 《明太祖实录》卷五三。

② 参见吴晗：《明代之农民》。

第二章 靖难之役与迁都北京

一、明太祖的折中政策

自称为淮右布衣，出身于流氓而作天子的明太祖，在得了势力称王建国之后，最惹他操心的问题是怎样建立一个有力的政治中心，建立在何处。第二是用什么方法来维持他的统治权。

明太祖在初渡江克太平时（至元十五年，1355年），当涂学者陶安出迎：

太祖问曰："吾欲取金陵，何如？"安曰："金陵古帝王都，取而有之，抚形胜而临四方，何向不克？"太祖曰："善！"①

至正十八年（1358年）叶兑献书论取天下规模曰：

今之规模，宜北绝李察罕（元将察罕帖木儿），南并张九四（吴张士诚），抚温台，取闽越，定都建康，拓地江广。进则越两淮以北征，退则画长江而自守。夫金陵古称龙蟠虎踞，帝王之都，籍其兵力资财，以攻则克，以守则固。②

部将中冯国用亦早主定都金陵之说：

洪武初定淮甸，得冯国用，问以天下大计。国用对曰："金陵龙蟠虎踞，真帝王之都，愿先渡江取金陵，置都于此。然后命将出师，扫除群寇，倡仁义以收人心，天下不难定也。"上曰：

① 《明史》卷一三六，《陶安传》。
② 《明史》卷一三五，《叶兑传》。

“吾意正如此。”①

参酌诸谋士的意见，经过长期的考虑以后，以至正二十六年（1366年）六月拓应天城，作新宫于钟山之阳。至次年九月新宫成。这是吴王时代的都城。同月灭张士诚，十月遣徐达等北伐。十二月取温台，降方国珍，定山东诸郡县。

至正二十八年（1368年）正月朱元璋称帝建大明帝国。至洪武二十年（1387年）元纳哈出降，辽东归附，天下大定。在这二十几年中，个人的地位由王而帝，所统辖的疆域，由东南一隅而扩为全国。元人虽已北走，仍保有不可侮的实力，时刻有南下恢复的企图。同时沿海倭寇的侵轶，也成为国防上重大的问题。在这样情形之下，帝都的重建和国防的设计，是当时朝野所最瞩目的两大问题。

其于天然环境的限制，东南方面沿海数千里，时时处处有被倭寇侵犯的危险。东北方面，长城以外即是蒙古人的势力，如不在险要处屯驻重兵，则黄河以北便非我有。防边须用重兵，如以兵权付诸将，则恐尾大不掉，有形成藩镇跋扈的危险。如以重兵直隶中央，则国都必须扼驻边界，以收统辖指挥之效。东南是全国的经济中心，东北为国防关系，又必须成为全国的军事中心。国都如建设在东南，则北边空虚，无法防阻蒙古人的南侵。如建设在北边，则国用仍须仰给东南，转运劳费，极不合算。

在政治制度方面，郡县制和封建制的选择，也成为当时的难题。秦、汉、唐、宋之亡，没有强藩屏卫是许多原因中之一。周代封建藩国，则又枝强干弱，中央威令不施。这两者中的折中办法，是西汉初期的郡国制。一面设官分治，集大权于中央；一面又封建子弟，使为国家扞御。这样一来，设国都于东南财赋之区，封子弟于东北边防之地，在经济上，在军事上，在统治权的永久维持上，都得到一个完满的解决。这就是明太祖所采用的折中政策。

---

① 孙承泽：《春明梦余录》卷一；《明史》卷一二九，《冯胜传》。

二、定都南京①

明太祖定都南京的重要理由，是受经济环境的限制。第一因为江浙富饶为全国冠，所谓“财赋出于东南，而金陵为其会”②。定都于此，可省转运的劳费。第二是吴王时代所奠定的宫阙，不愿轻易弃去。且若另建都邑，则又须重加一层劳费。第三从龙将相都是江淮子弟，不愿轻去乡土。洪武元年（1368年）四月取汴梁后，他曾亲到汴梁去视察，觉得虽然地位适中，可是四面受敌，形势还不及南京。③ 而在事实上则西北未定，为转饷屯军计，不能不有一个军事上的后方重镇以便策应。于是仿成周两京之制，以应天（金陵）为南京，开封（汴梁）为北京。洪武二年（1369年）八月陕西平，九月以临濠（安徽凤阳）为中都。事前曾和群臣集议建都之地：

> 上召诸老臣问以建都之地，或言关中险固，金城天府之国。或言洛阳天地之中，四方朝贡，道里适均。汴梁亦宋之旧京。又言北平元之宫室完备，就之可省民力。上曰：所言皆善，惟时有不同耳。长安、洛阳、汴京实周、秦、汉、魏、唐、宋所建国。但平定之初，民力未苏息，朕若建都于彼，供给力役悉资江南，重劳其民。若就北平，要之宫室不能无更，亦未易也。今建业长江天堑，龙蟠虎踞，江南形胜之地，真足以立国。临濠则前江后淮，以险可恃，以水可漕，朕欲以为中都。何如？君臣称善。至是始命有司建置城池宫阙，如京师之制焉。④

在营建中都时，刘基曾持反对的论调，以为凤阳虽帝乡，非建都之地。⑤

---

① 南京，旧名建业、建康、金陵，元为集庆路，明太祖克集庆后，以为应天府。洪武二年（1369年）以为南京。洪武十一年（1378年）改为京师。成祖北迁后，以为南京，以北京为京师。文中为行文便利计，除引原文处仍其原称外，一律称南京。

② 丘濬：《大学衍义补·都邑之建》。

③ 参见刘辰：《国初事迹》。

④ 黄光昇：《昭代典则》。

⑤ 参见《明史》卷一二八，《刘基传》。

洪武八年（1375年）四月罢营中都。①

洪武十一年（1378年）诏以南京为京师。② 太祖对于建都问题，已经踌躇了十年，到这时才决定。可是为着要控制北边，仍时有建都的雄心。选定的地点仍是长安、洛阳和北平。当时献议都长安的有胡子祺：

> 洪武九年监察御史胡子祺上书请都关中，帝称善。遣皇太子巡视陕西，后以太子薨，不果。③

他的理由是："天下形胜地可都者四：河东地势高，控制西北，尧尝都之，然其地苦寒。汴梁襟带河、淮，宋尝都之，然其地平旷，无险可凭。洛阳周公卜之，周、汉因之，然嵩、邙非有函、终南之阻，涧、瀍、伊、洛非有泾、渭、灞、浐之雄。夫据百二山河之胜，可以耸诸侯之望，举天下莫关中者也。"④ 皇太子巡视陕西在洪武二十四年（1391年），则太祖在洪武十一年（1378年）定都南京以后，仍有都长安之意。皇太子巡视的结果，主张定都洛阳：

> 太祖以江南地薄，颇有建都之意。八月命皇太子往视关洛。皇太子志欲定都洛阳，归而献地图。明年四月以疾薨。⑤

郑晓记此事始末，指出迁都的用意，在控制西北：

> 国朝定鼎金陵，本兴王之地。然江南形势终不能控制西北，故高皇时已有都汴、都关中之意，以东宫薨而中止。⑥

《明史》记：

> 太子还，献陕西地图，遂病，病中上言经略建都事。⑦

是则假使懿文不早死，也许在洪武时已经迁都到洛阳或长安了。又议建都北平：

---

① 参见《明史》卷二，《太祖本纪》。
② 参见《明史》卷四〇，《地理志》。
③ 《明史》卷一四七，《胡广传》。
④ 《明史》卷一一五，《兴宗孝康皇帝传》。
⑤ 姜清：《姜氏秘史》卷一。
⑥ 郑晓：《今言》卷二七四。
⑦ 《明史》卷一一五，《兴宗孝康皇帝传》。

逮平陕西，欲置都关中。后以西北重地，非自将不可。议建都于燕。以鲍频力谏而止。①

何孟春记鲍频谏都北平事说：

太祖平一天下，有北都意。尝御谨身殿，亲策问群臣曰："北平建都可以控制边塞，比南京何如"？修撰鲍频对曰："元主起自沙漠，立国在燕，今百年，地气天运已尽，不可因也。南京兴王之地，宫殿已完，不必改图，《传》曰在德不在险也。"②

明太祖晚年之想迁都，次要的原因，是南京新宫风水不好，顾炎武记：

南京新宫吴元年作。初大内填燕尾湖为之，地势中下，南高而北卑，高皇帝后悔之。二十五年《祭光禄寺灶神文》曰：朕经营天下数十年，事事按古有绪。维宫城前昂后洼，形势不称，本欲迁都。今朕年老，精力已倦。又天下新定，不欲劳民。且兴废有数，只得听天。惟愿鉴朕此心，福其子孙。③

由此看来，从洪武初年到洪武二十四年（1391年）这一时期中，明太祖虽然以南京作国都，可是为了控制北边的国防关系，仍时有迁都的企图。迁都北边最大的困难是漕运艰难，北边硗瘠，如一迁都，则人口必骤然增加，本地粮食不能自给，必须仰给东南，烦费不资。次之重新创建地池宫阙，人力和财力也耗费过多。懿文太子死后，这老皇帝失去勇气，从此就不再谈迁都了。

三、封建诸王

洪武二年（1369年）四月编《祖训》，定封建诸王之制。④ 在沿

---

① 孙承泽：《春明梦余录》卷一。

② 何孟春：《余冬录》卷二。

③ 《天下郡国利病书》卷一三，《江南一》。

④ 参见《明史》卷二，《太祖本纪》。

边要地，均建王国：

明兴，高皇帝以宋为惩，内域削弱，边圉勿威，使胡人得逞中原而居闰位。于是大封诸子，连亘边陲。北平天险，为元故都，以王燕。东历渔阳、卢龙，出喜峰，包大宁，控塞葆山戎以王宁。东渡榆关，跨辽东，西并海，被朝鲜，连开原，交市东北诸夷，以王辽。西按古北口，濒于雍河，中更上谷、云中，巩居庸，蔽雁门，以王谷若代。雁门之南，太原其都会也，表里河山，以王晋。逾河而西，历延、庆、韦、灵，又逾河北，保宁夏，倚贺兰，以王庆。兼殽、陇之险，周、秦都圻之地，牧坰之野，直走金城，以王秦。西渡河，领张掖、酒泉诸郡，西扃嘉峪，护西域诸国，以王肃。此九王者，皆塞王也。莫不敷险陿，控要害，佐以元戎宿将，权崇制命，势匹抚军，肃清沙漠，垒帐相望。①

沿古长城线，东起辽阳，西到甘肃，建设了辽、宁、燕、谷、代、晋、庆、秦、肃九个王国，组成一条对蒙古的反包围防线。在内地则有“周、齐、楚、潭、鲁、蜀诸王，护卫精兵万六千余人，牧马数千匹，亦皆部兵耀武，并列内郡”②。

诸王国皆设重兵，洪武五年（1372年）置亲王护卫都指挥使司，每王府设三护卫。③ 护卫甲士少者三千人，多者至万九千人。④ 此为直属于亲王之军力，此外边地诸王国内，中央所派之守镇兵亦得归王调遣：

凡王国有守镇兵，有护卫兵。其守镇兵有常选指挥掌之，其护卫兵从王调遣。如本国是险要之地，遇有警急，其守镇兵、护卫兵并从王调遣。⑤

中央调发守镇兵，除御宝文书外，并须得王令旨，方得发兵：

凡朝廷调兵，须有御宝文书与王，并有御宝文书与守镇官。守镇官既得御宝文书，又得王令旨方许发兵。无王令旨，不得发兵。⑥

---

①② 何乔远：《名山藏》卷一，《分藩记》。

③ 参见《明史》卷九〇，《兵志·卫所》。

④ 参见《明史》卷一一六，《诸王传序》。

⑤⑥ 《皇明祖训·兵卫条》。

扼边诸王，兵力尤厚，如宁王所部至“带甲八万，革车六千，所属朵颜三卫骑兵皆骁勇善战”①。洪武十年（1377年）又以羽林等卫军益秦、晋、燕三府护卫。② 时蒙古人犹图恢复，屡屡南犯。于是徐达、冯胜、傅友德诸大将数奉命往北平、山西、陕西诸地屯田练兵，为备边之计。又诏诸王近塞者，每岁秋勒兵巡边。③ 远涉沙漠，校猎而还，谓之“肃清沙漠”④。诸王封并塞居者，都得预军务。内中晋、燕二王尤被重寄，数次奉命领兵出塞及筑城屯田，大将如宋国公冯胜、颍国公傅友德皆受节制。⑤ 洪武二十六年（1393年）三月又诏二王军务大者始以闻。⑥ 由此军中事皆得专决。

明太祖一面以诸王领兵守边，一面又预防后人懦弱，政权有落于权臣之手的危险，特授诸王以干涉中央政事之权。诸王有权移文中央索取奸臣：

> 若大臣行奸，不令王见天子，私下传致其罪而遭遇不幸者，到此之时，天子必是昏君。其长史司并护卫移文五军都督府索取奸臣，都督府捕奸臣奏斩之，族灭其家。⑦

甚至得举兵入清君侧：

> 如朝无正臣，内有奸恶，则亲王训兵待命。天子密诏诸王统镇兵讨平之。⑧

又怕后人变更他的法度，特地把天子、亲王、大臣所应做和不应做的事，都定为祖训，叫后人永远遵守。洪武二十八年（1395年）九月正武颁布《皇明祖训》条章于中外，并着令后世有言更祖制者，以奸臣论。⑨ 由此诸王各拥重兵，凭据险厄，并得干涉国事，在军

---

① 《明史》卷一一七，《宁王传》。
② 参见《明史》卷二，《太祖本纪》。
③ 参见《明史》卷九一，《兵志·边防》。
④ 祝允明：《九朝野记》卷一。
⑤ 参见《明史》卷一一六，《晋恭王传》。
⑥ 参见《明史》卷三，《太祖本纪》。
⑦⑧ 《皇明祖训·法律条》。
⑨ 参见《明史》卷三，《太祖本纪》。

事上和政治上都握大权，酿成了外重内轻之势。

分封建制之害，在洪武九年（1376 年）叶伯巨即已上书言之。他说：

> 先王之制，大都不过三国之一，上下等差，各有定分，所以强干弱枝，遏乱源而崇治本耳。今裂土分封，使诸王各有分地，盖惩宋、元孤立，宗室不竞之弊。而秦、晋、燕、齐、梁、楚、吴、蜀诸国，无不连邑数十，城郭宫室，亚于天子之都，优之以甲兵卫士之盛。臣恐数世之后，尾大不掉，然后削其地而夺之权，则必生觖望，甚者缘间而起，防之无及矣。愿及诸王未之国之先，节其都邑之制，减其卫兵，限其疆理，亦以待封诸王之子孙。此制一定，然后诸王有贤且才者，入为辅相，其余世为藩屏，与国同休。割一时之恩，制万世之利，消天变而安社稷，莫先于此。①

书上以离间骨肉坐死。其实这时诸王只建藩号，尚未就国，有远见的人便已感到不安的预兆了。到洪武末年诸王数奉命出塞，强兵悍卒，尽属麾下。这时太祖已衰病，皇太孙幼弱，也渐渐感觉到强藩的逼胁了。有一次他们祖孙曾有如下的谈话：

> 先是太祖封诸王，辽、宁、燕、谷、代、晋、秦、庆、肃九国皆边虏，岁令训将练兵，有事皆得提兵专制便防御。因语太孙曰："朕以御虏付诸王，可令边尘不动，贻汝以安。"太孙曰："虏不靖，诸王御之。诸王不靖，孰御之?"太祖默然良久曰："汝意何如?"太孙曰："以德怀之，以礼制之，不可则削其地，又不可则废置其人，又其甚则举兵伐之。"太祖曰："是也，无以易此矣。"②

太孙又和黄子澄密谋定制削藩之计：

> 惠帝为皇太孙时，尝坐东角门，谓子澄曰："诸王尊属，拥重兵，多不法，奈何?"对曰："诸王护卫兵才足自守，倘有变，

---

① 《明史》卷一三九，《叶伯巨传》。

② 尹守衡：《明史窃·革除记》。

临以六师，其谁能支。汉七国非不强，卒底亡灭，大小强弱势不同，而顺逆之理异也”太孙是其言。①

即位后高巍、韩郁先后上书请用主父偃推恩之策，在北诸王子弟分封于南，在南子弟分封于北，则藩王之权，不削而自弱。当局者都主削藩，不用其计而靖难师起。②

四、靖难之役

明太祖在位三十一年（1368—1398），皇太子标早卒，皇太孙允炆继位，是为惠帝（1368—1402）。时太祖诸子第二子秦王樉、第三子晋王㭎都已先死，第四子燕王棣、第五子周王橚和齐、湘、代、岷诸王都以叔父拥重兵，多不法。朝廷孤立。诸王中燕王最雄桀，兵最强，尤为朝廷所嫉。惠帝用黄子澄、齐泰计谋削藩，讨论应该先向谁动手：

> 泰欲先图燕，子澄曰："不然。周、齐、湘、代、岷诸王在先帝时尚多不法，削之有名。今欲问罪，宜先周。周王，燕之母弟③，削周是削燕手足也。"④

定计以后，第一步先收回王国所在地之统治权，下诏："王国吏民听朝廷节制，唯护卫官军听王。"⑤ 建文元年（1399年）二月又下诏诸王毋得节制文武吏士。⑥ 收回兵权及在王国之中央官吏节制权。洪武三十一年（1398年）八月废周王橚为庶人。建文元年（1399年）四月湘王柏惧罪自焚死，齐王榑、代王桂有罪，废为庶人。六月废岷王楩为庶人。

---

① 《明史》卷一四一，《黄子澄传》。

② 参见《明史》卷一四三，《高巍传》。

③ 懿文太子标、秦王樉、晋王㭎，李淑妃出。燕王棣、周王橚，碽妃出。参见吴晗：《明成祖生母考》，载《清华学报》，第10卷第2期。

④ 《明史》卷一四一，《黄子澄传》。

⑤ 《明史》卷一四一，《齐泰传》；谷应泰：《明史纪事本末》卷一五。

⑥ 参见《明史》卷四，《恭闵帝本纪》。

燕王棣智勇有大略，妃徐氏为开国元勋徐达女。就国后，徐达数奉命备边北平，因从学兵法。徐达死后，诸大将因胡惟庸、蓝玉两次党案诛杀殆尽。燕王遂与秦、晋二王并当北边御敌之任。洪武二十三年（1390年）正月与晋王率师往讨元丞相咬住、太尉乃儿不花，征虏前将军、颍国公傅友德等并听节制。三月师次迤都，咬住等降。① 获其全部而还，太祖大喜。是后屡率诸将出征，并奉命节制沿边士马，威名大震。② 洪武二十四年（1391年）四月督傅友德诸将出塞，败敌而还。洪武二十六年（1393年）三月冯胜、傅友德备边山西、北平，其属卫将校悉听晋王、燕王节制。洪武二十八年（1395年）正月率总兵官周兴出辽东塞，自开原追敌至甫答迷城，不及而还。洪武二十九年（1396年）率师巡大宁，败敌于彻彻儿山，又追败之于兀良哈秃城而退。洪武三十一年（1398年）率师备御开平。③ 太祖死后，自以为三兄都已先死，论序当立，不肯为建文帝下。到周、湘诸王相继得罪，遂决意反，阴选将校，勾军卒，收才勇异能之士，日夜铸军器。④ 建文元年（1399年）七月杀政府所置地方大吏，指齐泰、黄子澄为奸臣，援引《祖训》，入清君侧，称其师曰靖难。

兵起时建文帝正在和方孝孺、陈迪一些文士讨论周官法度，更定官制，讲求礼文。当国的齐泰、黄子澄也都是书生，不知兵事，以旧将耿秉文为大将往讨。八月耿秉文兵败于滹沱河，即刻召还，代以素不知兵的勋戚李景隆。时燕王已北袭大宁，尽得朵颜三卫犷骑而南。景隆乘虚攻北平不能克，燕王回兵大破之。建文二年（1400年）四月燕王又败景隆兵于白沟河、德州，进围济南，三月不克，为守将盛庸所掩击，大败解围去。九月盛庸代李景隆为大将军。十二月大败燕兵于东昌，燕大将张玉战死，精锐丧失几尽。建文三年（1401年）燕兵数南下，胜负相当。所攻下的城邑，兵回又为朝廷拒守。燕王所据有的地方，不过北平、保定、永平三府。恰好因

---

① 参见《明史》卷三，《太祖本纪》。

② 参见《明史》卷四，《成祖本纪》。

③ 参见《明史》卷三，《太祖本纪》。

④ 参见《明史》卷一四五，《姚广孝传》。

建文帝待宫中宦官极严厉，宦官被黜责的逃奔燕军，告以京师虚实。十二月后复出师南下。朝廷遣大将徐辉祖（达子，燕王妃兄）据山东，与都督平安大败燕兵，燕军正预备逃回北平，建文帝又轻信谣言，以为燕兵已退，一面也不信任徐辉祖，召之还朝。前方势孤，遂接连战败。燕兵乘胜渡淮趋扬州，江防都督陈瑄以舟师迎降，速渡江围南京，谷王橞及李景隆开金川门迎降，宫中火起，建文帝不知所终。燕王入南京即帝位，是为成祖（1402—1424）。①

成祖入南京后做的第一件事，是对主削藩议者的报复，下令大索齐泰、黄子澄、方孝孺等五十余人，榜其姓名曰奸臣，大行屠杀，施族诛之法，族人无少长皆斩，妻女发教坊司，姻党悉戍边。方孝孺之死，宗族亲友前后坐诛者至八百七十三人。② 万历十三年（1585年）释坐孝孺谪戍者后裔凡千三百余人。③ 第二件事是尽复建文中所更改的成法和官制，表明他起兵的目的，是在拥护祖训，和建文帝擅改祖制之罪。④ 由此《祖训》成为明朝一代治国的经典，太祖时所定的法令，到后来虽然时移事变，也不许有所更改。太祖时所曾施行的制度，也成为一代的金科玉律，无论无理到什么地步，也因为是祖制而不敢轻议。内中如锦衣卫和廷杖制，最为有明一代的弊政。为成祖所创的有宦官出使、专征、监军、分镇的制度，和皇帝的侦察机关东、西厂。

五、锦衣卫和东、西厂⑤

锦衣卫和东、西厂，明人合称为厂卫。锦衣卫是内廷的侦察机关，东、西厂则由宦官提督，最为皇帝所亲信，即锦衣卫也在其侦察之下。

---

① 参见《明史》卷三，《恭闵帝纪》；卷四，《成祖本纪》；卷一四四，《盛庸传》；卷一二六，《李文忠传》；卷一二五，《徐达传》；《明史纪事本末》卷一六。

② 参见《明史纪事本末》卷一八。

③ 参见《明史》卷一四一，《方孝孺传》。

④ 参见《明史》卷四，《成祖本纪》；《燕王会旨》。

⑤ 参见吴晗：《明代的锦衣卫和东西厂》，载《大公报·史地周刊》，1934-12-24。

锦衣卫初设于明太祖时，是皇帝的私人卫队。其下有镇抚司，专治刑狱，可以直接取诏行事，不必经过外廷法司的审判手续。①锦衣卫的主要职务是察不轨、妖言、人命、强盗重事，专替皇帝侦察不忠于帝室者和叛逆者，其权力在外廷法司之上。洪武二十年（1387年）曾一度取消锦衣卫的典诏狱权。到了成祖由庶子篡逆得位，自知人心不附，并且内外大臣都是建文帝的旧臣，深恐建文帝未死，诸臣或有复辟的企图，于是重复锦衣卫的侦察和典诏狱权，使之秘密活动，以为钳制臣民之计。另一方面又建立了一个最高侦察机关叫东厂，因为在起兵时很得了建文帝左右宦官的力量，深信宦官的忠心，便以宦官提督东厂，付以“缉访谋逆、妖言、大奸恶等”的职权。以后虽时革时复，名称也有时更换（如西厂、外厂、内行厂之类），但其职权及地位则愈重愈高，甚至有任意逮捕官吏平民，和任意刑讯处死的权力。

靖难兵起时，宦官狗儿、郑和等以军功得幸。成祖即位后遂加委任，有派作使臣的，如永乐元年（1403年）遣内官李兴出使暹罗②，马彬出使爪哇诸国，永乐三年（1405年）遣太监郑和出使西洋。③有派作大将的，如永乐三年（1405年）之使中官山寿率兵出云州觇敌。④又因各地镇守大将多为建文帝旧臣，特派宦官出镇和监军，使之伺察。永乐元年命内臣出镇及监京营军⑤，出镇的如马靖镇甘肃，马骐镇交趾，监军的如王安之监都督谭青军。⑥由是司法权和兵权都逐渐落在宦官手中。宣德以后，人主多不亲政事，不和阁臣见面，甚至深居宫内，从不上朝，国家政务多交司礼监太监批答，内阁的权力也渐渐转到司礼监去了。在外则各地镇守太监成为地方的最高监察者，干预政务，骚扰地方，积重难返，形成一种畸形的阉人政治。英宗时的王振、曹吉祥，宪宗时的汪直、梁芳，武宗时的刘瑾，神宗时的陈增、高淮，熹宗时的魏忠贤，思宗时的曹

① 参见王世贞：《锦衣志》。

② 参见《明史》卷三〇四，《宦官传》。

③④⑤ 参见《明史》卷四，《成祖本纪》。

⑥ 参见《明史》卷三〇四，《宦官传序》。

化淳、高起潜，莫不窃弄政柄，祸国殃民，举凡军事、外交、内政、财政、司法，一切国家大政，都由宦官主持，甚至阁臣之用黜，都以宦官的好恶为定。他们只图私人生活的享乐，极力搜括掊敛，榨取民众的血汗，诱导皇帝穷奢极欲，大兴土木祷祠。对外则好大喜功，生衅外族。驯至民穷财尽，叛乱四起。外廷的士大夫与之相抗的都被诛杀放逐，由此朝廷分为两派，一派附和宦官，希图富贵，甘为鹰犬。一派则极力攻击宦官，欲将权力夺回内阁，建设清明的政治。明代除开例外的几个时期以外（如孝宗及世宗时），阉人和士人两派势力互为消长，此仆彼兴，循环报复，一直闹到亡国。

廷杖也是祖制的一种，太祖时曾杖死工部尚书薛祥。[①] 鞭死永嘉候朱亮祖父子。[②] 以后一直沿用这刑法，正德十四年（1519年）以谏止南巡廷杖舒芬等百四十六人，死者十一人。嘉靖三年（1524年）群臣争大礼，廷杖丰熙等百三十四人，死者十六人。内外大臣一拂宦官或皇帝之意，即时廷杖，由锦衣卫执行，杖而不死者，或遣戍边地，或降官，或仍旧衣冠办事。英宗时又创立枷之刑，英宗时国子祭酒李时勉至荷枷国子监前。[③] 直到熹宗时，魏忠贤杖死万爆，大学士叶向高以为言，忠贤乃罢廷杖，把所要杀的人都下镇抚司狱，因酷刑害死，算是代替了这一祖制。

锦衣卫，东、西厂和廷杖制原都是为镇压反动势力，排除异己分子，故意造成恐怖空气，使臣民慑于淫威，不敢反侧的临时设施。果然，这一套祖制，使大小臣民都惴惴苟延，不知命在何日。太祖时朝官得生还田里，便为大幸。[④] 皇帝威权，由之达于极点。这三位一体的恐怖制度使专制政体的虐焰高到无可再高，列朝的君主也明知这制度的残酷不合理，但是第一为着维持个人的威权，第二因为这是祖制，所以因仍不旨废止。英宗以后的君主多高拱深宫，宦官用事，更利用这制度来树威擅权，排斥反对党，虽然经过无数次

---

① 参见《明史》卷一三八，《薛祥传》。

② 参见《明史》卷九五，《刑法志》。

③ 参见《明史》卷一三六，《李时勉传》。

④ 参见《明史》卷一三八，《杨靖传》附《严德珉传》；卷二五八，《孙贲传》。

士大夫的请求废止和抗议，终归无效。一直到亡国，才自然消灭，竟和明运相终始。

六、迁都北京

成祖以边藩篡逆得位，深恐其他的藩王也学他的办法，再来一次靖难，即位之后，也采用建文帝的削藩政策，以次收诸藩王兵权，非唯不使干预政事，且设立种种苛禁以约束之。建文四年（1402年）徙谷王于长沙，永乐元年（1403年）徙宁王于南昌，以大宁地界从靖难有功之朵颜、福余、泰宁三卫，以偿前劳。① 削代王、岷王护卫。永乐四年（1406年）削齐王护卫，废为庶人。永乐十年（1412年）削辽王护卫（辽王已于建文元年徙荆州）。永乐十五年（1417年）谷王以谋反废。永乐十八年（1420年）周王献三护卫。尽削诸王之权，于护卫削之又削，必使其力不足与一镇抗。② 到宣宗时汉王高煦（成祖次子，宣宗叔父，学他父亲的办法要诛奸臣，入清君侧），武宗时安化王寘𬭎、宁王宸濠果然援靖难之例，起兵造反。由此政府更设为厉禁，诸王行动不得自由，甚至出城省墓，亦须奏请。二王不得相见。③ 受封后即不得入朝。④ 甚至在国家危急时，出兵勤王亦所不许。⑤ 只能衣租食税，凭着王的位号，在地方上作威福，肆害官民。⑥ 王以下的宗人，生则请名，长则请婚于朝，国家养之终身，丧葬予费。⑦ 仰

---

① 参见《明史》卷三二八，《三卫传》。《明史·成祖本纪》永乐元年三月"始以大宁地界兀良哈"，《明史·兵志》同。按兀良哈为地名，在潢水（即西喇木伦河，Silamulun）北。西起兴安岭，东至哈尔滨、长春等平野。南有全宁卫，更南有大宁卫。《太祖高皇帝实录》卷一九六："洪武二十二年五月辛卯，置泰宁、朵颜、福余三卫指挥使司于兀良哈之地，以居降胡。"明人习称泰宁、朵颜、福余为兀良哈三卫，更节称为兀良哈。兀良哈及三卫之名称由来，详见日本箭内亙：《兀良哈三卫名称考》。

② 参见万言：《管村文抄内编》卷二，《诸王世表序》。

③ 参见《明史》卷一二〇，《诸王传》；卷一一九，《襄王传》。

④ 参见《明史》卷一一九，《崇王传》。

⑤ 参见《明史》卷一一八，《韩王传》；卷一一八，《唐王传》。

⑥ 参见赵翼：《廿二史劄记》卷三二，《明分封宗藩之制》。

⑦ 参见《明史》卷一一六，《诸王传序》。

食于官，不使之出仕，又不许其别营生计，怕亵渎了皇家的尊严，“不农不仕，吸民膏髓”①。到后来生齿日繁，皇族的口数到了七八万，国家也养不起了。世宗（1521—1566）时御史林润上疏说：

> 天下岁供京师粮四百万石，而诸府禄米至八百五十三万石。以山西言，存留百五十二万石，而宗禄二百二十二万。以河南言，存留八十四万三千石，而宗禄百九十二万。②

不得已大加减削，宗藩日困。枣阳王祐楒请“除宗人禄，使以四民业自为生。贤者用射策应科第”。政府要顾面子，还是不许。③万历二十二年（1594年）郑世子载堉再请求特许“宗室皆得儒服就试，毋论中外职，中式者视方品器使”④。从此宗室方得出仕。国家竭天下之力来养活十几万游荡无业的贵族游民，不但国力为之疲敝不支，实际上宗室又因不许就业而陷于困穷，衣食无着，势不能不作奸犯法，扰害平民。国家费钱，宗室挨饿，平民受罪，这也是当时创立祖制的人所意想不到的。

成祖削藩的结果，宁、谷二王内徙，尽释诸王兵权，北边空虚。按照当时的形势，“四裔北边为急，倏来倏去，边备须严。若畿甸去远而委守将，则非居重取轻之道”⑤。于是有迁都北京之计，以北京为行在，屯驻重兵，皇帝亲自统率，抵御蒙古人之入侵：

> 太宗靖难之勋既集，切切焉为北顾之虑，建行都于燕，因而整戈秣马，四征弗庭，亦势所不得已也。銮舆巡幸，劳费实繁，易世之后，不复南幸，此建都所以在燕也。⑥

合政治与军事中心为一，以国都当敌。朱健曾为成祖迁都下一历史的地理的解释。他说：

---

① 《明史》卷二一四，《靳学颜传》。
② 《明史》卷八二，《食货志》。
③ 参见《明史》卷一一九，《枣阳王传》。
④ 《明史》卷一一九，《郑王传》。
⑤ 章潢：《图书编》卷三三，《论北龙帝都垣》。
⑥ 顾炎武：《读史方舆纪要·北直方舆纪要序》。

自古建立都邑，率在北土，不止我朝，而我朝近敌为甚。且如汉袭秦旧都关中，匈奴入寇，烽火辄至甘泉。唐袭隋旧亦都关中，吐蕃入寇辄到渭桥，宋袭周旧都汴，西无灵、夏，北无燕、云，其去契丹界，直浃旬耳。景德之后，亦辄至澶渊。三治朝幅员善广矣，而定都若此者何？制敌便也。我朝定鼎燕京，东北去辽阳尚可数日，去渔阳百里耳。西北去云中尚可数日，去上谷亦仅倍渔阳耳。近敌便则常时封殖者尤勤，常时封殖则一日规画措置者尤亟，是故去敌之近，制敌之便，莫有如今日者也。①

建都北京的最大缺点是北边粮食不能自给，必须仰给东南。海运有风波之险，由内河漕运则或有时水涸，或被寇盗所阻，稍有意外，便成问题，朱健说：

今国家燕都可谓百二山河，天府之国。但其间有少不便者，漕粟仰给东南，而运河自江而淮而黄，自黄而后自汶而卫，盈盈衣带，不绝如线，河流一涸，则西北之腹尽枵矣。元时亦输粟以供上都，其后兼行海运。然当群雄干命之时，烽烟四起，运道梗绝，惟有束手就困，此京师之第一当虑者也。②

要解决这两个困难，则第一必须大治河道，第二必须仍驻重兵于南京，镇压东南。成祖初年转漕东南，水陆兼挽，仍元人之旧，参用海运。而海运多险，陆运亦劳费不赀。永乐九年（1411 年）命宋礼开会通河。永乐十三年（1415 年）陈瑄凿清江浦，通北京漕运，由运河直达通州，而海陆运俱废。③ 运粮官军十二万人，有漕运总兵及总督统之。④ 十九年（1421 年）迁都北京后，以南京为留都，仍设五府六部官，并设南京守备，掌一切留守防护之事，节制南京诸卫所。⑤

---

①② 朱健：《古今治平略》。

③ 参见《明史》卷八五，《河渠志》。

④ 参见《时史》卷七九，《食货志》。

⑤ 参见《明史》卷八九，《兵志》。

永乐元年（1403年）以北平为北京。永乐四年（1406年）诏以明年五月建北京宫殿。永乐十八年（1420年）北京郊庙宫殿成，诏以北京为京师，不称行在。① 在实际上，自永乐七年（1409年）以后，成祖多驻北京，以皇太子在南京监国。自丘福征本雅失里汗败死后，成祖五入漠北亲征。② 自永乐十五年（1417年）北巡以后，即不再南返。南京在事实上，从永乐七年（1409年）成祖北巡以后，即已失去政治上的地位，永乐十九年（1421年）始正式改为陪都。

迁都之举，当时有一部分人不了解成祖的用心，力持反对论调。《明史》记：

> 三殿灾，诏求直言。群压多言都北京非便。帝怒，杀主事萧仪，曰："方迁都时，与大臣密计，久而后定，非轻举也。"③

仁宗（1424—1425）即位后，胡淡从经济的立场，"力言建都北京非便，请还南都，省南北转运供亿之烦"④。胡淡是武进人，为南方士大夫的领袖，他的意见可说是代表南方人民的舆论，政府于是又定计还都南京，洪熙元年（1425年）三月诏北京诸司悉称行在。五月仁宗崩，迁都之计遂又搁置不行。⑤ 一直到英宗正统六年（1441年）北京三殿两宫都已告成，才决定定都北京，诏文武诸司不称行在，仍以南京为陪都。⑥

成祖北迁以后，北京三面临敌，边防大重。东起鸭绿，西抵嘉峪，绵亘万里，分地守御。初设辽东、宣府、大同、延绥四镇，继设宁夏、甘肃、蓟州三镇，又加上太原、固原，是为九边。⑦ 每边各设重兵，统以大将，副以偏裨，监以宪臣，镇以开府，联以总督，无事则画地

---

① 参见《明通鉴》卷一七。
② 参见《明史》卷五至卷六，《成祖本纪》。
③ 《明史》卷一四九，《夏原吉传》。
④ 《明史》卷一六九，《胡淡传》。
⑤ 参见《明史》卷八，《仁宗本纪》。
⑥ 参见《明史》卷一〇，《英宗前纪》。
⑦ 参见《明史》卷九一，《兵志》。

防守，有事则犄角为援。[①] 失策的是即位后，即徙封宁王于江西，把大宁一带地[②]送给从征有功的朵颜三卫，三卫的占地，大致上从古北口到山海关隶朵颜卫，自广宁前屯卫西至广宁镇白云山隶泰宁卫，自白云山以北到开原隶福余卫。从此幽燕东北之险，中国与蒙鞑共之，胡马疾驰半日可到阙下。辽东、广宁、锦、义等城从此和宣府、怀来隔断悬绝，声不相连。[③] 又以东胜[④]孤远难守，调左卫于永平，右卫于遵化，而墟其地。[⑤] 兴和[⑥]为阿鲁台所攻，徙治宣府卫城而所地又虚。[⑦] 开平[⑧]为元故都，地处极边，西接兴和而达东胜，东西千里，最为要塞。从弃大宁后，宣府和辽东隔绝，开平失援，胡虏出没，饷道艰难，宣德五年（1430 年）从薛禄议，弃开平，徙卫于独石。[⑨] 后来“三岔河弃而辽东悚，河套弃而陕右警，西河弃而甘州危”[⑩]。国防遂不可问。初期国力尚强，对付外敌的方法，是以攻为守，太祖、成祖、宣宗三朝并大举北征，以兵力逼蒙古人远遁，使之不敢近塞。英宗以后，国力渐衰，于是只以守险为上策，坐待敌来，长城以北诸要塞尽弃不守，只靠长城来挡住胡骑，而边警由之日亟。英宗正统十四年（1449 年）瓦剌也先入寇围北京。世宗嘉靖二十九年（1550 年）鞑靼俺答入寇薄都城。这两次的外寇，都因都城兵力厚，不能得志，焚掠近畿而去。思宗崇祯十七年（1644 年）流寇李自成北犯，宣府和居庸的守臣都开门揖敌，遂长驱进围北京，太监曹化淳又开门迎入，北都遂亡。由此看来，假如明成祖当时不迁都北京，自以身当敌冲，也许在前两次蒙古人入犯时，黄河以北，已不可守，宋人南渡之祸，又要重演一次了。

---

① 参见黄道周：《博物典汇》卷一九，《九边》。

② 今辽宁省平泉、内蒙古自治区赤峰等地。

③ 参见严从简：《殊域周咨录》卷一六，《鞑靼》。

④ 今内蒙古自治区托克托县及茂明安之地。

⑤ 参见《明史》卷九一，《兵志》。

⑥ 元兴和路，自今张家口以北至内蒙古苏尼特旗皆其境。洪武三年（1370 年）为府，后废。洪武三十年（1397 年）置兴和守御千户所。今河北省张北县治即兴和故城。

⑦ 参见《明史》卷四〇，《地理志·京师》。

⑧ 在今内蒙古自治区多伦县地。

⑨ 参见《明史》卷四〇，《地理志》；《殊域周咨录》卷一七，《鞑靼》；方孔炤：《全边略记》卷三，《宣府略》。

⑩ 《博物典汇》卷一九。

第三章　南洋之拓殖

一、14世纪以前之中国与南洋

现代人所称的南洋，前人叫做东、西洋。西洋指印度支那（Indo-China）、马来半岛（Malay Archipiélago）、苏门答腊（Sumatra）、爪哇（Java）、及婆罗洲（Borneo）之西南海岸诸国。东洋则以菲律宾群岛（Philippine Is.）为中心，包含马六甲（Malacca）诸岛及婆罗洲北岸之文莱国（Brunei），以文莱国为东、西洋之交点，谓为"东洋尽处，西洋所自起也"①。此种名词之构成，至晚亦在元代②，系基于航海路线之东西洋针路③而区分。④

公元前3世纪时，秦之国力已达于今日之越南河内及其南部诸地。其地土著已印度化。百年之后，汉武帝时，南海诸国皆来朝贡，汉亦遣译使航海到南海诸国。⑤ 目的第一是耀武海外，令诸国奉正

---

① 张燮：《东西洋考》卷五，《文莱》。

② 汪太渊：《岛夷志略・苏禄》："（珠）重者出于西洋之第三港。"《毗舍耶》："故东洋闻毗舍耶之名，皆畏而逃焉。"

③ 参见《东西洋考》卷九，《舟师考二・洋针路》。

④ 参见和田清：《明代以前中国人所知之菲律宾群岛》，载《东洋学报》，第12卷第3号。

⑤ 《汉书・地理志》："自日南障塞、徐闻、合浦船行可五月，有都元国……又船行可二十余日，有谌离国。步行可十余日，有夫甘都卢国（蒲甘，Pagan）。自夫甘都卢船行可二月余，有黄支国（Kana，今Conjevraram，在Madras之西南），民俗略与朱崖相类。其州广大，户口多，多异物。自武帝（公元前140年—公元前86年）以来皆献见。有译长，属黄门，与应幕者俱人海，市明珠、璧流离、奇石异物，赍黄金、杂缯而往。所至国皆禀食为耦，蛮夷买船转送致之。亦利交易，剽杀人。又苦逢风波溺死，不者数年来还。大珠至围二寸以上。平帝元始中（1-6）王莽辅政，欲耀威德，厚遗黄支王，令遣使献生犀甲。自黄支船行可八月到皮宗（Pulau Pisang），船行可二月到日南、象林界云。黄支之南有已程不国，汉之译使自此还矣。"参见法人费琅（G. Ferrand）著，冯承钧译：《昆仑及南海古代航行考》，上海，商务印书馆，1933。

朔，来贡献。第二是贸采珍异。绝对地不怀土地的侵略或干涉政治的野心。在后来的两千年历史中，这种传统政策始终未曾改变，保持我泱泱大国王道的风度。吴孙权时遣宣化从事朱应、中郎康泰通海南诸国，其所经及传闻则有百数十国。① 晋义熙七年（411年）求法僧人法显自多摩梨帝（Tamralipti，今 Calcutta）海口趁商人大舶泛海西南行至师子国（Ceylon），二年后复附舶到耶婆提国（Yavadvipa，今 Java），再附商舶东北趣广州，被风飘到长广郡界。② 据其所撰《佛国记》，知在5世纪初年南洋商业已渐趋兴盛，有经十三昼夜大风而不沉没，与能储多人粮食水浆，经八十余日而不竭之大船，为交通上之利器。当时与南洋贸易，以广州为市场，商人往来频繁，故深悉南洋地理及航路。③ 商业发达及航海术进步之结果，使南洋诸国逐渐与我国发生政治关系。我国之求法僧人接踵出国，印度高僧亦陆续由海道来华，沟通两地之文化。

宋元嘉五年（428年）师子国国王刹利摩诃南（Raja Mahanama）遣使奉表来献。④ 诃罗陁国于元嘉七年（430年）遣使请求保护及准许通商。⑤ 诃罗单（Kari Tan，在今爪哇）、槃皇（Pahang，在柔佛 Johore 之北）、槃达（Battak）诸国并遣使来献，受中国策命，王其国中。阇婆婆达国（Java）表文有“虽隔巨海，常遥臣属”之语。⑥

至唐，对外贸易之中枢仍为广州，据僧鉴真所记：“749年（唐玄宗天宝八年）广州珠江之中，有婆罗门、波斯、昆仑舶无数。”⑦ 当时

---

① 参见《梁书》卷五四，《诸夷传序》。

② 参见法显：《佛国记》；《高僧传》初集卷三，《法显传》。

③ 参见刘继宣：《中华民族南洋拓殖史·隋以前南洋之归化》。

④ 参见《宋书》卷九七。

⑤⑥ 参见《宋书》卷九七，其表文云：“臣国先时人众殷盛，不为诸国所见陵迫。今转衰弱，邻国竞侵。伏望圣王远垂覆护，并市易往返，不为禁闭。若见哀念……愿敕广州时遣舶还，不令所在有所陵夺。”

⑦ 唐僧鉴真，赴日本传布戒律之始祖也。其弟子 Simi no matto genkni 撰有《唐大和尚（鉴真）东征传》见（《群书类从》，第4辑第69册）。此据费琅《昆仑及南海古代航行考》引文。昆仑一名据费琅考定，在13世纪以前，我国人以之统名苏门答腊、爪哇、印度化之群岛人民，与大陆上印度化之占波（Campa）、吉蔑（Kemboja）、得楞诸种，同用昆仑语（古爪哇之 Kawi 语）之人民。

往来南洋之商舶，较法显时代已大有进步，“舶大者长二十丈，载六七百人”[①]。以师子国舶为最大，梯而上下数丈，皆积宝货，豢养白鸽为通消息及搜索陆地之用。[②] 至十一二世纪之交，我国海舶航行已知利用指南针。[③] 外商之来广州，多乘中国船。[④] 中国船之往大食，则以形体重大，于波斯湾航行不便，必自故临（Kulam）易较小之波斯船以往。[⑤] 南洋航业为我国及波斯商人所垄断。至元世祖注意海外，至元二十一年（1284年）由国家造船给本，选人入蕃贸易诸货。[⑥] 其构造设备及载量皆冠绝千古。[⑦] 百余年后遂有郑和下西洋之壮举。

海外贸易渐盛，我国商船之出口及外国商船之入口日多，于是政府不得不设官管理。唐开元（713—741）初期已设市舶使之官，专司市舶。[⑧] 广州、交州、扬州、泉州、福州、明州（今宁波）、温州、松江并为当时贸易要港，而以广州为最繁盛。[⑨] 宋初指定广州、明州、杭州为外国贸易港，各置市舶司以征关税，凡与外国贸易有关者，一切均由其主管，当时谓之三司。北宋末年，泉州之外国贸易渐盛，亦置市舶司。南渡后，以地近首都，贸易日盛，海舶辐辏，遂成为当时世界之最大贸易港。[⑩] 元至元十四年（1277年）于泉州、庆元（今宁波）、上海、澉浦立市舶司，每岁招集舶商，于蕃邦博易珠翠香货等物。[⑪]

我国历代对于南洋贸易，均甚注意。市舶司之职掌除“掌番货海舶征榷贸易之事，以来远人，通远物”[⑫] 之外，并负有买进政府

---

① 玄应：《一切经音义》卷一。

② 参见李肇：《国史补》卷下。

③ 参见朱彧：《萍洲可谈》。

④ 参见周去非：《岭外代答》卷三，《航海外夷》。

⑤ 参见《岭外代答》卷二，《故临国》；Reinaud，*Relation des voyages faits par les Arabes et les Persans dans l'inde et à la Chine I*。

⑥ 参见《元史》卷九四，《市舶》。

⑦ 参见 Hans von Mzik，*Die Reise des Arabers Ibn Batuta durdn Indien und China*，pp. 303-305。

⑧ 参见《新唐书》卷一一二，《柳泽传》；《册府元龟》卷五四六。

⑨ 参见中山久四郎：《唐代之广东》。

⑩ 参见桑原骘藏著，陈裕菁译：《蒲寿庚考》，4-5页，中华书局，1929年。本节论列多取材此书，不备举。

⑪ 参见《元史》卷九四，《食货志·市舶》。

⑫ 《宋史》卷一六七，《职官志》。

专卖品及保护外商之责任。① 自宋太平兴国（977 年）初置榷易院后，即诏“诸蕃国香药宝货至广州、交趾、泉州、两浙，非出于官库者不得私相市易”②。因香药之需要广，得利厚，故政府专之以为利。③ 甚至下令舶务监官抽买乳香每及一百万两转一官，蕃商有以贩香料多得官者。④ 政府一意招徕蕃商，鼓励贸易，设蕃坊以居蕃商⑤，但蕃商亦有杂居民间者。⑥ 在法律上也给予蕃商以特殊便利，“化外人同类自相犯者，各依本俗法”⑦。后来甚至蕃人和我国人的刑事案件，如非重罪，也只以送交蕃长依本国律处分了事。⑧ 蕃坊置蕃长一人，除管理蕃坊公事外，其职务为“专理招邀蕃商”⑨。一面政府也特派人到海外去经营贸易，招揽商贾，宋太宗雍熙四年（987 年）曾大规模派内侍八人“赍敕书金帛，分四纲，各往海南诸蕃国，勾招进奉，博买香药、犀牙、真珠、龙脑。每纲赍空名诏书三道于所至处赐之”⑩。高宗南渡后，经费困乏，更一切倚办海舶。⑪ 绍兴七年（1137 年）特下诏奖励对外贸易，诏云：

> 市舶之利最厚，若措置得宜，所得动以百万计，岂不胜取之于民！朕所以留意于此，庶几可以少宽民力耳。⑫

结果市舶司岁入至占全国总收入二十分之一。⑬ 至元代亦积极招徕，至元十五年（1278 年）诏行中书省唆都、蒲寿庚等令因蕃舶

---

① 参看藤田丰八：《宋代市舶司及市舶条例》，载《东洋学报》，1917 年 5 月。

② 《宋会要辑稿》卷一八五，《食货下》：“宋之经费，茶、盐、矾之外，惟香之为利。”

③④ 参见《宋史》卷一八五，《食货志下》：“宋经费、茶、盐、矾之外，惟香之为利博，故以官为市焉。”

⑤ 《萍洲可谈》卷二：“广州蕃坊海外诸国人聚居，置蕃长一人，管勾蕃坊公事。”

⑥ 参见岳珂《桯史》卷一一：“番禺有海獠杂居，其最豪者蒲姓……定居城中。”同时泉州也有华夷杂居的现象，楼钥：《攻愧集》卷八十八，《赠特进汪公行状》：“蕃商杂处民间。”

⑦ 《唐律疏议》卷六，《名例》。

⑧ 参见《萍洲可谈》卷二；《宋史》卷三四七，《涣之传》。

⑨ 《萍洲可谈》卷二。

⑩ 《宋会要辑稿》卷一〇九，《职官四四》。

⑪ 参见顾炎武：《天下郡国利病书》卷一二〇，《海外诸番》。

⑫ 《宋会要辑稿》。

⑬ 参见《蒲寿庚考》，200 页。

宣意蕃国来朝，往来互市，各从所欲。① 以唆都为右丞，行省泉州，奉玺书十道招谕南夷诸国。② 次年复遣广东招讨使达鲁花赤杨廷璧招俱蓝。十八年后命噶札尔哈雅、杨廷璧再往招谕马八儿（Maabar）等国。③ 使臣中最著者有亦黑迷失，曾四次奉使海外。至元二十九年（1292年）以爪哇黥朝使右丞孟琪面，大发兵征讨，以亦黑迷失领海军，发舟千艘往征。谕降南巫里（Lambri）、速木都剌（Sumatra）等国。④

海上交通频繁，香药、珠玉、象牙、犀角诸宝货输入日多，政府虽得巨额之税收以补岁入之不足，但输出额与输入额不能相抵，钱货遂如漏卮外溢，源源不绝。东至日本，南至南海诸国，均行用中国铜钱。⑤ 输入为奢侈品，输出则为正货，虽年年铸钱，而不能补其不足，遂发生"钱荒"之弊。⑥ 自唐宋以来，历朝均有极严厉之禁令，禁钱币出口。宋宁宗嘉定十二年（1219年）下令凡买外货，以绢帛锦绮瓷漆为代价，不以金银铜钱。⑦ 法令虽颁而钱币之流出仍有增无减。当时上流社会除喜用外货之习惯外，并有蓄养黑奴之风气，此风自南北朝以来，即已盛行。⑧ 宋时则广中富人多蓄黑奴。⑨ 至元代则显贵家有不蓄黑奴者至为人所笑。⑩ 上行下效，外货之需要日增，我国与南洋诸国之贸易亦日盛。华人至海外贸易，特被敬礼，如爪哇则"中国贾人至者，待以宾馆，食丰洁"⑪。浡泥则

---

① 参见《元史》卷一〇，《世祖本纪》。

② 参见《元史》卷一二九，《唆都传》；卷二一〇，《马八儿等国》。

③ 参见《元史》卷二一〇，《马八儿等国》。

④ 参见《元史》卷一三一，《亦黑迷失传》；卷二一〇，《爪哇传》。关于元代与南洋之交通可参看 Rockhill，*Notes on the Relations and Trade of China with the Eastern Archipelago and the Coast of Indian Ocean during the* 14*th* *Century*。

⑤ 参见《大日本史·食货志十五》；马欢：《瀛涯胜览》，《爪哇国》、《旧港》。

⑥ 参见《宋史》卷一八〇。

⑦ 参见《宋史》卷一八五，《香条》。

⑧ 参见《资治通鉴·宋纪十一》大明七年条："（帝）又宠一昆仑奴，令以杖击群臣。"唐人有《昆仑奴传》。

⑨ 参见《萍洲可谈》卷二。

⑩ 叶子奇《草木子》卷三下《杂制篇》："北人女使得高丽女孩童，家僮必得黑厮。不如此谓之不成仕宦。"

⑪ 《文献通考》卷三三二，《阇婆》。

“尤敬爱唐人，醉则扶之以归歇处”①。宋赵汝适曾记当时华商到浡泥时之贸易情形云：

> 番舶抵岸三日，其王与眷属率大人（王之左右号曰大人）到船问劳，船人用锦藉跳板迎肃，款以酒醴，用金银器皿褖席凉伞等分献有差。既泊舟登岸，皆未及博易之事，商贾日以中国饮食献其王，故舟往浡泥，必挟善庖者一二辈与俱。朔望并讲贺礼。几月余，方请其王与大人论定物价，价定然后鸣鼓以召远近之人，听其贸易。价未定而私贸者罚。俗重商贾，有罪抵死者罚而不杀。船回日其王亦酾酒椎牛祖席，酢以脑子番布等称其所施。②

风土既习，人复相亲，遂往往有侨居不归，至长子孙者。③南洋诸国亦以华侨之聚居而渐染华风，如打板国（Taban）之建筑与中国同④，三佛齐（Samboja）至有中国文字，专用于朝贡中国时之章表。⑤元人记龙牙门（Lingga，今 Singapore）有我国人侨居，勾栏山（Gelam）有唐人与蕃人杂居，马鲁涧国之酋长陈姓为元临漳人，威逼诸蕃。⑥明初人记爪哇国有三等人“一等唐人，皆是广东、漳、泉等处人窜居此地，食用亦美洁，多有从回回教门受戒持斋者”。国中有杜板（Tuban），多有广东及漳州人流居。革儿昔（Gresik）原系沙滩之地，因中国之人来此定居，遂名新村，村主为广东人，约有千余家。苏鲁马益（Surabaya）亦有中国人。⑦满剌加国（Malacca）肤白者为唐人种。⑧又据传说，14 世纪间（约当元代），有闽人林旺者，航海到菲律宾，为菲人烈山泽，驱猛兽，教菲人以耕稼

---

① 《岛夷志略·浡泥》。

② 《诸蕃志》卷上，《浡泥国》。

③ 《诸蕃志》卷上，《麻逸》。阿拉伯人 Masudi 于 934 年（石晋天福八年）至苏门答腊，见其地有华人甚多，从事耕植，而巴邻旁（Palembang）尤为荟萃之区。见其所著《黄金牧地》。

④ 参见《诸蕃志》卷上，《苏吉丹》。

⑤ 参见《诸蕃志》卷上，《三佛齐》。

⑥ 参见《岛夷志略》，《龙牙门》、《勾栏山》、《马鲁涧》。

⑦ 参见马欢：《瀛涯胜览·爪哇》。

⑧ 参见费信：《星槎胜览》前集，《满剌加国》。

知识。菲人始由游牧生活而进入农耕生活。① 由此可知在14世纪以前，华侨已遍布南洋诸国，握有其地之经济权，筚路蓝缕，为其地之开发者。积千余年之经验，航舶往来，直同内地，政府极力鼓励南洋贸易，商人因之向外发展，辟土创业，返哺母国。我国在政治上为南洋诸国宗主，在文化上则更为其先驱。到明初更极意经营，郑和七下南洋，兵威远届，我国在南洋的势力遂达顶点。

二、明太祖的祖训——不征的十五夷国

明太祖承元而起，即位后一面继续用武力削平大陆上的割据者，一面派使臣到南洋诸国，说明中朝已经易代，命令他们向新统治者表示臣服的仪节。这仪节的手续分为几部分，第一是缴还元代所颁的印绶册诰，表示他们已和元室脱离关系。第二是重新颁给新的印绶册诰，表示他们接受新朝的册封，成为藩国。第三是颁赐《大统历》，表示奉新朝正朔，永为藩臣。在受册封者一方面应表示的礼节，是派使称臣入贡，恢复正常的外交关系。所得的权利是得和中国通商，外交的使节同时也是商船上的领袖。

洪武初年出使南洋的使臣，洪武二年（1369年）有吴用、颜宗鲁使爪哇②，刘叔勉使西洋琐里（Chola）。洪武三年（1370年）有赵述使三佛齐（Palembang），张敬之、沈秩使浡泥（Borneo），塔海帖木儿使琐里。明成祖即位后，永乐元年（1403年）中官尹庆使满剌加（Malacca）、古里（Calicut）、柯枝（Cochin）诸国，闻良辅、宁善使西洋琐里、苏门答腊（Atcheh）。③ 足迹已遍南洋。洪武二十年（1387年）谕爪哇之诏书，纯为说明统治权之转移，书曰：

> 中国正统，胡人窃据百有余年，纲常既隳，冠履倒置。朕以是起兵讨之，垂二十年，海内悉定。朕奉天命以主中国，恐

---

① 郑民：《菲律宾》，据刘继宣、束世澂《中华民族拓殖南洋史》引文。

② 参见《明史》卷三二四，《爪哇传》；严从简：《殊域周咨录》卷八，《爪哇》。

③ 参见《明史》卷三二四至三二五，《外国传》。

> 遐迩未闻，故专报王知之。颁去《大统历》一本，王其知正朔所在，必能奉若天道，使爪哇之民，安于生理，王亦永保禄位，福及子孙。其勉图之勿怠。①

次年其王昔里八达剌蒲②遣使朝贡，纳前元所授宣敕二道，诏封为国王。③ 其他使臣之出发，均负同样使命。

明太祖是个脚踏实地的保守者。在他在位的期中（1368—1398）用全力去削平割据势力，奠定统一规模。同时致力于沿海的海防，阻止倭寇的侵入，巩固北边的边防，防止蒙古人的南犯。又因内地诸蛮族叛乱纷起，自宁复、凉州、洮州到湖南北、四川、两广、云南、贵州，三十年中，几乎没有一年不用兵。他审虑自己的国力，只够巩固国内和抵抗外来的侵略，绝无余力作对外发展之用。因此他就立定主意不再南迈。洪武二年（1369 年）编定《皇明祖训·箴戒章》时，就特别指出不可倚中国富强，无故对外兴兵。他也看出元代征爪哇失败的教训，特别列出不征的十五夷国，叫后人遵守。他说：

> 四方诸夷皆限山隔海，僻在一隅，得其地不足以供给，得其民不足以使令。若其自不揣量，来挠我边，则彼为不祥。彼既不为中国患，而我兴兵轻犯，亦不祥也。吾恐后世子孙倚中国富强，贪一时战功，无故兴兵，致伤人命，切记不可。但胡戎兴西北边境，互相密迩，累世战争，必选将练兵，时谨备之。
>
> 今将不征诸国名列后：
>
> 东北　　朝鲜国。
>
> 正东偏北　　日本国　　虽朝实诈，暗通奸臣胡惟庸谋为不轨，故绝之。④

---

① 《殊域周咨录》卷八，《爪哇》。

② 此据《明史》，《殊域周咨录》作昔里八达，《东西洋考》作昔里八达剌八剌蒲。

③ 参见《殊域周咨录》卷八，《爪哇》。《明史》作洪武二年太祖遣使以即位诏谕其国，洪武三年以平定沙漠颁诏。九月其王昔里八达剌蒲遣使奉金叶表来朝贡方物，宴赍如礼。洪武五年又遣使随朝使常克敬来朝，上元所授宣敕三道。

④ 按此条为洪武十三年以后胡案发后所加入。

正南偏东　　大琉球国、小琉球国。

西南　　安南国、真腊国、暹罗国、占城国、苏门答腊、西洋国、爪哇国、湓亨国、白花国、三弗齐国、浡泥国。①

虽富且强而决不用以对外侵略，如有来犯，则决不迟疑而立予以致命的还击。这是我国几千年来的立国精神，我国过去之为东亚领导者其理由在此，我国过去之所以无殖民地者其理由亦在此。我国今后必复兴，必富强，必重现汉、唐时代之国威者，其理由亦在此。

明太祖虽谆谆训谕其子孙，不可好大喜功，生事海外。但对和平的通商关系则仍遵前朝旧例，海外诸国入贡，许附载方物，与中国贸易。仍设市舶司，置提举官以领之。洪武初设市舶司于太仓、黄渡，寻罢。② 复设于宁波、泉州、广州。③ 宁波通日本，泉州通琉球，广州通占城、暹罗、西洋诸国。永乐三年（1405年）以诸蕃贡使益多，乃置驿于福建、浙江、广东三市舶司以馆之，福建曰来远，浙江曰安远，广东曰怀远。寻设交趾、云南市舶提举司④，接西南诸国朝贡者。⑤ 凡贡使"附至蕃货，欲与中国贸易者，官抽六分，给价以赏之。仍除其税"⑥。为招徕蕃商计，货舶亦有时得邀免税的特典。⑦

---

① 《皇明祖训》首章页五。

② 《明太祖实录》卷二八："吴元年（1367年）十二月庚午，置市舶提举司，以浙东按察司陈宁等为提举。"卷四九："洪武三年二月甲戌，罢太仓、黄渡市舶司。凡番舶至太仓者，令军卫有司封藉其数，送赴京师。"

③ 洪武中曾一度废止。《明太祖实录》卷九三："洪武七年九月辛未，罢福建泉州、浙江明州、广东广州三市舶司。"永乐初复设。《明成祖实录》卷二三："元年八月丁巳，上以海外番国朝贡之使，附带货物前来交易者，须有官专主之。遂命吏部依洪武初制，于浙江、福建、广东设市舶提举司，隶布政司。每司置提举司一员，从五品；副提举二员，从六品；吏目一员，从九品。"寻命内臣提督之。嘉靖元年给事中夏言奏，倭祸起于市舶。遂革浙江、福建二市舶司，唯存广东市舶司。市舶提举司之职掌为"掌海外诸蕃朝贡市易之事，辨其使人表文、勘合之真伪，禁通蕃，征私货，平交易，闲其出入而慎馆谷之。"（见《明史》卷七五，《职官志》）。

④ 《明成祖实录》卷七五："永乐六年正月戊辰，设交趾、云南市舶提举司，置提举、副提举各一员。"

⑤ 参见《明史》卷八一，《食货志·市舶》。

⑥ 《明太祖实录》卷四五。

⑦ 《明史》卷三二四，《三佛齐》："洪武四年，户部言其货舶至泉州宜征税，命勿征。"

贡使之来，往往多挟蕃货，由官抽给价，国家所费不赀。其馆驿又依例由地方人民负责①，官民为之交病。洪武七年（1374年）以倭寇猖獗，罢三市舶司。又谕中书及礼部臣曰：

古者诸侯于天子，比年一小聘，三年一大聘，九州之外，则每世一朝，所贡方物，表诚敬而已。远国如占城、安南、西洋、琐里、爪哇、浡泥、三佛齐、暹罗斛、真腊诸国，入贡既频，劳费太甚。今不必复尔，其移牒诸国俾知之。②

但南洋诸国仍贪入贡之利，来者不止。

三市舶司罢后，倭寇仍未敛迹，洪武十四年（1381年）又下令禁濒海民私通海外诸国。③ 但沿海居民，迫于生计，仍私自出外贸易，禁令愈严，获利愈大，私出贸易者因之愈多，货币之流出亦愈不可问。洪武二十三年（1390年）再诏户部严申交通外蕃之禁："中国金银铜钱缎疋兵器，自前代以来，不许出番。今两广、浙江、福建愚民无知，往往交通外番，私易货物，以故严禁之。"沿海军民官司纵令私相交易者悉治以罪。④ 洪武二十七年（1394年）又下令禁民间用蕃香蕃货，使蕃商失去市场，为釜底抽薪之计。⑤ 洪武三十年（1397年）又申禁人民无得擅出海与外国互市。⑥

---

① 《明成祖实录》卷二三六永乐十九年四月条："连年四方蛮夷朝贡之使，相望于道，实罢中国。"《明宣宗实录》卷五八宣德四年八月条："琉球国往来使臣，俱于福州停住，馆谷之需，所费不赀。通事林惠、郑长所带番梢从人二百余人，除日给廪米之外，其茶盐醯酱等物出于里甲，相沿已有常例。乃故行刁蹬，勒折铜钱，及今未半年，已用铜钱七十九万六千九百有余，按数取足，稍或稽缓，辄肆言驱。"卷六七宣德五年六月条："庚午上谕行在礼部臣曰：闻西南诸蕃进贡海舶初到，有司封识，遣人入奏，俟有命然后开封启运。使人留彼，动经数月，供给皆出于民，所费多矣。其令广东、福建、浙江三司，今后番舡至，有司遣人驰奏，不必待报，三司官即令市舶司称盘明注文藉，遣官同使人运送，庶省民间供馈。"此虽永、宣时事，但俱为常例，则此种情形沿自洪武时明甚。

② 《明史》卷三二四，《暹罗传》。

③ 参见《明太祖实录》卷一三九。

④ 参见《明太祖实录》卷二〇五。

⑤ 《明太祖实录》卷二三一："先是上以海外诸夷多诈，绝其往来，唯琉球、真腊、暹罗许入贡。而沿海之人，往往私下诸番，贸易香货，因诱蛮夷为盗。命礼部严禁绝之。敢有私下诸番互市者，必置之重法。凡番香番货皆不许贩鬻，其见有者限以三月销尽，民间祷祀止用松柏枫桃诸香，违者罚之。其两广所产香木听土人自用，亦不许越岭货卖，盖虑其杂市番香，故并及之。"

⑥ 参见《明太祖实录》卷二五二。

明成祖（1403—1424）于建文四年（1402年）六月入南京即帝位，在他的登基诏书中，又重申通蕃的禁例："沿海军民人等近年以来，往往私自下番，交通外国，今后不许，所司一遵洪武事例禁治。"① 这命令仍是一纸虚文，不能禁遏这一股向南洋发展的洪流。政府没有法子，只好于次年八月重新恢复停罢已久的三处市舶提举司②，使蕃商蕃货源源而来，抵制私商和私货，使其无利可图，自然歇手。又于永乐二年（1404年）下令禁民间海船，不许出口。③这办法显然也毫无用处，私商照旧出海，蕃香蕃货照旧充斥市场。一千七百年来所造成的自北而南的发展，航海术的进步，中国与南洋诸国交通的频繁，商业的发达，国内市场的需要，尤其是沿海贫民生计的逼迫，都使政府无法阻止这自然的和平的海外拓殖。在南洋诸国方面，一千七百年来的自然发展，在经济上已与我国成为一体，他们迫切地需要锦绮瓷漆，正和我国的需要香药珠宝一样，在文化方面，在政治方面，也同样地不能离开我国。在这背景下，在这自然发展的趋势下，遂有郑和七下西洋的壮举。

三、郑和的七次航海

郑和出使南洋的任务，第一是经济的原因。

明初对南洋诸国的态度，从明太祖的消极的保境安民政策，突转而为明成祖的积极经营海外政策，实有其内在的原因。原来自太祖建国后，连年征战，北征蒙古，东南防倭，西南蕃蛮迭次叛乱，加以宫室城庙的营建，诸王就封的王府营造，国币空虚，民生凋敝。至建文帝（1399—1402）继位以后，靖难师起，转战四年，赤地千里。成祖继位后，遂突转而向南洋发展，以国产的锦绮瓷漆，易取

---

① 《明成祖实录》卷一〇。

② 参见《明成祖实录》卷二三。

③ 参见《明成祖实录》卷二七："正月，时福建濒海居民，私载海船，交通外国，因而为冠，郡县以闻。遂下禁民间海船，原有海船者悉改为平头船，所在有司防其出入。"

南洋的香药宝货。① 一以阻钱货的外流，一以补国家之府库，虽输入多属奢侈品，如黄省曾所记：

> 太宗皇帝入缵丕绪，将长驭远驾，通道于乖蛮革夷，乃大赍西洋，贸采琛异……由是明月之珠，鸦鹘之石，沈南龙速之香，麟狮孔翠之奇，梅脑薇露之珍，珊瑚瑶琨之美，皆充舶而归。②

而贫民博买，图之致富，国家府库，因之羡裕。严从简云：

> 自永乐改元，遣使四出，招谕海番，贡献迭至，奇货重宝，前代所希，充溢府库。贫民承令博买，或多致富，而国用亦羡裕矣。③

且“夷中百货，皆中国不可缺者，夷中欲售，中国必欲得之”④。反之，国库的锦绮瓷漆，其于南洋诸国亦然。沿海居民，多恃入海博易为生计，一旦禁断，无所资生，往往流为海寇，张燮云：

> 海滨一带，田尽斥卤，耕者无所望岁，只有视渊若陵，久成习惯。富家征货，固得捆载而归，贫者为佣，亦博升斗自给。一旦戒严，不得下水，断其生活。若辈悉健有力，不肯搏手困

---

① 马欢：《瀛涯胜览·古里》：“其二大头目受朝廷升赏。若宝船到彼，全凭二人主为买卖，王差头目并哲地、未讷儿计书算于官府，牙人来会，领船大人议择某日打价。至日，先将带去锦绮等物，逐一议价已定，随写合同价数，彼此收执。其头目哲地即与内官大人众手相拿。其牙人则言某月某日于众手中拍一掌已定，或贵或贱，再不悔改。然后哲地富户才将宝石、珍珠、珊瑚等物来看，议价非一日能定，快则一月，缓则二三月。若价钱较议已定，如买一主珍珠等物，该价若干，是原经手头目未讷儿计算该还纻丝等物若干，照原打手之货交还，毫厘无改。”《溜山》：“中国宝船一二只亦到彼处，收买龙涎香、椰子等物。”《祖法儿国》：“中国宝船到彼，开读赏赐毕。其王差头目遍谕国人，皆将乳香、血竭、芦荟、没药、安息香、苏合油、木别子之类，来换易纻丝磁器等物。”《阿丹国》：“分䑸内官周□领驾宝船数只到彼，王闻其至，即率大小头目至海滨迎接诏敕赏赐。至王府行礼甚恭敬感服。开读毕，即谕其国人，但有珍宝，许令卖易。在彼买得重二钱许大块猫睛石，各色雅姑（Yagut）等异宝。大颗珍珠，珊瑚树高二尺者数株。又买得珊瑚枝五柜，金珀、蔷薇露、麒麟（Giraffe）、狮子、花福鹿（Zebra）、金钱豹、驼鸡、白鸠之类而还。”《柯枝国》：“第三等人名哲地，系有钱财主。专一收买下宝石珍珠香货之类，候中国宝船或别国番船客人来买。”《暹罗》：“国之西北去二百余里，有一市镇名上水。中国宝船到暹罗，亦用小船去做买卖。”《满剌加》：“中国宝船到彼，则立排栅如城垣，设四门更鼓楼，夜则提铃巡警。内又立重栅如小城，盖造库藏仓廒，一应钱粮顿在其内。去各国船只回到此处取齐，打整番货，装载船内。等候南风正顺，于五月中开洋回还。”

② 《西洋朝贡典录·序》。

③ 《殊域周咨录》卷九，《佛郎机》。

④ 《殊域周咨录》卷八，《暹罗》。

穷，于是所在连结为乱，溃裂而出。①

要解决沿海平民的生活，和消除海寇的来源，也不能不开海通商，使公私都得其所。

第二是政治的原因。

郑和之出使，负有秘密使命，郑晓说：

高皇何以有海外之使也？更始也。成祖西洋之舦，不已劳乎？郑和之泛海，胡濙之颁书也，国有大疑焉耳。②

所谓大疑，《明史》郑和传已明白指出：

成祖疑惠帝亡海外，欲踪迹之。且欲耀兵异域，示中国富强。永乐三年六月命和及其侪王景弘等通使西洋。③

次之，自洪武末年以来，西南诸国久不通贡。④ 成祖是一个好大喜功的英主，他要恢复洪武初年诸蕃朝贡的盛况，令海南诸国，都稽首阙下，同为王臣。所以一即位便先派中官尹庆、马彬等遍使诸国，告以新帝的登基。接着便派郑和带武装舰队出去，有不听命朝贡者便用武力解决。

在郑和所率领的舰队未出发之前二年，政府已着手大造海船，以其为下西洋取宝之用，又称宝船，或称宝舡。其承造者或为军卫有司⑤，或为工部⑥，后又设大通关提举司，专造舟舰⑦，世称宝船厂⑧。所

---

① 《东西洋考》卷七，《饷税考》。

② 《皇明四夷考·序》。

③ 《明史》卷三四〇；卷一六九《胡濙传》亦云："传言建文帝蹈海去，帝分遣内臣郑和数辈，浮海下西洋。"

④ 《明史》卷三二四，《三佛齐传》："洪武三十年，礼官以诸蕃久缺贡奏闻。帝曰："洪武初诸蕃贡使不绝。通者安南、占城、真腊、暹罗、爪哇、大琉球、三佛齐、浡泥、彭亨、百花、苏门答腊、西洋等三十国，以胡惟庸作乱，三佛齐乃生间谍，绐我使臣至彼，爪哇王闻知，遣人戒饬，礼送还朝。自是商旅阻遏，诸国之意不通。惟安南、占城、真腊、暹罗、大琉球朝贡如故。"

⑤ 《明成祖实录》卷二七："永乐二年正月癸亥，将遣使西洋诸国，命福建造海船五艘。"卷七一："五年九月乙卯，命都指挥汪浩改造海运船二百四十九艘，备使西洋诸国。"

⑥ 《明成祖实录》卷七五："永乐六年正月丁卯，命工部造宝船四十八艘。"卷二一五："十七年八月己卯，造宝船四十一艘。"

⑦ 《明成祖实录》卷二二八："永乐十八年八月，始置大通关提举司，置官如南京龙江提举司，专造舟舰。"

⑧ 参见顾起元：《客座赘语》卷一，《宝船厂》。

造船大船长四十四丈四尺，阔一十八丈；中船长三十七丈，阔一十五丈。[①] 就第一次远征军之人数计之，每船平均可载四百五十人左右。远征军之组织除使臣外，有“官校、旗军、火长、舵工、斑碇手、通事、办事、书算手、医士、铁锚木舱搭枋等匠、水手、民梢人等”[②]。平均每次出发之人数，约为二万七八千人左右。[③] 军士大抵由南京及直隶卫所运粮官军和水军右卫等卫官军中临时抽调[④]，将校亦由各卫军官中选用[⑤]。当时南洋诸国大抵多奉回教，故远征军中之通事多为回教徒，今可知者有会稽、马欢、仁和、郭崇礼[⑥]，西安羊市大清真寺掌教哈三[⑦]。郑和本人也是回教徒[⑧]；亦奉佛教，受菩萨戒[⑨]。其幕下书手有太仓费信[⑩]，应天巩珍[⑪]，都有纪行书传

---

① 参见顾起元：《客座赘语》卷一，《宝船厂》。

② 祝允明：《前闻记》，次节甫《纪录汇编》本。

③ 第一次远征军二万七千八百余人，见《明史·郑和传》。第二次二万七千余人，见费信：《星槎胜览》。第七次二万七千五百五十员名，见《前闻记》。据《郑和家谱》随敕奉差诸官员名，共二万七千四百一十一员名。

④ 《明宣宗实录》卷六四：“宣德五年三月己巳，平江伯陈瑄言：南京及直隶卫所运粮官军，递年选下西洋及征进交趾，分调北京，通计二万余人。又水军右卫等卫官军，今年选下西洋者亦多。”

⑤ 例如《明成祖实录》卷一一八：“永乐九年十月壬辰，论锡兰山战功，升锦衣卫指挥佥事李实、何义宗俱为本卫指挥同知。正千户彭以胜、旗手卫正千户林全俱为本卫指挥同知佥事。”卷一六六：“永乐十三年九月壬寅，命兵部录苏门答腊战功。于是水军右卫流官指挥使唐敬、流官指挥佥事王衡、金吾右卫流官指挥使林子宣、龙江左卫流官指挥佥事胡复、宽河卫流官指挥同知哈只皆命世袭。锦衣卫正千户陆通、马贵、张通、刘海俱升流官指挥佥事。”卷一七一：“十三年二月，是月升千户徐政、汪海为府军右卫指挥佥事，小旗张通为锦衣卫指挥佥事，以使西洋有劳也。”

⑥ 马欢、郭崇礼曾三次随使西洋（永乐十一年、十九年，宣德六年），欢撰有纪行书名《瀛涯胜览》。古朴《〈瀛涯胜览〉后序》：“崇礼乃杭之仁和人，宗道乃越之会稽人，皆西域天方教，实奇迈之士也。昔太宗皇帝敕令太监郑和统率船队经西洋诸番开读赏劳，而二君善通译番语，遂膺斯选，三随轺轺，跋涉万里。”

⑦ 西安羊市大清真寺嘉靖二年《重修清净寺记》：“永乐十一年四月，太监郑和奉敕差往西域天方国，道出陕西，求所以通译国语，可佐信使者，乃得本市掌教哈三焉。”按和奉使七次均海行，无道出陕西事，碑记有误。

⑧ 参见觉明：《三宝太监下西洋的几种资料》，载《小说月报》，第20卷第1号；李至刚：《故马公墓志铭》。

⑨ 参见冯承钧：《〈瀛涯胜览〉校注序》。

⑩ 字公晓。《星槎胜览·序》：“永乐至宣德间，选往西洋，四次随征正使太监郑和等至诸海外。”

⑪ 钱曾：《读书敏求记》：“永乐敕遣中外重臣循西海诸国。宣宗嗣位，复命正使太监郑和、王景弘等往海外遍谕诸蕃。时金陵巩珍从事总制之幕往还三年，所至番邦二十余处。”

世。① 南洋诸国也有奉佛教的，故在第四次出发时，有僧人胜慧同行。② 前后同奉命出使的使臣有内官王景弘③、侯显④、杨庆、洪保⑤、杨敏、李恺⑥、李兴、朱良、杨真、周福、张达⑦、吴忠、用济⑧、王贵通⑨诸人。将校中在锡兰山（Ceylon）、苏门答腊（Atcheh）两次战役中有功者，有李实、何义宗、彭以胜、林全、唐敬、王衡、林子宣、胡复、哈只、陆通、马贵、张通、刘海⑩、朱真⑪诸人。

郑和，云南昆阳州人。本姓马，祖、父都是回教徒。⑫ 其被阉入宫，当在洪武十五年（1382年）傅友德、沐英定云南时，年约十岁。⑬

---

① 费信所撰有《星槎胜览》（二卷），该书有陆楫《古今说海》本（四卷）、沈节甫《纪录汇编》本（一卷）、《学海类编》本（四卷）、《借月山房汇抄》本（四卷）、《百名家书》本（一卷）、《格致丛书》本（一卷）、《国朝典故》本（二卷）、罗以智校本（二卷）、广州中山大学复印天一阁本（二卷）、《历代小史》本（四卷）、《小方壶斋舆地丛书》本。巩珍所撰有《西洋番国志》（一卷），见《四库存目》及《读书敏求记》，今未见传本。

② 参见永乐十八年刊本《太上说天妃救苦灵验经》本后题记（据冯承钧《〈郑和下西洋考〉序》）。

③ 《明史》郑和传，七次远征中第一、二、七，三次均参加。

④ 《明史》郑和传："五使绝域，劳绩与郑和亚。"郎瑛《七修类稿》卷十二《三保太监》："永乐丁亥（1407年）命太监郑和、王景弘、侯显三人往东南诸国赏赐宣谕。"伯希和《郑和下西洋考》以为丁亥（永乐五年）乃永乐七年之误。因郑和于永乐五年十月二日回京，是年所余之日无几也（冯承钧译本页三十五）。

⑤ 参见《读书敏求记·西洋番国志》。

⑥ 参见冯承钧：《〈瀛涯胜览〉校注序》，9页。

⑦ 参见《读书敏求记·西洋番国志》。

⑧ 参见长乐：《天妃灵应碑》。

⑨ 锡兰永乐七年布施碑。

⑩ 参见《明成祖实录》卷一一八、一六六、一七一。

⑪ 参见长乐：《天妃灵应碑》。

⑫ 参见袁嘉谷：《滇绎》卷三，李至刚《昆阳马公墓志铭》。

⑬ 明初诸将用兵边境，有阉割俘虏幼童之习惯。例如叶盛《水东日记》所记："陈芜交趾人，以永乐丁亥侍太孙于潜邸。"《明史》金英传："范弘交趾人。初名安。永乐中英国公张辅以交童之美秀者还，选为奄。弘及王瑾、阮安、阮浪等与焉。"王瑾即《水东日记》之陈芜。永乐丁亥（1407年）张辅定安南，陈芜等盖即此役之俘虏。又沈德符《万历野获编补遗》阉幼童条："正统十四年（1449年）麓川之役，靖远伯王骥、都督宫聚奏征思机发，擅用阉割之刑，以进御为名，实留自用。为四川卫训导詹英所奏。天顺四年（1460年）镇守湖广贵州太监阮让阉割东苗俘获童稚一千五百六十五人，既奏闻，病死者三百二十九人，复买之以足数，仍阉之。"比附上举诸例，则郑和当即洪武十五年定云南时所俘被阉之幼童。初侍燕王时其年当在十岁左右，以如逾十岁，即不适于阉割也。据李至刚《昆阳马公墓志铭》和父马哈只卒于洪武十五年七月，年三十九岁。是年闰二月云南平定，则和父之死，或死于兵，或因幼子被俘，均属可能。以和父之存年推之，和为次子，其上尚有兄文铭。则和当生于于洪武六年或七年（1373、1374年）。至靖难兵起时，适为三十岁左右之壮年军官。是后七奉使海外，历成祖、仁宗、宣宗三朝，最后一次之出使为宣德六年（1431年），不久即老死。则其生卒年约为1373年至1435年，存年约六十三岁左右。

事燕王于藩邸，从起兵有功，永乐二年（1404 年）正月初一日御书郑字，赐以为姓，乃名郑和。① 累擢至内官监太监。② 身长七尺，腰大十围。③ 公勤明敏，谦恭谨密。④ 姿貌才智，内侍中无与比者。⑤ 永乐三年（1405 年）六月受命出使西洋，带领空前绝后之远征军作第一次航海壮举。

第一次远征军航行印度洋，“多赍金币，遍历诸番国，宣天子诏，因给赐其君长”⑥。率领将士卒二万七千八百余人，分乘六十二艘长四十丈、宽十八丈的大舶，艨艟蔽天，金甲耀日，所到处有不服从的便用武力解决。⑦ 当时印度洋上海盗纵横，剽掠商旅，各国入贡的使臣也被其邀劫，这次远征，也附有肃清海盗、开通航路的使命。

自唐、宋以来，三佛齐⑧即为东西贸易之中心。⑨ 至明代仍为“诸蕃要会”⑩。故我国人侨居者最多。在郑和未出使以前，有梁道明雄长其地。《明史》记：

> 有梁道明者，广州南海县人。久居其国，闽粤军民泛海从之者数千家，推道明为首，雄视一方。会指挥孙铉使海外，遇其子挟与俱来。永乐三年成祖以行人谭胜受与道明同邑，命偕千户杨信等赍诏招之。道明及其党郑伯可随入朝贡方物，受赐

① 参见《明史》卷三〇四，《郑和传》。

② 参见李至刚：《昆阳马公墓志铭》；袁忠澈：《古今识鉴》卷八。

③ 参见袁忠澈：《古今识鉴》卷八。

④ 参见李至刚：《昆阳马公墓志铭》。

⑤ 参见《古今识鉴》卷八。

⑥ 《明成祖实录》卷四二：“永乐三年六月己卯，遣中官郑和等赍敕往谕西洋诸国，并赐诸国王金织文绮彩绢各有差。”

⑦ 参见《明史》卷三〇四，《郑和传》。

⑧ 即今苏门答腊，古名室利佛逝（Crivijaya）。自 904 年始迄于宋、明，复有三佛齐或佛齐（Samboja，Semboja）之号。冯承钧译费琅（G. Ferrand）《苏门答腊古国考》（L’empire Samatramais de Crivijara）考证极详，可参看。

⑨ 赵汝适《诸蕃志》上《三佛齐》：“土地所产，玳瑁、脑子、沉速暂香、粗熟香、降真、丁香、檀香、豆蔻外，有真珠、乳香、蔷薇、水栀子花、腽肭脐、没药、芦荟、阿魏、木香、苏合油、象牙、珊瑚树、猫儿睛、琥珀、番布、番剑等，皆大食（Arabes）诸番所产，萃于本国。番商（指中国人）与贩，用金银磁器锦绮缬绢糖铁酒米良姜大黄樟脑等物博易。其国在海中，扼诸番舟车往来之咽喉，古用铁纤为限，以备他盗，操纵有机，若商舶至即纵之……苦商舶过不入，即出船合战，期以必死。故国之舟辐辏焉。”

⑩ 《明史》卷三二四，《三佛齐传》。

而还。①

又有陈祖义亦广东人，亦为旧港（Palembang）头目，远征军过苏门答剌时，祖义出降，遣使入贡。② 一面仍为盗海上③，远征军回帆时，复谋邀劫，被擒伏诛。④ 梁道明的副手施进卿以助诛陈祖义有功入朝，授旧港宣慰使司宣慰使。⑤ 这是我国在海外所设立的第一个正式保护侨民的官署。施进卿是侨民中第一个为政府所任命的保侨官吏。

第一次远征军于永乐五年（1407年）九月返国。在海上往返之三年中，曾至爪哇（Java）⑥、苏门答腊（Atcheh）⑦、南巫里（Lambri）⑧、古里（Calicut）⑨、锡兰（Ceylon）⑩、满剌加⑪诸地。经过爪

---

① 《明史》卷三二四，《三佛齐传》。《明成祖实录》卷三八："永乐三年正月戊午，遣行人谭胜受、千户杨信等往旧港招抚逃民梁道明等。"卷四八："三年十一月甲寅，行人谭胜受等使旧港还。以头目梁道明、郑伯可等来朝，贡马方物。赐道明等袭衣及钞百五十锭，文绮二十表里，绢七十疋。"

② 《明成祖实录》卷五六："永乐四年七月壬子，旧港头目陈祖义遣子士良、梁道明遣侄观政来朝，赐钞币有差。"

③ 参见《明史》卷三二四，《三佛齐传》。

④ 《明成祖实录》卷七二："永乐五年九月壬子，太监郑和使西洋诸国还，械至海贼陈祖义等。初和至旧港，遇祖义等，遣人招谕之，祖义诈降，而潜谋要劫官军。和等觉之，整兵堤备。祖义率众来劫，和出兵与战，祖义大败，杀贼党五千余人，烧贼船十艘，及伪铜印二颗。生擒祖义等三人。既至京师，命悉斩之。"

⑤ 参见《东西洋考》卷三，《旧港》；《瀛涯胜览·旧港》。《明史·三佛齐传》："祖义诈降，潜谋要劫。有施进卿者告于和。祖义来袭被擒，献于朝伏诛。"《明成祖实录》卷七一："永乐五年九月戊午，旧港头目施进卿遣婿丘彦诚朝贡。设旧港宣慰使司，命进卿为宣慰使，赐印诰冠带文绮纱罗。"卷二六七："永乐二十二年（1424年）正月甲辰，旧港故宣慰使施进卿之子济孙遣使丘彦诚请袭父职，并言旧印为火所毁。上命济孙袭宣慰使，赐纱帽及花金带金织文绮袭衣银印，命中官郑和赍往给之。"《明宣宗实录》卷五："洪熙元年（1425年）七月丙午，爪哇国旧港守慰司遣正副使亚烈、张佛那马等奉表贡金银香象牙等物。"

⑥ 参见《明史》卷三二四，《爪哇传》。

⑦ 参见《明史》卷三二五，《苏门答腊传》。

⑧ 参见《明史》卷三二六，《南巫里传》。

⑨ 参见《瀛涯胜览·古里》。何乔远《名山藏·王享记》卷三："永乐元年酋长马那必加敕满遣使朝贡。三年复贡，诏封为国王。郑和下番自古里始。西洋诸番之会也。"是郑和于永乐三年曾至古里封王。伯希和于《郑和下西洋考》中以为《瀛涯胜览》所记之永乐五年是永乐三年之误，与何氏所记正合。

⑩ 伯希和：《郑和下西洋考》，31页注一。

⑪ 《明成祖实录》卷七一："永乐五年九月戊午，新建龙江天妃庙成。遣太常少卿朱焯祭告。时太监郑和使古里、满敕加诸番国还，言神多感应，故有是命。"关于海神之封典，均出于下番官军之请求，而以天妃为尤著。《明成祖实录》卷八七："永乐七年正月己酉，封天妃为护国庇民妙灵昭应弘仁普济天妃，赐庙额曰弘仁普济天妃之宫。岁月以正月十五及三月二十三日遣官致祭，著为令。"又"二月甲戌，封南海神为宁番伯，时遣使往诸番国，屡著灵应，故封之。"

哇时，遇爪哇内乱，官军登岸为爪哇兵所杀，爪哇王大惧，上表谢罪，次年遣使献黄金万两赎罪。①

郑和一行人之使命，第一次远航即得满意收获，海盗肃清，航路无阻。永乐六年（1408 年）九月癸亥，复奉命统领官兵，驾使海舶四十八号②，赍敕③使古里、满剌加、苏门答腊、阿鲁（Aru）、加异勒（Cail）、爪哇、暹罗（Siam）、占城（Campa）、柯枝（Cochin）、阿拨把丹、小阿兰（Quilon）、南巫里、甘巴里（Koyampadi）诸国，赐其王锦绮纱罗。④

第二次远征军归来时，经过锡兰国，锡兰国王亚烈苦奈儿（Al-

---

① 《明成祖实录》卷七一："永乐五年九月癸酉，爪哇国西王都马板遣使亚列加恩等来朝谢罪。先是爪哇国西王与东王相攻杀，遂灭东王。时朝廷遣使往诸番国，经过东王治所，官军登岸市易，为西王兵所杀者百七十人。西王闻之惧，至是遣人谢罪，命输黄金六万两偿死者。"卷八六："永乐六年十二月庚辰，爪哇国西王遣使献黄金万两谢罪。"

② 参见《星槎胜览》前集，《占城国》；陆容：《菽园杂记》。

③ 《郑和家谱》记有第二次奉使之二敕，一敕南京守备："敕书：大明皇帝敕谕南京守备驸马都尉宋彪、襄城伯李隆：今遣太监郑和往西域、忽鲁谟斯等国公干，合用杠抬搬运钱粮官军，尔等即便照数差拨，勿得稽延，故谕。永乐七年三月日。"一敕海外诸番："皇帝敕谕四方海外诸番王及头目人等：朕奉天命君主天下，一体上帝之心，施恩布德。凡覆载之内，日月所照，霜露所濡之处，其人民老少，皆欲使之遂其生业，不致失所。今遣郑和赍敕普谕朕意。尔等只顺天道，恪守朕言，循理安分，勿得违越，不可欺寡，不可凌弱，庶几共享太平之福。若有摅诚来朝，咸锡赏赉。故兹敕谕，悉使闻知。永乐七年三月日。"案成祖五女，安成公主，文皇后生，成祖即位，下嫁宋琥，西宁侯晟子也。咸宁公主，安成公主同母妹，永乐九年下嫁宋瑛，琥弟也。《明史》卷一五五《宋晟传》，晟三子瑄、琥、瑛，瑄建文中战死云璧。琥尚主嗣侯，永乐八年佩前将军印，镇甘肃。敕中之驸马都尉宋彪当是宋琥之误。然《明史·职官志五·驸马都尉》："仁宗时沐昕，宣宗时宋琥并守备南京。"是琥守备南京在宣德时。且据《明史》李濬传："既迁都，以南京根本地，命隆留守。"《职官志·南京守备》："永乐十九年迁都北京，命中府掌府事官守备南京。"是则南京守备之置始于永乐十九年，李隆为第一任守备。在永乐十九年以前，南京犹是京师，固无守备之官也。宋琥与李隆同任守备在宣德朝。二敕记宋彪、李隆任南京守备在永乐七年，与史不合。永乐或为宣德之误，然郑和第七次出使以宣德五年六月，敕书之颁，不能迟至宣德二年，疑此二敕均伪撰，不可据。且谱言和以永乐七年三月第二次出使，亦与长乐《天妃碑》通蕃事迹记不合（碑言第二次永乐五年出，永乐七年回；第三次永乐七年出，永乐九年回），今不取其说。

④ 参见《明成祖实录》卷八三。按钱谷《吴都文粹续集》卷二十八郑和《娄东刘家港天妃宫石刻通番事迹记》记第二次航行以永乐五年往，永乐七年还："永乐五年统领舟师往爪哇、古里、柯枝、暹罗诸国。其国王各以方物珍禽贡献，至七年回还。"长乐《天妃灵应碑》文同。《郑和家谱》则作永乐七年三月。按《实录》为当时史官凭借档册所成，所记时日不应有误。其所以与石刻及纪行诸书歧异者，《实录》所纪为颁敕出使之日，石刻纪行诸书所记则为扬帆启行之时，自颁敕至启行，中间筹备须时，相差半年十月，固属自然，其实俱不误也。《明史》郑和传全据《明实录》，而不如《实录》之详。今一以《实录》所记为准，有异同处并以他说附录于注文中，以备参证。

agakkonara Nijaya Bahu VI）发兵拦劫，为郑和所败，生擒亚烈苦奈儿回国献俘。《明成祖实录》记：

永乐九年（1411年）六月乙巳，内官郑和等使西洋诸番国还。献所俘锡兰山国王亚烈苦奈儿并其家属。和等初使诸番，至锡兰山，亚烈苦奈儿侮慢不敬，欲害和，和觉而去。亚烈苦奈儿又不辑睦邻国，属邀劫其往来使臣，诸番皆苦之。及和归，复经锡兰山，遂诱至国中，令其子纳颜索金银宝物，不与。潜发番兵五万余劫和舟，而伐木拒险，绝和归路，使不得相援。和等觉之，即拥众回船，路已阻绝。和语其下曰："贼大众既出，国中必虚，且谓我客军孤怯，不能有为，出其不意攻之，可以得志。"乃潜令人由他道至船，俾官军尽死力拒之。而躬率所领兵二千余由间道急攻王城，破之，擒亚烈苦奈儿并其家属头目。番军复围城，交战数合大败之。遂以归。群臣请诛之，上悯其愚无知，命姑释之，给与衣服。命礼部议择其属之贤者，以承国祀。①

礼部询所俘锡兰国人，国人皆举耶巴乃那。永乐十年（1412年）复遣郑和使西洋②封耶巴乃那为锡兰国王，号不剌葛麻巴忽剌查（Parakkama Bahu—Raja）③。

远征军至苏门答腊时，王子苏干剌（Sekander）以赏赐不及，举兵邀杀，又为郑和所擒，献俘阙下，国威大震。《实录》记：

---

① 《明成祖实录》卷一一六。此次远征还国，政府曾大规模宴劳。《实录》记："六月庚戌，上以奉使西洋官军航海劳苦，且去家日久，其至京者命礼部引见赐劳，凡七百四十五人，赐钞五千一百五十锭。""戊午上以官军从郑和自番国还者，远涉艰苦，具有劳。遣内官赵惟善、礼部郎中李至刚宴劳于太仓。"卷一一七："七月己巳，赍官军使番国还者，人钞十锭，凡二十万锭。"卷一一八："八月乙未，使西洋官军刘海等十六人回京，人赐钞五锭，钞币一表里。"按擒亚烈苦奈儿，《通番事迹记》以为是第三次航行事："永乐七年统领舟师前往各国，道经锡兰山国，其王亚列苦奈儿负固不恭，谋害舟师，赖神灵显应知觉，遂生擒其王，至九年归献。寻蒙恩宥，押复归国。"长乐《天妃灵应记》同。

② 《明成祖实录》卷一三四："永乐十年十一月丙申，遣太监郑和等赍敕往赐满剌加、爪哇、占城、苏门答腊、阿鲁、柯枝、古里、南渤利、彭亨、急兰丹、加异勒、忽鲁谟斯、比剌、溜山、孙剌诸国王锦绮纱罗彩绢等物有差。"

③ 参见郑晓：《吾学编》卷六八；何乔远：《名山藏·王享记》卷三，《锡兰》。

十三年（1415年）九月壬寅，郑和献所获苏门答腊贼酋苏干剌等。① 初和奉使至苏门答剌，赐其王宰奴里阿必丁（Zaynu-L-Abtidin）纸币。苏干剌乃前伪王弟，方谋弑宰阿必丁，以夺其位。且怒使赐不及己，领兵数万邀杀官军。和帅众及其国兵与战，苏干剌败走。追至浡利国，并其妻子俘以归。至是献于行在。兵部尚书方宾言："苏干剌大逆道，宜付法司正其罪。"遂命刑部按法诛之。②

此行据马欢所撰《纪行诗》及《明史·外国传》之记载，凡占城、阇婆、三佛齐、苏门答腊、锡兰、柯枝、古里、五屿（Malacca）、溜山（Maldives）、忽鲁谟斯（Hormuz）、加异勒、彭亨（Pahang）、急兰丹（Kelantan）、阿鲁（Aru）、南渤利（Lambri）诸国，均为航线所经，始越过印度南境，到波斯湾中。③

第三次航行返国时，诸蕃国使臣随同朝贡。永乐十四年（1416年）十二月郑和又奉命赍敕及锦绮纱罗等物，偕请蕃国使臣，赐各国王。④ 作第四次之远征。此次航程除遍历前三次所经国家外，并曾到过阿丹（Aden）、不剌哇（Brawa）、麻林（Malinde）⑤、沙里湾泥（Sharwayn）⑥、木骨都束（Mogadishu）、剌撒⑦，横断印度洋而

① 《明成祖实录》卷一六〇："永乐十三年七月癸卯，太监郑和等奉使西洋诸番国还。"

② 《明成祖实录》卷一六八。《明史》郑和传同。按《瀛涯胜览》及《明史》苏门答腊传并云："其苏门答腊国王先被那孤儿花面王（Battak）侵略战斗，身中毒箭而死。有一子幼小，不能与父报仇。其王之妻与众誓曰：有能报夫死之仇，复全其地者，吾愿妻之。言讫，本处有一渔翁，奋志而言，我能报之。遂领兵众当先杀败花面王，复雪其仇。花面王被杀，其众退伏，不敢侵扰。王妻于是不负前盟，即与渔翁配合，称为老王，家室地赋之类，悉听老王裁制。永乐七年效职进贡而沐天恩，十年复至其国。其先王之子长成，阴与部领合谋弑义父渔翁，夺其位，管其国。渔翁有嫡子苏干剌领众挈家逃去邻山，自立一寨，不时率众侵复父仇。永乐十三年正使太监郑和等统领大航宝船到彼，发兵擒获苏干剌，赴阙明正其罪。其王子感荷圣恩，常贡方物于朝廷。"与《实录》不合。又擒苏干剌事《通番事迹记》以为是第四次航行时事："永乐十二年统领舟师往忽鲁谟斯等国，其苏门答腊国伪王苏干剌寇侵本国，其王遣使赴阙陈诉，就率官兵剿捕，遂生擒伪王，至十三年归献。"长乐《天妃碑》同。

③ 参见《郑和下西洋考》，34页。

④ 参见《明成祖实录》卷一八三。

⑤ 参见《明史》卷七，《成祖本纪》。

⑥ 参见《明史》卷三二六；《郑和下西洋考》，46页。

⑦ 《明史》卷三二六；《武备志图》位置剌撒于阿拉伯半岛阿丹之西北。

远至于非洲。于永乐十七年（1419年）七月返国。① 忽鲁谟斯、阿丹等十六国使臣随来朝贡。②

永乐十九年（1421年）正月郑和等又奉命作第五次之航行，就赐各国国王以锦绮纱罗，并送十六国使臣返国。③ 这一次航行又到了非洲东岸的木骨都束和不剌哇，阿拉伯沿岸的祖法儿（Zufar）、阿丹。永乐二十年（1422年）八月壬寅还，暹罗、苏禄（Sulu）、苏门答腊、阿丹等国都遣使随贡方物。④

永乐二十二年（1424年）正月旧港（Palembang）酋长施济孙遣使请袭宣慰使职，三月郑和又奉命作第六次之航海。⑤ 回国时明成祖已经晏驾，仁宗（1424—1425）继位，罢西洋宝船，洪熙元年（1425年）二月命和以下番诸军守备南京。⑥

仁宗宽宏仁厚，是一个守成的中主，在位不到一年便死了。宣宗（1426—1435）继位。这个青年皇帝从幼便为祖父所钟爱。在性格和魄力方面，也受了他祖父的遗传，很是精明强干。宣德五年（1430年）六月，帝以外蕃贡使多不至，遣和及王景弘遍历诸国⑦，又奉命仆仆作最后一次的远征。据祝允明所记此次航海里程，郑和

---

① 参见《明史》卷七，《成祖本纪》。《明成祖实录》卷二一四："永乐十七年七月庚申，官军自西洋还。上谕行在礼部臣曰：'将士涉历海洋，逾十数载，行役万里，经数十国，盖亦劳矣。宜赏劳之。'"卷二二五："十八年五月辛未，命行在兵部，凡使西洋、忽鲁谟斯等国回还官旗二次至四次者，俱升一级。于是升龙江左卫指挥朱真为大宁都指挥佥事，掌龙江左卫事。水军右卫指挥使唐敬为都指挥佥事……"

② 十六国除忽鲁谟斯、阿丹外，为祖法儿、剌撒、不剌哇、木骨都束、古里、柯枝、加异勒、锡兰山、溜山、喃哱利、苏门答腊、阿鲁、满剌加、甘巴里。见《明成祖实录》卷二三三。

③ 参见《明成祖实录》卷二三三。按第五次航行，《通番事迹记》作永乐十五年事。记云："永乐十五年统领舟师往西域，其忽鲁谟斯国进狮子、金钱豹、西马；阿丹国进麒麟，番名祖剌法，并长角马哈兽；木骨都束国进花福禄并狮子，卜剌哇国进千里骆驼并驼鸡，爪哇国进麋里羔兽，各进方物，皆古所未闻者。及遣王男、王弟捧金叶表文朝贡。"

④ 参见《明成祖实录》卷二五〇。

⑤ 参见《明史》卷七，《成祖本纪》。

⑥ 参见《明史》卷八，《仁宗本纪》。按第六次航行，《通番事迹记》作永乐十九年事："永乐十九年统领舟师，遣忽鲁谟斯等各国使臣久侍京师者悉还本国。其各国王贡献方物视前益加。"

⑦ 参见《明史》卷三二五，《苏门答腊传》。《明宣宗实录》卷六七："宣德五年六月戊寅，遣太监郑和等赍诏往谕诸番国，凡所历忽鲁谟斯、锡兰山、古里、满剌加、柯枝、卜剌哇、木骨都束、喃浡利、苏门答腊、剌撒、溜山、阿鲁、甘巴里、阿丹、佐法儿、竹步（Juba）、加异勒等二十国及旧港宣慰司，其君长皆赐彩币有差。"

所率领之舰队，以宣德五年（1430 年）闰十二月六日于南京龙湾开航①，然据《实录》则宣德六年二月中，曾令满剌加使臣附郑和舟返国。② 由是可知历次舰队均系分别出发，故满剌加使臣得附后发宝船还国。主队出发时，并曾派分队到古里，由古里再派人带货物到天方（Mekka）贸易。③ 全队于宣德八年（1432 年）七月六日回京。④

第七次远征军返国后的第三年，宣宗崩，英宗（1436—1449，1457—1464）冲龄继位，杨士奇、杨荣、杨溥诸老臣当国，主少国疑，于是又回到了太祖时代的保守政策，不再想再向海外发展。同时郑和也是六十几岁的老头子了，不能再作远行，三十年来的海外活动于此告一结束。《明史》说：

> 和经事三朝，先后七奉使，所历占城（Campa）、爪哇（Java）、真腊（Kemboja）、旧港（Palembang）、暹罗（Siam）、古里（Calicut）、满剌加（Malacca）、渤泥（Borneo）、苏门答腊（Atcbeb）、阿鲁（Aru）、柯枝（Cochin）、大葛兰、小葛兰（Quilon）、西洋琐里（Chola）、加异勒（Cail）、阿拨把丹、南巫里（Lambri）、甘把里（Koyampadi）、锡兰山（Ceylon）、喃浡利（即南巫里）、彭亨（Pahang）、急兰丹（Kelantan）、忽鲁谟斯（Hormuz）、比剌（Brawa）、溜山（Maldives）、孙剌（Sofala）、木骨都束（Mogadishu）、麻林（Malinde）、剌撒、祖

① 参见《纪录汇编》卷二〇二，《前闻记》。按《通番事迹记》："宣德五年冬复奉使诸番国，牺舟（娄东刘家港天妃宫）祠下。"又云："宣德五年仍往诸番开诏，舟师泊于祠下。"又云："明宣德六年岁次辛亥春朔正使太监郑和、王景弘，副使太监朱良、周福、洪保、杨真，左少监张达等。"则和等虽于五年六月奉命，十二月自龙湾开航。而自太仓启行，则为六年春初事也。前记六次航海往返时月、石刻及纪行书和《明实录》、《明史》之不同，都即以奉敕与出海相距时日远，一据奉命时日，一记航海时日，故有歧异。

② 《明宣宗实录》卷七六："六年二月壬寅，滴剌加国头目巫宝赤纳等至京言：国王欲躬来朝贡，但为暹罗国王所阻。暹罗素欲侵害本国，本国欲奏，无能书者。今王令臣三人潜附苏门答腊舟来京，乞朝廷遣人谕暹罗王无肆欺凌，不胜感恩之至。上命行在礼部赐赍巫宝赤纳等。遣附太监郑和舟还国。令和赍敕谕暹罗国王。"

③ 参见《明史》卷三三二，《天方传》；《瀛涯胜览·天方国》。

④ 祝允明：《前闻记》。

> 法儿（Djofar）、沙里湾泥（Sharwayn）、竹步（Juba）、榜葛利（Bengala）、天方（Mekka）、黎代（Lide）、那孤儿（Battak）①，凡三十余国。所取无名宝物，不可胜计，而中国耗费亦不资。自宣德以还，远方时有至者，要不如永乐时，而和亦老且死。自和后凡将命海表者，莫不盛称和以夸外番，故俗传三保太监②下西洋，为明初盛事云。③

明初出使海外著劳绩的，还有太监杨敕（敏）、侯显、尹庆诸人。杨敕于永乐十年（1412年）奉使往榜葛剌等国，永乐十二年（1414年）还京。④ 侯显接着也出使榜葛剌、沼纳朴儿（Ganupur），令两国罢兵。⑤ 后又命周鼎等往使。⑥ 尹庆于永乐元年（1403年）九月使满剌加、柯枝诸国。⑦ 永乐三年（1405年）九月返国，苏门答

---

① 冯承钧《〈瀛涯胜览〉校注序》："考河丹（Aden）一国，名见马欢、费信、巩珍之书，亦系郑和所历之地，郑和本传漏举其名。《星槎胜览》之卜剌哇（Brawa）亦系宝船所至之地，亦不见于郑和本传，有人以为即是传中之比剌，然与对音未合，未敢以为是也。"

② 三保太监明人有谓为郑和旧名者，如郎瑛《七修类稿》卷十二《三保太监》："永乐丁亥命太监郑和、王景弘、侯显三人往东南诸国赏赐宣谕。今人以为三保太监下西洋。不知郑和旧名三保，皆靖难内臣有功者。"有谓为合郑和、王景弘、侯显三人称为三保太监者，如严从简《殊域周咨录》卷七《占城传》："三保之称，不知系是郑和旧名，抑岂西洋私尊郑和、王景弘、侯显等为三太保故也。"有谓为三下西洋有功，故称三宝太监者，王世贞《弇山堂别集》卷九十《中官考》："永乐三年三月命太监郑和等率兵二万七千人行赏赐西洋、古里、满剌加诸国。按此内臣将兵之始也。和自是凡三下西洋皆有功。人谓之三宝太监。"按明初内官多有以三保为名者，如永乐八年五月初九日谕谭青诏："说与都督谭青、薛禄……内官王安、五彦、三保、脱脱尔等……"八年六月三十日敕王友、刘才："尔等启行之时，朕又遣内官三保说与尔等，但遇胡寇，务立奇功头功。"有内官三保。并见《弇山堂别集》卷八十八《诏令杂考四》。《明史》卷三三一《尼八剌传》有内官杨三保："永乐十一年命杨三保赍玺书银币赐其嗣王沙葛新的及地涌塔王可般。"又有王三保，陆树声《长水日抄》："国初尝遣王三保太监出使西洋，所致番中方物入贡。"由此可知明初内官除郑和外，名三保者甚多。三保为书普通人名，非尊称，其例正如内官狗儿之即为王彦。则三保似即是郑和旧名也。和之僧名福善已见上文。

③ 《明史》卷三〇四，《郑和传》。

④ 参见《星槎胜览》前集。

⑤ 参见《明史》卷三〇四，《郑和传》。

⑥ 《明史·郑和传附侯显传》："永乐十三年帝欲通榜葛剌（Bengala）诸国，复命显率舟师以行。其国即东印度之地，去中国绝远。其王赛佛丁（Saifu-d'-din）即遣使贡麒麟及诸方物。帝大悦，锡予有加。榜葛剌之西有国曰沼纳朴儿（Ganupur）者地居西印度中，古佛国也。侵榜葛剌。赛佛丁告于朝。十八年九月命显往宣谕赐金币，遂能兵。"《明成祖实录》卷一六六："十三年七月甲辰，使太监侯显等使榜葛剌诸番国。"卷二二八："十八年八月乙亥，遣中官侯显等使沼纳朴儿国。时榜葛剌国王言诏纳朴儿国王亦不剌金（Samaur'-d-din Ibvahim Sah）数以兵扰其境，故遣显等赍敕谕之，使相辑睦，各保境土。因赐之彩币。并赐所过金刚宝座之地酋长彩币。"《明成祖实录》卷二六三："永乐二十一年九月，江阴等卫都指挥佥事周鼎等九百九十二人奉使榜葛剌等国回。皇太子令礼部赏钞有差。"

⑦ 参见《明成祖实录》卷二三。

剌酋长宰奴里阿仲丁、满剌加国酋长拜里迷苏剌、古里国酋长沙米的俱遣使随还朝见。诸俱封为国王，与印诰，并赐彩币袭衣。复命尹庆往使。① 尹庆第一次出使满剌加时，内官马彬亦同时被命使爪哇、西洋、苏门答腊诸蕃。② 后又数奉命使占城。③ 张谦于永乐八年（1410年）与行人周航使浡泥国，永乐十、十四、十八年（1412、1416、1420年）又奉使往使，永乐十五年（1417年）九月又出使古麻剌郎国。④ 杨庆于永乐十八年（1420年）奉命往西洋公干，洪保于次年奉命送各蕃国使臣回还。⑤ 吴宾于永乐初曾使爪哇。⑥ 永乐三年（1405年）朝使曾往招谕吕宋、麻叶瓮、番速儿、来囊葛卜、南巫里、娑罗六国。⑦ 朝臣奉使西洋者有闻良辅、宁善⑧、王复亨⑨、马贵⑩诸人。

四、南洋诸国之臣服与华侨之移殖

成宣间（1402—1435）努力向南洋发展之结果，第一为经济上之收获，用瓷漆丝茶诸货物到南洋博易香料染料，以有易无，政府人民两都得益。第二是政治上的成功，战胜攻取，国威远播，南洋诸国，稽首来庭，甘为臣属。第三是文化的传播，宝船迭出，信使往来，南洋诸国，因之深染华风。第四是华侨移殖之增加及势力之发展，因航路之开辟，及航海术的进步，加以郑和一行使人在南洋之成功，使中国侨民在南洋之地位陡然提高，在各方面都得便利，因之渡海博易及留居之人数顿增，以其灵敏耐劳的手腕，渐得当地人民之信仰，华侨

① 参见《明成祖实录》卷四六。
② 参见《明成祖实录》卷二三。
③ 参见《东西洋考》卷二，《占城》。
④ 参见《明成祖实录》卷一〇八、一九〇、二三〇；《明史》卷三二五，《渤泥传》。
⑤ 参见《读书敏求记·西洋番国志》。
⑥ 参见《殊域周咨录》卷八，《爪哇》。
⑦ 参见《明成祖实录》卷四七；《明史》卷三二三，《吕宋传》。
⑧ 参见《明成祖实录》卷四六。
⑨ 参见《明成祖实录》卷四三。
⑩ 参见《明成祖实录》卷一一二。

遂取得南洋诸国经济上领袖之地位，同时进而参与当地政治，有的作了当地的执政，有的甚至作了国王。

明人对于南洋通洋的见解，以为“舶之为利也，譬之矿然。封闭矿洞，驱斥矿徒，是为上策。度不能闭，则国收其利权而自操之，是为中策。不闭不收，利孔漏泄，以资奸萌，啸聚其中，斯无策矣”①。以矿洞喻市舶司，矿徒喻海商。上策指洪武时代，中策指永乐至正德时代，无策指因倭寇而罢市舶之嘉靖时代。所谓“国收其利权而自操之”，指的是永宣时代的郑和七下西洋。

明代政府对蕃货的处置是用抽分的办法，蕃货有贡蕃和私商之别，凡贡蕃，“朝贡附至番货欲与中国贸易者，实物六分，给价偿之，仍免其税”②。政府有权抽买全部货物十分之六，为表示外交礼貌，特免其税。旧例应入贡蕃先给以符簿。③ 凡贡至，三司以合文视其表文方物无伪，乃送入京。若国王王妃陪臣等附至货物，抽其十分之五，其余官给之值。暹罗、爪哇二国免抽。④ 其蕃商私赍货物入为易市者，“舟至水次，番封籍之，抽其十二，乃听贸易”⑤。永宣时代除市舶抽分以外，直接由国家派遣远征舰队去海外博易，输出国货，买进蕃货，所得利益更大。宣德以后，宝船不出，诸蕃贡使来市。“椒木铜鼓，戒指宝石，溢于库市。番货甚贱，贫民承令博买，多致富。”⑥

市舶和国计民生的关系，嘉靖中都御史林富曾上疏陈论。他说：

---

① 唐顺之：《荆川集》外集，《条陈海防经略事疏》。

② 《明太祖实录》洪武二年九月。

③ 《大明会典》卷一〇八《朝贡通例》：“凡勘合号簿，洪武十六年始给暹罗国，以后渐及诸国。每国勘合二百道，号簿四扇。如暹罗国暹字勘合一百道及罗字号底簿各一扇俱送内府。罗字号勘合一百道及暹字号底簿一扇发本国收填。罗字号簿一扇发广东布政司收比。余国亦如之。每改元则更造换给。计有勘合国分，暹罗、日本、占城、爪哇、满剌加、真腊、苏禄国东王、苏禄国西王、苏禄国峒王、柯支、渤泥、锡兰山、古里、苏门答腊、古麻剌。”

④ 《大明会典》卷一一一《给赐二·外夷上贡物给价》：“琉球国，正贡外附来货物，官抽五分，买五分。暹罗，使臣人等进到货物，例不抽分，给与价钞。爪哇，贡物给价。渤泥国，正贡外附带货物俱给价。苏门答剌国，正贡外使臣人等自进物俱给价。苏禄国，货物例给价，免抽分。西洋琐里，永乐元年来朝，附载胡椒等物皆免税。满剌加国，正贡外，附来货物皆给价，其余货物许令贸易。榜葛剌国，使臣人等自进物俱给价。”

⑤⑥ 顾炎武：《天下郡国利病书》卷一二〇，《海外诸番》。

中国之利，盐铁为大，有司取办，仡仡终岁，仅充常额。一有水旱劝民纳粟，犹惧不充。旧规至广番舶，除贡物外，抽解私货，俱有则例，足供御用，此其利之大者一也。番货抽分，解京之外，悉充军饷，今两广用兵连年，库藏日耗，借此足以充羡而备不虞，此其利之大者二也。广西一省全仰给于广东，今小有征发，即措办不前，虽折俸椒木①，久已缺乏，科扰于民，计所不免。查得旧番舶通时，公私饶给，在库番货，旬月可得银两数万，此其为利之大者三也。货物旧例有司择其良者如价给直，其次资民买卖，故小民持一钱之货，即得握椒，辗转贸易，可以自肥，广东旧称富庶，良以此耳，此其为利之大者四也。助国给军，既有赖焉，而在官在民，又无不给，是因民之所利而利之者也，非所谓开利孔而为民罪梯也。②

计利一御用，利二给军，利三折俸，利四富民。在永宣时代，又加上大规模的政府主持的海外博易，其收入之浩大，当可推想而知。所以在郑和七下西洋后四十年，又有太监迎合宪宗（1465—1487）的意思，到兵部查索宣德时郑和出使的水程，预备再作远征海外的壮举，终为保守的言官所论谏而作罢论。③

在政治方面，南洋诸国经过郑和几次的卓越战功，和外交手腕的发挥，同时明成祖和宣宗六征蒙古，三定安南，国威远播，南洋诸国莫不来朝恐后，除循常例派使臣进贡外，诸国王中有亲自航海到京朝见，表示臣属者。永乐四年（1406 年）拉布恩岛（Labuan）岛之中国河（Kina Benua River）④，都是著例。

---

① 明代广州及东南沿海官吏，多以胡椒、苏木折俸。见《天下郡国利病书》卷一二〇。

② 《殊域周咨录》卷九，《佛郎机》。

③ 参见《刘忠宣公（大夏）年谱》。《殊域周咨录》卷八《古里》："成化间（《刘忠宣公（大夏）年谱》列此事于成化九年）有中贵迎合上意者，举永乐故事以告，诏索郑和出使水程（《刘忠宣公（大夏）年谱》作上命中官至兵部查宣德间王三保出使西洋水程）。兵部尚书项忠命吏入库检旧案不得，盖先为车驾郎中刘大夏所匿。忠笞吏，复命入检，终莫能得。大夏秘不言。会台谏论止其事。忠诘吏谓库中案卷宁能失去，大夏在旁对曰：'三保下西洋，费钱粮数十万，军民死且万计。纵得奇宝而回，于国家何益。此特一敝政，大臣所当切谏者也。旧案虽存，亦当毁之以拔其根，尚何追究其有无哉！'"

④ 参见温雄飞：《南洋华侨通史》，64 页。

华侨之移殖亦如雨后春笋，突然增加。据《明史·婆罗传》：

> 万历时为王者闽人也。或言郑和使婆罗，有闽人从之，因留居其地，其后人竟据其国而王之。

《苏禄史》亦记14世纪时有中国使臣黄森屏（Ong Sung ping）到浡泥，后任支那巴坦加总督。其女嫁文莱（Brunei）第二苏丹阿合曼（Ahmed），凡二十余传以迄今。其王统由女系递传。阿合曼之女嫁爱丽（Sherip Ali），后继王位，即今文莱王始祖也。① 郑和部下留居南洋，确有史料可据。《明英宗实录》记前随郑和下蕃之太监洪保所属一船，由西洋发碇时船中凡三百人，后遭风漂泊，辗转流徙，经十八年后，得回国者仅府军卫卒赵旺等三人。② 其余未能返国之二百余人，当然留居各地，从事于蛮荒之开发。又如商人下蕃者亦往往留居，如苏禄之留人为质，要约商舶再来。③ 美洛居（Malacca）有香山，雨后香堕，沿流满地，居民拾取不竭，其酋委积充栋，以待商舶之售。东洋不产丁香，独此地有之，可以辟邪，故华人多市易。以此侨居者亦众。万历时荷兰人与葡萄牙人因争美洛居构兵，华人流寓者，游说两国，令各罢兵。④ 吕宋尤多华侨，以去漳州近，故贾舶多往，往往久住不归，名为压冬，聚居涧内为生活，渐至数万，间有削发长子孙者。⑤ 华商久居南洋，占有势力。成化二十一年（1485年）至令东莞商人张宣率官军二千送占城王古来返国。⑥ 有的做了当地的官吏或执政，如漳州人张姓之为浡泥那督（Datn），那督华言尊官也。⑦ 汀州人谢文彬之为暹罗岳坤，岳坤犹华言学士之类。⑧ 饶州人朱复、南安人蔡璟之为琉球国相。⑨ 诸国来朝之译人

---

① Baring Gould：《砂劳越史》。

② 参见《明英宗实录》卷一六九。

③ 参见《明史》卷三二五，《苏禄传》。

④ 参见《明史》卷三二三，《美洛居传》。

⑤ 参见《东西洋考》卷五，《吕宋传》。

⑥ 参见《东西洋考》卷五，《占城传》。

⑦ 参见《明史》卷三二五，《渤泥传》。

⑧ 参见《殊域周咨录》卷八，《暹罗传》。

⑨ 参见《明史》卷三二三，《琉球传》。

及使臣亦多由华人充任，如万安人萧明举之为满剌加通事①，火者亚三之为葡萄牙人使者②，琉球使者则多为福建人③。

罪人及海盗以在国内不能立足，亦多避居南洋，如前文所引之梁道明、陈祖义、丘彦诚、施进卿父子诸人之雄长旧港，南海叛民何八观等之屯聚岛外。④ 嘉靖末年，倭寇余党遁居吉兰丹，生聚至二千余人。⑤ 广东大盗张琏逃居旧港，列肆为蕃舶长，漳、泉人多附之。犹中国市舶官。⑥ 林凤（Limahong）、林道乾为官军所败，逃至海外，与西班牙争夺菲律宾群岛。⑦ 这一些人在国内虽然是为非作恶，一到了南洋，却便成为当地的英雄，受人崇拜。

从永宣时代积极经营南洋以后，南洋已成为中国之一部，无论在政治、经济或文化方面，均为中国之附庸。南洋之开拓及开化完全属于我国人努力之成绩。假如宣德以后，政府能继续经营，等不到欧洲人之东来，南洋诸国已成为中国版图之南境，和其母国合为一大帝国。或许世界史要全部改写了。可是宣德以后的历朝政府，放弃了这责任，并且不愿继承前人的伟绩，退婴自守，听其自然。这担子便又重新放到无数千万的无名英雄头上，他们不但没有国家的力量作后盾，并且冒着违犯国法的危险，凭着勇气和求生的欲望，空拳赤手，乘风破浪，到海外去开辟他们的新世界新事业，凭着优秀民族的智慧去征服环境，作当地人的领导者。

正统（1436—1449）以后，政府对南洋取放任政策，结果在商

---

① 参见《明史》卷三二五，《满剌加传》。

② 参见《明史》卷三二五，《佛郎机传》。

③ 参见《明史》卷三二五，《琉球传》。

④ 参见《东西洋考》卷二，《暹罗》。

⑤ 参见《东西洋考》卷三，《大泥传》。

⑥ 日人藤田丰八以为即西班牙史家 Fr. Juan de la Concepcion 所记之 Jehang Si Lao，见《东洋学报》第八卷第一号《葡萄牙人之占据澳门》文中。按《续文献通考》记万历时有大盗林朝曦亦在三佛齐列肆为蕃舶长，如中国市舶官。

⑦ 参见《明史》卷二二二，《凌云翼传》；卷三二三，《吕宋传》；L. F. Fermandeg, *A Brief History of the Philippines*, pp. 89-84；藤田丰八：《葡萄牙人之占据澳门》，载《东洋学报》，第八卷第一号；张星烺：《菲律宾史上之李马奔（Limahong）真人考》，载《燕京学报》，第八期；李长傅：《〈菲律宾史上之李马奔真人考〉补遗》，载《燕京学报》，第九期；黎光明：《〈菲律宾史上之李马奔真人考〉补正》，载《燕京学报》，第十期。

业方面由政府独占而恢复到以前的私人经营，在政治方面南洋诸国也由向心力而转变到离心力。八十年后，欧洲人为了找寻香料群岛（Spice Islands，Malacca）陆续东来，他们不但拥有武力，并且有国家的力量作后盾，得步进步，不到几十年便使南洋地图全部变色，自然而然地替代了以前我国人的地位。华侨寄居外人篱下，备受虐待，眼看着自己耕耘的土地，都被后来人享用。我国政府不能过问。这是中国史上一个大转变，也是世界史上的一个大关键。

第四章　军与兵（缺）*

* 1976 年 10 月粉碎“四人帮”，“文化大革命”宣告结束。1979 年 8 月，北京市委为“三家村”冤案平反后，北京市委有关方面对吴晗的家属落实政策，归还吴晗家属“文化大革命”中被查抄吴晗的物品，其中有吴晗三篇文稿：

一、《明史》手稿一部，前面已作了说明。第四章《军与兵》未见。

二、《明代的新仕宦阶级，社会的、政治的、文化的关系及其生活》一篇。

三、《关于吐蕃、朵甘、乌斯藏、西藏几个名词的资料》一篇。

这三篇文稿，都是吴晗的手稿复印件，没有原稿。都没有发表过。在“文化大革命”中，吴晗多次遭受批斗，家也被查抄多次，这些文稿的原件，可能是在抄家中散失了。

与这些文稿一起发还的还有一个大木箱，这些文稿就是装在箱子里的。箱子里还有吴晗在“文化大革命”中遭受毒打留下来的一件中山装上衣血衣和吴晗的几个印章及一些零散的书籍，归还的东西只有这么一点点。吴晗是著名的历史学家，著名的学者，他藏书很多，在这次浩劫中，不知都流落到何方了。吴晗收存的朋友们的大批信件和字画文物，也都在抄家中散失了。

现在留存下来的这三篇文稿均收入《吴晗全集》中，为广大读者了解吴晗的史学研究增加一些资料吧。——编者注

明史简述

前　言

现在讲明史。首先声明一下，这门课我已有十五六年没讲了，荒废很久；同时又缺乏准备，因为我 3 号刚从国外回来，21 号又要走，各方面的工作都堆在一起，时间排得很满，没有很好地准备。所以，这次只能凭过去的印象，把自己所曾经思考过的一些问题以及对这些问题的认识，提出来供同志们参考、讨论。这些意见都不成熟，仅供参考，并不是定论。

这次只能讲 1368 年到 1644 年这个历史时期内的一些重大事件和重要问题，不准备像普通高等学校那样一般的讲。如果每一件事情都具体地讲，恐怕一年也讲不完。因为时间的限制，只能讲最基本的、最重要的、关键性的问题。

准备分两部分讲：

第一部分，明朝历史的基本情况。

毛主席在《中国革命和中国共产党》这一名著中给我们树立了一个研究历史的典范：要研究一个国家、一个民族的历史，重要的是抓住它的特征，到底它和其他国家、其他民族有什么不同。这样，才能了解这个国家、这个民族，了解它的各个历史时期许多问题的所以发生。所以我们首先讲明朝整个历史时期跟过去的时代到底有哪些不同，过去历史上所没有的，而这个时期才发生的是哪些问题、哪些事情。

这一部分讲这么几个小问题：

（一）明太祖的建国。朱元璋建立了一个什么样的国家？如何建立的？也就是它的政权是什么性质，依靠什么，在什么基础上建立起来的？

（二）明成祖迁都北京。明朝原来的首都在南京。明太祖为什么建都南京？到了明成祖时又为什么迁都北京？迁都北京与当时的社会情况有什么关系？对以后的历史发生了什么影响？

（三）贯串明朝整个历史时期的两个大问题。一个是倭寇问题，就是日本海盗的侵略。这是外部问题，这个问题贯串了整个明朝历史；另一个是内部的民族关系问题，主要是明朝和北边蒙古族的关系。当时有所谓“北虏”、南倭的说法，称蒙古人为“北虏”。这是污蔑性的称呼。

（四）建州女真族的问题。一般史书上往往容易混淆这一点，认为建州是明朝以后才有的。事实上不是这样，明朝一开始就有建州，建州女真早就在东北一带活动。我们研究明朝历史时，不能把这一点忽略了。

第一部分基本上就讲这么几个问题。有时间的话，还准备讲讲东林党的问题。

第二部分，准备提出几个问题：

（一）郑和（三宝太监）下“西洋”的问题。这是历史上从来没有过的事，不但明朝以前没有，就是明朝以后也没有。前后三十多年内，郑和到南洋去了七次，最远达到非洲。他为什么去呢？去了之后的结果怎么样？在这些问题上，过去的历史学家有很多不同的意见、不同的看法。

（二）资本主义萌芽问题。这是最近几年来历史学界讨论得比较多的一个问题，有不同的看法、不同的意见。到底资本主义萌芽从什么时候开始？怎么样才算是萌芽？为什么它只是一个萌芽，而不能够成长？准备提出一些看法。

（三）农民战争问题。中国历史上发生过许多次的农民战争，大大小小有几百次，最大的也有十几次。但是明朝历史上有一个很奇怪的现象，就是明朝建国不久就发生农民战争。明太祖是从农民战争中起家的，他建立政权之后，马上就有农民起来反对他。这种斗争一直到明朝灭亡没有停止过。明代农民战争爆发次数之多，我看历史上任何一个朝代都不能比。这是一个农民战争的时代。为什么？要回答这个问题。

有时间的话，还准备谈一谈八股文的危害，它在历史上所起的反动作用。我们现在不会写八股文，也不懂得八股文。可是明清两代近六百年间都是写八股文的，它对中国学术文化的发展造成了严重的危害。

主要是讲上面这两个部分。如果时间允许的话，还可以讲几个历史人物。譬如保卫北京的于谦、海瑞、与海瑞同时的张居正。

上面所说的这些问题，过去都有过一些想法和看法。这些想法和看法不一定成熟，不一定正确。其中有些写了论文，有些没有来得及写。

现在讲第一部分。

明朝历史的基本情况

明太祖的建国

首先，我们应该弄清国家的含义。近几年来的学术讨论中，有人往往把我们这个时代关于国家的含义等同于历史上的国家的含义。这是错误的、不科学的。我们今天所说的国家，包括政府、土地、人民、主权各个方面。由于政权性质的不同，国家可以分为好几类，有人民民主国家、资本主义国家、民族主义国家，等等。历史上国家的含义就跟这不一样。简单地说：历史上的国家只能是某一个家族的政权，不能把它等同于今天我们所说的国家。曹操的儿子曹丕临死前写了一篇遗嘱，说：自古无不亡之国。这里所说的“国”是什么呢？就是指某个家族的政权，是指刘家的、赵家的、李家的或者朱家的政权。这些政权经常更替，一个灭亡了，另一个起来。所以曹丕说自古无不亡之国。但是一个政权灭亡了，当时的国家是不是也灭亡了呢？没有。譬如汉朝刘家的政权被推翻了，曹操的儿子做了皇帝，还是有三国，我们的历史并没有中断。曹家的政权被推翻了，司马氏做了皇帝，国家也没有灭亡。所以，历史上的所谓亡国，就是指某一个家族的政权被推翻，国家还是存在的，人民还是存在的。因此我们所说的明太祖建国，也是指他建立的朱家的政权。这个国跟我们今天的中华人民共和国有本质的不同，它只代表一个家族、一个集团的利益，而不代表整个民族的共同的利益。把这个含义弄清楚，我们才可以讲下面的问题，就是朱元璋的政权依靠的是什么。

1. 土地关系问题

要讲土地关系问题，不能不概括地讲讲当时的基本情况。

在14世纪中叶，大致是从1348年到1368年的二十年中间，发生了大规模的农民起义、农民战争。规模之大，几乎遍及全国，从东北到西南，从西北到中南，到处都有农民战争发生。不单是有汉族农民参加，各地的少数民族也参加了，如东北的女真族（就是后来的建州族）、西南的回族都参加了斗争的行列。时间之久前后达二十年。战争激烈的情况，在整个历史上都是少有的。

在二十年的战争中，反对元朝的军事力量大致可以分为两个体系：一支是红军。因为参加起义的人都在头上包一块红布作为标志，在当时政府的文书上称为“红军”，也有个别的叫做“红巾军”。这是反对元朝的主要力量。现在有些历史学家不大愿用“红军”这个名称，大都称为“红巾军”。大概有这样一个顾虑：怕把历史上的红军同我们党建立的红军等同起来。在我的记忆里有这样一件事：大约二十年前，国民党政府的一个什么馆，要我写明史。书写好之后交给他们看，他们什么意见也提不出来，最后说：你这上面写的“红军”改不改？要改就出版，不改就不出版。我说：不出版拉倒！（这本书现在没有出版。）① 他们怕红军，不但怕今天的红军，也怕历史上元朝的红军，因此他们要我改掉。我不改，因为根据历史记载，这支起义军本来就是红军，不是白军。这不说明什么政治内容，而只是说他们头上包了一块红布而已。红军又分成两部分：一部分在东边活动，一部分在西边活动。具体说，东边是指今天的安徽、河南、河北一带，西边是指江汉流域（长江、汉水流域）。江汉地区的红军很多，包括“北琐红军”和“南琐红军”。反对元朝的另一支军事力量是非红军系统：在浙江有方国珍，在元末的反元斗争中，他起兵最早；在江苏有张士诚；在福建有陈友定。这几支军队都不属于红军系统。当时为什么能爆发这样大规模的农民起义呢？我想在讲元朝历史的时候已提到了。这里就不再重复。

---

① 这本书就是现在编入本卷的《明史》（未完稿）。——编者注

下面讲讲红军提出了些什么问题。

红军当中的一些领导者，他们在反元斗争展开之后发布了一个宣言（当时叫檄文），里面有这么两句话："贫极江南，富称塞北。"（文件的全文已看不到了，只留下这么两句。）这说明什么呢？说明红军反对元朝的统治，要推翻元朝的统治。这是一个有各族人民参加的阶级斗争。当时元朝的政治中心，一个在大都（今北京），一个在上都。元朝政府经常派出很多官吏和军队到南方去搜刮物资，把这些物资运到北方去供少数人享受。元朝的皇帝在刚上台时，为了取得军事首领、部族酋长的支持，对他们大加赏赐，按照不同的地位给他们金、银、绸缎一类的物资。遇到政治上有困难时，为了获得支持以巩固自己的统治，也采取这种办法。每次赏赐的数目都很大，往往要用掉一年或者半年的收入，国家财政收支的一半甚至全部都给了他们。这些物资是从哪里来的呢？是从全国人民身上搜刮来的。几十年光景，造成了"贫极江南，富称塞北"的局面。这样的统治使老百姓活不下去了，他们就起来斗争，改变这个局面，所以提出了这样鲜明的口号。

红军初期的主要领导人韩山童，是传布白莲教起家的（他家里世世代代都是传布白莲教的）。由于通过宣传白莲教，通过宗教迷信活动可以组织一部分力量，于是他就提出"明王出世"、"弥勒佛降生"的口号。明王是明教的神，也叫"明尊"或"明使"。明王出世的意思是光明必然到来，光明一到，黑暗就给消灭了，最后人类必然走上光明极乐的世界。弥勒佛是佛教里的著名人物。传说在释迦牟尼灭度（死）后，世界就变坏了，种种坏事全部出现，人的生活苦到不能再苦。幸得释迦牟尼在灭度前留下一句话，说再过若干年，会有弥勒佛出世。这佛爷一出世，世界立刻又变得好起来：自然界变好了；人心也变慈善了，抢着做好事，太太平平过日子；种的五谷，用不着拔草翻土，自己会长大，而且下一次种有七次的收成。这种宗教宣传，对当时受尽苦难的农民发生了深刻的影响，他们希望有人来解救他们。所以，在广大农民中间，白莲教就用"明王出世"、"弥勒佛降生"这样的口号作为号召来组织斗争力量。

这种宗教宣传对农民能够发生作用，可是对知识分子就不能够发生作用了，特别是一些念“四书”、“五经”的儒生不相信这一套。因此，对他们必须有另外一种口号。红军的领袖们就利用一些知识分子对元朝统治的不满，对宋朝怀念的心情，提出了“复宋”的口号。他们假托自己是赵家的子孙。韩山童是河北人，起兵之后被元朝政府杀害，他的儿子韩林儿跑掉了。以后刘福通就利用元朝政府治理黄河的机会组织反元斗争。当时黄河泛滥成灾，元朝政府用很大力量调了很多民夫、军队来做黄河改道的工作。民夫和军队都集中在一起，刘福通就乘机组织民夫发动反元斗争。军事行动开始之后，他们就假托韩林儿是宋徽宗的第九代子孙，刘福通是南宋大将刘光世的后代。他们以恢复宋朝的口号来团结一部分知识分子。所以红军有两套口号：一方面宣传“明王出世”、“弥勒佛降生”来团结和组织农民；另一方面以恢复宋朝政权相号召，团结社会上有威信的知识分子。而中心则是阶级斗争，推翻剥削阶级。

刘福通起兵之后，声势很大，得到了各个地方的响应。在江苏萧县有芝麻李起兵响应；安徽凤阳有郭子兴起兵响应，一下子就发展到几十万军队。他们从山里把韩林儿找出来，让他做了皇帝，建立了统治机构。同时分路出兵攻打元朝：一支由华北打到内蒙，以后东占辽阳，转入高丽；另一支打到西北；还有一支打到四川。

以上讲的是东部红军的情况。

西部红军的主要领导人叫彭莹玉，他是一个和尚，原来在江西袁州组织过一次武装起义，失败以后，就跑到淮水、汉水流域，秘密传教，组织力量。后来他找到徐寿辉，组织武装力量，进行反元斗争。徐寿辉被他的部下陈友谅杀掉以后，西部红军的主要领导人就是陈友谅。此外，徐寿辉的另一个部将明玉珍跑到四川，在那里也建立了政权。

从二十年的长期战争中，我们可以看出这样几种基本情况：

第一，不管是东边韩林儿这一支，或者是西边陈友谅这一支，他们遇到的最坚强的敌人不是元朝的军队。这时元朝军队已经失去了建国初期那种勇敢、彪悍的特征，无论是军官也罢，士兵也罢，都腐化了，不能打仗了，在与红军作战时，往往是一触即溃。既然元朝军队不能打仗，为什么战争还能延续二十年呢？原因就在于坚决抵抗红军的是一些地主阶级的武装力量。这些武装力量，元朝政府把它称为“义军”。这些力量很强大，最强的有察罕帖木儿、扩廓帖木儿父子所领导的这一支；此外，李思齐、张思道、张良臣等也都很有实力。至于小的地主武装就举不胜举了。这些地主武装为什么这样坚决地反对农民起义呢？因为红军坚决反对阶级压迫。应该说当时的农民革命领袖并没有消灭地主阶级的思想，若要把现代人的意识强加于古人，那是错误的。那个时代的人不可能有消灭地主阶级的思想，但是，他们恨地主阶级，因为他们世代受地主阶级的剥削、压迫，现在他们自己有了武装力量，就要对这些地主阶级进行报复。在这样情况下，各地的地主阶级都组织力量来抵抗红军。其中最强的是察罕帖木儿和李思齐这两支力量。所以，红军在几路出兵的千里转战中，所遇到的主要敌人不是元朝的正规军，而是这些地主阶级的武装。在红军遭到这些地主武装的顽强阻击而受到损失之后，元朝政府就承认这些地主武装，封给察罕帖木儿、李思齐、张思道、张良臣及其部队以官位和名号。

一方面是红军，他们要改变“贫极江南，富称塞北”的局面；另一方面，顽强抵抗红军的主要是地主阶级的武装力量，其中主要的数量最多的是汉人地主的武装力量。这就是从 1348 年到 1368 年二十年战争中的第一个基本情况。

第二，在二十年的斗争中，尽管起义的面很广，战争区域很大，军事力量发展得很快，但是始终没有形成统一的指挥。不管是刘福通这个系统，或者是徐寿辉这个系统，都是各自为政，互不配合。尽管在战争的过程中，东边的胜利可以支持西边，西边的胜利可以支持东边，可是战略上没有统一的部署，缺乏统一的领导。不只是东边这一支和西边这一支二者之间出现这种情况，就是在刘福通领导下的军事力量也是这样。军队从几路分兵出发，不能采取通盘的步骤，而是你打你的，我打我的。尽管他们也有根据地（刘福通建都今开封，陈友谅建都今武汉），但是在当时交通不便的情况下，前方和后方的联系很差，这支军队和那支军队之间的情况互不了解。尽管他们的军事力量都很强大，一打起仗来往往是几百里、几千里的远征，所到的地方都能把敌人打败，所消灭的敌人也很多，可是并不能把所占领的地方安定下来，没能建立起各个地方的政权。因此红军走了之后，原来的蒙古人和汉人地主的联合政权又恢复了。最后，这几支军队都由于得不到后方的接济，得不到友军的配合而逐个被消灭了。他们虽然失败了，但在历史记载上很少发现有投降元朝的，绝大多数都是战斗到最后。相反，不属于红军系统的那些反元力量，像浙江东部的方国珍（佃户出身），以苏州为中心的张士诚（贩私盐的江湖好汉出身），他们也是反抗元朝的，也都有自己的政权，建号称王，可是在顶不住元朝的军事压迫的时候，就投降元朝，接受元朝的指挥。过一个时期看到元朝军事力量不行了，又起来反对元朝。方国珍也罢，张士诚也罢，都这样经常反复。他们虽然反对元朝，但并没有像红军那样提出政治的、宗教的阶级斗争口号。在二十年战争中，最后取得胜利的不是这些人，而是在韩林儿的旗帜下成长起来的朱元璋。

朱元璋出身于红军。他家里很穷苦，没有土地。从他祖父起，就经常搬家，替地主干活。最后，他父亲在安徽凤阳（当时的濠州）的一个小村子里落了户。朱元璋小的时候给人家放牛羊，以后因为遇到荒年，瘟疫流行，他的父母、哥哥都死了，他自己没有办法生活，便在庙里当了和尚。庙里是依靠地租过活的（过去寺院里都有大量的土地），遇到荒年，寺院里也收不到租，当和尚也还是没有饭吃。朱元璋只好出去化缘、要饭。他在淮水流域要了三年饭。这三年要饭的生活对朱元璋一生的事业有很大的关系。因为我们上面讲到的彭莹玉就是在这一带地方进行活动，通过宗教宣传、组织反元斗争的。这样，朱元璋就不能不受到他的影响。同时，这三年的流浪生活也使朱元璋熟悉了这一带的地理、山川形势和风俗民情。三年后，朱元璋重新回到庙里。这时，濠州的郭子兴已经起兵，成为红军的将领之一。因为朱元璋和红军有来往，元朝政府就很注意他。他的处境很危险。但这时朱元璋还很彷徨，两条道路摆在面前：是革命呢？还是反革命呢？经过一番考虑，最后还是投奔了红军，在郭子兴的部下当了一名亲兵。朱元璋自己后来写文章回忆，说他当时参加这个斗争并不很坚决，而是顾虑很多的。参加了郭子兴的部队以后，他很勇敢，也能够出主意，能够团结一些人。后来成了郭子兴的亲信，郭子兴就把自己的养女马氏许配给他，这样他就成了郭子兴的女婿，军队里称他为朱公子。朱元璋在反元斗争中用计谋袭击了一些地主武装，把这些地主武装拉了过来。同时他又回到自己的家乡去吸收了一批人，当时有二十四个人跟他参加了红军，以后都成了有名的将领，开国名将徐达就是其中之一。郭子兴死了之后，朱元璋代替了郭子兴，成为韩林儿旗帜下的一支军事力量的将领。这时，他的力量还并不强大。那么，他为什么能够赢得战争的胜利，取得全国的政权呢？有这么几个因素：

第一个因素是正当朱元璋开始组织军事力量时，刘福通部下的红军正在跟元朝的军队作战，元朝军队顾不上来打朱元璋。朱元璋占领区的北面都是红军，这样，就把他的军队和元朝的军队隔开了。所以，当红军和元朝军队作战时，朱元璋可以趁此机会壮大自己的武装力量，占领许多城市。

第二个因素是他取得了地主阶级知识分子的支持。他起兵之后不久，就有一些知识分子投奔他，像李善长、冯国用、刘基、宋濂、章溢、叶琛等。这些人都是浙江、安徽地区的地主阶级知识分子，在地方上有些威望，而且都有武装力量。这些知识分子替朱元璋出主意，劝他搞生产、搞屯田。在安徽时，朱升劝他“高筑墙、广积粮、缓称王”。这就是要他先把根据地搞好，在后方解决粮食问题，一开始不要把目标搞得太大。李善长、刘基劝他不要乱杀人，不要危害老百姓，要加强军队纪律，要巩固占领的城市，并经常把历史上成功的经验和失败的教训告诉他。朱元璋本人也很用功地学习历史，他在进行军事斗争或政治安排时，总是要征求这些人的意见，研究历史上的经验教训。

这里有一个问题，朱元璋出身于红军，他反对地主，而地主阶级为什么要支持他呢？这不是一个很大的矛盾吗？要了解这个问题，必须从当时的具体历史情况来看。朱元璋本人要打击地主，因为他受过地主阶级的压迫。可是在进行军事斗争的过程中，他感到光像过去那样打击地主、消灭地主，不仅很难取得地主阶级的支持，而且会遭到地主阶级的顽强抵抗。所以，在他还没有成为一个军事统帅的时候，他就改变了红军的传统，开始和地主阶级合作，取得他们的支持。这是问题的一方面。另一方面，地主阶级怎么愿意支持他呢？前面不是说过，红军在北上的战争中所遇到的最大阻力不是元朝军队，而是地主阶级的武装吗？原因很简单，就是安徽、浙江地区的地主阶级，他们看到元朝政府已经不能维持下去了，他们不能再依赖元朝政府的保护，而他们自己的武装力量又无论如何也抗拒不了朱元璋的进攻；更重要的是他们理解到朱元璋欢迎他们，采取跟他们合作的方针。他们与其坚决反抗朱元璋而被朱元璋消灭，还不如依靠朱元璋，得到朱元璋的保护，以维护自己的阶级利益。所以，当朱元璋派人去请刘基的时候，刘基开始拒绝，可是经过一番考虑之后，最后终于接受了。

朱元璋的军队加入了这样一批力量之后，它的性质逐渐改变了。所以在他以后去打张士诚时所发布的一个宣言中，不但不再承认他自己是红军，反而骂红军，攻击红军，把红军所讲的一些道理称为妖言。尽管这时他在形式上还是接受韩林儿的命令，用韩林儿的年号，他的官爵也是韩林儿封的，但实质上他已经叛变红军。到了1368年，他已把陈友谅、张士诚消灭，派大将徐达进攻北京，这时又发布了一个宣言。在这个宣言中像红军所提出的“贫极江南，富称塞北”的口号都没有了。主要提些什么问题呢？夷夏问题。就是说少数民族不能当中国的统治者，只能以夏治夷，不能以夷治夏。他要建立和恢复汉族的统治。在这样的情况下，战争的性质改变了，不再是红军原来的阶级斗争的性质，而是一个汉族与蒙古族的民族战争。

1368年，朱元璋的军队很顺利地打下了北京。元顺帝跑到蒙古，历史上称为北元。元顺帝虽然放弃了北京而回到蒙古，可是他的军事力量并没有受到太大的损失，还仍然保持着比较强大的军事力量和完整的政治机构。他并不认为自己统治的王朝已经结束了，他经常派兵来打北京，要收复失地。所以在明朝初年明朝和北元还有几次很激烈的战争。到了洪武八年（1375年），北元的统帅扩廓帖木儿死了，蒙古对明朝的威胁才减轻了一些，但仍然没有结束。这时北元和高丽还保持着密切的关系，高丽的国王还照样是北元的女婿（每一个高丽国王都要娶蒙古贵族女子做妻子），在政治上仍然依附于北元。这种关系一直维持到洪武二十五年（1392年）。这一年，高丽内部发生斗争，大将李成桂为了取王朝而代之，他依靠明朝的支持，在国内发动政变，推翻了旧的王朝，建立了一个新的朝代。从此，高丽臣服于明朝。同时，李成桂在求得明太祖的同意之后，把国名高丽改为朝鲜。此后一直叫朝鲜，不再称高丽了。朝鲜国内的政治变革，反映了明朝和北元的斗争关系和势力的消长。

总结上面所说的历史情况，得到这样的结论：经过二十年长期的战争，一方面是红军（包括东、西两部分）和非红军（像方国珍、张士诚）；另一方面是元朝军队，更重要的是各个地方的汉人地主武装力量，在战争过程中这些汉人地主武装大部分被消灭了。也由于二十年的长期战争，各地人口大大减少，土地大量地荒废。因此1368年明太祖建国之后，他就不能不采取一些措施，改变这种情况。一个以农业为主要生产手段的国家，农业生产得不到保证，他就不能维持下去。因此，在明朝初年采取了一系列的办法：

第一，大量地移民。例如移江浙的农民十四万户到安徽凤阳，迁山西的一部分人口到河南、河北、安徽去。移民的数量是很大的，一移就是几万家、甚至十几万家。迁移的民户到了新的地方之后，政府分配给他们土地。这些土地是从哪里来的呢？就是一些在战争中被消灭的大地主的土地和无主荒地。此外，政府还给耕牛、种子、农具，并宣布新开垦的荒地几年内不收租，鼓励他们的生产积极性。

第二，解放匠户。元朝有所谓匠户制度。成吉思汗定下了这样一种办法：每打下一个城市之后，一般的壮丁都杀掉，但是有技术的工人，无论是铜匠、铁匠或其他行业的工匠都保留下来。把每个大城市的技术工人都集合在一起为官府生产，这些人就称为匠户。

这些匠户几乎没有人身自由，世世代代为官府服役。明太祖把他们部分地解放了，给他们一些自由，鼓励他们生产。匠户数目很大，有几十万人。

第三，凡是战争期间，农民的子弟被强迫去当奴隶的，一律解放，给予自由。这样，增加了农业生产的劳动力。

第四，广泛地鼓励农业生产。明太祖采取了很多措施：规定以各地农业收成的好坏作为考核地方官工作成绩的重要标准之一，地方官每年要向中央报告当地人口增加多少，农作物的产量增加多少；大力鼓励农民种植桑树和棉花，规定每一户的土地必须种多少棉花、多少桑树和果树。而且用法令规定：只要能够种棉花的地方就必须种棉花，能够种桑树、果树的地方就必须种桑树、果树。这样，农民的副业收入增加了。关于朱元璋鼓励种棉花的措施特别值得提一下。在朱元璋以前，更具体地说，在1368年以前，我们的祖先穿的是什么衣服呢？有钱的人夏天穿绸、穿缎，冬天穿皮的（北方）或者穿丝棉。老百姓穿的是什么呢？穿的是麻布。有一本看相的书，就叫《麻衣相法》。当时棉花很少，中国自南北朝的时候就有棉花进口，但数量少。到宋朝时棉布还是很珍贵。可是到了明太祖的时候，由于大力提倡种植棉花，以及当时由于种种原因，纺纱、织布的技术提高了，因而棉布大量增加。这样，我们祖先穿的衣服就改变了，过去平民以穿麻衣为主，现在一般人都能穿上棉布衣服。并且形成了几个产棉区和松江等出产棉布的中心。也是在这个时期，棉花种子从中国传入了朝鲜。结果在不太长的时间内，朝鲜人也穿上了棉布衣服。

在农业生产发展，农业经济恢复的基础上，朱元璋采取了支持商业的方针。在南京和其他一些地方，都专门为商人盖了房子，当时叫做“塌房”，以便他们进行商业活动。

所以，经过从1348年到1368年的二十年的长期战争，由于战争延续的时间长，涉及的区域广，战争的情况又极为残酷，使得社会上人口死亡很多，荒芜了很多土地。但是，经过洪武时期二十多年的努力以后，社会生产逐渐恢复并发展了，经济繁荣了。

那么，最后，问题归结到什么地方呢？朱元璋的政权依靠谁呢？

上面说过，元朝的大地主在战争中基本上被消灭了，在这种情况下，土地关系发生了重大的变化：第一种情况，过去土地比较集中，一个大地主占有很多土地，拥有很多庄园。现在这些大地主被消灭了，他们的土地被分配给了无地、少地的农民，或者是新来的移民。这样，一家一户几亩地，土地分散了，这是基本的情况。土地分散的后果是什么呢？在政治上是阶级矛盾的缓和。原来那些人口密度很高的地区（江苏、浙江一带），现在一部分地主被消灭了，一部分人口迁徙出去，留下来的农民有了部分土地，有了一些生产资料，这样，阶级关系就比过去缓和了。第二种情况与这相反，就是那些没有被消灭的地主，像李善长、冯国用、刘基、宋濂这些人，他们原来的土地不但保留下来了，而且有了发展。他们大都成为明朝的开国功臣，作了大官。第三种情况是出现了新的地主阶级。像朱元璋回家招兵时，跟他出来的二十四个人后来都成了他的大将、开国功臣，朱元璋给他们封公、封侯。这些人在政治上有了地位，经济地位也跟着提高了。明朝初年分配土地的结果，他们都成了新的地主阶级。

情况这么复杂，那么，整个说来，农民的土地问题解决了没有呢？没有解决。封建剥削还是存在，农民还是要向地主交租，还是受地主阶级的压迫，在某些地方甚至还有所加强。明太祖是红军出身，是反对地主阶级的，现在他自己成了全国最大的地主。因此，就发生了前面所提到的那种情况：明太祖建国之后，农民的反抗斗争就随之开始，一直到明朝灭亡。什么原因呢？因为阶级关系没有改变，土地问题没有解决。但是由于元末大地主阶级的土地分散的结果，使得在一定的历史时期内，某些地区的阶级斗争有所缓和。在这个基础上才有可能出现以后的郑和下“西洋”的事情。

上面所说的，牵涉到最近史学界讨论的一个问题，就是农民起义能不能建立农民政权的问题。这个问题有不少争论，涉及所谓皇权主义问题。中国的农民有没有皇权主义？有的人说有，有的人说没有。我们现在从朱元璋这个具体的人，以及从当时的具体历史事实来研究这个问题。我想，可以得出这样的结论：历史上任何农民战争最后必须要建立一种政权。政权有大有小，有的农民起义领袖自称为将军，因为他只知道将军是最大的；有的自称为“三老”；有的称王；有的称皇帝。他们能不能采取别的称号呢？能不能不利用这些当时实际存在的、为大家所熟悉的名称，而采取跟当时历史实际没有关系的名称呢？或者说农民有没有这种可能，就是他们在建立政权时，不采取他们所反对的政权形式，而另外创立一种跟原来的政权完全不同的政权形式呢？没有！他们只能称将军，称“三老”，称王，称帝，不可能称几百年、几千年之后的苏维埃共和国，不可能称总统或者主席。

因此，在谈到农民革命能不能建立政权的问题时，结论只能是：（1）它必然要建立政权。没有政权怎么办事？大大小小总要有一个机构；（2）它组织的政权跟当时现行的政权不可能完全相反，它只能运用它所熟悉的东西，而不能采取它所不知道的东西；（3）这个政权不可能是为农民服务的政权。因为它为了使自己能够长期存在下去，所能采取的办法只可能是封建国家压迫农民的办法，而不可能有其他办法。如果它要真正成为农民自己的政权，它就必须解决这样的问题：推翻地主阶级的统治，实行土地革命。但是这样的思想认识，在长期的封建社会里是不可能有的。任何国家的封建社会都没有发生过。它只能对个别地主进行报复，你这个地主欺侮过我，杀了我的人，我现在也把你杀掉，把你的房子烧掉，把你的东西抢来。这些都是可能做到的。但是要把整个地主作为一个阶级推翻，这在当时是不可能的。要知道，反封建这种口号的提出，还是近代的事情。而且就是在今天世界各国，除了我们已经完成了这个任务之外，还有很多地区没有解决这个问题。印度也算是一个共和国，但是它不反封建，印度的地主阶级照样存在。我们不能以 19 世纪、20 世纪才出现的思想去要求封建社会的农民。而且从理论上来说，农民政权要建立起来，而且要巩固下去，它的收入从何而来？它的财政开支从何而来？那时没有现代化的大工业，国家财政开支只能取之于农民。除此之外，别无出路。所以，它只能采取封建国家对农民压迫的形式，而不可能有别的形式。因此，历史上所有的农民革命没有例外地在它取得政权之后，必然变质，他们从反对地主阶级开始，结果是自己又变成了地主阶级，新的地主阶级代替旧的地主阶级。这就是历史上农民革命不断起来的根本原因。

在土地比较分散的基础上，尤其是在这样一个空前的大国的情况下，朱元璋建立了一个高度中央集权的政权。关于政治机构问题，当时要完全改变明朝以前的政治机构，既不容许这样做，也没有必要这样做。元朝的中央政权机构有中书省（相当于我们现在的国务院），中书省的长官有左丞相、右丞相、平章、参知政事等官。中书省下面有管具体事情的各部。为了统治全国，元朝政府把中书省分出一部分到地方上，代表中央管理地方工作，叫行中书省，简称行省。行省的职权很大，民政、财政、军事一切都管。掌管监察的机关叫御史台，地方上有行御史台，简称行台。在这样的情况下，发生了权力分散的问题。所以后来元朝政府对地方的统治愈来愈弱。明朝初年（洪武元年到洪武十三年）继承了元朝的这个制度，中央还设有中书省，地方上设立行中书省。这就是上面所说的，农民革命不能创造出新的东西来，它只能模仿和继承已有的东西。

这种局面给朱元璋提出了一个问题，就是如何巩固和加强自己的统治问题。明初政权逐渐产生了很多矛盾，第一，明朝的政权是地主阶级的政权，但明初地主阶级分为旧地主和新兴地主两派。朱元璋起兵于淮河流域，而刘基等则是参加了红军的江浙地主。两个地主集团之间存在着矛盾。当时有一首诗说："城中高髻半淮人。"衣服穿得漂亮的、有钱的，多是两淮流域的人。两淮流域的新兴的地主阶级、官僚贵族，其中绝大多数不但拥有广大的庄园，而且还有大量的奴隶、家丁。有些将军还有假子。假子是朱元璋兴起的办法。他在起兵时把一些青年收作自己的儿子，像沐英、李文忠都是他的干儿子，也是他手下最有名的将领。他往往在派一个将军出去作战时，同时派一个假子去监视。在这种作风的影响下，他下面的许多将军也有很多假子，他们拥有武装力量，有土地，有很多奴隶。这样，就形成许许多多小的军事力量。他们往往不遵守政府的规定，违法乱纪。明太祖要把这些劳动力放在国家的控制下，他们却要放在自己的庄园里。这是第二个矛盾，两淮流域新兴的地主集团和国家，即和朱元璋的统治之间的矛盾。这两个矛盾从 1379 年到 1381 年逐步展开。两淮流域地主集团的代表人物胡惟庸在这个斗争中被杀了。除了上面所说的两个矛盾之外，还有第三，胡惟庸个人和朱元璋之间的矛盾，这是君权和相权之间的矛盾。皇帝应该管什么事，宰相应该管什么事，历史上没有明文规定过。在设置中书省的情况下，许多事情都由中书省掌握，中书省认为这件事情有必要请示皇帝就请示，认为没有必要请示的，就自己办了。胡惟庸这个人有野心，也很有才能，他在中书省多年，排斥了一些人，也提拔了一些人，造成他在中书省的强固地位。有许多事情他自己办了，明太祖根本不知道。以后明太祖发现了就很生气。这样，矛盾就发生了，而且日益尖锐。洪武十三年（1380 年），这三个方面的矛盾终于全面爆发。按照明朝的规定，军队指挥权掌握在皇帝手中。这样，明太祖在这个斗争中取得了胜利，他假借一个罪名把胡惟庸杀了，还牵连杀了不少人。

胡惟庸被杀以后，明太祖根本改变了元朝以来的中书省、行中书省制度，取消了中书省。而且立了个法令，规定以后子子孙孙都不设宰相这个官。谁来办事呢？把原来中书省下面的六个部（吏、户、礼、兵、刑、工）的地位提高，来管理全国的事情，直接对他负责。结果他自己代替了过去的宰相，相权和君权合二为一，大大加强了中央集权。在地方上则取消了行中书省，把原来行中书省的职权分开，即民政、司法、军事分别由三个机构管理：布政使司（主管官叫布政使）管民政、财政，按察使司（主管官叫按察使）管司法，都指挥使司（主管官叫都指挥使）管军事。这三司都直接对皇帝负责。这种把一切权力都揽在皇帝个人手中的高度集权的状况，是在明朝以前没有过的。所以，封建专制主义经过一千几百年的发展，到了朱元璋的时候，形成了一个历史上从来没有过的高度中央集权制的政治系统。这样的政治制度跟当时的土地形态基本上是相适应的。过去土地很集中，皇帝权力的支柱是大地主。现在土地分散了，朱元璋依靠谁呢？依靠粮长。他收粮时，不是采取各地方官收粮的办法，而是采取粮长制。即某一个地方，谁的土地最多、纳粮最多的，就让他当粮长。每年收粮万石的地区就派纳粮最多的地主四人当粮长，由粮长负责这个地区的租粮的收运。政治制度的这种改变，适应了土地比较分散的情况，也保证了朱元璋的经济收入。因此，他对粮长很重视，每年都把这些人召到南京去，亲自接见，和他们谈话。发现了其中某些有能力的人，就提拔他们。他的政权依靠什么呢？就依靠这些人。他的统治基础就在这里。所以，明朝初年相当长的一个时期内一些官职的任用是来自粮长。粮长之外，各地还有很多富户和耆民，朱元璋也经常把他们找来，发现有才能的，就任用他们为官。所以，他的政权是以中小地主作为支柱的。政治机构的这种发展变化，是和当时的土地形态、经济关系相适应的。

可是，在这样高度集权的情况下又发生了另一个新问题：皇帝到底是一个人，不是机器，什么事都要自己管，什么报告都得看，国家这么大，事情这么多，他怎么管得了呢？他只有每天看公文，变成文牍主义者。我曾给他做过统计，从1384年（洪武十七年）9月14日到21日，八天内他收的文件有1 666份，计3 391件事情。他平均每天要看200份文件，处理400多件事情。这怎么可能长久搞下去呢？非变成官僚主义者不可。因此就发生了这样的矛盾：一方面他非看文件不可，怕别人欺骗他；另一方面，愈看愈烦，特别是那些空泛的万言书，更使他恼火。有一次，一个官员上了一份万言书，他看了好几千字，还没有看出什么问题，生了气，就把这个官员找来打了一顿屁股。打完之后又叫人继续念这个报告，念到最后五百字才提出一些问题，提出几条建议，而且还不错，这才知道打错了人。第二天，他向那个官员承认错误，他说：不过你的文章不该写这么长，最多写五百字就够了，为什么要写一万字呢？所以他就发起了一个反对文牍主义的运动，提出了一个写文章的格式，要求简单，讲什么事就写什么事，不要东扯西拉，从上古说到今天，没完没了。他希望通过这个办法使自己能够处理实际事务。结果还是不行。他一个人怎么能管那么多的事？以后他又另外想了个办法，找了一些有文才，能办事的五、六品官到内阁来做机要秘书，帮他做事。为了勉励这些人，就给他们一个称号，叫做大学士。上面加上宫殿名称，如武英殿、文渊阁、东阁、文华殿等等。这时，内阁还只是宫殿的名称，不是政治机构的名称。因为这些人是在内廷里办事，所以就叫殿阁大学士。后来，明成祖的时候，把这个办法制度化了，国家大事都集中在内阁办。内阁大学士在这里办事愈久，政治权力就愈大，官位就愈高，有的做到六部的尚书。这样，内阁大学士虽然没有过去丞相的名称，但事实上等于宰相。入阁也就是拜相。内阁大学士中的第一名称为首辅，就是第一个辅助皇帝的人。这时，内阁便正式成为政治机构了。

这个改变，在历史上是个很大的改变。皇帝的权力高度集中，提高了六部的地位，以后又设立内阁。明朝一直继承着这个制度。清朝也实行这个制度。所以，在政治制度上清朝是继承了明朝的。

随着经济的发展变化，土地占有形态也发生了变化。明朝前期土地比较分散，经过几十年之后，土地又慢慢集中了。到了明朝中叶，土地集中的情况已经很严重。到了万历时，土地集中到这样的程度，在张居正的信件里有一份材料，说一个姓郝的地主拥有土地七万顷。明朝建国时的土地不过是八百五十万顷，现在这一家的土地就等于建国时全国土地的百分之一。从明武宗（就是《游龙戏凤》中的那个正德皇帝）之后，皇帝大搞皇庄，左占一块地，右占一块地。北京附近的皇庄就有很多。不但是皇帝搞庄园，就是贵族也搞庄园。嘉靖的时候，封皇子到各地去作亲王，有一个亲王就有二万顷土地。万历封福王到河南洛阳，准备给他四万顷土地。这些土地是从哪里来的呢？都是从老百姓手里夺来的。把原来的自耕农变成了亲王的佃户。土地集中愈来愈严重，农民的生活愈来愈困难。凡是有皇庄的地方，不但皇庄内部的佃农要受管理皇庄的太监的统治，甚至周围的老百姓也要受皇庄管事人员的压迫和各种超经济剥削。你要过桥就要交过桥税，要摆渡就要交摆渡税。京戏《打渔杀家》中有一个肖恩抗鱼税。明末有一个大地主钱谦益，做大官，文章写得很好，却是一个没有骨头的人，后来投降了清朝。他占有几个湖，要湖边的老百姓向他交税。老百姓气极了，就把他的房子烧了，他的一个收藏了很多古书的“绛云楼”也被烧掉。所以《打渔杀家》这样的事在历史上是有根据的。

由于土地形态的变化，一方面使原来的政治机构不能适应，结果造成明朝政治上停滞的状态。明朝后期有这么两个皇帝：一个是嘉靖皇帝（明世宗），一个是万历皇帝（明神宗）。这两朝有共同点：明世宗做了很多年皇帝，但是他经常在宫廷里，不跟大臣们见面。万历皇帝也是如此。闹得有一个时期，六部很多长官辞了职，没人管事。他也不管，使朝廷很多问题不能解决。另一方面，由于土地高度集中，也促使农民起义以更大的规模开展起来，最后形成以李自成、张献忠为首的全国规模的大起义。

2. 明太祖为什么建都南京？

明太祖之所以建都南京，主要是因为江苏、浙江、安徽这些地方比过去繁荣，是经济发达的地区，是粮食和棉花的产区。他建立了中央政权以后，有很多官员和军队，这些人吃什么呢？这就不能不依靠东南地区的粮食来养活。建都别的地方行不行？不行。以往的朝代建都洛阳、开封、西安，但这些地方交通不方便，粮食也供应不了。为了经济上的原因，他决定建都南京。可是这样发生了另外一个问题：军事上的问题怎么解决？元顺帝虽然跑掉了，但是他的军事实力并没有受到严重损失，他还保存着相当多的军队，并且时时刻刻在想办法反攻。因此，加强北边的防御，防止蒙古的反攻是非常必要的。不这样做，他的政权就不能巩固。但是建都在南京，对于在北方进行防御战争就比较困难了。当然，北边有一道万里长城，可是长城也要有人守才能发挥作用。因此，必须在北方驻重兵防守。可是把军队交给谁呢？交给将军行不行？不行，他不放心。如果他把十多万军队交给某个将军，一旦这个将军叛变，他就没有办法了。因此，他采取了分封政策，把自己的儿子封到沿边地区。第四个儿子燕王朱棣封在北京，其余的，宁王封在热河，晋王封在山西，秦王封在陕西，辽王封在辽东，代王封在大同，肃王封在甘肃。这些都叫做塞王。每一个王府都配有军队。亲王除了指挥自己的军队之外，在接到皇帝的命令以后，还可以指挥当地的军队。在有军事行动时，地方军队都要接受当地亲王的指挥。这样，就把每一个边防地区的军队都直接控制在中央的指挥之下了。

明太祖一方面建都南京，这样来解决粮食问题、服装问题；另一方面派自己的儿子到沿边地区去镇守，防止蒙古族南下；而且每年派亲信将领到北京来练兵，视察各个地方的军事情况，指挥军队，过一二年回去，然后又派人来，这样来巩固北方的边防。他自己认为这个办法是比较稳妥的。但是在他死后，情况发生了变化。他的大儿子早死了。孙子建文帝继位。当时他的第四个儿子燕王在北京，军事力量很强大，结果就发生了皇室内部的斗争。建文帝依靠的是一些知识分子，这些人认为亲王的军权太大，中央指挥不动，可能发生叛变，像汉朝时候的"七国之乱"一样。因此他们劝建文帝削藩，削减亲王的权力，把违法乱纪的亲王关起来或者杀掉。这样就引起了各个藩王的恐慌，最后燕王起兵打到南京。南京政权内部发生了变化，有的将军和亲王投降了燕王，建文帝自杀。（关于建文帝的问题，我们以后还可以讲讲。）建文帝被推翻以后，燕王在南京作了皇帝，就是明成祖。可是北方的军事指挥权交给谁呢？为了解决这个问题，明成祖决定把都城迁到北京。

我们讲了明太祖建国的问题。围绕这个问题，对当前正在争论的一些问题提出了一些看法。现在就农民起义、农民战争到底能不能建立自己的政权的问题进一步提供一点意见。

农民战争、农民起义到底能不能建立政权呢？答复是肯定的。既然农民战争是要推翻旧的政权，它必然要建立一个新的政权。这个政权有大有小，有地区性，名称可以是多种多样的。但是，这个政权是不是农民自己的政权呢？是不是跟封建地主阶级的政权相对立的政权呢？从所有历史上的农民战争来看，不能得出这样的结论。农民战争在建立政权以前，它是要摧毁、冲击或者削弱旧的地主阶级的政权的；但是，等到它自己建立了政权之后，它不可能不根据旧的地主阶级政权的样子来办事，它不可能离开当时为人们所熟悉的、行之多年的一套政治机构。要知道，摧毁旧的国家机器这样的理论，在《共产党宣言》里还没有提到，是在巴黎公社之后才总结出来的。无产阶级革命必须打碎旧的国家机器，建立新的国家机器，是只有在有了科学的共产主义理论，有了巴黎公社的经验之后才能得出的结论。既然是这样，中国历史上的农民战争怎么可能先知先觉，在还没有巴黎公社的经验的情况下，就能摧毁旧的国家政权，建立起农民自己的政权呢？这是不可能的。因此，在农民战争取得胜利之后，它所建立的政权必然变质。这也是一个历史规律，无论对谁都是一样的。汉高祖刘邦还不是变质了?！朱元璋还不是变质了?！明朝末年，李自成打到北京做了皇帝，他还不是变质了?！李自成在进入北京以前，能取得广大农民支持的原因之一，就是过去明朝政府收租很重，人民负担很重，他现在不收租了，叫做“迎闯王，不纳粮”，以不纳粮为号召。可是能不能持久呢？老百姓都不交粮了，他的军队吃什么？他的政权的经济基础、财政基础放到哪里？他难道能够喝空气过日子？不行，维持不下去。因此，他进北京后没有待多久就失败了。即使当时清军不入关，他的政权也不能延续多长时间，也不能巩固。因为他没有生产作基础，没有经济基础。农民种地不纳粮了，对农民来说很好；可是那时候没有大工业，一旦农民不纳粮，不但他的军队没有吃的，连政府的经费也没有来源了。这样，那个政权是不能维持下去的。它要维持下去，也非采取明朝的办法不可，就是向农民收租。

上面讲的是第一个问题。

第二个问题，中国历史上的农民战争有没有皇权主义。有不少人说俄国的农民有皇权主义，中国的农民没有，好像中国的农民是另外一种农民。中国的农民没有皇权主义，那么他们有什么主义呢？任何一次农民战争，它要建立一个政权不可能不根据现存的政权来办事，它不能离开现实。农民起义的领袖们只能够把当时为他们所熟悉、所理解的政权形式作为自己的政权形式。可是有些人硬要把中国的农民战争区别于其他国家的农民战争。当然，这个国家和那个国家的农民战争是有很多不同之点的。但是，从皇权主义这一点来说，不能不是相同的。理由是它们都不能够离开现实政治。当时的农民除了他们所熟悉的政权形式之外，不可能创造出当时还不可能有的政权形式来。不只是农民战争如此，连旧时代的一些神话、传说也是如此。大家都熟悉的《西游记》，孙悟空大闹天宫，天上的组织形式，玉皇大帝的那一套机构还不是反映了人间的机构。龙宫中龙王老爷的机构同样不能离开当时的现实，都是当时社会现实的反映。

第三个问题，对明太祖这个历史人物的评价问题。明太祖这个人到底是好人还是坏人？是应该肯定还是应该否定？当然应该肯定。因为他做了好事，他结束了长达二十年的战争混乱局面，统一了中国。统一这件事，在历史上是了不起的事情。而明太祖的统一中国，在历史上还有另外一种性质和意义。当时以北京和大同为中心，包括河北、山西及内蒙古一部分的这个地区，从唐末以来叫“燕云十六州”。从唐玄宗天宝末年，具体地说，从公元755年起，这个地区发生了“安史之乱”。以后虽然用很大的力量把这个战争结束了，但这个地区还是分裂了，少数民族化了。五代十国的时候，这个地区被一个卖国的奴才皇帝石敬瑭割让给了辽。从此，北京就成为辽的南京。在辽和北宋对立的时期，北宋从宋太祖起一直到宋神宗，曾经多少次想收复这个地方，几次出动军队，结果都失败了，没有能够统一。北宋末年，金灭掉辽，并继而推翻北宋政权，这样，便出现了金和南宋对峙的局面。后来元朝统一了。这时，不但是燕云十六州少数民族化，而且是整个国家都在蒙古族的统治之下。明太祖通过二十年的大规模的农民战争，把历史上长期没有解决的问题解决了，即把从公元755年起，一直到1368年长期在少数民族统治或者影响之下的北方广大地区统一了。过去多少世代没有能够完成的任务，到明太祖完成了，这是一个很大的历史功绩。所以，从那个时候起，北京一直是中国的政治中心。在这样的基础上，我们中华人民共和国才有条件建都北京。

其次，朱元璋统一中国之后，采取了许多鼓励生产的措施。因而，三十多年以后，人口慢慢增加了，开垦的土地面积也慢慢扩大了。到他晚年的时候，全国已开垦的土地有800多万顷，合8亿多亩。今天我们的耕地是多少呢？大概是16亿亩，也就是说，明太祖时期的耕地相当于我们现在的一半。人口增加了，耕地扩大了，生产发展了，人民生活也比过去好了，这应该说是他做了好事，在历史上起了进步作用。

还有一点，他建立了一个高度的封建中央集权的国家。这样一种政治制度，明清两代基本上没有什么改变。

因此，我们可以得出这样一个结论：明太祖在历史上是一个有地位的、了不起的人物，是应该肯定的。

反过来说，这个人是不是一切都好呢？不是的，他有很多缺点，做了不少坏事。不要说别的，我们就举这样一条：他订了一些制度，写成一本书叫《皇明祖训》。定制度是可以的，可是有一点，他不许他的后代改变。这个作法就有了问题，时代变了，情况不同了，可是老办法不许改变，用老办法适应新形势。这样，就影响到以后几百年的发展，把后代的手脚都捆住了。蒋介石有一句话，叫做"以不变应万变"。明太祖就是这样，以不变应万变。这是一种唯心主义的办法，很不合理。以后在政治上、经济上往往不能不改变，可是又不敢改变。原因何在？就是被这个东西捆住了。他定了这样的制度：把他的儿子封为亲王，封在那个地方以后，国家给这个亲王多少亩土地，每年给多少石粮食。这个制度定下来以后，过了一百多年，中央政府就不能负担了。像河南省征收来的粮食，全部给明太祖封在河南的子孙都不够，成为当时最大的一个负担。到了明朝末年，朱元璋的子孙有十几万人，这些人一不能做官，二不能种地，三不能搞手工业，四不许作生意，只能坐在家里吃饭，而且要吃好饭。这样，国家就养不起了。当然，他在其他方面的缺点还很多，我们今天不能做全面的评论。

现在我们讲第一部分的第二个问题。

明成祖迁都北京

上一次讲了明太祖定都南京。到了第三代明成祖（十三陵长陵理的那个皇帝）时，把朝廷搬到北京来了。这件事情在历史上有什么意义？他当时为什么非迁都不可？

前面讲到，明太祖的军队打到北京以后，元顺帝跑掉了，元朝失去了在长城以内地区的统治权。尽管如此，元顺帝的军事力量、政治机构都还存在。因此，他经常派遣军队往南打，要收复失地。他认为这个地方是他的，他们已经统治了八九十年。而当时明朝的都城是在南京。为了抵抗蒙古的进攻，明太祖只好把他的许多儿子封在长城一线作塞王。可是现在情况变了，明成祖自己跑到南京去了；此外，原来封在热河的亲王叫宁王，宁王部下有大量蒙古骑兵。明成祖南下争夺帝位之前，先到热河，见到宁王就绑票，把宁王部下的蒙古骑兵都带过来了。他利用这些蒙古骑兵作为自己的军事主力，向南进攻取得了胜利。从此之后，他就不放宁王回热河，而把他封到江西去。这样一来，在长城以北原来可以抵抗蒙古军进攻的力量便没有了。原来他自己在北京，现在自己到了南京，因而就削弱了明太祖时代防御蒙古军进攻的力量，防御线有了缺口，顶不住了。因此，他不能不自己跑到北京来指挥军队，部署防御战。因为他自己经常在北京，当然政府里的许多官员也都跟来北京，北京慢慢变成了政治中心。于是他开始修建北京，扩建北京城，大体上是根据元朝的都城来改建的。元朝时北京南边的城墙在哪里呢？在现在的东西长安街。明朝就更往南了，东西长安街以南这个地区是明朝发展起来的。德胜门外五里的土城是元朝的北城，明朝往南缩了五里。明成祖营建北京是有个通盘安排的，他吸取了过去多少朝代的经验。所以街道很整齐，几条干线、支线把整个市区划成许多四四方方的小块。有比较完整的下水道系统，有许多中心建筑。从明成祖到北京以后，前后三十多年，重新把北京建成了。和这个时期的世界其他各国比较，北京是当时世界各国首都中建筑比较合理的、有规划的、最先进的城市。没有哪一个国家的首都比得上它。有人问：北京还有外城，外城是什么时候建筑的？外城的修建比较晚，是在公元 1550 年蒙古军包围北京的紧急情况下，为了保卫首都才修建的。但是因为这个工程太大，只修好了南边这一部分，其他部分就没有修了。至于现在的故宫、天坛那些主要建筑，也都是在那个时代打下的基础。应该说明，现在的故宫并不是原来的故宫，认为明成祖修的宫殿一直原封未动地保留到现在是错误的。故宫曾经经过多次的扩建和改修。过去三大殿经常起火，烧掉了再修。起火原因很简单，就是太监放火。宫廷里有许多黑暗的事情，太监偷东西，偷到不可开交的时候，事情包不住了，就放火一烧了事。烧掉了再修，反正是老百姓出钱。明清两代宫廷里经常闹火灾就是这个道理。故宫的整个建筑面积有17万平方米左右，光修故宫就用了二十年的时间。我们人民大会堂的建筑面积是17.4多万平方米，比整个故宫的有效面积还大。明朝修了二十年，我们只修了不到一年的时间，这个比较是很有意思的。由于从明成祖一直到明英宗连续地营建北京，政治中心就由南京转到北京来了，北京成为国都了。

以北京作为一个政治、军事的中心，就近指挥长城一线的军事防御，抵抗蒙古族的军事进攻，保证国家的统一，从这一点来说，明成祖迁都北京是正确的。如果他不采取这个措施的话，历史情况将会怎样，就很难说了。

即使明成祖迁都北京，并集中了大量的军队在这里，但在明朝历史上还是发生了两次严重的军事危机。一次是在公元1449年，一次是在1550年，中间只相隔一百零一年。

第一次危机叫“土木之役”。土木是什么意思呢？在今天官厅水库旁边的怀来县，有一个地方叫土木堡。当时蒙古有一个部族叫瓦剌，它的领袖叫也先。也先带兵来打明朝，他的军事力量很强大，从几方面进攻，一方进攻辽东，一方攻打山西大同。那时明朝的皇帝英宗是个年轻人，完全没有军事知识。他相信太监王振。王振也是完全没有军事知识的。王振劝他自己带兵去抵抗，他就糊里糊涂带了五十万大军往当时正被瓦剌部队包围的大同跑。还没有到那里，大同的镇守太监郭敬就派人来向皇帝报告，说那里情况很严重，不能去。于是就班师回朝。王振是河北蔚县人。他想要英宗带着五十万大军到他家乡去玩玩，显显自己的威风。刚出发，他又一想，五十万大军所过之处，庄稼不就全踩完了！对自己的利益有损害，又不愿去了。这样来回一折腾，走到土木堡那个地方，敌人就追上来了。当时正确的办法应该是进入怀来城内坚守。下面的将军也要求进城。王振不干，命令部队就地扎营。但是这个地方附近没有水源，不宜于坚守。结果五十万大军一下子被敌人全部包围了，造成了必败的形势。在这个高地上待了两天，五十万人没吃没喝。到第三天他让部队改变营地。部队一改变营地，敌人就趁机冲锋。结果全军覆没，皇帝被俘虏了，王振也死于乱军之中，造成了很严重的军事危机。这是历史上最不光彩、最丢人的一次战争。

这时候北京怎么办呢？没有皇帝，五十万大军全部被消灭了，北京只剩下一些老弱残兵。情况很紧张。许多官员纷纷准备逃难，家在南方的主张迁都南京，认为北京反正守不住了。在这种情况下，比较有见解的兵部侍郎（相当于现在的国防部副部长）于谦反对迁都，他认为北京能够守住。如果迁都到南京去的话，北方没有一个政治中心，那么整个黄河以北的地区便都完了。他坚决主张抵抗，反对逃跑。他的主张得到了人民的支持，也得到了明英宗的兄弟郕王（不久即帝位，就是明景帝）的支持。于是就由于谦负责组织北京的保卫战。于谦组织了军事力量，安排了防御工作，跟人民一起保卫北京；并且在政治上提出了一套办法，他告诉所有的军事将领：我们现在已经有了皇帝，要坚守地方。这样，加强了全城军民保卫北京的决心。果然，也先把俘虏去的明英宗带到城外诱降，说：你们的皇帝回来了，赶快开门。他以为这样可以不战而取得北京城。但是守城的官兵们依照于谦的指示，坚决地回答说：我们有了新的皇帝了。各地方都是坚决抵抗，没有一个受骗的。结果明英宗在也先手里成了废物，不能起欺骗作用了。由于依靠了人民群众，北京的保卫战取得了胜利。这时，各地的援军也不断前来。也先见占不到便宜，便只好退兵。这样，北京保卫住了，整个黄河以北的地区保卫住了。

明英宗在也先手里起不了作用，有人就替也先出主意：明朝的皇帝留在这里没有用，还要养他。不如把他送回去，在明朝中央政权内制造弟兄俩之间的矛盾。这样，也先就把明英宗送了回来。明英宗回来后不能再做皇帝，被关起来了。八年之后，明景帝生了病，政府里有一派反对明景帝和于谦的人，还有一些不得志的军人、政客，他们把景帝害死，把英宗放出来重新做了皇帝。英宗出来之后，就把于谦杀害了。

明景帝和于谦对于保卫北京立下了很大的功劳，对人民是有功的。景帝是个好皇帝，他的坟墓不在十三陵。七八年以前，我和郑振铎同志一起在颐和园后面把他的坟墓找到了，并重新修理了一下，作为一个公园。因为他是值得我们纪念的。

从以上说的情况可以看出，如果不是建都在北京，那么1449年也先军队的进攻是很难抵抗的。

过了一百零一年，即1550年，蒙古的另外一个军事领袖俺答又率兵包围了北京。情况也非常严重。也是因为北京是一个首都，是一个政治和军事中心，经过艰苦的斗争，俺答也像也先一样，由于占不到便宜而退回去了。

北京在明朝历史上经受住了这样两次考验。由此可以说明明成祖迁都北京是必要的和正确的，无论从军事上和政治上来说，他都做对了。

但是，仅仅只把政治、军事中心建立在北京还是不够的。当时东边从辽东起，西边到嘉峪关止，敌人从任何地方都可以进来。当然，从山海关往西有一道万里长城。可是城墙是死的，没有人守还是不能起作用。所以，必须要在适当的军事要点布置强大的军事力量。因此，明朝政府在北方沿边一线设立了所谓“九边”。“九边”是逐步发展起来的。开始只建立了四个镇，即辽东、宣府、大同、延绥。跟着又增加了三个镇：宁夏、甘肃、蓟州。以后又加上太原、固原二镇。这九个军事要塞，在明朝合称“九边”，是专门对付蒙古族的。每一个军事中心都有很多军队，譬如明朝后期，光在蓟州这个地方就有十多万军队。

九边有大量的军队，北京也有大量的军队。这些军队吃什么呢？光依靠河北、山东、山西这几个地区的粮食是不够供应的，必须要从南边运粮食来。要运粮食，就要有一条运输线。当时没有公路、铁路，只能通过运河水运，把东南地区的粮食集中在南京，通过运河北上。一年要运三四百万石粮食来北京养活这些人。所以运河在当时是一条经济命脉。这种运输方法，当时叫做漕运。为了保护这条运输线的安全，明朝政府专门建立一个机构，派了十几万军队保护运河沿线。明朝是如此，清朝也是如此。

把军事、政治中心放在北京，北方的问题解决了。可是发生了另外一个问题：南方发生了事情怎么办？于是就把南京改为陪都。陪都也和首都一样，除了没有皇帝之外，其他各种组织机构，北京有一套，南京也有一套。北京有六部，南京也有六部。因为南京没有皇帝，便派一个皇帝亲信的人做守备。当时的大学叫国子监，国子监也有两个：一个叫“北监”，一个叫“南监”。北监在北京，就在孔庙的旁边。北监、南监都刻了很多书，叫北监本和南监本。当然，陪都和首都也有区别，首都的六部（吏、户、礼、兵、刑、工，六部的部长叫尚书，副部长叫侍郎）有实权，而陪都的六部没有实权。所有的事情都集中在首都办。南京的这些官清闲得很，没有什么事情可做。这些人大都是些政治上不得志的人，在北京站不住脚，有的年纪大了，做不了什么事，就要他到南京去做一个闲官，有饭吃，有地位，可是没有什么事情可做。我们研究这个时代的历史要了解这一点。那么，他在南方搞一套机构的目的是什么呢？第一，以南京为中心来保护运河交通线；第二，以南京为中心，加强对南方人民的统治。南方各个地区发生了人民的反抗斗争，就可以就近处理、镇压。

明成祖迁都北京，这不但是抵抗蒙古族南下的一个最重要的措施，同时也为北京附近地区生产的发展、文化水平的提高、都市的繁荣创造了有利的条件。有了这个基础，清朝入关后才能继续建都北京。我们在全国解放之后，才有条件继续建都北京。这是一个历史发展的过程。我们国家建都北京，是经过了慎重、周密的考虑的。当时在讨论这个问题时，也有人提出不同的意见，他们认为北京是一个学术中心，首都最好建在别的地方，不要建在北京。北京一建都，就成为政治中心了。这些人认为政治是很不干净的东西，所以反对建都北京。甚至在我们建都北京之后，还有不同的论调。一些人认为旧北京城不能适应我们今天的政治要求，因此应该在复兴门外建一个新北京。把旧北京甩开。他们举了很多条理由。但是我们有一条：北京在1949年有一百几十万人口，你要把国家的中央机关放在复兴门外，孤孤单单地和人民脱离了，这在政治上是错误的。过去十几年以来，不断有这样的争论。现在事实证明：第一，今天建都北京是正确的；第二，在北京的旧基础上来扩建新北京也是正确的。中央机关——无产阶级的最高政权机关脱离人民行不行呢？当然不行，那是原则性的错误。当然还有其他方面的争论，今天不能多讲了。这是从明成祖迁都北京，顺便讲到我们今天的北京。

“北虏”、南倭问题

这里谈谈另外一个问题，就是如何对待明朝和蒙古族的关系问题。明朝和蒙古族的关系始终是敌对的。从1368年之后，一直到明朝灭亡，几百年间始终是敌对的关系。我们今天来研究过去的历史，应该实事求是地处理这个问题。在历史上是敌对的关系，你就不能说那个时候我们已经贯彻了民族政策，汉族和兄弟民族都是友好相处的。这是一方面。另一方面，今天我们国家是各民族团结的大家庭，实行民族团结的政策，各民族互相尊重，友好相处。在这样的情况下，我们怎么来看待历史上的民族关系？譬如明朝和蒙古族的关系，北宋和契丹的关系，清朝满族和汉族的关系，等等。对这些问题，有不少人感到难以处理。其实很简单，从今天学习历史的角度来说，从几千年各个民族发展的历史来说，我们应该把我们国家历史上的民族关系当作内部矛盾来处理。无论是蒙古族或者契丹，无论是西夏或者女真，都是这样。经过几年的研究，我们得出这样的看法：就是凡是今天在我们中华人民共和国的疆域之内的各民族，不论是哪一个民族，历史上的关系，都是我们自己内部的问题，不能当作敌我矛盾来处理，不能把它们当作外国。要是当作外国，那问题就严重了。我们不能继承解放以前那些历史书、教科书和某些论文中的带有民族偏见的错误观点。总之，我们今天的看法可以分为两个方面：一方面必须实事求是，历史是怎么样就怎么样写。明朝和蒙古族是打了几百年的仗，这个历史事实不能改，在当时是敌对关系，这一点不能隐讳，也不能歪曲。另一方面，凡是我国疆域以内的各民族，不管它在历史上是什么关系，今天我们看都是内部问题，内部矛盾。两个兄弟吵架，不能作为侵略和被侵略来处理。今天，蒙古族是我们五十几个兄弟民族里面的一个，我们今天来讲这段历史的时候，就不能像当时那样对蒙古族采取诬蔑、谩骂、攻击的语言。要互相尊重。明朝是骂蒙古族的，蒙古族也骂明朝，这是历史事实。但这是他们在骂，不是我们在骂，我们应该实事求是地记录。如果我们也用自己的话来骂就不对了。你有什么道理骂蒙古族？你根据什么事情骂？所以要正确处理历史上的民族关系。

至于区别战争的性质问题，是正义战争还是非正义战争的问题，我们不能把少数民族打汉族的战争不加区别地都说成是正义的，也不能把汉族为了自卫而进行的战争都说成是非正义的。应该就事论事，就战争发生的原因、经过情况、是非来判断战争的性质。比如说，汉朝和匈奴的关系。匈奴来打汉朝，他抢人家的东西，屠杀人畜；汉朝为了自卫，就应该还击，这当然是正义的。唐朝和突厥的关系也是一样。突厥经常来打，唐朝为了自卫进行还击，也是正义的。明朝和蒙古族的关系。蒙古族要南下，明朝组织力量反抗，这同样也是正义的。但是，历史上汉族与少数民族之间的战争，也不是正义都在汉族的一边，这需要根据当时历史情况做出具体分析，不能一概而论。汉族经常欺侮一些小民族，打人家，这是非正义的。少数民族中的一些统治阶级为了自己的阶级利益，闹分裂，闹割据，打汉族，也同样是非正义的。所以要具体分析，不能笼统地对待。不是哪个民族大、哪个民族小的问题，也不是简单的谁打谁的问题，而是要根据战争的情况、双方人民的利益来判断战争的正义性与非正义性。

明朝和蒙古族的关系始终是敌对的关系，这个问题以后到清朝才解决。清朝打明朝经过了长期的战争，在这个战争中清朝采取联合蒙古族的政策，取得了蒙古族的支持。在入关之后，清朝对待蒙古族的政策是通过婚姻关系来保持满、蒙两个民族之间的和平，清朝皇帝总是把自己的女儿嫁给蒙古族的酋长。乾隆过生日时，来拜寿的一些蒙古族酋长都是他的女婿、孙女婿、曾孙女婿。所以，万里长城在清朝失去了意义。秦始皇修筑万里长城在历史上是起了作用的。早在战国时代，北方一些国家，像燕国、赵国为了抗拒外族的侵略，已经修筑了一些城墙。秦始皇统一六国之后，把这些国家所修的城墙联结起来加以扩展，就成为万里长城。我们现在看到的长城是经过许多朝代修建的，特别是青龙桥八达岭这一段不是秦始皇修的，而是明朝后期修的。我们在评论历史上某一件事情的好坏时，应该用辩证的方法。秦始皇修万里长城花了很大的力量，死了不少人，这是坏的一方面；可是另一方面，长城在漫长的历史过程中也的确起了作用。虽然它不能完全堵住北方各民族向南发动战争，但是，无论如何，它起了一部分作用，至少因为有了这样一个防御工事，使得长城以南众多的人口可以从事和平的生产。把长城的作用估计过高，认为有了这一条防线，北方的少数民族就进不来了，这是错误的。它们还是进来了，而且进来不止一次。但是，由于有了这个防御工事，使得北方一些少数民族的军事进攻受到阻碍，这种作用，直到明朝还是存在的。所以明朝还继续修缮长城。只有到了清朝，这样的作用才不再存在了。当然，清朝和蒙古族也有几次战争，不过跟明朝的情况比较起来就不同了。明朝和蒙古族始终是敌对的关系。清朝不是这样，清朝和蒙古族只是个别时候发生过战争。今天情况就更不同了，国家性质改变了，我们采取民族团结、民族区域自治的政策，内蒙古自治区是我们中华人民共和国组成部分之一，现在长城只是作为一个历史文物而保留着。世界上有七大奇迹，长城是其中之一，是世界上最伟大、最古老的工程之一。

明朝和蒙古的关系，是明朝历史上的一个特征，跟过去的情况不一样，跟以后的情况也不一样。此外，明朝和倭寇的关系，即所谓南倭问题，也是这个时代很突出的一个问题。明朝以前没有这样的情况，明朝以后也没有这样的情况。

研究明朝和倭寇的关系，光从中国的情况、中国的材料出发，还不可能得到全面的理解。还必须研究日本的历史。不研究日本的历史就很难理解当时为什么会有那么一些人专门从事抢劫，进行海盗活动，而且时间是如此之长，破坏是如此之严重。但是看看当时日本国内的情况，问题就很容易理解了。所以我们先讲讲日本的情况。

明朝的历史是从 1368 年开始的。而日本从 1336 年起，内部分裂为南朝、北朝。京都是北朝的政治中心，吉野是南朝的政治中心。这个分裂的局面，长达六十年之久。一直到 1392 年南朝站不住了，才投降了北朝。分裂期间，日本有两个天皇：京都有一个天皇，吉野有一个天皇。正当日本南北朝分裂的时候（1336—1392），明朝建立起来了。明朝建立初年，正是日本南北朝分裂的后期。

当时日本的政治形势怎么样呢？日本有天皇，可是那个天皇是虚的、无权的，是一个傀儡。不只是那个时候的天皇是傀儡，凡是明治维新以前的天皇都是傀儡，地位很高，可是政治上没有实际权力。掌握实权的是谁呢？是将军。当时的将军称为征夷大将军。将军有幕府，当时的幕府叫室町幕府，也叫足利幕府。那时日本处在封建社会，有很多封建领主，这些封建领主有很多庄园，占有很多土地，有自己的军事力量，他们不完全服从幕府的命令，各自在自己的势力范围内实行封建割据。足利幕府建立之后，由于他的经济基础很薄弱，不能完全控制他们。所以，在足利幕府时代，由于地方经济的发展，封建领主势力强大，在幕府控制下的中央财政发生了困难。怎么办呢？它就要求和明朝通商，做买卖。足利幕府的第三代叫足利义满，他派人到明朝来，要求和明朝通商。明朝政府当然欢迎，但是对日本的情况不了解，对国际形势缺乏知识，不知道日本国内已经有了天皇，糊里糊涂地就封足利义满为日本国王。足利义满希望通过和明朝通商来加强自己的经济地位，减少财政困难。但是，由于当时日本是处在一种分裂割据的状态，那些大封建领主并不听他的话。而在那些大封建领主下面有一批武士，由于得不到土地，生活困难，于是他们就到海上去抢劫，成为倭寇。这就是倭寇的来源。所以当时的情况是，一方面幕府和明朝有交往；另一方面幕府下面那些封建领主一批批地来破坏这种交往，到处抢劫。幕府不能控制那些诸侯、封建领主，最后发生了内战。从1467年到1573年这个时期，是日本历史上的“战国时期”。这个时期延续了一百多年，日本国内到处打来打去，战争频繁，人民不能正常地进行生产，因而土地荒废，粮食不够。这样，就使更多的人参加到倭寇的队伍中来。这就是日本在“战国时代”，也就是明朝中期（1467—1573）之后，倭寇侵略更加严重的原因。

从中国的情况来说，中国遭受倭寇的侵犯从明朝一开始就发生了。在明朝建国以前，倭寇已经侵略高丽。那时候，高丽王朝的政治很腐败，没有能力抵抗。接着倭寇南下骚扰我国沿海各地，从辽东半岛到山东半岛，到江苏、浙江、福建、广东，到处侵犯。洪武二年（1369年）明朝政府派海军去抵抗倭寇。1384年之后又派了一个大将在山东、江苏、浙江沿海地区修了59个军事据点防御倭寇。1387年又在福建沿海地区修建了16个军事据点。所以，从洪武时代起，倭寇就已在危害中国。在永乐时代，1419年倭寇大举进攻山东沿海地区。明朝军队狠狠地打了它一下，把这一股倭寇全部消灭了。倭寇的侵扰引起了明朝政府内部在政治上的争论。当时明朝政府专门设立了三个对外贸易机构，叫做“市舶司”。这三个市舶司设在广州、宁波和泉州。这些地方是当时的对外通商口岸，外国人可以到这里来做买卖。当倭寇侵略发生之后，有的人认为，倭寇之起是由于对外通商的缘故，因为你要做买卖，所以日本海盗就来了。最好的办法就是把市舶司封闭掉，对一切国家一概不做买卖。这种论调在明朝政府中占了优势，结果在1523年把三个市舶司撤销了。

撤销市舶司之后发生了另外一个问题。浙江、福建、广东等东南沿海地区，人口密度高，人多耕地少，不少人没有生产资料。这些人作什么呢？在通商的时候他们借一点资本出去做买卖，买一些外国货到中国来卖；把中国的土产卖出去。因此，这些人是依靠通商来维持生活的。这是一种情况。另外还有一种情况，就是东南沿海的一些大地主，他们看到对外通商的收入比在农业生产上进行剥削要多好几倍，因此从事对外贸易。他们自己搞了很多海船载运中国土产出国；同时把外国商品带回来卖。沿海大地主依靠通商发财，这在当时叫做“通蕃”。“通蕃”的历史已经很久了，宋朝后期就有许多大地主组织船队出海通商的事。宋代关于这一类事情的记载很多。元朝也有。民间有这样一个传说，说明朝有一个大富翁叫沈万三，他家里有一个聚宝盆，这个盆里可以出很多宝贝。这是传说，事实并不是这样。事实是他搞对外贸易发了财。有人说他富到这样的程度，明太祖修建南京城时，有一半是他出的钱；此外，每年还要他出很多钱。因为在明朝和元朝作斗争的时候，他曾经站在元朝这一边。所以后来明太祖干脆把他的家产全部没收了，把他充了军。有的说是充军到云南，也有的说是充军到东北。这个故事说明，当时是有这么一部分人是依靠通商和对外贸易来发财的。所以，当时东南沿海地区的情况是，一方面许多贫民依靠对外通商来维持生活，其中有一些穷苦的人长期停留在国外，这一批人就成为华侨。现在南洋各个地方都有华侨，大体上以广东、福建人为多；另一方面，沿海一些大地主依靠通商来发财。因此，当 1523 年，由于倭寇不断骚扰沿海，明朝政府封闭了市舶司，断绝了对外通商关系时，就发生了新的问题：一方面很多穷苦人失去了生活来源；另一方面，沿海大地主失去了发财机会。他们要求恢复通商。在这种情况下，某些地主集团便采取反抗手段。你禁止通商，他就秘密通商。他们自己组织船队出去，其中有一些照样发了财，有一些就遭到倭寇的抢劫；而另外一些则采取和倭寇合作的办法，他们也变成了倭寇。他们组织船队出去，能够做买卖就做买卖，不能做买卖就抢。因此，倭寇主要是日本海盗，但其中也有一部分是中国人。

除了倭寇之外，当时还有一种情况，即在 16 世纪初年（1513 年），葡萄牙人到东方来了。这些葡萄牙人一方面进行通商活动；另一方面也进行海盗活动。不但进行海盗活动，而且占据了我国福建沿海的一些岛屿。

1546 年，也就是日本的“战国时代”，倭寇对沿海的侵略更加严重了，浙江宁波一带受到严重的损害。明朝政府派了一个官员总管浙江、福建两省的军事，防御倭寇。这个官员叫朱纨，他坚决执行禁海方针，任何人都不许出去。坚决用军事力量打击倭寇，打击葡萄牙海盗。把抓到的九十多个海盗头目——有日本人，有葡萄牙人，也有中国人——都杀掉了。这样一来引起政治上的一场轩然大波。因为被杀的这些人里面，有一些是沿海的大地主派出去的，把这些人杀了，就损害了沿海大地主阶级的利益。这些大地主集团在北京中央政权机构里的代言人（主要是一些福建人）大叫起来了，他们向皇帝控告朱纨，说他在消灭海盗时，错杀了良民和好百姓。这样就展开了政治斗争。在政府里和地方上形成两派：一派要求对外通商；一派反对通商。大体上沿海一些大地主坚决主张通商，而内地一些大地主反对。为什么内地的大地主反对呢？因为他们不但得不到通商的好处，而且海盗扰乱的时候，还要出钱。他们吃了亏。通商派和反通商派的斗争很激烈，代表闽浙沿海大地主利益的许多官员都起来反对朱纨。朱纨也向皇帝上疏为自己辩护，并且很愤慨地说："去外国盗易，去中国盗难；去中国濒海之盗易，去中国衣冠之盗尤难。"这样，浙江、福建沿海的大地主集团更加恨他，对他的攻击更厉害了。结果明朝政府就把他负责的浙江、福建两省的军事指挥权撤销了，并且派了一个官员来查办这件事。最后朱纨在"纵天子不欲死我，闽浙人必杀我"的情况下自杀了。

朱纨失败了，倭寇问题没有解决。1552年之后，情况更加严重。在浙江沿海一带，倭寇长驱直入。一直到1563年的十一年中间，不但江苏、浙江、福建的许多城市、农村受到倭寇的烧杀、抢劫，倭寇甚至还打到南京城下，打到苏州、扬州一带。

这个时候，明朝的军事力量已经腐化了。明朝在地方的军事制度是卫所制，一个卫有5 600人，一个千户所有1 120人，一个百户所有120人。军队和老百姓分开，军户和民户分开。军人是世袭的，父亲死了以后，儿子接着当兵。明朝初年的军事力量是相当强大的，因为它有经济作基础。那时，明朝实行屯田政策，军队要参加生产。办法是国家拨一部分土地给军队，军队里抽一部分人，参加农业生产。自己生产粮食供应军队的需要，国家再补贴一部分。所以，尽管军队的数量很大，最多时达到二百多万人，可是国家的财政开支并不大。以后由于许多地主官僚把屯田吞没了，把军队的钱贪污了，所以屯田的面积愈来愈小，粮食收入愈来愈少。同时，有些军官把士兵拉来替他搞私人劳动，在家里服役。此外，由于军队和老百姓是分开的，军户和民户是分开的，军人的服装、武器要自备；把河北人派到云南去，山东人派到浙江去，世世代代当兵，结果部队中逃亡的比例愈来愈大。从明朝初年一直发生军队减员的现象，以后愈来愈严重，往往一个单位的逃亡比例达到十分之七八，一百人当中只剩下二三十人。怎么办呢？明朝政府就采取这样的办法：张三如果逃跑了，就把他的弟弟、侄子抓去顶替。如果他家里没有人可以顶替，就抓他的邻居去代替。但是这些被抓去顶替的人又逃跑了。所以军队数量愈来愈少，质量愈来愈低。军官也腐化了。

从明太祖到明成祖，在沿海建立了许多军事据点，组织了海军，建造了一些战船。到这时这些战船因为用的时间太久了，破破烂烂，不能再用了。按照规定，船过一定时期要修一次。可是由于修船的钱也被军官贪污了，没办法修，所以战船愈来愈少。

由于上面这几方面的原因，明朝的军事力量腐化了，军队不能打仗了。在 1552 年之后，往往是数量不多的倭寇登陆之后，一抢就是几十个城市，抢了就跑。各地方尽管有很多军队，但是不能抵抗。人民遭受到深重的灾难。特别应该指出的是，倭寇所侵犯的这些地区都是粮食产区，是最富庶的地方。像江苏（包括长江三角洲）、浙江及福建沿海地区，都是最富庶的地区，经济最发达的地区。这些地方长期遭到抢劫一直到什么时候呢？一直到 1564 年才改变这种局面。这时，出现了戚继光、俞大猷等有名的军事将领。戚继光看到原来的军队不能作战了，就自己练兵。他了解浙江义乌县的农民很勇敢，便招募了义乌县的农民三千人，成立了一支新军，进行严格的军事训练。他根据东南地区的地形，组织了一个新的阵法，叫做“鸳鸯阵法”。这个阵法的主要特点是各个兵种互相配合，长武器和短武器结合使用。更重要的是他有严格的军事纪律，对兵士进行严格的军事训练。经过二三年之后，他的这支军队便成了最有战斗力的军队。当倭寇侵入浙江的时候，在台州地区，戚继光的军队九战九胜，把浙江地区的倭寇消灭光了。以后把福建地区的倭寇也消灭了。他和俞大猷及其他地区的军事将领经过十年左右的努力，彻底解决了倭寇问题。

可是，在倭寇问题解决之后，又发生了新的问题。这时日本国内的情况发生了变化，原来的幕府被推翻了，新的军阀起来了。这就是丰臣秀吉。丰臣秀吉用军事力量统一了国内。不过这是表面上的统一，实际上国内各地还是一些封建领主在统治着。这些封建领主拥有强大的军事力量，他不能完全控制。为了把尚未完全控制的封建领主（大名）的目标转向国外，并消耗他们的实力，以稳固自己的统治，于是丰臣秀吉就发动一次侵朝战争，派军队去打朝鲜。他写信给朝鲜国王，说他要去打明朝，要朝鲜让路，让他通过朝鲜进入我国东北，他的军事野心非常狂妄，准备征服整个中国，然后把他的天皇带到中国来，以宁波为中心，建立一个庞大的帝国。步骤是：第一步占领朝鲜；第二步占领中国；第三步以中国为中心，向南洋群岛扩张。面临着这样的形势，明朝政府怎么办？有两种主张：一种认为日本打朝鲜与中国无关；另一些人看到了唇亡齿寒的关系，认为朝鲜是我们友好的邻国，丰臣秀吉占领朝鲜以后就会向中国进攻，因此援助朝鲜也就是保卫自己。经过一番争论，后一种意见占了优势，明朝派了军队出去援助朝鲜。这时候，朝鲜已经很混乱，大部分地区被日本军队占领，国王逃跑。明朝政府动员全国的力量来帮助朝鲜，前后打了七年（1592—1598）。由于中国人民的援助，朝鲜军队的奋勇抗战，特别是朝鲜海军名将李舜臣使用一种叫“龟船”的战舰，发挥了很大的作用，最后把日本侵略军打败了。1598 年，丰臣秀吉病死。日本侵略朝鲜的军队跑掉了，战争结束了。

所以，我们和朝鲜的历史关系很深远，在甲午战争前三百年，中国就出兵援助过朝鲜，共同反抗外来的侵略。在中华人民共和国建立之后，我们的经济还没有恢复，美帝国主义就越过“三八线”，向朝鲜民主主义人民共和国进攻。情况很严重。我们又进行了抗美援朝运动，派出了志愿军支援了朝鲜人民。

这一段历史使我们得到这样的认识：日本军国主义者不是这个时代才有，而是有其长远的历史原因。它总是要侵略别人的，从倭寇起，以后不断地向外侵略，1598年侵略朝鲜，甲午战争时期占领我国东北，1937年以后占领了我国大部分地方。我们进行了抗日战争才取得了胜利。要了解和熟悉日本的情况，必须要了解和熟悉我们自己的历史情况，这样才能对我们很接近的国家有正确的看法。当然，说日本的军国主义有长远的历史原因，绝对不等于说日本人民都是侵略者。如果得出这样的结论，那就是错误的。但是日本的统治者，不管是过去的封建主，或者是近代的军国主义者，都是侵略成性的。中国与日本是一衣带水的邻邦，两国之间有着悠久的历史文化联系。但是在近代的半个多世纪中，由于日本军国主义的侵略，给中日两国人民带来了灾难。现在中日两国人民，都要从惨痛的历史中吸取有益的经验教训，使惨痛的历史永不重演，建立和巩固两国人民的友好关系。

明朝的历史情况与过去不同。与倭寇的斗争，与蒙古贵族的斗争贯穿着这个时代。明朝以前没有这样的情况，明朝以后也没有这样的情况，这是明朝历史的特征。要抓住这个特征才能够了解明朝人民的负担为什么那么重。因为北边有蒙古问题，沿海有倭寇问题，就要有军队打仗。军队要吃饭，要花钱，这些负担都落在人民身上。所以明朝的农民受着无比深重的苦难。在这样的情况下，从明朝开国一直到灭亡，都不断发生农民战争。农民战争次数之多，规模之大，时间之久，分布地区之广，在历史上没有任何一个时期可以和明朝相比。

东林党之争

东林党之争是明朝末年历史上的一个特征。

首先应该明确这样一个问题，历史上所谓党与我们今天所说的党是两回事，不能把历史上所说的党和今天的政党混同起来。历史上所说的党并没有什么组织形式，参加哪个党是没有任何形式的，既不要交党费，也没有组织生活，更没有党章和党纲。然而在历史上又确实叫做党。历史上所谓党是指的什么呢？是指政治见解大体相同的一些人的集团，也就是统治阶级内部某些人无形的组合。明朝的东林党，它的情况大致是这样：在江苏无锡有个书院叫东林书院，这是一所学校。当时有两个政府官员，叫顾宪成和顾允成，两兄弟在北京做官的时候，由于他们的政治见解与当时的当权人物相抵触，便辞官不做，回家后在东林书院讲学。他们很有学问，在地方上声望很高，为人也正派。这样，和他们意气相投的人跟他们的来往便越来越多了。不但在地方上，就是在北京，有一些官员跟他们的来往也比较多。他们以讲学为名，发表一些议论朝政的意见。这样，从万历二十二年（1594 年）开始，一直到明朝被推翻，前后五十年间，在明朝政治上形成了一批所谓东林党人，和另外一批反对东林党的非东林党人。非东林党人后来形成齐（山东）、楚（湖北）、浙（浙江）三派，与东林党争论不休。这五十年中间，在几件大事情上都有争论。你主张这样，他反对；他主张那样，你反对。举例来说，党争中最早的一个问题，就是所谓“京察”问题。“京察”这两个字大家都认识，但是不好懂。这是古代历史上的一种制度，就是政府的官员经过一定的时期要考核，相当于现在的考勤考绩。主持考勤考绩的是吏部尚书、吏部侍郎（相当于现在的内务部部长、副部长），他们主管文官的登记、资格审查、成绩考核及任免、升降、转调、俸给、奖恤等事。当时考取进士以后，有一部分进士就安排做科道官。科就是六科给事中，道就是十三道御史。六科就是按照六部（吏、户、礼、兵、刑、工）来分的。道是按照行政区划来设置的。当时全国有十三个布政使司，设了十三道御史，譬如浙江道有浙江道御史。科道官都是监察官，当时叫做“言官”。他们本身没有什么工作，只是监察别人的工作，提出赞成的或者反对的意见。他们的任务就是说活，所以叫“言官”。每次“京察”，吏部提出某些人称职，某些人不称职。1594 年举行“京察”的时候，就发生了争论，这一部分人说这些人好，那一部分人说不好。凡是东林党人说好的，非东林党人一定说不好。争论中掺和了封建社会的乡里（同乡）关系。譬如齐、楚、浙就是乡里关系。不管这件事情正确不正确，只要是和我同乡的人，都是对的。还有一种同门的关系。所谓同门就是指同一个老师出身的。不管事情本身怎么样，只要跟我是同学，就都是对的。至于对亲戚、朋友则更不用说了。就在这样的封建关系组合之下，从 1594 年“京察”开始，一直争吵了五十年。

继“京察”问题之后，接着发生了“国本之争”。所谓“国本”就是国家的根本。我们今天说国家的根本就是人民，没有人民就没有国家。当时并没有这样的概念。那时候所谓“国本”是指皇帝的继承人问题。万历做了多年皇帝，按照过去的惯例，他应该立一个皇太子，以便他死后有一个法定的继承人。可是他不喜欢他的大儿子，他所喜欢的是他的小老婆（郑贵妃）生的儿子福王（以后封在河南洛阳），所以他就迟迟不立太子。有些大臣就叫起来了，他们认为国家的根本很重要，也就是说第二代的皇帝很重要，应该早立太子。凡是提议立太子的，万历就不高兴，他说：我还活着，你们忙什么！这样，有人主张早立太子，有人反对立太子，争吵起来了，这就叫“国本之争”。

跟着又发生了一个案子叫“梃击案”。有一天早晨，突然有一个人跑到宫里来见人就打，一直打到万历的大儿子那里去了。当然，这个人马上被逮住了。可是这里发生了一个问题，是谁叫他到宫里来打万历的大儿子的？当时有人怀疑是郑贵妃指使的。这是宫廷问题，却成了当时政治上的一个大问题，引起了争吵，东林党与非东林党大吵特吵。

万历做了四十八年皇帝，死了。他的大儿子继位不到一个月又死了。怎么死的呢？搞不清楚。据说他在病的时候，有一个医生给他红丸药吃，吃了以后就死了。这样就发生了一个问题，这个皇帝是不是被毒死的？是谁把他毒死的？因此又发生了所谓“红丸案”。

各个集团之间又争吵起来了。

正在争吵的时候，发生了另外一个问题：就是这个只作了个把月的皇帝死了以后，他的儿子继位，还没成年。这个短命皇帝有个妃子李选侍，她住在正宫里不肯搬出来。她有政治野心：想趁这个小孩做皇帝的机会把持朝政。这样，又发生了争论，有一些人出来骂她：你这个妃子怎么能霸着正宫？逼着她搬出去了。这个案件叫“移宫案”。京戏里有一出戏叫《二进宫》，就是反映这件事的，不过把时代改变了，把孙子的事情改成了祖父的事情。

“梃击”、“红丸”、“移宫”是当时三大案件，成为当时争论最激烈的事件。在这样的情况下，政治上出现了什么现象呢？每一件事情出来，这批人这样主张，那批人那样主张，争论不休，整天给皇帝写报告。到底谁对谁不对？从现在来看，东林党与非东林党之争，一般地说，道理在东林党方面。东林党的道理多，非东林党的道理少。但是，东林党是不是完全对呢？在某些问题上也不完全对。这样争来争去，争不出个是非来，结果只有争论，缺乏行动，许多政治上该办的事没人去管了。后来造成这种现象：某些正派的官员提出他的主张，这个主张一提出来，马上就有一批人来攻击他，他就不能办事，只好请求辞职。皇帝不知道这个人对不对，不作处理，把事情压下来。这个官既不能办事，辞职也辞不成，怎么办？干脆自己回家。他回家以后政府也不管，结果这个官就空着没人做。到万历后期政治纪律松懈到这样的地步：哪个官受了攻击就把官丢了回家，以至六部的很多部长都没人做了。万历皇帝到晚年根本不接见臣下，差不多一二十年不跟大臣见面，把自己关在宫廷里，什么事情也不管。大臣们有什么事情要跟他商量也见不着。政治腐化，纪律松懈，很多重要的问题得不到解决，却专搞无原则的纠纷。大是大非没人管了，成天纠缠在一些枝节问题上面。

这种无休止的争吵影响到一些重大的政治事件的发展。譬如日本侵略朝鲜，中国到底应不应该援助朝鲜，在这个问题上发生了争论。后来还是派兵去支援了朝鲜，第一个时期打了胜仗，收复了平壤。后来又派兵去，由于麻痹大意，打了败仗。打了败仗以后，政府里又发生争论了，主和派觉得和日本打仗没有必要，支援朝鲜意义不大，不如放弃军事办法，转而采取政治办法来解决问题。他们主张把丰臣秀吉封为日本国王，并答应和他做买卖。历史上封王叫做朝，做买卖叫做贡，所谓朝贡，说得通俗一点，就是你带些物资来卖给我，我给你一些物资作交换。在这种情况下，明朝政府只好一面按照主战派的主张，继续派兵援助朝鲜；一面派人暗中往来日本进行和议。后来明军与朝鲜军大败日本侵略军。日本愿和了。明朝政府便按照主和派撤兵议和的主张，允许议和。并派人到日本去办外交，封丰臣秀吉为国王。但日本国内本来已经有天皇，因此丰臣秀吉不接受王位，而且提出了很强硬的条件。结果外交失败了。日军重新侵略朝鲜。明朝政府只好再次出兵，最后打败了日军。由于追究外交失败的责任，又引起了争论。

这种影响在“封疆案”的问题上表现得更加明显。万历死后，东林党在政府做官的人越来越多了。这时北京有一个“首善书院”(在北京宣武门内)，在这里讲学的也是东林党人。这些人在政治上提出意见时，非东林党人就起来攻击，要封闭这个书院。东林党人当然反对封闭。这样吵了二三十年。这个争论最后演变成什么局面呢？当时万历皇帝的孙子熹宗（年号天启，是崇祯皇帝的哥哥）很年轻，不懂事，光贪玩。他宠信太监魏忠贤，军事、政治各个方面都是太监当家。一些地主阶级的知识分子由于在魏忠贤门下奔走而当了官。凡是属于魏忠贤这一派的，历史上称为“阉党”。阉党里面没有什么正派人。东林党是反对阉党的。因此，党争发展到这个时候，就变成了地主阶级的知识分子与宦官的斗争。这个斗争影响到东北的军事形势。在万历以前，东北的建州女真已经壮大起来了，不断进攻辽东，占领了许多城市。到天启时代，明朝防御建州女真的军事将领熊廷弼提出一系列的军事上和政治上的主张，他认为跟建州女真进行军事斗争时，明朝军队不能退回到山海关以内，而应该在山海关以东建立军事据点。当时前方的另一个军事将领叫王化贞，他不同意这个意见，他认为只能依靠山海关来据守。熊廷弼虽然是统帅，地位比王化贞高，但是没有军事实权。而王化贞得到了魏忠贤的支持。这样，熊廷弼的正确意见因为得不到支持而不能贯彻，结果打了败仗，王化贞跑回来了，熊廷弼也跑回来了，山海关以东的很多地方都丢了。北京震动，面临着很严重的军事危机。在这种情况下又发生了有关“封疆案”的争论。当时追究这次失败的责任，到底是熊廷弼的责任，还是王化贞的责任？从当时的具体军事形势来看，熊廷弼是正确的，但他没有军队来支持。王化贞有十几万军队，坚持错误的主张，因此王化贞应该负责。但是因为熊廷弼得罪了很多人，结果把这个责任推到他身上，把他杀了。很显然，这样的争论和处理大大地影响了前方的军事形势。

“封疆案”以后，跟着就是魏忠贤对东林党人的屠杀。因为一些在朝的东林党人认为魏忠贤这样胡搞不行，就向皇帝写信控告他的罪恶。当时有杨涟等人列举了他的二十四条罪状。这些东林党人的行为得到了其他官员的支持。这样，东林党和阉党就面对面地斗争起来。由于魏忠贤军权在握，又指挥了特务，而东林党人缺乏这两样武器，结果大批的东林党人被杀。当时被杀的有杨涟、左光斗、周顺昌、黄尊素、缪昌期等。其中周顺昌在苏州很有声望，当特务逮捕他的时候，苏州的老百姓起来保护他。最后这次人民的斗争还是失败了，人民吃了苦头，周顺昌被带到北京杀害了。

熹宗死了以后，明朝最后的一个皇帝——崇祯皇帝比他哥哥清楚一点，他把魏忠贤这伙人收拾了，把一些阉党分子都杀了（魏忠贤是自己上吊死的）。但是这场斗争是不是停止了呢？没有停止，东林党人跟魏忠贤的余孽在崇祯十七年（1644年）的时候还在继续斗争。崇祯五年（1632年），一些东林党人的后代跟与东林党有关系的地方上的知识分子组织了一个团体，叫做“复社”，以后又有“几社”，有大批青年知识分子参加。表面上他们是以文会友，写文章，写诗，是学术研究组织，实际上有政治内容。大家可能看过《桃花扇》这出戏，这出戏里的侯朝宗、陈贞慧、吴应箕、冒辟疆四公子都是复社里面的人。当时李自成已经占领了北京，崇祯上吊死了。这个消息传到了南方，没有皇帝怎么办？这时一些阉党人物就想拥小福王（由崧）来做皇帝。原来万历把最喜欢的那个儿子福王（常洵）封在河南洛阳，这是老福王。这个人很坏，在他封到洛阳时，万历给他四万顷土地，河南的土地不够，还把邻省的土地也给他。老百姓都恨透了。李自成进入洛阳以后，把老福王杀掉了。小福王由崧（这也不是个好东西）逃到南京。当时在南京掌握军事实权的是过去和魏忠贤有关系的阉党人物马士英，替他出主意的也是一个阉党分子，叫阮大铖，他们把小福王抓到手中，把他捧出来做皇帝。可是政府里面另外一批比较正派的人，像史可法、高弘图、姜日广等主张立潞王（常淓）做皇帝。这个人比较明白清楚。但马士英他们先走了一步，硬把福王捧出来做了皇帝。这样，在南京小朝廷里又发生了东林党与非东林党之争。因为马士英和阮大铖是当权的，史可法被排挤出去，去镇守扬州。在清军南下的时候，史可法坚决抵抗，在扬州牺牲了。马士英和阮大铖在南京搞得不像样，清军一步步逼近南京。这时候小福王在做什么呢？在跟阮大铖排戏。也就在这个时候，上面说的四公子就起来反对阮大铖，他们出布告，揭露阮大铖过去是魏忠贤的干儿子，名誉很不好，做了很多坏事，不能让他在政府里当权。号召大家起来反对他。南京国子监的学生也支持他们的主张，这样就形成一个学生运动。侯朝宗这些人虽然得到广大知识分子的支持，但是他们根本没有实力。而马士英、阮大铖有军事力量。结果有的人被逮捕了，有的人跑掉了。不久之后，清军占领南京，小福王的政权也就被消灭了。

党争从 1594 年开始，一直到 1645 年，始终没有停止过。无论是在政治问题上，还是在军事问题上，都争论不休。这种争论是什么性质的呢？这是地主阶级内部的矛盾。开始是东林党和齐、楚、浙三党之争，后来演变为东林党与阉党之争。由于东林党的主张在某些方面是有利于当时的生产的发展的，因此他们得到了人民的支持。但是反过来说，所有的东林党人都反对农民起义。这是他们的阶级本质决定的。譬如史可法这个历史人物，从他最后这段历史来说是应该肯定的。那时候，清军南下包围扬州，他的军事力量很薄弱，也得不到南京的支持，孤军据守扬州。但他宁肯牺牲不肯投降。这是有民族气节的人，也就是毛主席所说的有骨气。我们中国人是有骨气的，史可法就是这种有骨气的代表人物。但是他以前的历史就不好追究了。他以前干什么呢？镇压农民起义。在阶级斗争极为尖锐的时候，这些人的阶级立场是极为清楚的，反对农民起义，镇压农民起义。即使在他抗拒清军南下的时候，还要反对农民起义。有没有同情农民起义呢？没有。不可能要求统治者来同情被统治者的反抗。

对于这样一段党争的历史，要具体分析，具体研究。党争跟明朝的政治制度有关系。明太祖在洪武十三年（1380 年）取消了宰相，取消了中书省，搞了几个机要秘书到内廷来办事情。到明成祖时搞了个内阁，这是个政府机构。内阁的权力越来越大，代替了过去的宰相，虽然没有宰相之名，但是有宰相之实。至于给皇帝个人办事的有秘书，就是在宫廷里面设立一个机构，叫做“司礼监”。这是一个内廷机构，不是政府机构。司礼监有一个秉笔太监，皇帝要看什么政府报告，让秉笔太监先看；皇帝要下什么书面指示，也让秉笔太监起稿。皇帝年纪大一些、知识多一些的，还能辨别是非，是不是同意，他自己有主见。可是一些年轻的皇帝就搞不清楚，结果司礼监的秉笔太监就操纵政治，掌握了政权。因为用人和行政的权力都给了司礼监，结果形成了明朝后期的太监独裁。在明朝历史上有很多坏太监，像明英宗时代的王振，明武宗时代的刘瑾，天启时代的魏忠贤等。太监当家的结果，就造成了政府与内廷之争，也就是统治阶级内部地主阶级知识分子与太监争夺政权的斗争。明朝后期五十年的东林党之争就是在这样的背景之下进行的。

随着太监权力的扩大，不但中央被他们控制了，地方也被他们控制了。洪武十三年（1380 年）以后，地方上设有三司（都指挥使司、布政使司、按察使司）。三司是各自独立的，都受皇帝的直接指挥。到了永乐时代，当一个地区发生了军事行动，像农民起义或其他的群众斗争爆发的时候，这三个司往往意见不统一，各管各的。结果只好由中央政府派官员去管理这个地方的事。这个官叫巡抚。巡抚是政府官员，常常是由国防部副部长即兵部侍郎担任。巡抚出去巡视各个地方，事情完了就回来。可是由于到处发生农民战争和民族与民族之间的战争，这个官去了以后就回不来了，逐渐变成一个地方的常驻官了。因为巡抚是中央派去的，所以他的地位在三司之上。过去三司使是地方上最大的官，现在三司使上面又加了一个巡抚。但这能不能解决问题呢？还是不能解决问题。为什么呢？因为巡抚只能指挥这一个地区的军事行动，比如浙江的巡抚就只能管浙江这一个地方。可是遇到军事行动牵涉到几个省的时候，这个巡抚就不能管了。于是又派比巡抚更高的官，即派国防部长——兵部尚书出去作总督。总督管几个省或一个大省。有了总督之后，巡抚就变成第二等官了，三司的地位则更低了。可是到了明朝后期，总督也管不了事。为什么呢？因为战争扩大了，农民战争和辽东的战争往往牵涉到五六个省。五六个省就往往有五六个总督，谁也管不了谁。结果只好派大学士出去作督师。总督也归他管。这是一方面。另一方面，明朝为了镇压各地人民的反抗，就派军官到各地去镇守，叫做总兵官，也就是总指挥。统治者对总兵官不放心，怕他搞鬼，因此总是派一个太监去监督，叫做监军。哪个地方有总兵官，哪个地方就有监军。监军可以直接向皇帝写报告，因为他是皇帝直接派出去的。因此，不但总兵官要听他的话，就是像巡抚这一类的地方官也要听他的话。这样，就形成了中央和地方都是太监当家的局面，明朝的政治变成太监的政治了。此外，明朝的皇帝贪图享受，为了满足自己生活上的欲望，哪个地方收税多就派一个太监去，哪个地方有矿藏也派一个太监去，叫做“税使”、“矿使”。全国的主要矿区，东北起辽东，西南到云南，以及武汉、苏州等大城市都有税使、矿使搜刮民脂民膏。这些太监很不讲道理，他们的任务就是弄钱。他们根本不懂得什么矿，更不懂得怎么开采，却要开矿。只要听说这个地方有金矿就要开，而且规定要在这里开三百两、五百两。如果开不出来怎么办？就要这个地方的老百姓来赔。老百姓要反抗，他就说你的房子下面有矿，把房子拆了开矿。收税也很厉害。苏州有很多机户，纺织工人数量很大。他们要加税，每一张织机要加多少钱。老百姓交不起就请愿。请愿也不行。结果就起来反抗，把太监打死，形成市民暴动。苏州市民暴动出了一个英雄人物，叫做葛贤。这个人后来被杀了。因为明朝政府要屠杀参加暴动的市民，他挺身出来顶住了。不仅在苏州，在武汉、辽宁、云南各个地方都发生了市民暴动。有的地方把太监赶跑了，有的地方把太监下面的人逮住杀了。市民暴动是明朝后期历史的一个特征。人民的生活日益困难，不但农民活不下去，城市工商业者也活不下去了，他们便起来反对暴政。

因此，当时一些比较有见解的政治家，就在政治上提出了一些主张。譬如大家知道的海瑞就是这样。他提出了什么主张呢？他作苏州巡抚，管理江苏全省和安徽一部分。这个地区的土地情况怎样呢？前面说到明朝初年土地比较分散，阶级斗争比较缓和。可是一百多年以后，情况改变了，土地全部集中在大地主、大官僚的手中，而且越来越集中。就在海瑞所管辖的地区松江府，出了一个宰相叫徐阶，他就是一个大地主，家里有二十万亩土地。土地都被大地主占有，农民没有土地，只能逃亡。土地过分集中的结果，使农民活不下去，阶级矛盾越来越尖锐。海瑞看出了毛病，他想缓和这种情况。当然，他不能也不知道采取革命的手段。他采取什么办法呢？他认为要解决人民的生活问题，要使人民不去搞武装斗争反对政府，就必须使这些穷人有土地可种。土地从哪里来呢？土地都在大地主手里，而大地主所以取得这些土地，主要的手段是非法的强占。因此他提出这样一个政治措施：要求他管辖地区内的大地主阶级，凡是强占的土地一律退还给老百姓，使老百姓多多少少有一些土地可以耕种，能够活下去。这样来缓和阶级矛盾。他坚决主张这种作法。这一来，大地主阶级就联合起来反对他，结果这个苏州巡抚只做了半年多就被大地主阶级赶跑了。海瑞的办法能不能解决当时的土地问题？当然不可能。把大地主阶级强占的一部分土地归还给老百姓能不能稍微缓和一下阶级矛盾呢？可以缓和一下。可是办不到，因为地主阶级不肯放弃他们已经到手的东西。海瑞是非失败不可的。类似海瑞这样的政治家当时还有没有呢？有的。他们也感到了阶级矛盾和阶级斗争的严重性，认为这个政权维持不下去。但是能不能提出一个解决的办法呢？谁也没有办法。不但统治阶级，就连农民起义的领袖也提不出解决的办法来。

阶级矛盾日益尖锐的结果，最后形成了明末的农民大起义。崇祯时代，各地方的农民都起来斗争，最后形成两支强大的军事力量，一支以李自成为首，一支以张献忠为首。他们有没有明确地提出解决阶级矛盾的办法呢？也没有。李自成后期曾经提出“迎闯王，不纳粮”的口号争取广大农民的支持，结果他的队伍一下子就发展到一百多万，农民、小手工业者、城市贫民都跟着他走。但是不纳粮也不能解决问题。现在有一个材料，就是山东有一个县，李自成曾经统治过那个地方，当时有人主张分田给百姓。分了没有呢？没有分。他提不出明确的办法，不但提不出消灭地主阶级的根本方针，甚至连孙中山那样的“平均地权”的办法也提不出。所以消灭封建剥削，消灭地主阶级这个根本问题，在古代历史上的任何时期都不能解决。不但地主阶级知识分子、官僚提不出解决办法，就是反对封建地主阶级的农民起义领袖也提不出解决的办法，这个问题只有在我们这个时代才能解决。我们研究过去的农民革命、农民起义时，不能把我们今天的思想意识强加于古人。我们这个时代能办到的事，不能希望古人也能办到。否则就是非历史主义的观点。目前史学界在有些问题上存在一些偏向，总希望把农民起义的领袖说得好一些，说得完满一些，不知不觉地把自己所理解的东西加在古人身上。这是不科学的、非马克思主义的观点。我们只能根据历史事实来理解、来解释、来研究和总结历史，而不可以采取别的办法。

附带讲一个小问题。前面提到巡按御史，到底巡按御史是个什么官？我们经常看京戏，很多京戏里都有这么一个官。所谓八府巡按，威风得很。他是干什么的呢？我们前面讲过御史，就是十三道御史，是按照行政区划设置的。每一道御史的职务就是监察他这个地区的官吏和政务。同时，中央有一个机构叫都察院。都察院的官吏叫左、右都御史，左、右都御史下面是左、右副都御史，左、右副都御史下面是左、右佥都御史，再下面就是御史和巡按御史。巡按御史是由都察院派出去检查地方工作的。凡是地方官有违法失职的，他们有权提出意见来。他们还可以监察司法工作，有的案子判得不正确，他们可以提出意见。老百姓申冤的，地方官那里不能解决问题，可以到巡按御史这里来告。这就是戏上八府巡按的来源。御史的官位大不大呢？不大，只是七品官。当时县官也是七品官。知识分子考上进士以后，有一批人就分配做御史。御史管的事情很少，可是在地方上有很高的职权。为什么呢？因为他代表中央，代表都察院，是皇帝的耳目之官。建立这样一种制度的目的是什么呢？目的是想通过巡按御史的监察工作，来缓和当时人民和政府之间的矛盾，解决一些问题。贪官污吏，提出来把他罢免；冤枉的案子帮助平反。于是老百姓对这样的官员寄予很大的希望，希望他们能帮助自己申冤。这种愿望，在当时的一些文学作品中得到了反映。虽然这些人在实际政治生活中并没有解决什么问题，但是一些文学家、艺术家在一定程度上反映了人民的要求，创作了许多这类题材的作品，特别是明清两代有很多剧本是反映这个思想的。这些作品大体上有这样一些共同的内容：一类是描写老百姓受了冤枉，被大地主、大官僚陷害，被关起来或者判处了死刑，最后一个巡按给他翻了案。或者是描写皇庄的庄头作威作福，不但庄田范围以内的佃农，就是庄田附近的老百姓也受他们的欺侮。姑娘被抢走了，家里面的东西被抢走了，后来遇上侠客打抱不平，或者清官出来把问题解决了。在明朝后期和清朝前期，有不少的小说、剧本是描写这些恶霸、庄头的残暴行为的。这是一类。另一类作品反映了当时知识分子的出路问题。当时的知识分子无非是通过考试中秀才、中举人、中进士。中了进士干什么呢？当巡按御史。因此有很多作品是这样的题材：一位公子遇难，在后花园里遇到一位小姐。小姐赠送他多少银子。以后上北京考上了进士，当上了八府巡按。最后夫妻团圆。这个时期的文学作品大体上有这几方面的题材，反映了这个时期的政治生活、阶级斗争的一些问题。

建州女真问题

现在讲第一部分的最后一个问题，建州女真问题。建州女真的历史和明朝一样长。在明朝初期和中期的时候，建州女真是服从明朝的。从明朝初年起一直到努尔哈赤的时候都是这样，努尔哈赤曾经被明朝封为“龙虎将军”。但是清军入关以后，清朝皇帝忌讳这段历史，他们不愿意让人们知道他们的祖先和明朝有关系。因此，清朝写的一些历史书把这几百年间建州女真和明朝的关系整个取消了，把这段历史的真实情况隐瞒起来，说他们的祖先从来就是独立的，跟明朝没有关系。凡是记载他们的祖先与明朝的关系的历史书，他们都想办法搜来毁掉。《四库全书总目提要》里有一部分禁毁书目，大体上有两类：一类是书里面有某些文章对清朝表示不满的；另一类就是牵涉到清朝的祖先的。这也是一种地方民族主义思想在作怪。因此这一段历史很长时间被埋没了。最近二三十年才有人进行研究。

现在讲讲建州女真这个部族的发展变化。建州在过去叫女真，金朝就是女真族建立的。建州女真就是金的后代。为什么叫建州呢？因为他们居住的地区长白山一带就叫建州。后来努尔哈赤统治了东北，建立了政权，国号仍称为“后金”。到了他儿子的时候才改国号为“清”。建州女真在明朝初年的时候，还没有进入农业社会，还不知道种地，生产很落后，文化当然也很落后。那时他们靠什么生活呢？靠打猎、采人参过活。把兽皮、人参一些特别的物产跟汉人、朝鲜人交换他们所需要的布匹、铁锅一类的东西。所以建州人的经济生活跟汉人、朝鲜人分不开。后来由于人口的增加，对粮食的生产感到很迫切了。但是他们自己不会种，怎么办呢？找汉人、朝鲜人替他们种。于是通过战争把汉人、朝鲜人俘虏过去作他们的奴隶。有大量的汉文和朝鲜文资料说明建州族的农业生产是农奴生产。建州贵族自己是不参加农业劳动的。农奴也不是他们本族人，而是俘虏来的汉人和朝鲜人。

他们通过以物换物的方法从汉人那里取得铁器。到了15世纪后期，他们俘虏了一些汉人铁匠，自己开始开矿、炼铁。有了铁器，生产水平提高了。到了努尔哈赤的时候，通过战争把原来的许多小部族统一起来，定居在辽阳以南一个叫赫图阿拉的地方。努尔哈赤一方面统一了东北的许多部族，另一方面他又用很大的力量来接受汉人的文化。在他左右有一批汉族的知识分子。他和过去的封建帝王一样，注意研究历史，接受历史上的经验教训，来制定他的政策方针和军事斗争方针。

上面简单地谈了一下建州女真的社会发展过程。现在我们来讲讲建州女真跟明朝的关系。在明朝初期，建州女真分为三种：分布在现在的松花江一带的叫海西女真，因为松花江原来的名字叫海西江。分布在长白山一带的叫建州女真，因为这些人主要居住在现在的依兰县。这个地方在历史上曾建立过一个国家，叫作“渤海国”。渤海国人把依兰县称为建州，因此住在这个地方的女真人称为建州女真。住在东方沿海一带的叫“野人女真”。“野人女真”的文化最落后。海西和建州又称为熟女真。“野人女真”又称为生女真。“野人女真”经常活动在忽剌温江一带，因此野人女真又称为忽剌温女真，也叫“扈伦”。从历史发展来看，熟女真是金的后代，生女真可能是另外一个种族。这三种女真分布的地区大致是这样：东边靠海，西边和蒙古接近，南边是朝鲜，北边是奴儿干（现在的库页岛）。在明朝建国以后，西边就是明朝，南边是朝鲜，北边是蒙古。

在明朝几百年间，东北建州族的历史也就是跟蒙古、朝鲜、明朝三方面发生关系的历史。明朝初期，有一部分建州族住在朝鲜境内，他们和朝鲜的关系很深，有一些酋长还由朝鲜政府封他们的官。同时，这些酋长又和明朝发生关系，明朝也给他们封官号。明朝对这三种女真采取什么政策呢？采取分而治之的政策。所谓分而治之就是不让他们团结成为一个力量，老是保持若干个小的单位。所以从明太祖建国以后起，直到明成祖的几十年间，明朝经常派人到东北地区去，跟三种女真的各个地区的酋长联系，封他们的官，建立了一百多个卫所，用这些酋长充当卫所的指挥使。这样作对这些女真族的上层分子有没有好处呢？有好处，他们接受了明朝的官位以后，就得到了一种权力。明朝政府给他们一种许可证，当时叫做“勘合”。有了这种“勘合”就可以在每年一定的时候到明朝边界来做买卖。没有这个东西就不行。对那些大头头，明朝政府就封他们为都督。历史上最早的建州族领袖有这么几个人，一个叫猛哥帖木儿（这是蒙古名字，当时受蒙古的影响），另一个叫阿哈出。这两个人是首先跟明朝来往、受明朝政府封官的。猛哥帖木儿后来成为明朝所建立的建州左卫的酋长，阿哈出是建州卫的指挥使。根据朝鲜的历史记载，阿哈出和明成祖有过亲戚关系（这点在汉文的记载中没有）。永乐时代，明朝又派了大批官员到东北库页岛地区建立了一个机构，叫“奴儿干都司”。至此，明朝前前后后在东北地区建立了一百八十四个卫所。这些卫所建立以后，明朝政府有什么军事行动，譬如跟蒙古打仗，这些建州酋长就派兵参加明朝的军队。这样，他们慢慢由原住的地方往西移，越来越靠近辽东（就是现在的辽东半岛）。他们一方面跟明朝的关系很好，另一方面也经常发生矛盾。矛盾表现在两个方面：一方面是前面所说的，他们为取得农业和手工业生产的劳动力，就俘虏汉人，这样就引起了冲突；另一个就是通商，物资上的交换得不到满足的时候，也发展成为军事冲突。同样，建州和朝鲜的关系也是如此，有和平时期，也有战争时期。

经过几十年以后，原来的一百八十四个单位发生了变化，有的小单位并到大单位里去了，单位的数目减少了，但是军事力量却强大起来。在这种情况下，建州族某些酋长有时就依靠朝鲜来抗拒明朝，有时又依靠明朝来抗拒朝鲜。结果，明朝政府便跟朝鲜政府商量，在1438年，两方面的军队合起来打建州，杀了一些建州领袖。建州因为遭受到这次损失，在原来的地方呆不下去了，于是就搬到浑河流域，在赫图阿拉的地方住下来。原来左右卫是分开的，到了这里以后，两个卫所合在一起了。这样，它的力量反而比过去更强大了。到了万历时代，右卫酋长王杲和他的儿子阿台跟明朝发生了冲突。当时明朝在东北的军事总指挥叫李成梁。他是朝鲜族人，是一个很有名的军事将领。他把王杲、阿台包围起来。右卫被包围了，而左卫酋长觉昌安和他的儿子塔克世是依靠明朝的，他们给李成梁当向导。结果明朝的军队大举向右卫进攻，把王杲、阿台杀死了。同时把觉昌安、塔克世也杀死了。塔克世的儿子是谁呢？就是努尔哈赤。所以努尔哈赤以后起兵反对明朝时提出了七大恨，其中有一条就是明朝把他的父亲和祖父杀害了。

努尔哈赤在他父亲和祖父死时还很年轻，当时部族里剩下的人很少了，明朝后期的历史记载说李成梁把他收养下来。所以他从小就接受了汉族文化。长大以后，他就把自己部族的力量组织起来。他采取依靠明朝的方针，把建州族俘虏的汉人奴隶送回给明朝。这样便取得了明朝政府的信任。1587年，他以自己的军事力量把附近地区的部族吞并了。1589年被明朝封为都督，力量得到了发展。这个时候，建州部族里面另外两支强大的军事力量发生冲突和残杀，努尔哈赤就利用这次冲突来发展自己的实力。日本侵略朝鲜的时候，他表示愿意帮助明朝打日本。结果明朝和朝鲜都拒绝了他。1595年，明朝政府封努尔哈赤为龙虎将军，他成了东北地区军事实力最强大的领袖。

正当努尔哈赤的力量越来越强大的时候，明朝政府内部发生了许多问题。1589年，播州土司起兵反抗明朝，打了十几年的仗。1592年在现在的宁夏地区，少数民族的反抗又引起了战争。同一年丰臣秀吉侵入朝鲜，接连打了七年仗。在这样的情况下，明朝自己的问题很多，就顾不上努尔哈赤了。努尔哈赤利用这个机会更加积极地发展自己的力量，统一各个部族。他统一的方法有两个：一个办法是用军事力量征服；另一个办法是通婚，通过婚姻关系把许多部族组织起来。到了1615年，东北辽东半岛以东的大部分地区已经被努尔哈赤所统一了。军事力量壮大以后，他建立了自己的军事制度。1600年，他规定三百人组成一个牛录（大箭的意思）。1615年又进一步把五个牛录组成为一个甲喇，五个甲喇组成为一个固山。他一共有四个固山。每一个固山有一面旗。分为红、黄、蓝、白四个旗，共有三万兵力。后来军事力量更加强了，俘虏的人更多了，于是又增加了四个旗，就是镶红旗、镶黄旗、镶蓝旗、镶白旗。一共为八个旗。后来征服了蒙古族，组成为蒙古八旗。再后来又把俘虏的汉人组成为汉军八旗。他的军事组织跟生产组织是统一的，每一个牛录（三百人）要出十人四头牛来种地，每家要生产一些工艺品。1659年开始开金矿、银矿，并建立了冶铁手工业。这一年他创造了文字，用蒙古文字和建州语创造了一种新的文字。这种文字后来就成为老满文。加上标点就变成新满文。1616 年（万历四十四年），努尔哈赤自称为皇帝，国号“后金”，年号“天命”，他认为他的一切都是上天的指示。他这个家族自己搞了一个姓，叫“爱新觉罗”。爱新觉罗是什么意思呢？在建州话里，爱新是金，觉罗是族，就是金族。用这个来团结组织东北女真族的力量。从他的国号和姓就说明他是继承金的。两年以后，他出兵攻打明朝。以上讲的就是努尔哈赤以前东北建州的具体情况。这些情况说明什么呢？

（1）建州这个部族并不是像清朝的史书上所记载的那样，是从努尔哈赤才开始的。而是从明朝初年起，建州族就在东北地区活动。

（2）建州和明朝、蒙古、朝鲜三方面都有关系。可以明显地看出，猛哥帖木儿就是蒙古名字。汉、蒙古、朝鲜的文化对它都有影响。它接受了这几方面的东西提高了自己。

（3）明朝对东北女真族的政策是分而治之，但这个政策后来失败了。女真各部要求团结，从生活和文化的提高来说，从加强军事力量来说，都需要团结在一起。尽管中间遭到一些挫折，但是并不能阻止三种女真的团结。努尔哈赤一生的活动主要是为了实现这个愿望，他统一了东北许多部族。统一是好事还是坏事呢？应该说是好事情，不是坏事。努尔哈赤统一东北的各个部族，在民族发展的历史上是有贡献的。

（4）东北建州部族社会发展的过程是：初期过着游牧生活，不善于耕种。后来俘虏汉人、朝鲜人去耕种，有了农业生产；同时也懂得了使用铁器、生产铁器，初步提高了自己的生活水平和生产水平。努尔哈赤取得了沈阳、辽阳以后，封建化的过程加快了，在很大的程度上接受了汉人的文化和生产方式。但是必须了解，建州族在其发展过程中是有自己的特点的。上面所说的八旗，表面上是军事组织，实际上是社会组织和生产组织，这三者是统一的。八旗军队在出去打仗的时候，明确规定俘虏到的人口和物资应该拿出一部分交给公家，剩下的才归自己。在努尔哈赤时代，八旗的头子还都有很大的权力，许多事情都要经过他们共同商量，取得他们的同意后才能作出决定。这种情况一直到努尔哈赤的儿子清太宗的时候才改变，才提高了皇帝的地位。而把八旗首领的地位降低了。

最后讲讲“满洲”这个名字的来源问题。这个名字到底是从什么地方来的？现在还没有完全解决。根据明朝的历史记载，在清太宗以前从来没有出现过“满洲”这个名字。一直到清太宗时才称“满洲”，后来又称为“满族”。在外国的地图上把中国的东北叫满洲，后来我们自己也跟着外国人这样叫。现在可能的解释是：建州族信仰佛教，佛教里有一个佛叫做“文殊”，满族人把文殊念作“满住”。1348 年明朝跟朝鲜合起来打建州，很多建州人被杀，其中有一个领袖就叫李满住（女真族里有不少人叫满住，用宗教上的名词作为自己的名字）。可能“满洲”就是从“满住”演变而来的。从“文殊”演变为“满住”，又从“满住”演变为“满洲”。这是一个试探性的解释，还不能说是科学的结论。其他方面的材料还没有。因此，究竟为什么叫“满洲”，现在还不能下最后的结论。

以上我们介绍了建州的一些情况。我们对待汉族和满族的关系，也应该像对待汉族和蒙古族的关系一样。在明朝，汉族和满族之间是打过仗，但是更多的时候是不打仗的。清太宗改国号为清，到清世祖顺治元年（1644 年）入关，正式建立了清朝。清朝统治中国二百多年，它是中国历史上最后的一个王朝。清朝末年一些革命党人进行反满斗争，出了不少的书，宣传清朝的黑暗统治，宣传反满。这在那个时期是必要的。可是经过几十年，到了现在我们如果还是这样来对待满族就不应该了。我们是多民族的国家，各个民族一律平等。一方面要承认清朝进行过多次非正义的战争，有过黑暗统治；另一方面也要承认清朝统治的二百多年并不都是黑暗时代，其中有一个时期的历史是很辉煌的。譬如像康熙、乾隆时代就是清朝的全盛时代，这个时代不但巩固了国家的统一，而且有所发展。我们中国今天的疆域是什么时候造成的？是康熙、乾隆时代奠定的。我们继承了他们的遗产。所以毛主席说：“今天的中国是历史的中国的一个发展……我们不应当割断历史。”我们对清朝的历史必须要有足够的估价，对康熙、乾隆巩固国家的统一、发展国家的统一也要有足够的估价。应该给它以应有的尊重。不但对历史应该给予应有的尊重，今天在民族关系上也应该注意这点。解放以后，中央曾经发出过这样的指示，就是“满清”两个字不要连用。清朝就是清朝，满族就是满族。要把清朝统治者和广大的满族人民区别开，并不是所有的满族人都是清朝的统治者。满族人民在清朝统治下同样是受剥削，受压迫的。至于清朝统治者，他们做过坏事，但是在有些事情上也做过好事，而且做了很大的好事。应该从历史事实出发，好就是好，不好就是不好。

几个问题

现在讲第二部分，这一部分包括两个问题：郑和下西洋的问题；资本主义萌芽问题。

郑和（三宝太监）下西洋

首先说明西洋是指什么地方。明朝时候把现在的南洋地区统称为东洋和西洋。西洋指的是现在的印度半岛、马来半岛、印度尼西亚、婆罗洲等地区；东洋指的菲律宾、日本等地区。在元朝以前已经有了东、西洋之分，为什么有这样的分法呢？因为当时在海上航行要靠针路（指南针），针路分东洋指针和西洋指针，因此在地理名词上就有“东洋”和“西洋”。郑和下西洋指的是什么地方呢？主要是指现在的南洋群岛。

中国人到南洋去的历史很早，并不是从郑和开始的。远在公元以前，秦朝的政治力量已经达到现在的越南地区。到了汉武帝的时候，现在的南洋群岛许多地区已经同汉朝有很多往来。这种往来分两类：一类是官方的，即政府派遣的商船队；一类是民间的商人。可是像郑和这样由国家派遣的船队，一次出去几万人、几十条大船（这些船是当时世界上最大的船，也就是当时世界上最大的海军），不但到了现在南洋群岛的主要国家，而且一直到了非洲。其规模之大，人数之多，范围之广，那是历史上前所未有的，就是明朝以后也没有。这样大规模的航海，在当时世界历史上也没有过。郑和下西洋比哥伦布发现新大陆早87年，比迪亚士发现好望角早83年，比达·伽马发现新航路早93年，比麦哲伦到达菲律宾早 116 年。比世界上所有著名的航海家的航海活动都早。可以说郑和是历史上最早的、最伟大的、最有成绩的航海家。

问题是为什么在 15 世纪的前期中国能派出这样大规模的航海舰队，而不是别的时候？这个问题历史记载上有一种说法，说郑和下西洋仅仅是为了寻找建文帝的下落。这种说法是不正确的。上次我们讲到，明成祖从北京打到南京，夺取了他的侄子建文帝的帝位。建文帝是明太祖的孙子，他做了皇帝以后，听信了齐泰、黄子澄等人的意见，要把他的一些叔叔——明太祖封的亲王的力量消灭掉，以加强中央集权。他解除了一些亲王的军事权力，有的被关起来，有的被废为庶人。于是燕王便起兵反抗，打了几年，最后打到南京。历史记载说燕王军队打到南京后，“宫中火起，帝不知所终”。“帝不知所终”这句话是经过了认真研究的，因为当时宫里起了火，把宫里的人都烧死了，烧死的尸首分不清到底是谁。于是就发生了一个建文帝到底死了没有的疑案。假如没有死，他跑出去了的话，那么，他就有可能重新组织军队来推翻明成祖的统治。从当时全国的形势来看是存在这个问题的。因为建文帝是继承他祖父明太祖的，全国各个地方都服从他的指挥。明成祖虽然在军事上取得了胜利，但是并没有把建文帝的整个军事力量摧毁，他的军事力量只是在今天从北京到南京的铁路沿线上，其他地方还是建文帝原来的势力范围。因此明成祖就得考虑建文帝到底还在不在？如果是逃出去了，又逃到了什么地方？他得想办法把建文帝逮住。于是他派了礼部尚书（相当于现在的内务部长）胡濙，名义上是到全国各地去找神仙（当时传说有一个神仙叫张三丰），实际上是去寻找建文帝。前后找了二三十年。《明史·胡濙传》说胡濙每次找了回来都向明成祖报告。最后一次向皇帝报告时，成祖正在军中，胡濙讲的什么别人都听不到，只见他讲了以后明成祖很高兴。历史学家们认为，最后这一次报告，可能是说建文帝已经死了。另外，明成祖又怕建文帝不在国内，跑到国外去了。所以他在派郑和下西洋的时候，要郑和在国外也留心这件事。这是可能的，但这不是郑和下西洋的主要目的。郑和下西洋主要是由于经济上的原因。

这里插一个问题，讲讲明成祖和建文帝之间的斗争说明什么问题。明成祖以后的各代对建文帝的下落一事也非常重视。万历皇帝就曾经同他的老师谈起这个问题，问建文帝到底到哪里去了，为什么经过一百多年还搞不清楚。当时出现了很多有关建文帝的书，这些书讲建文帝是怎么逃出南京的，经过些什么地方，逃到了什么地方。有的书说他到了云南，当了和尚，跟他一起逃走的那些人也都当了和尚。诸如此类的传说越来越多。此外，记载建文帝事迹的书也越来越多。这说明什么问题呢？说明一个政治问题。建文帝在位期间，改变了他祖父明太祖的一些作法。他认为明太祖所定下来的一些制度，现在经过了几十年，应该改变。当时建文帝周围的一些人都是些儒生，缺乏实际斗争经验，他们自己出的一些办法也并不高明。尽管如此，建文帝的这种举动还是得到了不少人的支持。但是明成祖起兵反对他。在明成祖看来，明太祖所规定的一切制度都是尽善尽美的。他不容许建文帝改变祖先的东西。因此，明成祖和建文帝之间的斗争就是保持还是改变明太祖所定的旧制度的斗争。在这个斗争中建文帝失败了。明成祖做了皇帝以后，把建文帝改变了的一些东西又全部恢复过来。一直到明朝灭亡，二百多年都没有变动。

在这种情况下，有不少的知识分子对明成祖的政治感到不满，不满意他的统治。他们通过什么方式来表达这种不满呢？公开反对不行，于是通过对建文帝的怀念来表达。他们肯定建文帝，赞扬建文帝。实际上就是反对明成祖。因此，关于建文帝的传说就越来越多了。现在我们到四川、云南这些地方旅行，到处可以发现所谓建文帝的遗址。这里有一个庙说是建文帝住过的；那里有一个寺院，里头有几棵树，说是建文帝栽的。有没有这样的事情呢？没有。明末清初有个文人叫钱谦益（这个人政治上很糟糕）写了文章专门研究这个问题。当时许多书上都说：当南京被燕兵包围时，城门打不开，建文帝便剃了头发，跟着几个随从的人从下水道的水门跑出去了。钱谦益说这靠不住，南京下水道的水门根本不能通出城去。他当时做南京礼部尚书，宫殿里的情况是很熟悉的。此外，还有很多不合事实的传说，他都逐条驳斥了。最后他做了这样的解释：假如建文帝真的跑出去了，当时明成祖所统治的地区只是从北京到南京的交通线附近，只要建文帝一号召，全国各地都会响应他，他还可以继续进行斗争。但结果没有这样。这就可以得出一个结论：建文帝是死在宫里了。但当时不能肯定，万一他跑了怎么办？所以就派人去找。我认为这样解释比较说得通。

现在我们继续讲郑和下西洋的问题。如果说郑和下西洋的主要目的是为了找建文帝，那是不合事实的；但也不能说完全没有这方面的动机。因为当时的怀疑不能解决，通过他出去访问，让他注意这个问题是可能的。那么，郑和下西洋的主要目的到底是什么呢？这就是上次所说的，是国内经济发展的必然结果。经过 1348 年到 1368 年二十年的战争，经济上受到了很大的破坏。但是经过洪武时期采取的恢复生产、发展生产的措施以后，人口增加了，耕地面积扩大了，粮食、棉花、油料的产量都提高了，人民的生活有了改善，政府的财政税收比以前多了。随之而来，对国外物资的需要也增加了。这种对国外物资需要的增加主要在两个方面：一方面是人民日常生活所需要的物资，主要是香料、染料。香料主要是用在饮食方面作调料，就是把菜做得更好一些，或者使某种菜能收藏得更久。像胡椒就是人民所需要的东西。胡椒从哪里来呢？是从印度来的，一直到现在还是如此。还有其他许多香料也大多是从南洋各岛来的。在南洋有个香料岛，专门出产香料。另一种是染料，为什么对染料的需要这样迫切呢？明朝以前，我们的祖先常用的染料都是草木染料，譬如蓝色是草蓝；或者是矿物染料。这样的染料一方面价钱贵，另一方面又容易褪色。进口染料就可以解决这些问题。朝鲜族喜欢穿白衣服，我们国内有些人也喜欢穿白衣服，为什么？原因很简单，因为买不起染料。封建社会里，皇帝穿黄衣服，最高级的官穿红衣服，再下一级的官穿紫衣服，穿蓝衣服，最下等的穿绿衣服。为什么用衣服的颜色来区别呢？也很简单，染料贵。老百姓买不起染料，只好穿白衣服。所以古人说“白衣”、“白丁”，指的是平民。这些封建礼节都是由物质基础决定的。因此就有向国外去寻找染料的要求。这一类，是人民的日常生活所需要的。另外一类是毫无意义的消费品，主要是珠宝。这是专门供贵族社会特别是宫廷里享受的。有一种宝石叫“猫儿眼”，还有一种叫“祖母绿”，过去谁也不知道是什么样子，只知道是宝石。最近我们在万历皇帝的定陵里发现了这两种东西。这些东西都是从外国买来的。除了珠宝以外，还有一些珍禽异兽。当时的人把一种兽叫做麒麟，实际上就是动物园里的长颈鹿。与对外物资需要增加的同时，由于国内经济的发展，一些可供出口的物资，如绸缎、瓷器（主要是江西瓷，其他地区也有一些）、铁器（主要生产工具）的产量也增加了。

除了经济上的条件以外，还有一个很重要的条件，就是当时中国对外的航海通商已有悠久的历史。从秦朝开始，经过唐朝、南宋到元朝，在这个漫长的时期内，政府的商船队、私人的商船队不断出去。有些私人商船队发了财。到了明朝，由于长期的积累，已经具备了丰富的航海知识和有经验的航海人员。有了这些条件，就出现了从明成祖永乐三年（1405年）到他的孙子明宣宗宣德五年（1433年）近三十年之间以郑和为首的七次下西洋的事迹。

郑和出去坐的船叫做“宝船”，政府专门设立了制造宝船的机构。这种船有多大呢？大船长四十丈，宽十八丈；中船长三十七丈，宽十五丈。当时在全世界再没有比这更大的船了。一条船可以载多少人呢？根据第一次派出的人数来计算，平均每条船可以坐四百五十人。每次出去多少人呢？有人数最多的军队，此外还有水手、翻译、会计、修船工人、医生等，平均每次出去二万七八千人。这样的规模是了不起的，后来的哥伦布、麦哲伦航海每次不过三四只船，百把人，是不能和这相比的。谁来带领这么多人的航海队呢？明朝政府选择了郑和。因为郑和很勇敢，很有能力。同时，当时南洋的许多国家都是信仰回教的，而郑和也是个回教徒（但他同时也信仰佛教），他的祖父和父亲都曾经朝拜过麦加。回教徒一生最大的愿望就是到麦加去磕一个头，凡是去过麦加的人就称为哈只。选派这样的回教徒到信仰回教的地方去就可以减少隔阂，好办事。在郑和带去的翻译里面也有一些人是回教徒，这些人后来写了一些书，把当时访问的一些国家的情况记载下来了。这些书有的流传到现在。有人问：郑和是云南人，他怎么成了明成祖部下的大官呢？这很简单，洪武十四年（1381年）的时候，明太祖派兵打云南，把元朝在云南的残余势力打败了，取得了云南。在战争中俘虏了一些人，郑和就是在这次战争中被俘虏的。他当时还是一个小孩，后来让他作太监，分给了明成祖。他跟明成祖出去打仗时，表现很勇敢，取得了明成祖的信任。因此明成祖让他担负了到南洋各国去访问的任务。

他们第一次出去坐了六十二艘大船，带了很多军队。这里发生了这样的问题：他们既然是到外国去通商，去访问，为什么要带这么多军队？这是因为当时从中国去南洋群岛的航线上有海盗，这些海盗不但抢劫中国商船，而且别的国家到我们这里来做买卖的商船也抢。郑和用强大的军事力量把海盗消灭了，这样就保证了航路的畅通。另外，为了防止外国来侵犯他们，也需要带足够的军事力量。郑和到锡兰的时候，锡兰国王看到中国商船队的物资很多，他就抢劫这些物资。结果郑和把他打败了，并把他俘虏到北京。后来明朝政府又把他放回去，告诉他，只要你今后不再当强盗就行了。可见为了航行的安全，郑和带军队去是必要的。郑和率领的军事力量虽然很强大，用现在的话来说，他带去了好几个师的军队，而当时南洋没有一个地区有这样强大的军事力量。但是郑和的军队只是用于防卫的。他所进行的是和平通商。尽管当时有这样的力量，这样的可能，但是没有占领别人的一寸土地。后来，比郑和晚一百年的西方人到东方来就不同了。他们一手拿商品，一手拿宝剑，把所到的地方都变成他们的殖民地。如葡萄牙人到了南洋以后就占领了南洋的一些岛屿。当然，在我们的历史上个别的时候也有占领别人的土地的事情。但总的来说，我们国家不是好侵略的国家，我们国家没有占领别国的领土，这和西方资本主义国家有本质的不同。根据当时保留下来的记载，可以看出郑和和南洋各国所进行的贸易是平等的，而不是强加于人的。交易双方公平议价，有些书上记载得很具体，说双方把手伸到袖子里摸手指头议价。现在我们国内有些地方还用这种办法。郑和所到的地区都有中国的侨民，有开矿的，有做工的，有做买卖的，各方面的人都有。有的地方甚至是以华侨为中心，华侨在经济上占主导地位。因此郑和每到一个地方都受到欢迎。

郑和每到一个国家，除了把自己带去的大量商品卖给他们外，也从这些国家带一些商品到中国来。从第一次出去以后，他就选择了南洋群岛的一个岛屿作为根据地，贮积很多货物，以此地为中心，分派商船到各地贸易，等各分遣船队都回到此地后，再一同回国。在前后不到三十年的时期中，印度洋沿岸地区他都走到了，最远到达了红海口的亚丁和非洲的木骨都束。木骨都束就是今索马里的首都，现在叫做摩加迪沙。前年摩加迪沙的市长访问北京的时候，我们对他讲：我们的国家五六百年前就有人访问过你们。他听了很高兴。

通过郑和七次下西洋，中国和南洋的航路畅通了，对外贸易大大地发展了，出国的华侨也就更多了。通过这几十年的对外接触，中国跟南洋这些地区的关系越来越深，来往也越来越多。由于华侨的活动，以及中国的先进的生产工具传入这些国家，这样，南洋地区的生产也越来越进步。所以，郑和下西洋的历史事实说明，我们这个国家有这样一个很好的传统：就是不去侵略人家。正因为这样，直到现在，尽管时间过去了五六百年，但是郑和到过的国家，很多地方都有纪念他的历史遗址。因为郑和叫三宝太监，所以很多地方都用三宝来命名。像郑和下西洋这样的事以往历史上是没有的，明朝以后也没有，这是明朝历史上一件很突出的事情。

现在要问：郑和第七次下西洋以后，为什么不去第八次呢？这里有客观的原因，也有主观的原因。客观原因是八十多年以后，欧洲人到东方来进行殖民活动，阻碍了中国和南洋诸国的往来。主观的原因有这几方面：第一，政治上的原因。明成祖死了以后，他的儿子做皇帝。这个短命皇帝很快又死了，再传给下一代，这就是宣宗。宣宗做皇帝时还是个八九岁的小孩，不懂事。于是宫廷里便由他的祖母当权；政府则由三杨（杨士奇、杨荣、杨溥）掌握。三杨在朝廷里当了二三十年的机要秘书。三个老头加上一个老太太掌握国家大权。这些人和明成祖不一样。明成祖有远大的眼光。他们却认为他多事，你派这么多人出去干什么？家里又不是没吃的、没喝的。不过明成祖在世时他们不敢反对，明成祖一死，他们当了家，就不准派人出去了；第二，组织这样的商队需要一个能代替郑和的人，因为郑和这时已经六十多岁，不能再出去了；第三，经济上的原因。从外国进口的物资都是消费物资，不能进行再生产。无论是香料还是染料，都是消费品，珠宝就更不用说了，更是毫无意义的东西。以我们的有用的丝绸、铁器、瓷器来换取珠宝，这样做划不来。虽然能解决沿海一些人的生活问题，但是好处不大，国家开支太多。所以，为了节约国家的财政开支，后来就不派遣商队出国了。正当明朝停止派船出国的时候，欧洲人占领了南洋的香料岛，葡萄牙人占领了我们的澳门。他们是用欺骗手段占领澳门的。开头他们向明朝的地方官说：他们的商船经常到这个地方来，遇到风浪把货物打湿了，要租个地方晒晒货物。最初还给租钱，后来就不给了，慢慢地侵占了这个地方，一直到现在还占领着。

从欧洲人到东方来占领殖民地以后，中国的形势就改变了。经过清朝几百年，特别是鸦片战争以后，许多帝国主义国家从几个方面包围中国：印度被英国占领了；缅甸被英国占领了；越南被法国占领了；菲律宾先被西班牙占领，后又被美国占领了；东方的日本走上了资本主义道路，向外进行侵略扩张活动。所以近百年的中国，四面被资本主义国家和帝国主义国家所包围，再加上清朝政府的日益腐败，就使中国逐步变成了半殖民地半封建的国家，进入了半封建半殖民地的社会。

资本主义萌芽问题

关于资本主义萌芽问题，现在学术界还在争论，有许多不同的意见。有的人认为资本主义萌芽很早，有的人认为很晚。所提供的史料的时间性都很不肯定，从八世纪到十六七世纪都有。特别是关于《红楼梦》的社会背景的讨论展开以后更是如此。是在什么情况下产生了《红楼梦》这部作品呢？它的社会基础是什么？《红楼梦》中的贾宝玉反对科举、尊重妇女的思想是从哪里来的？他骂念书人，骂那些举人、秀才都是禄蠹，说女孩子是水做的，男人是泥做的，这样的思想认识是在什么情况下发生的？对这一系列的问题提出了各种不同的看法，各有各的论据。而且关于“萌芽”这个词的意义也有不同的理解。比如种树，种子种下去以后，慢慢地露出了头，这叫萌芽；又如泡豆芽菜，把豆子放在水里，长出一点东西，这也叫萌芽。既然只是萌芽，它就不是已经成熟了的东西，还只是那么一点点。假如是整棵的菜，那就不是萌芽；至于开了花、结了果的东西就更不是萌芽了。所以要把这些情况区别开。可是现在某些讨论中存在有这样的问题：将萌芽看成是已经开花结果的东西。这实际上就不是资本主义萌芽，而是资本主义的成熟阶段了，还有人认为中国资本主义早已经成熟了，中国社会早已经进入了资本主义社会。这样一来就发生了一系列的大问题：中国既然早已进入资本主义社会，那么，怎么解释 1840 年以后中国进入了半殖民地半封建的社会？一百年来我们反对封建主义、反对帝国主义的问题怎么解释？

关于这个问题，我自己有些看法，也不一定成熟，提出来大家讨论。我想，要说明某个时期有某个事物萌芽，必须要有一个界限。这个界限是什么呢？就是要具体地指出一些事实，这些事实是以往的时期所不可能发生和没有发生过的，只有到了这个时候才能发生的。没有这个界限就会把历史一般化了。试问：这个时期发生过，一百年以前发生过，五百年以前也发生过，这怎么能说明问题？而且这些新发生的东西不应该是个别的。仅仅只在某个时期、某个地区出现的个别的东西能不能说明问题呢？不能说明问题。因为我们的国家这样大，经济发展不平衡，有先进的，有落后的，沿海和内地不同，平原和山区也不同。不要说别的地方，就说北京吧，全市面积有一万七千平方公里，市内和郊区就不同，因此，个别时期所发生的个别的事情也会有所不同。所以作为一个事物的萌芽，必须是这个东西过去没有发生过；现在发生了，而且不是个别的。只有这样看才比较科学。现在我们根据这个精神来看资本主义萌芽问题。我想把问题局限在 14 世纪到 16 世纪所发生的主要事件上面，特别是 16 世纪中叶这个明朝人自己已感觉到发生巨大变化的时期，着重提出那些在这时期以前所没有发生，或虽已发生而很不显著，这个时期以后成为比较普遍、比较显著的一些问题。

第一，关于手工工场。在明朝初年的时候，有一个人叫徐一夔，他写了一本书叫《始丰稿》。这本书里面有一篇文章叫《织工对》。这篇文章讲到元末明初，在浙江杭州地方有许多手工业纺织工场。这些纺织工场的经营方式是怎样的呢？有若干间房子和若干部织机，工人都是雇工，他们不占有生产工具。生产工具是谁的呢？是工场老板的。老板出房子，出机器，出原料。工人出劳动力。工人在劳动以后可以取得若干计日工资，工资随着工人的技术熟练程度不同而有高有低，其中有一些技术水平比较高的，可以得到比一般工人加倍的工资，假如这家工场不能满足他的要求，别的工场可以拿更高的工资把他请去，劳动强度很高，把工人弄得面黄肌瘦。这是元末明初（14 世纪）的情况，当时这样的工场在杭州不止一个。但是能不能说在 14 世纪时就已经普遍地有了资本主义萌芽呢？因为只有这一个地区的资料，我看不能。但是从这里可以看出，在 14 世纪中期，个别地区已经有了这样相当大的手工工场，老板通过这样的生产手段来剥削雇佣工人的历史事实。这说明当时已经有一部分农村劳动力转化为城市雇佣劳动者。这种情况在 14 世纪以前是没有的。

第二，新的商业城市兴起。在讨论中有不少文章笼统地提到明朝有南京、北京、苏州等 33 个新的商业城市，来说明这个时期商业的发展。有 33 个商业城市是不错的，但是时间有问题。因为并不是整个明朝都是这样的情况。事实上，这些城市之成为商业城市是在明成祖以后。当明成祖建都北京以后，为了解决粮食的运输问题，把运河挖深、加宽了。这样，通过水运不仅保证了粮食的运输，其他商品的运输也畅通了，因而促进了南北物资的交流。这样，到了宣宗时期（15 世纪中期），沿运河一带的许多城市开始繁荣起来。这时候，由于农业、手工业的发展，国内市场扩大了。这是一方面。另一方面，当时为了保证货物的流通，沿长江、运河及布政使司所在地建立了33个钞关。明朝用的货币叫宝钞（纸币）。关于纸币的情况这里不能详细说了，只说明一条，明朝的纸币很不合理，它不兑现，开头拿一张钞票还能换到一些物资，后来就不行了。政府只发钞票，越发越多，超过了实际物资的几百倍。在这种情况下，钞票就贬值了。明朝政府为了提高钞票的信用，采取收回钞票的政策。怎样收回呢？其中一个办法就是增加税额。因此就在各个商业城市设立了一个机构，叫做"钞关"。一共设立了33个钞关。钞关干什么呢？就是向往来的货物收税。纳税时就用钞票交纳。钞关设在商业城市，有33个钞关就有33个商业城市，这是不错的。但有些人就根据这个数字说整个明朝只有33个商业城市，这就不确切了。因为设立钞关是明宣宗时候的事情，宣宗以前没有。而就商业城市来说，在明成祖的时候就不止33个，后来又有所增加。因此，不标明确切的时间，以一个时期的情况来概括整个明朝，是不符合当时存在的客观事实的。随着商业城市的增加，商人、手工业工人也增加了，这就形成了一个市民阶层（这个阶层主要是指手工业者、中小商人）。这些人为了保卫他们自己的利益，建立了很多行会，有事情共同商量，采取一致的行动。在这种情况下就发生了明朝末年的市民暴动。这里应该指出：所谓"市民"这个概念不能乱用。有些人把当时的进士、举人、秀才等官僚都算作市民，这就模糊了阶级界限。这些人都是当时的统治者，不是被统治者。把市民阶层扩大化，混淆统治者与被统治者之间的界限，这是不对的。

第三，倭寇、葡萄牙海盗和沿海通商问题。明朝中叶，以朱纨为中心的一派人反对对外通商，对海盗采取镇压的政策，因而引起沿海地主阶级的反对，形成一个政治上的斗争。在这个斗争中，朱纨最后失败了。这种性质的斗争在以往的历史上是从来没有过的。汉朝、唐朝、宋朝、元朝都有过对外通商，有时还很繁盛，大量的中国人到海外去经商；不但如此，国内有不少地方还住有许多外国商人。在唐朝的时候，广州就有数量众多的蕃商。其中主要是阿拉伯人，他们住的地方叫蕃坊。其他如扬州、长安等地方也住了不少的外国商人，对外通商也很频繁。但是像明朝那样，代表通商利益的官僚地主在政治上形成一种力量，和内地一些反对通商的地主进行斗争，这种斗争并影响到政府的政策，这种情况却是以往的历史上所没有的。为什么明朝会出现这种新的情况呢？因为明朝国内国外的市场日益扩大，商业资本日益发展，商人地主在政府里有了自己的代言人。商人地主在政治上有了地位，这在历史上是个新问题。关于这个问题，近年来也有人持不同的意见。北京大学有个学生写了一篇文章，说朱纨镇压海盗是爱国的行为。朱纨是个爱国者，这观点是没有问题的，朱纨确实是爱国者，可是不能拿这个来否认当时在政治上存在着不同的意见。当时已经出现了代表沿海通商地主利益的政治活动家，这和朱纨是否爱国是两回事。我们并没有说朱纨不爱国。这点不必争论。问题在于这个时期出现了两种不同的意见，一种意见主张通商，一种意见反对通商，这是历史事实，是过去所没有的。

第四，内地的某些官僚地主也参加商业活动和经营手工工场。这方面的例子很多，大家所熟悉的《游龙戏凤》中的正德皇帝（明武宗），他就开了许多皇店。这是16世纪初期的事情。嘉靖时有个贵族叫郭勋（《三国演义》最早的刻本是他搞的），在北京开了许多店铺。另外有个外戚叫周瑛，在河西务开店肆做买卖。现在这个地方已经很萧条了。可是在明朝的时候，由于南方的粮食、物资运到北方来都要经过这里，因此是个很繁华的地方。这样的例子举不胜举。在地方上，明朝四品以上的官到处经商。四品有多大呢？知府就是四品。知县是七品。原来明朝有一条规定，禁止四品以上的官员做买卖。但是行不通。事实上官做的越大，买卖也做得越多越大。特别是像苏州这样的地方，很多退休官员开各种各样的铺子，有的发了大财，成了百万富翁。官员经商过去也有，但是在明初还多半是武官，到了明朝中叶这种情况就改变了，不但武官经商，文官也经商；不但小官经商，大官也经商；不但经商，而且还经营手工工场。华亭人徐阶做宰相时，“家中多蓄织妇，岁计所织，与市为贾”。

这种现象也是过去没有过的。过去的官僚认为做买卖有失身份，社会上看不起。士、农、工、商，商放在最后。孟子就骂商人是“垄断”，认为他们不劳动，出卖别人生产的东西从中取利，是不道德的事情，有身份的人不干这种事。汉朝以来，各个历史时期都曾不同程度地实行过重农抑商的政策。当时社会上一般是看不起商人的，当然也有个别地区有个别例外的情况。但是到16世纪以后，这种看法就改变了，不只武官，就连皇帝、贵族、官僚都抢着做买卖，商人的社会地位也提高了。

第五，当时的人对这个时期社会情况变化的总结。16世纪中期社会经济情况发生的变化，明朝人看得很清楚，有不少人就各方面变化的情况做出了总结。

首先，从社会风俗方面来说。明朝人认为嘉靖以前和嘉靖以后是两个显著不同的时代。有不少著书的人指出了正德、嘉靖以后社会风俗的变化。在嘉靖以前，妇女的服装很朴素；嘉靖以后变了，很华丽，讲究漂亮了。宴会请客，原来一般是四碗菜一碗汤，后来变成六碗、八碗，以至十二碗、十六碗菜。山东《郓城县志》记载在嘉靖以前老百姓很朴素、很老实，嘉靖以后变了，讲排场了，普通老百姓穿衣服向官僚看齐，向知识分子看齐。穷人饭都吃不上，找人家借点钱也要讲排场。总之，从吃饭、娱乐到家庭用具都不像过去了。这个时候，看到一些老实、朴素的人，大家认为不好，耻笑他。《博平县志》讲嘉靖以后过去好的风气没有了，过去乡村里没有酒店，也没有游民，嘉靖中期以后变了，到处都有酒店，二流子很多。当时有一种风气，一个人有名，有字，还要起别号。嘉靖皇帝就有很多别号。不但知识分子起别号，就连乞丐也有别号。

其次，在文化娱乐方面。嘉靖以前唱的歌曲主要是北曲，嘉靖以后南曲流行了，而且唱的歌词主要是讲男女恋爱的。嘉靖以前不大讲究园亭建筑；嘉靖以后，到处修假山，建花园，光南京就有园亭一百多所，苏州有好几十所，北方就更多了，清华园这些地方都是过去的园亭。明朝前期有一条规定，官员禁止嫖娼妓，嘉靖以后，这个纪律不生效了，文人捧妓女成为风气，为她们写诗，写文章，甚至选妓女为状元、榜眼、探花。戏剧方面，过去只有男戏，嘉靖以后就有女戏了。很多做过大官的人写剧本，像《牡丹亭》的作者汤显祖就是一个官。元曲的作者没有一个是高级官员，都是一些下层社会的人，有的在衙门里当一个小办事员，有的做医生；可是明朝戏曲的作者，大部分都是举人、进士，有些还是高级官员。明朝后期盛行赌博，官吏、士人以不会赌博、打纸牌为耻。

再次，从政治方面来看。《明史·循吏传序》提到嘉靖以前一百多年，一方面休养生息，发展生产；另一方面政治上比较清明，好官比较多。譬如大家知道的《十五贯》里面有个况钟，连做十几年的苏州知府，是个好官。另外一个周忱也是个好官，他作苏州巡抚二十一年，在《十五贯》里被刻画坏了，这是不对的。此外，像于谦连作河南、山西巡抚十九年。嘉靖以前，有好些巡抚连任几年甚至十几年的，这是明朝后期所没有的情况。明朝后期好官就少了。做官讲资格，一讲资格就坏事了，只要活得长就可以做大官；相反，真正能给老百姓做点事情的人就到处碰壁。像海瑞就是这样，到处遭到大地主阶级的反对，办不了好事情。明朝后期有个知识分子陈帮彦对吏治的这种变化做了总结，他说：在嘉靖以前，做官的人还讲个名节，做官回到家里，人家问他赚多少钱，他要生气；嘉靖以后发生了根本性的变化，做官等于做买卖，计较做这个官赚钱多还是赚钱少，在这个地方做官赚钱多，另外换一个赚钱少的地方就不愿意去。到富庶的地方去做官，亲友设宴庆贺；如果到穷地方去，大家就叹息。做官和发财联起来了，念书是为了做官，做官是为了发财。当时升官是凭什么呢？一个是凭资格，一个是凭贿赂。当时叫“送礼”。地方官三年期满要进京，朝廷要考核他的成绩。这时就是他“送礼”的时候了。送了礼就可以升官。所谓送上黄米、白米若干担，即指黄金、白银若干两。后来改为送书若干册，书的后面附上金子、银子，叫做“书帕”。所以明朝后期的地方官上任以后先刻书。但是他们又没有什么学问，于是粗制滥造，乱抄一气。

以上这些情况说明，由于整个社会经济的变化，即农业、手工业生产的发展，商业的繁荣，影响到了社会各方面。一些大地主把一部分从土地剥削所得的财产投资于手工业和商业，这样，过去被社会上所歧视的商人的地位就提高了。国家的高级官员有不少人变成了商人。经商成为社会风气。商人赚了钱就奢侈浪费，造成社会上的虚假繁荣现象。封建秩序、封建礼法开始受到冲击，从而在文学艺术方面也出现了反映这种社会生活的作品。

第六，货币经济的发展。在明朝以前，白银已经部分使用，但是还不普遍，还没有作为正式的货币。元朝使用钞票。明朝初年用铜钱，由于老百姓已经有了用钞票的习惯，反而不习惯用铜钱，只好仍然用钞票。但是由于明朝对钞票管理不善，无限制的发行，又不兑现，因而引起通货膨胀，钞价贬值，由一贯钞值银一两贬至只值一两个钱，钞票的经济意义逐渐没有了。钞票不能用，铜钱的重量又太大，短途进行交易还可以，像从南到北的远距离交易，带大量的铜钱就不行，几万、几十万铜钱很重，不方便。在这种情况下白银就日渐流通于市场。白银有它的优点：它的质量不会变，既能分割，化整为零；又能把一些分散的银子铸成一锭，化零为整。白银价值比较高，一两白银可以抵一千钱。因此社会上对白银的需要越来越迫切。

上次讲过，明朝建都北京，粮食主要要从南方运来。四五百万石粮食的运费要由农民负担，运费超过粮食价格的几倍，农民负担很重。所以到明英宗时，逐渐改变了这种办法。有些地方税收开始改折“金花银”，像这个地区应该送四石粮食，现在不要你交粮食了，改交一两银子。政府用一两银子同样可以买到四石粮食。由于国内市场的扩大和税收折银的结果，银子的需要量就大大增加了，原有的银子不够市场上的需要。因此在万历时期就出现了采银的高潮。政府征发许多人，到处开银矿，苛征暴敛，引起国内人民的反对。

通过对外贸易的入超，大量的白银输入了。西班牙人从墨西哥运白银到吕宋，由吕宋转运中国，以换取中国的丝织品和瓷器。到后期，墨西哥的银元也大量流入中国。这样，国内白银数量逐渐增加。所以到万历初年，赋役制度大改变，把原来的田赋制度改为

“一条鞭法”，使赋役合一。从此大部分地区的赋税和徭役改折银两。

由于手工业和商业的发展，商品流通的客观需要，远距离的大量的交易需要共同的货币作媒介，因而白银普通地应用起来了。这种情况也是以往历史上所没有发生过的。

第七，文学作品上的反映。唐朝、宋朝也有传奇小说，里面的主角是些什么人？主要是官僚、士大夫、文人等等，写市井人物的作品很少。到明代中叶以后出现了以市井人物为主人公的作品。例如《白蛇传》的故事。在《西湖三塔记》中的三怪是：乌鸡、水獭、白蛇，男主角是将门之后——奚宣赞（岳飞部下的将官奚统制之子）。而《洛阳三怪记》的三怪是：赤斑蛇、白猫精、白鸡精，男主角却是开金银铺的老板潘松了。流传到现在的《白蛇传》只剩下二怪：白蛇和青蛇，男主角则是开生药铺的许仙。故事的主角从将门之后的奚宣赞转变为生药铺的许仙，这一变化是值得我们注意的。

又如《金瓶梅》，是万历二十二年（1594年）以后的作品，写嘉靖、万历年间的事。主角西门庆也是开生药铺的。与西门庆来往的篾片、清客都是官僚地主的后人，原来的地位比西门庆高，后来没落了，成为西门庆的门客。以这样一些人物为中心的小说，在过去是没有的。

此外，在“三言”、“二拍”中，如《卖油郎独占花魁》、《倒运汉巧遇洞庭红》等，主角是卖油小贩和偶然发财的穷汉，这也都是当时的社会现实在文艺作品中的具体反映。

第八，明朝后期有了一些替商人说话的政治家。譬如徐光启，他是上海人，是最早接受西洋科学，介绍和传播西洋科学，如物理学、化学、天文学的一个人。他家里原来是地主，后来兼营商业。他本人中了进士，做过宰相。在他的思想中，反映了保护商人特权的要求，他提出了维护商人利益的具体建议。当时国家财政困难，西北有许多荒地，他就主张政府允许各地的地主阶级招募农民来开垦荒地。开垦荒地多的，除了粮食给他外，还可以允许这个地主家里的子弟有多少人考秀才、多少人上学，给他以政治保证。从他这种主张来看，他是当时从地主转为商人的这一集团在政治上的代表人物。

总的来说，上面所讲的这些问题是明朝以前没有发生过的，或者虽然发生过，但并不显著。当时的人也认识到了嘉靖前和嘉靖后所发生的这种巨大变化。当然，他们还不能理解这叫做资本主义萌芽。从我们今天来看，这个变化是旧的东西改变了，新的东西露出了头。这些例子都可以作为资本主义萌芽来看。但是这些萌芽并没有成长，以后又遭到了压力，因此到鸦片战争以前中国还不能进入资本主义社会。资本主义还处在萌芽状态。

这方面的材料直到现在还是不够完备的，还没有进行认真的研究。上面谈的只是个人的看法，不一定对，更不一定成熟，只供同志们参考。

明代的新仕宦阶级，社会的、政治的、文化的关系及其生活

一、新仕宦阶级的产生

14世纪勃发的民族革命，经过了二十年（1348—1368）的长期战争，方才告一结束。战争所波及的地带，北至和林，东至高丽，南至两广，西至陕甘，无一地不受蹂躏，战争的主角最初是被统治的南人、汉人向统治者蒙古人、色目人进攻，夺取当地的政权，形成群雄割据的局面。后来这些割据者的向外发展，引起各个利益的冲突，陷于混乱的互相残杀的吞并战中。同时对方的统治阶级也发生内部的政变——政权和军权的争夺！也同样地互相吞并，发生内战。这样，一方面是统治者和被统治者不断地在苦战，另一方面统治者因内部分化而发生内战，被统治者也因个别发展而互相吞并，结果，双方实力俱因外战、内战而减削，许多有地盘、有实力的领袖都自然地被淘汰，被吞并，形成一个混乱的、分裂的、多元的局面。最后统治者因内乱而失去抵抗的能力，被统治者的无数反抗集团则为一后起的有力的革命领袖所吞并，一蹴而将盘踞中国百余年的外族逐出塞外，建立了一个统一的、汉族自治的大明帝国。

这一次大混战的发动，动机是民众不堪外族的经济的、政治的压迫而要求政权的让与。① 最后才一转而喊出民族革命的口

① 叶子奇：《草木子》卷三上《克谨篇》载韩林儿诏书斥元室罪状，有“贫极江南，富称塞北”语。

号。① 在革命开始时，外表上蒙着极浓厚的宗教的迷信的罩袍，绝大多数的革命领袖和群众都是白莲教和弥勒教——明教的信徒，举行着种种仪式，宣传弥勒下世明王降生救民疾苦的口号②；接着又加上政治的宣传，势力最大最成功的一个宗教领袖韩林儿又假托是宋徽宗的子孙，把这次革命解释为宋的复国运动。一直到朱元璋出来，他自己本人及其军队虽然原来隶属于上述的系统，可是他一到了能独立行动的时候，他便决然地舍弃这双重的、矛盾的策略——肤浅的、欺骗的神话宣传，和已经失去时效的、冒牌的复宋掩护旗帜，更进一步，赤裸裸地提出这一次的革命的目标是民族的解放，汉族应由汉人治理的大宣言。这一鲜明的划时代的转变，更掀起了过去百多年被压迫、被剥削的民族仇恨，得到知识分子和一般民众的深切同情，地主们也因旧秩序的维持和利益的保全而加入合作，在各阶层支持之下，这一新兴势力在十年中便完成了他们的使命，把整个汉族从蒙古人铁蹄之下解放出来，民族革命成功了！

可是从另一方面看，二十年混战的结果虽然完成了民族革命的伟业，而在实质上，分析战争双方所含的因子，官吏、地主、商人完全拥护旧势力，和蒙古皇室及贵族站在同一战线。在对面，革命的无数领袖——方国珍和张士诚是贩私盐的；陈友定是农人，尚且是佃农；韩林儿的祖父被罪迁谪，本人是牧羊人；郭子兴是相命人的儿子；陈友谅为渔家子；徐寿辉是贩布的；明玉珍家世代务农；朱元璋是游方的穷和尚——及其群众却完全是另一阶级，

---

① 《明太祖实录》卷二六："至元二十七年十月丙寅，檄谕齐、鲁、河、洛、燕、蓟、秦、晋之人以北伐之意曰：自古帝王临御天下，中国居内以制夷狄，夷狄居外以奉中国，未闻以夷狄居中国治天下者也……当此之时，天运循环，中原气盛，亿兆之中，当降生圣人，驱逐胡虏，恢复中华，立纲陈纪，救济斯民……方今河、洛、关、陕虽有数雄，忘中国祖宗之姓，反就胡虏禽兽之名，以为美称，假元号以济私，恃有众以要君，阻兵据陕，互相吞噬，反为生民之巨害，皆非华夏之主也……予恭天承命，罔敢自安，方欲遣兵北逐胡虏，拯生民于涂炭，复汉官之威仪……归我者永安于中华，背我者自窜于塞外。盖我中国之民，天必命中国之人以安之，夷狄何得而治哉！"

② 参见吴晗：《明教与大明帝国》，载《清华学报》三十周年纪念号。

贫农、佃户、流民组成了以推翻统治者为共同目标的革命势力。阶级意识的潜伏性划分了双方的群众，农民和地主冲突的尖锐化发动了这一次战争。统治者是代表地主利益的，革命集团所代表的却是农民的利益，所以在表面上尽管是揭出政治的、民族的解放口号，而在实质上，却完全是农民和地主的斗争。可是到后期民族意识的强烈自觉，使革命集团的口号从经济的、政治的被压迫，转而偏重于民族地位的歧视方面去，因之，民族革命虽然完全成功，这一群领导者却已为胜利之杯所炫惑，忘记了当初起事时的动机和目标，外族的压迫虽已解除，同族同种间的畸形的经济社会组织，却并未因之而有所改变。并且，这一群成功的领袖，都因他们的劳绩从下层爬到最上层，从平民变成新贵族，从农民变成大地主，代替他们所打倒的外族贵族地主的地位。同时，因参加维持旧秩序而加入朱元璋集团的旧地主，也因劳绩而成为新朝的中层基础，出任新政府和农民的中间人——如粮长、里长、甲长，或直接参加政府，他们的大量土地和社会地位，都因之而为法律所默认。再加上新朝由科举出身的新官僚地主，和正在科举阶段中的举、贡、生员，皇家子弟和皇帝外亲及宫廷阉竖，这一新地主集团成为新帝国的新重心，新基础，我们名之曰新仕宦阶级。以暴易暴，农民所受的剥削，日积月累，愈来愈重，新统治者的榨取技术，经过长期的训练，却愈来愈高明。在这新的对立之下，造成了明代无数次的农民叛乱，最后最大规模的一次竟颠覆了这帝国。

由经济的、政治的革命转变为民族革命，虽然在当时是革命成功的主要手段——保护旧地主的利益和容纳旧官僚，可是同时也正因为这转变，忽略了革命之所以发生的背景，和最初所指出的社会病态，不能对最切要的土地问题加以彻底的、合理的解决，这是一个最辉煌的成功，同时也是一个最严重的失败。①

以下分两部分叙述，第一是新仕宦阶级，第二是农民②。

---

① 参见吴晗：《元帝国之崩溃与明之建国》，载《清华学报》，第 11 卷第 2 期。

② 参见吴晗：《明代之农民》。

新仕宦阶级部分所研究的对象是这一阶级的社会地位所造成的政治病态，寄生于农民阶层的情形，他们的生活，这一阶级所产生的文化——文学、戏剧、小说、音乐、金石学、建筑学……和社会风气。

这一论文只是概括的、普泛的说明，至于属于这一阶级的思想家如薛瑄、王阳明、刘宗周、黄道周等人，文学家如宋濂、归有光诸人，所谓独立特行之士，不为这一阶级的风气所同流合化者，不包括在本文的说明之内。

二、法律所规定的特权阶级

明代士庶两阶级的分别，从《大明律·名例》里关于文武官犯私罪一条最可以看出。这条例规定："文武官职，举人，监生，生员，冠带官，义官，知印，承差，阴阳生，医生，但有职役者，犯赃犯奸，并一应行止有亏，俱发为民。"发为民的意思就是褫夺仕宦阶级的特权。

仕宦阶级最重要的特权是免役。士人一入学校，除本身外，并免户内二丁差役。① 温宝忠的《士民说》里有这样的话："民间二十亩土产，不得一襕袍，则里役立碎。"②意思是说小农家如没有人进学校，没有一个青衿作护符，则其家业立为徭役所毁碎。关于见任官的免役，明太祖曾特降诏令说：

> 食禄之家，与庶民贵贱有等。趋事执役以奉上者，庶民之事。若贤人君子，既贵其身而复役其家，则君子野人无所分别，非劝士待贤之道。自今百司见任官员之家有田土者，输租税外，悉免其徭役。著为令。③

---

① 张居正《张太岳文集》卷三九《请申旧章饬学政以振兴人才疏》："生员之家，依洪武年间例，除本身外，户内优免二丁差役。"

② 《温宝忠遗稿》卷五。

③ 《明太祖实录》卷一一一，洪武十年二月丁卯。

明代里役之制，以十家为甲，百家为里，每年按甲轮值为官府服役。里长、甲长在原则上以殷户（地主）充当。里役最为庶民所苦，独仕宦阶级可置身事外。明末刘宗周曾疏言其不平，他说：

> 臣生之初，见现年里役，亦止费二三十金，积至五六十金，今遂有羸至百金者。至一承南粮解户，则计亩约费三五两不等而家尽破矣。独宦户偃然处十甲之外，不值现年。①

致仕宦家居——乡绅，除免役外，其尊严亦有法令的保障。这法令颁布于洪武十二年（1379年）八月辛巳：

> 上谕中书省臣曰：凡士非建功名之为难，而保全始终为难。自今内外官致仕还乡者，复其家终身无所与。其居乡里，惟于宗族叙尊卑如家人礼，若筵宴则设别席，不许坐于无官者之下。如与同致仕者会则序爵，爵同序齿。其与异姓无官者相见，不必答礼。庶民则以官礼谒见，敢有凌侮者论如律。著为令。②

甚至有由所在县官送门皂、吏书、承应，体貌一如在官时。③其所享受之特权并可庇及宗族。④

蓄奴也是次要的特权，反之庶民如存养奴婢，便须受法律制裁。⑤

至一般进士、举、贡、生员，在法律上亦著有优待之条文，死罪至三宥，《明太祖实录》记：

> 洪武二十年三月丙辰，常州府宜兴县丞张福生犯法当死，

---

① 《刘子文编》卷五，《责成巡方职掌疏》。

② 《明太祖实录》卷一二六。

③ 徐学谟《世庙识余录》卷二〇："淮安之俗，显宦居乡，县送门皂、吏书、承应，比于亲临上司。往翰林学士蔡昂守制在籍时可验也。"

④ 《明太祖实录》卷一三一："洪武十三年五月庚子，吏部郎中刘平仲叔父有罪，当杖为军，上以平仲仕于朝，特免之。"

⑤ 《明律》卷四《户律》："庶民之家，存养奴婢者，杖一百，即放从良。"

特宥之。先是，上以进士、国子生皆朝廷培养人材，初入仕有即丽于法者，虽欲改过不可得，遂命凡所犯难死罪，三宥之。福生以国子生故得宥。①

太祖以后，这一条法令虽然无形取消，但生员如犯刑章，地方官在行文学校褫革其衣衿以前，仍不得加以刑责。如所犯非重罪，也只行文学校当局，薄责了事。其家道寒苦、无力完粮者，并由地方官奏销豁免，因之不但本人免役免赋，甚至包揽隐庇，成为利源。顾公燮记：

明季廪生官给每岁膏火银一百二十两……贫生无力完粮，奏销豁免。诸生中不安分者，每月朔望赴县恳准词十张，名曰乞恩。又揽富户钱粮立于自名下隐吞。故生员有“坐一百走三百”之语。②

这一阶级的居室间数、建筑方式、衣服材料颜色、舆马仪从、相见礼貌，一切都按地位高下，由政府分别予以规定，不许紊越。③为保障阶级的尊严，并着令不许和非类为婚，违者置法，例如明初李宜之案：

洪武十七年二月甲申，降江西布政使李宜之为广西思恩县主簿。时宜之在任，以小隶为壻。事闻，故降用之。④

三、进入仕宦阶级的梯子——科举和学校

明太祖既统一了全国，用残杀的恐怖手段，用新的行政机构来集中政权，增高皇帝的威严。洪武十三年（1380年）以后，他个人综揽国家庶务，朝廷大臣都成了备位的闲员。历史上记着他在八天内

① 《明太祖实录》卷一八一。
② 《消夏闲记摘抄》卷中。
③ 参见《明史》礼志与服志。
④ 《明太祖实录》卷一五九。

所处理批阅的诸司奏札 1 660 件，计 3 391 事。① 平均每天有 200 多件，400 多事，真可算是“衡石量书”，“传餐而食”，和秦始皇、隋文帝鼎足而三了。他拼着命干，不肯放松一点，专凭残杀来救济个人精力所不及。② 但隔了一两代，娇生惯养的年轻皇帝受不了这苦工，政权便慢慢转移到皇帝的私人秘书——阁臣——手上，英宗以后，诸帝多冲年即位，政权又慢慢地从外廷秘书的阁臣，转移到内廷秘书的司礼监手上。阁臣和司礼监——外廷和内廷的政权互为消长，也间或有同流合污的时候，皇帝只是一个傀儡。皇族除了拿禄米，多养孩子，在封地渔虐平民，肆作威福以外，绝对不能做一点事。中央的政权被宦官，地方的政权被仕宦阶级所把持。他们和他们的宗族戚党同时是大地主，也是大商人，因此这一阶级所代表的也只是这两种人的利益。

皇族指皇家子弟，数量很多，从明太祖起繁衍到明末，这一家系有十几万人。外戚包括帝婿，所谓驸马和皇族的女婿；最主要的是后妃的家族。这两类人都因血统的结合而取得地位和特权，在政治上不起作用。宦官的产生最简便，经过生理上的改变便可取得资格，在政治上取得大权唯一途径为博得皇帝欢心，方法不外乎“便嬖柔佞，妾妇之道”。这三类人都纯粹是社会的寄生虫。皇族在明代前期不许参加考试，也不许在政府服务，到末年才开放这两条禁例。外戚和宦官则以其特殊地位，其子弟、宗族、亲戚、门客往往因之而获得科名和官职，间接地产生新官僚地主，影响政治的清明。

---

① 参见《明太祖实录》卷一六五。

② 参见吴晗《胡惟庸党案考》，载《燕京学报》第十五期。《明史》卷一三九《茹太素传》：“洪武八年坐累降刑部主事，陈时务累万言。中言才能之士，数年来幸存者百无一二，今所任率迂儒俗吏。”《叶伯巨传》：“古之为仕者以登仕为荣，以罢职为辱；今之为仕者以溷职无闻为福，以受玷不录为幸，以屯田工役为必获之罪，以鞭笞棰笞为寻常之辱。其始也朝廷取天下之士，网罗捃摭，务无余逸，有司敦迫上道，如捕重囚，比到京师而除官，多以貌选，所学或非其所用，所用或非其所学。洎乎居官，一有差跌，苟免诛戮，则必去屯田工役之科，率是为常，不少顾惜。窃见数年以来，诛戮亦可谓不少矣，而犯者相踵。”卷一四七《解缙传》：“上封事曰……国初至今，将二十载，几无时不变之法，无一日无过之人。”

至于庶民进入仕宦阶级的主要途径，主要的两条大路，一是科举，二是学校。参加科举和进学校的敲门砖只有一块——八股文。明制参加科举的必须是州府县学的生员和国子监的监生，学校成为科举制度的附庸。因此这两条路其实是一条路。

科举制度分三段，生员考试（入学考试）初由地方官吏主持，后特设提督学政官以领之。士子未入学者通谓之童生，入学者谓之诸生（有廪膳生、增广生、附学生之别）。三年大比，以诸生试之直省曰乡试，中试者为举人。次年以举人试之京师曰会试，中试者再经皇帝亲自考试曰殿试。殿试发榜分三甲，一甲只三人，曰状元、榜眼、探花，赐进士及第；二甲若干人，赐进士出身；三甲若干人，赐同进士出身。状元授翰林院修撰，榜眼、探花授翰林院编修，二、三甲考选庶吉士者皆为翰林官。其他或授给事、御史、主事、中书、行人、评事、太常、国子博士，或授府推官、知州、知县等官。举人、贡生不及第入国子监而选者，或授小京职及州县正官，或州县学教授。明制入内阁办事者必为翰林，而入翰林者又必为进士。宣德（1426—1435）以前政府用人尚参用他途（如税户人才、吏员、征辟等），以后则专用科举。科举和铨选合二为一，一旦及第，便登仕途，由此全国读书人都以科举为唯一出路，科举之外无出路，科举之外无人才，王鏊曾畅论这一制度的弊端：

> 古者用人，其途非一，耕钓渔盐版筑饭牛皆起为辅弼，而刍牧贾竖，奴仆降虏，亦皆得为世用。我太祖、太宗之世，亦时时意外用人，若郁新、严震直之流，皆以人才至尚书。取之非一途，故才之大小，纷纷皆得效用于时。降及后世，一唯科目是尚。夫科目诚可尚也，岂科目之外，更无一人乎？有人焉不独不为人知，即举世知之而不见用，非不欲用，不敢用也。一或用焉，则群起而咻诸，亦且自退缩，前后相戒，谨守资格……是故下多遗贤，朝多旷事，仕法之过，端至是哉！①

① 《王文恪公文集》卷二三，《容庵葛君家传》。

举全国聪明才智之士的精力集中于科举，科举名额有规定，考试规定便日趋严酷，搜检防闲，如对盗贼，祈寒盛暑，苦不可言。艾南英曾描写明代科举的苦况说：

试之日，衙鼓三号，虽冰霜冻结，诸生露立门外。督学衣绯坐堂上，灯烛辉煌，围炉轻暖自如。诸生解衣露足，左手执笔砚，右手执布袜，听郡县有司唱名，以次立甬道，至督学前。每诸生一名，搜检军二名，上穷发际，下至膝踵，裸腹赤踝，为漏数箭而后毕，虽壮者无不齿震冻慄，腰以下大都寒沍僵裂，不知为体肤所在。遇天暑酷烈，督学轻绮荫凉，饮茗挥箑自如。诸生什佰为群，拥立尘坌中，法既不敢挥扇，又衣大布厚衣，比至就席，数百人夹坐，蒸薰腥杂，汗流夹背，勺浆不入口，虽有供茶吏，然率不敢饮，饮必朱钤其牍，疑以为弊，文虽工，降一等，盖受困于寒暑者如此。

既试，东西立瞭望军四名，诸生无敢仰视四顾，丽立伸欠、倚语侧席者，则又朱钤其牍，以越规论，文虽工，降一等，用是腰脊拘困，虽溲溺不得自由，盖所以絷其手足便利者又如此。所置坐席取给工吏，吏大半侵渔所费，仓卒取办临时，规制狭迫，不能舒左右肱，又薄脆疏缝，据坐稍重，即恐拆仆。而同号诸生尝十余人，率十余坐，以竹联之。手足稍动，则诸坐皆动，竟日无宁时，字为跛踦。①

中叶以后，士风日替，怀挟抢替，成为习惯。徐学谟说：

会闱自庚戌（嘉靖二十九年，1550 年）后，举子多怀挟博进取，有掇大魁者，始犹讳之。至丙辰（嘉靖三十五年，1556 年）以来，则明言而公行之矣。此仕进之一大蠹也。②

奔竞嘱托，毫无忌惮。陈洪绪记：

近时奔竞最甚，无如铨选、考试两端。督学试士，已不免

① 《天傭子文集》卷二。
② 《世庙识余录》卷二〇。

竿牍纷沓。若郡邑之试，请嘱公然，更不复略为讳，至有形之章奏，令童子纳金饷，无使缙绅专利者。①

到末年则士子多以关节得第，商人、地主的子弟以金钱换科名。

科场之事，明季即有以关节进者。每科五六月间，分房就聘之期，则先为道地，或伏谒，或为之行金购于诸上台，使得棘闱之聘，后分房验取如握券而得也。每榜发不下数十人。②

在这制度之下所造成的新官僚，以利进自然以利终，读书受苦是为得科名，辛苦得科名是为发财做官，做官的目的是发财，由读书到发财成为一连串的人生哲学。黄省曾曾说当时的士人以士为贾：

吴人好游托权要之家……家无担石者入仕二三年即成巨富。由是莫不以士为贾，而求入学庠者，肯捐百金图之，以大利在后也。③

谢肇淛更指出这制度和吏治的关系，和社会风气的关系，和家庭教育的关系：

今之人教子读书，不过取科第耳，其于立身行己不问也。故子弟往往有登朊仕而贪虐恣睢者。彼其心以为幼之受苦，政为今日耳。志得意满，不快其欲不止也。④

刘宗周所论士习之坏影响于政治及社会，尤为明切。他说：

自科举之学兴而士习日坏，明经取金紫，读易规利禄，自古而然矣。父兄之教，子弟之学，非是不出焉。士童而习之，

① 《寒夜录》上。

② 《研堂见闻杂记》。

③ 《吴风录》。

④ 《五杂俎》卷一三。

几与性成，未能操觚，先熟钻刺，一入学校，闯行公庭。等而上之，势分虽殊，行径一辙，以嘱托为通津，以官府为奴隶，伤风败俗，寡廉鲜耻，即乡里且为厉焉，何论出门而往，尚望其居官尽节，临难忘身，一效之君父乎？此盖已非一朝一夕之故矣。①

由此可知这个时代的吏治贪污，寡廉鲜耻，是有其历史的背景的。进学校得科名的唯一手段是作制义——八股文，此外的学问都非必要，不妨束之高阁。因此在这制度下所造成的学风是空疏浅薄，除八股外，于历史、政治、经济各方面一无所知，哲学、科学更是莫名其妙，这弊病明初学者宋濂即曾痛快地指出，他说：

治古之时，非惟道德纯一而政教修明，至于文学之彦，亦精瞻弘博，足以为经济之用。盖自童草之始，十四经之文，画以岁月，期于默记，又推之于迁、固、范晔之书，岂直览之，其默记亦如经，基本既出，而后偏观历代之史，察其得失，稽其异同，会其纲纪，知识益且至矣，而又参于秦汉以来之子书，古今课定之集录，探幽索微，使无遁情。于是道德性命之奥，以至天文、地理、礼乐、兵刑、封建、郊祀、职官、选举、学校、财用、贡赋、户口、征役之属，无所不诣其极。或庙堂之上有所建议，必旁引曲证以白其疑，不翅指诸掌之易也。自贡举法行，学者知以摘经拟题为志，其所最切者，惟四子一经之笺，是钻是窥，余则漫不加省，与之交谈，两目瞪然视，舌木强不能对。呜呼！一物不知，儒者之耻，孰谓如是之学，其能有以济世哉！②

中叶时唐顺之也说：

经义策试之陋，稍有志者莫不深病之矣……至于以举业为教，

① 《刘子文编》卷八，《与张太符太守》。

② 《銮坡集》卷七，《礼部侍郎曾公神道碑铭》。

则稍有志者亦知深病其陋矣。①

谢肇淛亦大加攻击：

> 我国家始以制义为不刊之典，士童而习之，白而纷如。文字之变，日异月更，不可穷诘，即登上第取华朊者，其间醇疵相半，瑕瑜不掩，十年之外，便成刍狗，不足以训今，不可以传后，不足以裨身心，不足以经世务，不知国家何故以是为进贤之具也。②

末年周顺昌至坦白自悔不多读书，为一不识时务进士：

> 漫以书生当局，其筹边治河大政无论，问以簿书钱谷之数天下几何，茫然不能对。始知书不可不多读。平日止为八股徒，做一不识时务进士，良可叹也。③

清吴翌凤记一明巨公故事，虽未免刻薄，却是史实：

> 故明一巨公致政家居，偶过友人书塾，询其子弟所读何书，曰《史记》。问何人所作，曰司马迁。又问渠是何科进士，曰汉太史令，非进士也。巨公取其书略观之，即掩卷曰亦不见得。④

在这制度下的这个时代，学术思想的贫乏，是必然的，也是应该原谅的，因为他们根本不许有思想。⑤ 政治家、财政家的寥寥可数，也是有其社会背景的，有其特别的原因的，因为那个时代根本没有培养这类人才的专门教育。学校原来是育人才之所，明制乡里有社学，府州县有府学、州学、县学，卫所有卫学，南北两京则有国子监。《明史》说：

> 盖无地而不设之学，无人而不纳之教，庠声序音，重规叠

① 《荆川文集》卷四，《答俞训导书》。

② 《五杂俎》卷一五，《事部》。

③ 《烬余集·与朱德升孝廉书》。

④ 《灯窗丛录》卷四。

⑤ 参见吴晗：《元帝国之崩溃与明之建国》。

矩，无间于下邑荒徼，山陬海涯，此明代学校之盛，唐宋以来所不及也。①

表面看上似乎真是极一代之盛，“唐宋以来所不及”。然而事实上恰好相反，我们先看社学的情形，明太祖曾严斥官吏以社学扰民：

社学一设，官吏以为营生，有愿读书者，无钱不许入学。有三丁四丁不愿读书者，受财卖放，纵其愚顽，不令读书。有父子二人，或农，或商，本无读书之暇，却乃逼令入学。有钱者又纵之，无钱者虽不暇读书亦不肯放，将此凑生员之数，欺诳朝廷。②

此后便无声无息，名实都亡了。至于府州县学，以明制诸生入仕必由科举，学校失去独立培养人才的地位，在开国后即已不为社会所重视，宋濂曾说：

近代以来，急于簿书期会，而视教民为悠缓，司学计者以岁月序迁，豪右海商，行贿觅荐，往往来倚讲席，虽有一二君子获厕其中，孤薰而群莸，一鼓吻，一投足，辄与之枘凿。唯彼饮食是务，号称子游氏之贱儒者，日月与居，是故稍励廉隅者不愿入学，而学行彰彰有闻者，未必尽出于弟子员。③

中叶以后，则学校竟如废寺，无复生徒肄业。陆容记：

作兴学校，本是善政，但今之所谓作兴，不过报选生员，起造屋宇之类而已。此皆末务，非知要者……况今学舍屡修，而生徒无复在学肄业，入其庭不见其人，如废寺然，深可叹息。④

---

① 《明史·选举志》。

② 《大诰》第四四。《明太祖实录》卷一五七：“洪武十六年十月癸巳，诏郡县复设社学。先是命天下有司设社学以教民间子弟，而有司以是扰民，遂命停罢。至是复诏民间自立社学，延师儒以教子弟，有司不得干预。”《续诰》吉州科敛第五七：“吉州知州游尚志指以生员为由，逼令为生员者二百余户，勾至受赃放回。”

③ 《翰苑别集》卷一，《送翁好古教授广州序》。

④ 《菽园杂记》卷一三。

两京国子监也日渐废弛，学生品质不齐，人才日下，郭明龙任国子监祭酒，《条陈雍政疏》说：

> 臣初试士，举人仅五七人，其文理优长，考在前列者书选贡耳。向非选贡一途，大学几无文字矣。臣窃叹天下府州县学之士，尽皆属文，而太学之士，乃半居写仿。又府州县学之士，不无以文理被黜而来，与夫商贾之挟重糈者，游士之猎原藏者，皆得入焉。是古之太学，诸侯进其选士最优最上者贡之天子；而今之太学，郡邑以其被访被黜、无文无行者纳之辟雍，良可叹也。

郭去，刘幼安代之，朱国桢为司业。刘每叹曰："成甚国学，朝廷设此骗局骗人几两银子，我为长，兄为副，亦可羞也。"①这是明代的国立中央大学校长告诉他的教务长的老实话。

在这一套的教育组织下，自然谈不到培养人才。而且，国子监从景泰元年（1450年）开纳粟之例以后，豪绅、地主、商人的子弟都可因纳粟纳马而入监，称为例监。② 末年地方学也因军费的需要逼切，可以用钱买取，有辽生、饷生、赞生种种名目，包汝楫记：

> 自军饷烦兴，开辽生之例，每名输银百两有奇，给授衣巾，愿考试者学臣一体黜陟，不与考者青衿终身，尚有限制也。楚中协济黔饷，别有饷生之例，每名仅二十两，亦滥极矣。武陵、桃、沅间又有所谓赞生，纳银五六两，县给札付，专司行香拜贺赞礼，服色与诸生同，混见道府州邑，称谓、起居一如诸生礼节，昂步街市，人不敢呵，此亦学官一玷也。③

因之，一般商人和地主的子弟，虽目不识丁，亦相率掉臂而入学校，避赋役，列缙绅，俨然是社会上的上层人物了。

反之，家徒四壁的寒士只要一入学校，取得学校的制服——青衿以后，其地位便已超出庶民，作威乡里。等到一中了举，情形更

① 朱国桢：《涌幢小品》卷一一。
② 参见《明史》卷六九，《选举志》。
③ 《南中纪闻》。

是喧赫，通谱的、招婿的、投拜门生的、送钱的都争先恐后地来包围了。顾公燮记明人中举情形：

> 明季缙绅，威权赫奕。凡中式者，报录人多持短棍，从门打入，厅堂窗户尽毁，谓之改换门庭，工匠随行，立即修整，永为主顾。有通谱者、招婿者、投拜门生者，乘其急需，不惜千金之赠，以为长城焉……出则乘大轿，扇盖引导于前。生员则门斗张油伞前导。婚丧之家，绅衿不与齐民同坐，另构一堂名曰大宾堂，盖徒知尚爵而不知尚德尚齿矣。①

清人吴敬梓所作《儒林外史》，穷秀才范进中举一段绝妙文字，正是顾公燮所记这情形的绝妙注脚。

而且，不但社会地位改变了，连经济地位也改变了。一中了举，中了进士，或做了官以后，一般困于徭役的小自耕农，自然会把田土投靠在一批新贵的门下，避免对国家的负担，因此，这一批新仕宦阶级，同时也就是大地主。反之，大商人、大地主的子弟可以拿金钱换取科第，甚至官位，以此，这两种剥削者同时也成为新仕宦阶级。新仕宦阶级有地位，有大量的土地和金钱，剩余的财货的投资目标是兼并土地和经营商业，因此，他们同时又是大商人。官僚、地主、商人三位一体的仕宦阶级，是有明一代政治的、社会的、经济的、文化的重心，也是大明帝国政权所寄托的基础。

四、贪污的吏治

明代仕宦阶级的一生，可以从陶奭龄的《五计说》看出。他把这一阶级人的一生分作五个阶段。“十岁为儿童，依依父母，嬉嬉饱暖，无虑无营，忘得忘失，其名曰仙计。二十以还，坚强自用，舞蹈欲前，视青紫如拾芥，鹜声名若逐羶，其名曰贾计。三十至四十，利欲薰心，趋避著念，官欲高，门欲大，子孙欲多，奴婢欲众，其

---

①《消夏闲记摘抄》上。

名曰丐计。五十之年，嗜好渐减，经变已多，仆起于斗争之场，享寒于险巇之境，得意尚有强阳，失意逐成枯木，其名曰囚计。过此以往，聪明既衰，齿发非故，子弟为卿，方有后子，期颐未艾，愿为婴儿，其名曰尸计。大约世人一生尽此五计，非学道人鲜自脱者。"①再从社会关系来看，这一阶级人入仕的时期是见任官吏，退休的时期和入仕以前是乡绅（明代或称乡官，或称绅衿，绅指退休官，衿指生员——民间称秀才——和举人）。做官时期和外地的庶民发生关系，作乡绅时期则和本地的庶民发生关系。总之，无论他们是在官或居乡，一般的庶民都在他们的脚下生活着。

我曾习惯地把明代分作两个段落，分水岭是嘉靖朝（1522—1566）。谈到明代的吏治时也不能例外。最好的说明是《明史·循吏传序》：

> 明太祖……下逮宣仁，抚循休息，民人安乐，吏治澄清者百余年。英武之际，内外多故，而民心无土崩瓦解之虞者，亦由吏鲜贪残，故祸乱易弭也。嘉隆以后，资格既重……庙堂考课，一切以虚文从事，不复加意循良之选，吏治既已日媮，民生由之益蹙。

嘉靖、隆庆以前，据赵翼的研究，"崇尚循良，小廉大法，几有两汉之遗风"②。明人陈邦彦所论更为具体扼要，他说：

> 嘉隆以前，士大夫敦尚名节。游宦来归，客或询其囊橐，必唾斥之。今天下自大吏至于百僚，商较有无，公然形之齿颊。受铨天曹，得羶地则更相庆，得瘠地则更相吊。宦成之日，或垂囊而返，则群相姗笑，以为无能。士当齿学之初，问以读书何为，皆以为博科第，肥妻子而已……一行作吏，所以受知于上者非贿赂不为功，而相与文之以美名曰礼。③

其实这只是一种比较的说法。嘉隆以前，吏治澄清；嘉隆以后，吏治贪污，固是事实。但在实际上，我们也可说，嘉隆以前吏治亦

---

① 陶奭龄：《小柴桑喃喃录》卷上。

② 《廿二史劄记》卷三三，《明初吏治》。

③ 《陈岩野先生集》卷一，《中兴政要书·励俗篇第四·奖廉让》。

贪污，不过不如以后之甚；嘉隆后亦有循良，但不如前此之多。我们试看洪武时代的勾捕逃军案，兵部侍郎王志受赃二十二万①；盗粮案，户部侍郎郭桓侵没至千万，诸司官吏系狱至数万人②。成祖朝纪纲之贪作恶③，方宾之贪赃④。宣宗朝刘观之黩货⑤。英宗朝王振之贿赂辏集⑥，逯果、门达之勒贿乱政⑦。宪宗朝汪直、尚铭、梁芳⑧，武宗朝刘瑾、朱彬、焦芳、韩福、张彩之权震天下，公然纳贿⑨。几乎没有一个时代是不闹得乌烟瘴气的，和嘉靖以来的严嵩、魏忠贤两个时代比较，只有程度上的差异而已。假如真有划然不同之点，那我们可学陈邦彦的说法：嘉隆以前，社会尚指斥贪污为不道德；嘉隆以后，则社会且指斥不贪污为无能。这一社会风气的变化，是值得今日的士大夫思之重思之的。

这一种社会风气的造成，我在上文曾指出由于那时代人的人生哲学，从读书到发财成一自然的体系。此外还有两种社会环境，第一是寒士登第举债，第二是明代官俸之薄。

寒士得科名的一天，同时也是开始负债的一天，吴应箕说：

> 士始一窭人子耳。一列贤书，即有报赏宴饮之费，衣服舆马之需，于是不得不假贷戚友，干谒有司，假贷则期报以异日，谒见则先丧其在我。黠者因之而交通之径熟，圆巧之习成。拙者债日益重，气日益卑，盖未仕而所根柢于仕者已如此矣。及登甲榜，费且数倍，债亦如之。彼仕者即无言营立家私，但以前此之属债给于民，能堪之乎？⑩

甚至一入仕途，债家即随之赴任，京债之累，使官吏不至贪污

---

① 参见《大诰》第四三。
② 参见《大诰》第二三、四九。
③ 参见《明史》卷三〇七，《纪纲传》。
④⑤ 参见《明史》卷一五一，《刘观传》。
⑥ 参见《明史》卷三〇四。
⑦ 参见《明史》卷三〇七。
⑧ 参见《明史》卷三〇四。
⑨ 参见《明史》卷三〇四、三〇六、三〇七。
⑩ 《楼山堂集》卷七，《拟进策》。

不可。陶奭龄尝慨乎言之：

> 今寒士一旦登第，诸凡舆马仆从饮食衣服之类，即欲与膏粱华腴之家争为盛丽，秋毫皆出债家。谒选之后，债家即随之而至，非盗窃帑藏，朘削闾阎，何以偿之？①

反之，官吏而不贪污，不法外弄钱，那就非狼狈万状不可。周顺昌在做官后被债主所逼，向他的亲戚诉苦说：

> 读来札知诸亲友之索债者，填门盈户，甚至有怒面相訾者……做秀才时艰苦备历，反能以馆谷怡二人，当大事……今以滥叨之故，做一不干净人，五年宦游，不能还诸债主，官之累人也多矣。②

加之，农业社会是以家族为本体的，一人出仕，不但父母、妻妾、子女靠他养活，提高了生活的水准，甚至母族、妻族、媳族、婿族、乡里、年谊都要一窝蜂钻来，打抽丰，求关节，真所谓“鸡犬同升”，教这人如何能不贪污？

次之，假如明代官俸如唐宋之优赡，那还可对付。可是，恰巧相反，明代官俸之薄，可说是历史上所仅见的。宣宗时名臣杨士奇记：

> 宣德四年（1429年），吏有遭笞者，捃都御史顾佐之过，谓受皂隶赂放归。上密以示杨士奇，士奇曰所诉之事，诚有非诬，盖今朝臣月俸止给米一石，薪炭驺咸资于皂，不得不遣半归，使备所用。皂亦皆乐得归耕，实官皂两便。③

郑晓记宣德时一朝官惨剧云：

> 正统元年（1436年）副都御史吴讷言：洪武年间京官俸全支，后因营造减省，遂为例。近小官多不能赡。如广西道御史刘准，由进士授官，月支俸米一石五斗，不能养其母妻子女，

---

① 陶奭龄：《小柴桑喃喃录》卷上。

② 《烬余集》卷二，《与吴公如书二》。

③ 《三朝圣谕录》；《明史·顾佐传》。

贷同道御史王裕等、刑部主事廖谟等俸米三十余石，去年病死，竟负无还。乞下建议增俸。①

正统时曹泰指出官吏之贪，由于俸薄，奏请增俸，事竟不行：

正统六年（1441年）二月戊辰，巡按山西监察御史曹泰奏：今在内诸司文臣，去家远仕，妻子随行，然禄厚者月给米不过三石，禄薄者一石二石而已，其所折钞，急不得济，九载之间，仰事俯畜之费具，道路往来之费，亲故问遗之需，满罢闲居之用，其禄不赡，则不免移其所守，此所以陷于罪者多也。乞敕廷臣会议，量为增益，俾足养廉，其仍贪污冒法者置之重典，则贪风息矣。上命行在户部详议以闻，尚书刘中敷等言官员俸禄已有定制，难以增益。从之。②

俸给之薄，由于折色，以米折钞，以布折米，王琼记：

国初定制，百官俸给，皆支本色米，如知县月支米七石，岁支米八十四石，足勾养廉用度。后改四品以上，三分本色，七分折色。五品以下，四分本色，六分折色。后又改在外官月支本色米二石，其余俱支折色。其折色以钞为则，每米一石，折钞十五贯或二十贯，每布一匹折米二十石。京官折俸四五年不得一支，外官通不得支。此贪婪之难禁也。③

折色相当于现在米贴之改发代金。不发米而发同等价值的钞，在原则上并不吃亏，可是第一月薪打折扣，只发原数的三十五分之一，第二钞值贬价。由于这样的左折右折，折得当时官吏无以为生，试举一实例，据《明史·李贤传》，当时指挥使月俸三十五石者，实支仅一石，米一石折钞十贯，钞一贯值钱二文至三文，由是知指挥使一月所得不过铜钱二三十文。推而上之，正一品月俸八十七石，照比例折成实支，又折起钞再算钱，也不过月得七八十文；推而下

① 《今言》卷八五。

② 《明英宗实录》卷七六。

③ 《双溪杂记》。

之，正七品（知县）月俸七石，左折右折，可怜只能拿到二三文铜钱了。其后又改定官俸折银例，虽然官吏的收入在比例上增加了一点，可是如专靠正俸生活，也还是非饿死不可。在这情形之下，中外官仰无以事父母，俯无以畜妻子，更谈不到还官债，赡亲族，何况上司要贿赂，皇帝要进献，层层剥削，除了剥削民众，贪污以外，更有什么办法！要做好官，那便非像潘蕃那样，做了若干年的方面大臣，罢官后连住宅也没有，寄住人家终老。① 海瑞剔历内外，死后全家产只有一两银子，连买棺木也不够。② 这些自然是违反这社会风气的可忽略的例外，大多数官吏很容易有办法，找出一条生财大道。

明代前期的吏治，从英宗任用王振到武宗任用刘瑾，这阶段的污浊情形是尽人皆知的。太祖、太宗二朝严刑重法，宣宗、孝宗二朝政局清明。现在试以这几朝作例，分酷虐和苛敛两方面说明。

太祖朝以酷虐知名的大臣有陈烙铁，《明史》说他：

> 洪武三年（1370年），宁知苏州，征赋苛急，尝烧铁烙人肌肤，吏民苦之，号为陈烙铁。③

太宗朝则有残杀农民的丁珏：

> 丁珏，山阳人。永乐四年（1406年）里社赛神，诬以聚众谋不轨，坐死者数十人。④

至于苛敛民财，以做官为发财的捷径的，则更难仆数。其著者如太祖朝之郭桓案，《大诰》曾再三宣布其罪状：

> 户部官郭桓等收受浙西秋粮合上仓四百五十万石，其郭桓等止收六十万石上仓，钞八十万锭入库，以当时折算，可抵二百万石余，有一百九十万石未曾上仓。其桓等受要浙西等府钞五十万贯，致使府州县官黄文等通同刁顽人吏边源等作弊，各分入己。⑤

---

① 参见《明史》卷一八六，《潘蕃传》。

② 参见《明史》卷二二六，《海瑞传》。

③ 《明史》卷三〇八，《陈宁传》。

④ 《明史》卷三〇八，《陈瑛传》。

⑤ 《大诰》第六三。

又说：

其所盗仓粮以军卫言之，三年所积卖空，前者榜上若欲尽写，恐民不信，但略写七百万耳。若将其余仓分，并十二布政司通同盗卖见在仓粮，及接受浙西等府钞五十万张，卖米一百九十万石不上仓，通算诸色课程鱼盐等项，及通同承运库官范朝宗盗卖金银，广惠库官张惠妄支钞六百万张。除盗库见在宝钞金银不算外，其卖在仓税粮反米上仓，该收税粮及鱼盐等项诸色课程共折米算，所废者二千四百余万精粮。①

浙西有司苛敛案：

浙西所在有司，凡征收害民之奸，甚如虎狼。且如折收秋粮，府州县官发放，母米一石官折钞二贯，巧立名色，取要水脚钱一百文，车脚钱三百文，口食钱一百文。库子又要辨验钱一百文，蒲篓钱一百文，竹篓钱一百文，沿江神佛钱一百文，害民如此，罪可宥乎？②

宣宗时政府曾宣布地方官吏科敛无度之情形云：

宣德三年（1428年）三月壬辰，敕谕北京行部曰：比者所司每缘公务，急于科差，贫富困于买办，丁中之民服役连年，公家所用，十不二三，民间耗费，常十数倍。加以郡邑官鲜得人，吏肆为奸，征收不时，科敛无度，假公营私，弊不胜纪，以致吾民衣食不足，转徙逃亡，凡百应输，年年通欠，国家仓庾，月计不足。③

英宗时夏时上言地方官吏贪酷之弊：

正统三年（1438年）江西按察佥事夏时言：切惟今之守令，冒牧民之美名，乏循良之善政，往往贪泉一酌而邪念顿兴，非深文以逞，即钩距之求，或假公营私，或诛求百计，经年置人

---

① 《大诰》第四九。

② 《大诰》第四一。

③ 《明宣宗实录》卷三九。

于犴狱，滥刑恒及于无辜，甚至不任法律而颠倒是非，高下其手者有之，刻薄相尚而避己小嫌，入人大辟者有之，不贪则酷，不怠则奸，或通吏胥以贾祸，或纵主案以肥家，殃民蠹政，莫敢谁何，遂使枉者含冤于囹圄，徒愤于桎梏，其伤和气，乖国宪，莫此为甚。①

七年以后，王振擅权用事，“畏祸者争附振免死，贿赂辏集，籍其家得金银六十余库，玉盘百，珊瑚高六七尺者二十余株，他珍玩无算”②。孝宗时太监李广惧罪自杀，“帝疑广有异书，使使即其家索之，得赂籍以进，多文武大臣名，馈黄白米各千百石。帝惊曰：广食几何？乃受米如许！左右曰，隐语耳，黄者金，白者银也”③。武宗信任刘瑾，上下交征，竟成贿赂世界，“瑾故急贿，凡入觐出使官，皆有原献。给事中周钥勘事归，以无金自杀。令天下巡抚入京受敕输瑾赂，延绥巡抚刘宇不至，逮下狱；宣府巡抚陆完后至，几得罪，既赂乃令试职视事。边将失律，赂入即不问，有反升擢者”④。综上所记，可知地方官横征暴敛，以所得之一部分作家业，一部分献给上官。地方长官又以所得分赂京中权贵和太监，京中权贵再以所得分赂太监。从太监、阁臣到地方州县官成一连串的贿赂系统。

前期吏治贪污，政府尚执法以绳，社会舆论亦往往加以指责。后期则以贪污为正常之现象。内外上下，贿赂公行，驯至民不聊生，盗贼四起，万历初年高拱指出这一现象，实由于有司之贪残。他说：

一地方之所以多贼者，实逼起于有司之贪残，而养成于有司之蒙蔽，及其势成，计无所出，乃为招抚之说，以苟且于目前。于是我以抚款彼，而彼亦以抚款我，东且抚而西且杀人，非有抚之实也，而徒以冠裳金币羊酒宴犒，设金鼓以宠之与之，有司将领固有称贼酋为翁，相对宴饮欢笑为宾主，而又投之以

① 《明英宗实录》卷四〇。
② 《明史》卷三〇四，《王振传》。
③ 《明史》卷三〇四，《李广传》。
④ 《明史》卷三〇四，《刘瑾传》。

侍教生帖者。百姓之苦如彼，而贼之荣利乃如此，不亦为贼劝乎？奈何民之不为贼也！①

细析此种现象，第一由于乡绅和官吏的狼狈为奸，魏大中说：

百姓穷苦，皆由外吏贪残。其所以敢于贪残而无忌者，繇谄笑居间，求田间舍之乡绅为之延誉，拟赎庆生；贺节投欢之有司道与之作缘，少望风解绶之巡按，多计日待迁之巡抚，而辇毂赂遗，往来如织，入计之年，尤厚以声酬实，其应如响。故民苦贪残者，官称卓异，不但幸免计黜，寻且选科选道，或为吏部司官。风尚日非，仕路秽浊，贪官污吏，布满郡邑，百姓求一日之苟活不可得，而天下幸其久安长治，万无是理。②

第二由于署印官之趁火打劫，赵南星说：

今佐领官所在贪肆害民，正官有缺，必会署事，入门即征租税以图加收，日夜敲朴，急于星火，俗言署印如打劫，非虚语也。③

而总以催科之火耗、词讼之赎锾为应得之私款，公然入已，毫无避忌。方孩未《整饬吏治疏》说：

百姓何以日穷，亦曰天下贪吏多，而惩贪之法太疏耳。一邑设佐贰二三员，各有职掌，司捕者以捕为外府，收粮者以粮为外府，清军者以军为外府，其刑驱势逼，虽绿林之豪，何以加焉？稍上而长吏，则有科罚，有羡余，曰吾以备朝京之需，吾以备考满之用，上言之而不讳，下闻之而不惊，虽能自洗刷者固多，而拘于常例者不尽无也。又上之而为郡守方面，岁时则有献，生辰则有贺，不谋而集，相摩而来，寻常之套数，不足以献芹，方外之奇珍，始足以下点，虽能自洗刷者固多，而拘于常例者不尽无也，萧然而来，捆载而去。夫此捆载者，非其携之于家，雨之于天，又非输于神，运于鬼，总皆为百姓之

① 《绥广纪事·答两广殷总督》。

② 《藏密斋集》卷四，《肃计典以励官常疏》。

③ 《赵忠毅公文集》卷一四。

脂膏，又穷百姓卖儿卖女而得之耳。如是安得不日剥日削，以至于尽也。而铨司之考成，止于罢职，抚按之弹劾，极于为民，夫携有余之金钱，高田广宅，歌儿舞女，肥肉美酒，彼亦何所不愉快而需此匏瓜之进贤乎？①

赵南皇《朝觐合行事宜疏》也说：

今士人一为有司，往往不期月而致富，问其所以，率由条鞭法行，钱粮经有司之手，重收而取羡余，加派在其中矣。而数年来又以军兴加派，则加重收而取羡余，是加派无已矣。有司之贪如此，民安得不为盗，小盗起而大盗随之，皆有司为之竽也。②

所谓羡余即是火耗，顾亭林说得最为明白：

火耗之所由起，其起于征银之代乎？……夫耗之所生，以一州县之赋繁矣，户户而收之，铢铢而纳之，不可以琐细而上诸司府，是不得不资于火，有火则必有耗，所谓耗者特百之一二而已。有贱丈夫……藉火耗之名，为巧取之术，盖不知起于何年，此法相传，官重一官，代增一代，以至于今，于是官取其赢十二三，而民以十三输国之十。里胥之辈又取其赢十一二，而民以十五输国之十。其取利则薄于两而厚于铢，凡征收之数两者，必其地多而豪有力，可以持吾之短长者也；铢者必其穷下之户也，虽多取之不敢言也。于是两之加焉十二三，而铢之加焉十五六矣，薄于正赋而厚于杂赋，正赋耳目之所先也，杂赋其所后也，于是正赋之加焉十二三，而杂赋之加焉或至于十七八矣。解之藩司，谓之羡余，贡诸节使，谓之常例，责之以不得不为，护之以不可破，而民之困未有甚于此时矣。③

驯至以火耗赎锾为国有之常例，于常例外更辟财源，国家颁一令，地方兴一事，都成官吏之利薮，刘宗周《敬条职掌疏》：

---

① 《方孩未集》卷一。

② 《赵忠毅公文集》卷一四。

③ 《亭林文集》卷一，《钱粮论下》。

今日吏治之污，如催科而火耗，词讼而赎锾，已视为常例未厌也。及至朝廷颁一令，则一令即为渔猎之媒。地方有一事，则一事即为科敛之籍，官取其一，吏取其九，一者尝见持而九者遂不敢问，民费其十，上供其一，十者方取赢，而一者愈苦不足。以是百姓视上官如仇雠，一旦有事，可献城则献城，可从贼则甘心从贼，计不反顾也……一令耳，上官之诛求，自府而道而司而抚而按而过客而乡绅，而在京之权要，递而进焉，肆应不给。而至于营升谢荐之巡方御史尤甚。即其间岂无矫矫自好者，而相沿之例，有司已捆载而往遗其家，巡方不及问也。如是者一番差遣，一番敲吸，欲求民生之不穷且盗以死可得乎？①

地方守令更动一次，民间即被剥削数百万；巡方御史出巡一次，地方又被剥削数百万：

崇祯三年（1630年）梁廷栋言：一岁阴为加派者不知其数。如朝觐考满行取推升，少则费五六千金，合海内计之，国家选一番守令，加派数百万。巡抚查盘访缉馈遗谢荐，多者至二三万金，合天下计之，选一番巡方，天下加派百余万。②

内外官的贿赂技术，也随吏治风气而进步，前期的黄米、白米，到后期末年易以雅称为书帕，馈遗金珠时必以书为副。刘宗周《敬循职掌条例列风纪之要以佐圣治疏》说：

往者京师士大夫与外官交际，自臣通籍时有科三道四之说，识者已为之哕呕。其后稍稍滥觞……禁愈严而犯者愈众，情愈巧。臣受事冬官时，见内外官相见以贽，辄袖手授受，不令班皂见窥，至列柬投递，必托小书名色曰十册二十册以示讳……久之白镪易以黄金，致长安金价日高，如是者习以成风，恬不为耻。③

徐树丕亦记：

---

① 《刘子文编》卷四。
② 《明史》卷二五七，《梁廷栋传》。
③ 《刘子文编》卷四。

> 往时书帕惟重两衙门，然至三四十金至矣。外舅官詹姚公（希孟）为翰林时，少者仅三四金，余所亲见，此不过往来交际之常，亦何足禁。今上严旨屡申，而白者易以黄矣，犹嫌其重，更易以圆白而光明者。近年来每于相见揖时，口叙寒暄，两手授受，世风日偷，如江河之下，不可止矣。①

清人蒋超伯指出由于这一种风气，使一般地方官喜欢滥刻文集，以为应酬之用，鲁鱼亥豕，不可卒读，他说：

> 明世苞苴盛行，但其馈遗必以书为副，尤以新刊之本为贵，一时刳劂纷如，鲁鱼罔校，如陈埴《木锺集》弘治中温州知府郑淮重刊，都穆《南濠诗话》乃和州知州黄桓所刻，其序云捐俸绣梓，用广厥传。似此不一而足。②

这种风气沿袭到清朝，有名的理学家仪封张伯行在每一任上，科敛民财，专刻前代理学书，却又偷工减料，只刻原书的一部分，或腰斩，或凌迟，而总颜曰《正谊堂丛书》，即是一个好例。

中央各机关中以户部掌国家出纳，吏部掌官吏铨选，故弊亦最重。试各举一例说明，李清记：

> 上虞赵钺老部胥，奸蠹也。因与部诸新胥瓜分不平，愤激上密疏尽发积弊：一，辽盐原议引价四万余两解部充饷，而米不纳宁远，银亦不交户部，二十余年诳纳可百万金。一，新增附纲二十九万引，多无归着，及天津派买米豆并带运追此挂欠米折船价水脚各项，尽属侵渔，每年数十万。一，长芦及淮北盐价逋负甚多，必责按年征解。朋扣马干为各镇道将侵分，岁数十余万。一，各处屯牧加增钱粮，并不察催，皆被侵隐。一，召买弊大，宣镇每年十二万尤为奸蠹，即他处可省亦数十万。一，各州县摊派里甲储备米豆，不可胜计，亦宜察核。③

---

① 《识小录》卷四。

② 《南漘楛语》。

③ 《三垣笔记》附下。

这是明北都倾覆前一年的事。竭全国的民脂民膏，不用之军，不用之国，却一部分徒饱贪官污吏的私囊，这是最可痛心的记载。关于吏部的，赵南星《陈铨曹积弊疏》：

> 天下之行私最便而得利最厚者，莫过于吏部。今之士人以官爵为性命，以钻刺为风俗，以贿赂为交际，以嘱托为当然，以循情为盛德，以请教为谦厚。闻有司管选者，每遇朝退，则三五成群，如墙而遮留之，讲升，讲调，讲地方，讲起用。既唯喏矣，则又有遮留者，恒至嗌干舌敝而后脱。一至署中，则以私书至，其三五联名者谓之公书，填户盈几，应接不暇，面皮世界，书帕长安。①

驯至科场亦讲关节，勾结试官，出卖题目。② 辅臣——内阁大学士是行政中枢最高人物，也多由贿赂太监入阁，黄尊素说：

> 大拜之事，相传必用间金数万，有类富人为注。馆中诸公明对人名，某某俱有以数万获之。沈吴兴（潅）入相，诱洞庭翁姓者五万金，以总戎许之。其余废弁弃官以千金进者不可胜计。即他相号称贤者往往为之。③

其他著例如高拱之复相，由于邵芳行贿大珰。④ 周延儒之复相，由于吴昌时之交关近侍。⑤ 富人地主废弁弃官大家凑钱投资使某一人入阁执政，事成后以中外要官为酬佣分红之报偿，再从所任官上科敛搜括，收回资本和利息，这是明代的吏治，也是明代所以亡国之主因！

五、乡绅——举、贡、生员和乡官

见任官作恶于外，乡绅——乡官和绅衿——则作恶于乡里。赵

① 《赵忠毅公文集》卷三。
② 参见《研堂见闻杂记》。
③ 《说略》。
④ 参见于慎行：《谷山笔麈》卷二。
⑤ 参见《明史》卷三〇八，《周延儒传》。

翼曾说：

> 前明一代风气，不特地方有司私派横征，民不堪命。而缙绅居乡者亦多倚势恃强，视细民为鱼肉，上下相护，民无所控诉也。①

在农业社会的家族集团之下，乡绅的身份不但是荫及子孙，并且荣及祖考，一人及第，举族登天。其所以敢于作恶，第一因为他们是统治阶级的中坚分子，有法律上的特殊而且多方面的保障。第二因为乡官多半是显宦，他的政治地位必然高于地方守令，举、贡、生员则为将来之显宦，地方官也不敢或不愿得罪。谢肇淛论吏治与巨室说：

> 今之仕者，宁得罪于朝廷，无得罪于官长；宁得罪于小民，无得罪于巨室。得罪朝廷者，竟冒批鳞之名；得罪于小民者，可施弥缝之术。惟官长、巨室，朝忤旨而夕报罢矣。欲吏治之善，安可得哉！②

赵南星也说：

> 夫吏于士者，不过守令。而乡官之中多大于守令者，是以乡官往往凌虐平民，肆行吞噬，有司稍稍禁戢，则明辱暗害，无所不至。③

第三明人重年谊和乡谊，科举的同榜构成师生和同年的政治关系，同一乡里则又构成同乡关系。这两种关系在政治上的表现，是党争；在地方的反映，是利用在朝的座主、同年、同乡来控制地方守令，使其顾惜前途，不敢加以钤制。尤其是父兄或子弟在朝的乡绅，更是势焰熏赫，奴使守令，成为地方政府的太上政权。

乡绅作恶于乡里，方面很多。第一是包揽词讼，嘱托官府。举例说：

> 永乐二十年（1422年）八月壬寅，皇太子谓吏部、刑部、都察院臣曰：比年各处闲吏群聚于乡，或起灭词讼，扰揽官府，虐害平民，为患不少。④

---

① 《廿二史劄记》卷三四，《明乡官虐民之害》。

② 《五杂俎》卷一三，《事部》。

③ 《赵忠毅公文集》卷一三。

④ 《明成祖实录》卷二五〇。

陶奭龄记：

今寒士登第……谒选之官……及其罢官归休，则恣横于乡党，居间请托，估计占夺，无所不至，安得国有廉吏，乡有端人?①

刘宗周《责成巡方职掌疏》说：

江南冠盖辐辏之地，无一事无绅衿孝廉把持，无一时无绅衿孝廉嘱托，有司惟力是视，有钱者生。且亦有衅起琐亵，而两造动至费不资以乞居间之牍，至辗转更番求胜，皆不破家不已。甚至或径行贿于问官，或假抽丰于乡客，动盈千百，日新月盛。②

顾公燮记明季缙绅云：

明季搢绅……尤重师生年谊，平昔稍有睚眦，即嘱抚按访拏。甚至门下之人，遇有司对簿将刑，豪奴上禀主人呼唤，立即扶出，有司无可如何。其他细事，虽理曲者亦可以一帖弭之。③

甚至以理学自命，正襟危坐者，也要干涉官府，艾南英《复陈怡云公祖书》：

敝乡理学之盛，无过吉安。嘉隆以前，大概质行质言，以身践之。近岁自爱者多，而亦不无仰愧前哲者，田土之讼，子女之争，告讦把持之风，日有见闻，不肖视其人皆正襟危坐以持论相高者也。④

第二是隐庇徭役，靠损小民。顾亭林说：

天下之病民者有三：曰乡官，曰生员，曰吏胥，是三者法皆得以复其户而无杂泛之差，于是杂泛之差乃尽归于小民。今之大县至有生员千人以上者，比比也。且如一县之地有十万顷，而生员之地五万，则民以五万而当十万之差矣。一县之地有十万顷，而生员之地九万，则民以一万而当十万之差矣。民地愈

---

① 《小柴桑喃喃录》卷上。

② 《刘子文编》卷五。

③ 《消夏闲记摘抄》卷上。

④ 《天傭子文集》卷六。

少，则诡寄愈多；诡寄愈多，则民地愈少，而生员愈重。富者行关节以求为生员，而贫者相率而逃且死。故生员之于其邑人，无丝毫之益，而有丘山之累。然而一切考试科举之费，犹皆派取于民，故病民之尤者生员也。①

钱谦益《谭公墓志铭》：

吴中士大夫……田连阡陌，受请寄，避繇役，贻累闾里。②

至于一般地主，子弟太不成才，无法进学校，则以金钱营充中外各机关吏役。英宗正统七年（1442年）应天府尹李敏奏：

本府上元、江宁二县富实丁多之家，往往营充钦天监、太医院阴阳、医生，各公主府坟户，太常、光禄二寺厨役及女户者。一户多至一二十丁，俱避差役，负累小民。③

或窜名府县为隶卒：

奸民避役者，率役司府为隶卒，主者纳其赂而庇之。多者百余人，少者亦七八十人。④

第三是豪夺田宅，有同白著，试以英宗朝事为例：

正统元年（1436年）十月戊寅，命监察御史李彝、于奎往南京，赐之敕曰：比者南京有等权豪之人，不畏公法，侵凌军民，强夺田亩，占据市肆，隐匿军囚，种田看庄小人依附为非，良善被其扰害。⑤

彝等廉得中官外戚所占田地六万二千三百五十亩。房屋一千二百二十八间。⑥

景泰二年（1451年）户部所议宽恤条例中说：

顺天、河间等府县地土，多被官豪蒙昽奏讨，及私自占据，

① 《亭林文集》卷一，《生员论中》。
② 《初学集》卷五三。
③ 《明英宗实录》卷八九。
④ 何乔新：《何文肃公文集》卷二九，《太子太保朱公（英）神通碑》。
⑤ 《明英宗实录》卷二三。
⑥ 《明英宗实录》卷二九。

或为草场，或立庄所，动计数十百顷，间接小民纳粮地亩，多被占夺，岁赔粮草。①

成化十年（1474年）蒋琬上言：

大同、宣府诸塞腴田无虑数十万，悉为豪右所占。畿内八府良田半属势要家，佃民失业。②

弘治（1488—1505）时外戚王源占夺民产至二千二百余顷：

外戚源赐田初止二十七顷，乃令其家奴别立四至，占夺民产至二千二百余顷。及贫民赴告，御史刘乔徇情曲奏，致源无忌惮，家奴益横。③

世宗时夏言《奉敕勘报皇庄及功臣国戚田土疏》说：

近年以来，皇亲侯伯凭借宠昵，奏讨无厌，而朝廷眷顾优隆，赐予无节，其所赐地土多是受人投献，将民间产业夺而有之。如庆阳伯受奸民王政等投献，奏讨庆都、清苑、清河三县地五千四百余顷。如长宁伯受奸民魏忠等投献，奏讨景州东光等县地一千九百余顷。如指挥佥事沈傅、吴让受奸民马仲名等投献，奏讨沧州静海县地六千五百余顷。以致被害之民，构讼经年，流离失所，甚伤国体，大失人心。④

景恭王于嘉靖四十年（1561年）之国，多请庄田，其他土田湖波侵入者数万顷。⑤ 潞王在京邸时王店王庄遍畿内，居藩田多至四万顷。⑥ 福王之国时，诏赐庄田四万顷，中州腴土不足，取山东、湖广田益之，尺寸皆夺之民间，伴读、承奉诸官假履亩为名，乘传出入，河南北齐楚间所至骚动。⑦ 假如照人口和土地的比率，平均每一小农耕种十亩的话，那明末一个亲王就国，以法令所占夺的田

① 《明英宗实录》卷二〇一。

② 《明史》卷一五五，《蒋贵传》。

③ 《明史》卷三〇〇，《王镇传》。

④ 《桂洲文集》卷一三。

⑤ 参见《明史》卷一二〇，《景王传》。

⑥ 参见《明史》卷一二〇，《潞王传》。

⑦ 参见《明史》卷一二〇，《福王传》。

土，够四十万个小农家的生活，再以每家平均五口计算，一亲王夺田四万顷，就有二百万农民饿死。

第四是擅役乡民，广兴造作。例如武宗朝之焦芳：

芳居第宏丽，役作劳数郡。①

松江之钱尚书：

松江钱尚书治第，多役乡人，砖甓亦取给于役者。有老佣后至，钱责之，对曰：某担自黄瀚坟，路远故迟耳。钱益怒，答曰：黄家坟亦吾所筑，其坟亦取自旧冢，勿怪也。②

世宗朝之严世蕃：

世蕃得罪后，与罗龙文日诽谤时政，其治第役众四千。③

第五是营放收息，重利盘剥。方孝孺记：

洪武初，宁海及邻县饥，里中富人以麦贷贫乏者，每斗责谷二斗三升，乘时取倍获之息。④

成祖朝宗室有以取息虐民遭戒敕者：

永乐十年（1412年）敕靖江之辅国将军赞亿曰：监察御史言尔交通卫卒，以钱货民，多取利息，至系人妻孥，逼胁鬻居以偿所负，国家旧制四品以上官不得与民争利，汝宗室之亲，乃恣肆如此乎？⑤

宣宗朝政府且指出高利贷为贫民流移之一因：

宣德五年（1430年）九月戊申，上谕掌行在户部事兵部尚书张本曰：闻各处细民，多因有司失于抚字，及富豪之家施贷取息过虐，以致贫窘，流移外境。⑥

---

① 《明史》卷三〇〇，《焦芳传》。
② 文林：《琅玡漫抄》。
③ 《明史》卷三〇八，《严嵩传》。
④ 《逊志斋集》卷二一，《童贤母传》。
⑤ 《明成祖实录》卷一二五。
⑥ 《明宣宗实录》卷七〇。

英宗朝至重申权豪势要违例收息之禁：

正统五年（1440年）四月乙未，严违例收息之禁。先是驸马都尉石璟家奴诉领璟银钞借与卫军，取索不还，乞为追理。上命行在户部检例言，洪武旧制，凡公侯内外文武四品以上官不得放债。永乐中亦尝禁约。今璟家奴放债而欲官追，于法有违。上命行在都察院执问惩治，仍揭榜申明旧制，严加禁约，有权豪势要仍前故违，及有司听嘱同害百姓者俱罪不宥。①

但此禁例，亦显然只是具文，观下引一事可知：

（外戚）孙忠家奴贷子钱于滨州民，规利数倍。有司望风奉行。民不堪诉诣朝，言官交章劾之，命执家奴戍边，忠不问。②

至各地方则更豪无忌惮，以为兼并蚕食之手段：

正统十三年（1448年）六月甲申，浙江按察使轩輗言：各处豪民私债，倍取利息，至有奴其男女，占其田产者，官府莫敢指斥，小民无由控诉。③

小民无力偿纳，往往破产，吴宽记：

民岁漕粟输纳多不足，豪家利以金贷，比比破产。④

或则以田产典质，无力取赎，产去而税存：

正统元年六月戊戌，湖广辰州府沅陵县奏：民多因赔纳税粮，充军为事贫乏，将本户田产，典借富人钱帛，岁久不能赎，产去税存，衣食艰难。⑤

或则以房屋抵押，无力取赎，即被没收：

正统六年五月甲寅，直隶淮安府知府杨理言：本府贫民以

---

① 《明英宗实录》卷六六。

② 《明史》卷三〇〇，《孙忠传》。

③ 《明英宗实录》卷一六七。

④ 《匏翁家藏集》卷七〇，《隆池阡表》。

⑤ 《明英宗实录》卷一八。

供给繁重，将屋宅典与富民，期三年赎以原本，过期即立契永卖。以是贫民往往趁食在外，莫能招抚。①

或借则以银，而偿则以米，取数倍之息。顾炎武记：

日见凤翔之民，举债于权要，每银一两，偿米四石，此尚能支持岁月乎？②

政府虽明知有这种兼并情形，也只能通令私债须等丰收时偿还，期前不得追索。可是结果这一仕宦阶级就因此索性不肯借贷，农民在春耕时，修理农具，准备种子，收购肥料，在在需钱，平时则或有疾病死亡，苛税力役，都非钱不办，一遇天灾兵祸，更是一筹莫展，政府不能救济，乡绅地主又拒绝借贷，贫农更是走投无路。政府只好又自动把这法案取消，让地主得有法律上允许的自由兼并的机会：

景泰二年（1451年）八月癸巳，刑部员外郎陈金言：军民私债，例不得追索，俟丰稔归其本息。以此贫民有急，偏叩富户，不能救济。宜听其理取。从之。③

第六是擅抽私税，扰苦商民。宣德八年（1433年）顺天府尹李庸言：

比奉命修筑桥道，而豪势之家，占据要路，私搭小桥，邀取行人，榷取其利，请行禁革。上曰：豪强擅利至此，将何所不为？命行在都察院揭榜禁约，不悛者具以名闻。④

英宗时驸马都尉焦敬至私科商税，为有司举发，奉特旨赦罪：

正统元年（1436年）十二月甲申，驸马都尉焦敬令其司副李昶于文明门外五里建广鲸店，集市井无赖，假牙行名，诈税

① 《明英宗实录》卷七九。

② 《亭林文集》卷三，《病起与蓟门当事书》。

③ 《明英宗实录》卷二〇七。

④ 《明宣宗实录》卷一〇七。

商贩者钱，积数十千。又于武清县马驹桥遮截磁器鱼枣数车，留店不遣。又令阍首马进于张家湾溧阳闸河诸通商贩处诈收米八九十石，钞以千计。事觉下刑部，昶等俱引伏。尚书魏源上其罪，请执敬治之。上曰：姑赦敬、昶等，征其赃，人杖八十释之。①

宪宗时著令严治，入律正条：

成化十五年（1479年）七月二十二日节该，钦奉宪宗皇帝圣旨，管庄佃仆人等占守水陆关隘，抽分掯取财物，挟制把持害人的，都发边卫永远充军。钦此！②

但到世宗时，犯者仍不过输赎：

嘉靖二十年（1541年）言官劾勋爵权豪家置店房，科私税。惠安侯张镧亦预，输赎还爵。③

第七是经营商业，和民争利，如行商中盐，例如成祖朝之蔡福：

永乐八年（1410年）十月乙未，行在都察院左副都御史李庆言：公侯都督往往令家人子弟行商中盐，凌轹运司及各场官吏，倍数多支。朝廷申明旧制，四品以上官员之家，不许与民争利。已令罢支，今都督蔡福等妄行奏请，既付于法，其公侯有犯者，亦宜鞫治。上曰：姑勿治。令户部榜谕禁止。④

宪宗朝之赵阳：

成化十七年（1481年）中官赵阳等乞两淮盐十万引，帝已许之。户部左侍郎潘荣等言，近禁势家中盐，诏旨甫颁，而阳等辄违犯，宜正其罪。帝为切责阳等。⑤

---

① 《明英宗实录》卷二五。
② 《明律条例·名例》。
③ 《明史》卷三〇〇，《张麒传》。
④ 《明成祖实录》卷一〇九；《明史》卷一五〇，《李庆传》。
⑤ 《明史》卷一五七，《潘荣传》。

这一阶级以其雄厚之财力，政治之背景，独占市场，操纵物价，小商人因之失业破产，弊不可言，英宗时曾敕户部指出这一弊端：

正统九年（1444 年）四月壬辰，敕户部曰：朝廷令人易纳马草，开中盐场，本期资国便民。比间各场纳草之人，多系官豪势要及该管内外官，贪图重利，令子侄家人伴当，假托军民，出名承纳。各处所中盐粮亦系官豪势要之家占中居多，往往挟势将杂糙米上仓，该管官司畏避权势，辄与收受，以致给军，多不堪用。及至支盐，又嘱管盐官搀越关支，倍取利息，致无势客商，守支年久不能得者有之。丧资失业，嗟怨莫伸，其弊何可胜言！①

如开行列肆，例如世宗朝之郭勋：

翊国公郭勋被劾下狱，有司勘勋京师店舍多至千余区。②

周能父子：

周瑛嗣封庆云伯，封殖过于父。嘉靖中于河西务设肆邀商贷，虐市民，亏国课…周寿尝奉使道吕梁洪，多挟商艘，主事谢敬不可。寿与关，且劾之，敬坐落职。③

楚中宗室之开细帛店：

楚宗错处市廛者甚多，经纪贸易与市民无异。通衢诸细帛店俱系宗室。间有三吴人携负至彼开铺者，亦必借王府名色。④

吴中士大夫之急于货殖，黄省曾记：

自刘氏、毛氏创起利端，为鼓铸囤房，王氏债典，而大村名镇必张开百货之肆，以榷管其利，而村镇之负担者俱困，由是累金百万。至今吴中搢绅仕夫，多以货殖为急，若京师官店六郭开行债典兴贩盐酤，其术倍克于齐民。⑤

---

① 《明英宗实录》卷一一五。

② 《明史》卷一三〇，《郭英传》。

③ 《明史》卷三〇〇，《周能传》。

④ 包汝楫：《南中纪闻》。

⑤ 《吴风录》。

至福建则以地势濒海，豪绅巨室多投资于海外贸易，在禁海时期，称为通蕃。何乔新《福建按察司副使辛公（访）墓表》：

（访）奉敕巡视海道。濒海大姓私造海舰，岁出诸番市易，因相剽杀。公捕其党渠，没入其舰，事连达官，穷治甚急。其家讼于御史，诬公激变良民。或劝公少缓其狱，公奋曰：吾宁报法而死，不思卖法而生也。于是奸民屏息，海道肃清。①

蔡清《椒丘先生（何乔新）传》记福清薛氏：

福清薛氏以所居濒海，岁出诸蕃互市，事觉，遂聚众欲为乱。先生掩其不备，尽获其渠，海道以宁。②

海上风涛险恶，一有亏折，便掳掠行旅，成为海盗，张燮说：

闽在宋元俱设市舶司，国初因之，后竟废。成弘之际（1465—1505），豪门巨室，间有乘巨舰贸易海外者，奸人阴开其利窦，而官人不得显收其利权，初亦渐享赢，后乃勾引为乱，至嘉靖而弊极矣。③

甚或加入倭寇，为之向导，为虎作伥。由此当时的仕宦阶级以利害不同分裂为两派相对立，在内地兼并农民寄生于土地的主张禁海，片帆不许出港，绝通蕃即所以绝倭寇。在沿海经营海外贸易寄生于海洋的，就主张开放海禁，重设市舶司，以为海通后贸易发达，人民生计优裕，海盗自然绝迹。这两派的争论甚至影响国策和政局，嘉靖时朱纨的自杀就是一个著例：

朱纨长洲人……嘉靖二十六年（1547年）七月倭寇起，改提督浙闽海防军务巡抚浙江。初明祖定制，片板不许入海。承平久，奸人阑出入勾倭人及佛郎机（葡萄牙）诸国入互市。闽人李克头、歙人许栋据宁波之双屿，司其质契。势家护持之，漳、泉为多，或与通婚姻。假济渡为名，造双桅大船，运载违

① 《何文肃公文集》卷三一。

② 《何文肃公文集》外集。

③ 《东西洋考》卷七，《饷税考》。

> 禁物，将吏不敢诘也。或负其直，栋等即诱之攻剽，负直者胁将吏捕逐之，泄师期令去，期他日偿，他日至，负如初，倭大怨恨，益与栋等合……纨巡海道……谓不革渡船，则海道不可清；不严保甲，则海防不可复。上疏具列其状，于是革渡船，严保甲，搜捕奸民。闽人资衣食于海，骤失重利，虽士大夫家亦不便也，欲沮坏之……势家既失利，则宣言被禽者皆良民，非贼党，用摇惑人心……纨执法既坚，势家皆惧……纨且曰：去外国盗易，去中国盗难；去中国濒海之盗犹易，去中国衣冠之盗尤难。闽浙人益恨之……吏部用御史闽人周亮及给事中叶镗言，奏改纨巡视以杀其权……中朝士大夫先入浙闽人言，亦有不悦纨者矣……纨语复侵诸势家。御史陈九德遂劾纨擅杀，落纨职，命兵科都给事中杜汝祯按问。纨闻之，慷慨流涕曰：吾贫且病，又负气不任对簿，纵天子不欲死我，闽浙人必杀我，吾死，自决之，不须人也。制圹志作绝命词，仰药死……未几海寇大作，毒东南者十余年。①

这是一次大陆和海洋的斗争，也是农业和商业的斗争，朱纨代表内地的农业地主的利益，周亮、叶镗、陈九德等闽浙人则代表沿海的新商业资本家的利益。我国祖先从西北向东南发展，到十四五世纪已发展到尽头，尤其是闽浙人多地狭，向南发展到海洋本是一个自然的趋势，明初的禁海令是反时代潮流的。朱纨的死，正说明是这反时代潮流的必然的牺牲。也说明这时代的新商业资本家在政治上和社会上的力量。

第八是抑买货物，占夺水利，例如明初之番禺土豪：

> 番禺土豪数十人，遇闾里珍货，辄抑价买之，稍不如意，即诬以钞法，人莫敢谁何。②

明末之温体仁：

---

① 《明史》卷二〇五，《朱纨传》。

② 《明太祖实录》卷一三三；《明史·道同传》。

御史毛九华劾体仁居家时，以抑买商人物，为商人所诉，赂崔呈秀以免。①

弋阳官陂之碓磨：

正统八年十二月戊戌，吏部听选官胡秉贤言：臣原籍江西弋阳县，有官陂二所，民田三万余亩，借其灌溉。近年被沿陂豪强之人，私创碓磨，走泄水利，稍有旱暵，民皆失望。②

西湖菱芡之利：

杭州西湖傍近，编竹节水，可专菱芡之利，而惟时有势力者可得之。故杭人有俗谣云：十里湖光十里笆，编笆都是富豪家，待他十载功名尽，只见湖光不见笆！③

顺德之占沙抢割，陈邦彦《中兴政要书·保民篇》第三《禁侵渔》：

臣乡田多近海，或数十年辄有浮生。势豪之家，以承饷为名，而影占他人已成之税田，认为己物，业户畏之而不敢争，官司闻之而不能直，此所谓占沙也。及至秋稼将登，豪家召募打手，驾使大船，列刃张旗，以争新占之业。其后转相摹仿，虽夙昔无因者，亦皆席卷而有之，耕者之少不敌抢者之多，或杀越折伤而不能问，此所谓抢割也。斯二者小民积怨深怒，皆归怒于乡绅……去冬寇犯彬、桂，民言至有愿寇之来与乡绅俱毙者。④

“时日曷丧，予与汝偕亡。”这两句话正可做明代农民对乡绅的怨恨的注脚。

第九是淫虐杀人，无恶不作。例如杨稷：

杨士奇子稷居乡，尝横暴杀人，言官交劾。朝廷不加法，以其章示士奇。又有人发稷横虐数十事，乃下之理。⑤

① 《明史》卷三〇八，《温体仁传》。

② 《明英宗实录》卷一一一。

③ 叶盛：《水东日记》卷一四。

④ 《岩野先生集》卷一。

⑤ 《明史》卷一四八，《杨士奇传》。

梁次摅：

梁储子次摅为锦衣百户。居家与富民杨端争民田，端杀田主，次摅遂灭端家二百余人。武宗以储故，仅发边卫立功。①

这两个都是阁臣的儿子，在家当乡绅，前一个到杨士奇死后才正法，后一个则仅发边卫充军了事。又如衍圣公案：

成化丙戌（1466年）三月癸卯，衍圣公孔弘绪坐奸乐妇四十余人，杀无辜四人，法当斩，以宣圣故，削爵为民，以弟洪泰代官。②

同一年的张真人案：

四月戊午，正一嗣教大真人张元吉坐僭用器物，擅易制书，强夺子女，先后杀平人四十余人，至有一家三人者。法当凌迟处死，下狱禁锢。寻杖一百戍铁岭，而子亥庆得袭。元吉竟以母老放归。③

这一对又因为是孔子和张道陵的子孙，是几千年来的老牌乡绅，虽然是穷凶极恶的杀人犯，也竟可以逍遥法外，并且其地位还许其子弟承袭！又如程峋至公开和地方士民相杀，彭孙贻记：

永平荐绅程峋蓄苍头健儿数百，为害里党。士民揭竿与角，相杀亡算。④

甚至以理学自命的正人君子，也私法杀人：

罗伦里居，立乡约以整顿风俗，其法甚严，莫敢不遵，独有强梁二人不服，且屡违教令，乃命其徒共执投水中。⑤

此外如王应熊任首辅，其弟王应熙在乡作恶的罪状至四百八十余条，赃一百七十余万。⑥ 温体仁、唐世济的族人，甚至作盗，为

---

① 《明史》卷一九〇，《梁储传》。

②③ 王世贞：《弇山堂别集》卷一八。

④ 《茗齐杂记》。

⑤ 沈德符：《野获编补遗》卷二。

⑥ 参见《明史》卷二五三，《王应熊传》。

盗奥主。[1] 汤一泰倚从子汤宾尹之势，强夺已字之女，逼之至死。[2] 文学家茅坤的家人也倚仗主势，横行乡里。[3] 陈于泰、陈于鼎的兄弟在乡作恶，致引起民变。[4]

国法不论是非，但论社会阶级，议亲则裙带，议贵则家族，有钱有势有地位的都可无所不为，无恶不作，农民无所控诉，只好造反：

> 白莲贼徐鸿儒薄胜县，民什九从乱。知县姬文允徒步叫号，驱吏卒登陴不满三百，望贼辄走，存者才数十。问何故从贼，曰：祸由董二。董二者，故延绥巡抚董国光子也，居乡贪暴，民不聊生，故从贼。[5]

替乡绅作恶的爪牙是豪奴悍仆。奴仆的来源，一是价买，例如杨继盛遗嘱所说：

> 曲钺他若守分，到日后与他地二十亩，村宅一小所。若是生事，心里想回去，你就令你两个丈人商议告着他……原是四两银子买的他，放债一年，银一两得利六钱，按著年问他要，不可饶他，恐怕小厮们照样行，你就难管。[6]

一是投靠，如顾公燮所记：

> 明季搢绅，豪奴悍仆，倚势横行，里党不能安居，而市井小民，计惟投身门下，得与此辈水乳交融，且可凭为城狐社鼠，由是一乡一邑之地，挂名僮仆者十有二三。[7]

尤其是一般小农，稍有田产，仅可生活，经不起苛税和里役的剥削，唯一的办法是投靠乡绅之门为奴，借以逃避对国家的负担。

---

① 参见《明史》卷二五七，《冯元飚传》。
② 参见《明史》卷三〇三，《徐贞女传》。
③ 参见《明史》卷二八七，《茅坤传》。
④ 参见《明史》卷二四五，《蒋英传》。
⑤ 《明史》卷二九〇，《姬文允传》。
⑥ 《杨忠愍公集》卷三，《遗嘱》。
⑦ 《消夏闲记摘抄》卷上。

徐阶是嘉靖朝的名相，家人多至数千，大半都是由投靠而来。于慎行说：

> 华亭家人多至数千，有一籍记之，半系假借。海（瑞）至相君第，请其籍削之，仅留数百以供役使，相君无以难也。①

二者都立有身契，世世子孙不能改，奴倚主以避税避役，横行作恶；主则利用奴作爪牙，作敲诈的工具，如明后期娄东情形：

> 娄风俗极重主仆，男子入富家为奴，即立身契，终身不敢雁行立。有役呼之，不敢失尺寸，而子孙累世不得脱籍，间有富厚者以多金之，即名赎而终不得与等肩，此制驭人奴之律令也。然其人任事，得因缘上下，累累起家为富翁，最下者亦足免饥寒，更借托声势，外人不得轻相呵，即有犯者，主人必极力卫捍，此其食主恩之大略也。②

如黄尊素所记宛刘氏事：

> 宛有刘氏者登戊戌第，其先世济恶。父以一日杀太平夫妇三人系狱，子登第得脱。刘自戊午自上江道罢秩，即蓄仆从数百人，养陆博酒徒数十辈，田宅之美者，子女之少者皆钩致之，以罄其所有，或把其阴事，或因其怨家，名谓投献。以是膏腴厌丰国中，民间百舍中产无不失业。诉于道府，置不为理。③

和平民不同的是不许读书应试和通婚。谢肇淛说：

> 长乐（奴庶）之禁甚厉。为人奴者，子孙不许读书应试，违者必群击之。及之新安，见其俗不禁出仕而禁婚姻。④

主奴的关系纯由金钱造成，用法律保障。一到社会局面改变的时候，秩序扰乱，法律无灵。17世纪中叶，遂发生普遍的奴变。⑤

---

① 《谷山笔麈》卷五。

② 《研堂见闻杂记》。

③ 《说略》。

④ 《五杂俎》卷一四，《事部》。

⑤ 另详吴晗：《明季奴变考》。

六、生活与文化

这时代这一阶级的生活，除了极少数的例外，可以用“骄奢淫逸”四字书之。风行草偃，以这阶级作重心的社会，也整个地被濡染在风气中。由这种生活和风气所产生的文化，当然也是多余的，消费的，颓废的。

骄奢淫逸的生活，在明代前期即已有人具体地指出，以当时的首都京师——北京作代表，一事佛，二营丧，三服食，四倡优，五赌博：

> 正统十三年（1448年）八月己卯，巡按直隶监察御史陈鉴言：今风俗浇浮，京师为甚。冠攘窃发，畿甸为多。此愚者以为迂缓不急之务，而知者所深虑也。臣推其故有五：其一军民之家，事佛过盛，供养布施，倾赀不吝。其二营办丧事，率至破家，唯夸观视之美，实非送死之益。其三服食靡丽，侈用伤财。其四倡优为蠹，淫败无极。其五赌博破产，十凡八九。凡此数者，前此未尝不禁，但禁之不严，齐之无礼，日滋月炽，害治非细。请下有司申明国初条例，参以前代礼制，务使其简而易知，畏而不犯，则盗贼可以消弭，而风俗可以还淳。礼部尚书胡濙等以为所言者已尝屡有禁令，无庸别作施行。事遂止。①

五十年后，周玺上疏说出当时奢侈的生活：

> 中外臣僚士庶之家，靡丽侈华，彼此相尚，而借贷费用，习以为常。居室则一概雕画，首饰则滥用金宝，倡优下贱以绫缎为袴，市井光棍以锦绣缘袜，工匠厮役之人任意制造，殊不畏惮。虽朝廷禁止之诏屡下，而奢靡僭用之习自如。②

---

① 《明英宗实录》卷一六九。

② 《垂光集》卷一，《论治化疏》。

又过五十年，嘉靖时（1522—1566）钱薇则以为弘治间（1488—1505）侈在勋戚，正德间（1506—1521）奢乃在士大夫。他说：

党蓝田昔游京师，在弘治间，士大夫彬彬以礼自饬，诸勋戚乃有侈而泰者。正德时奢乃在士大夫，石齐阁老与宁、堂辈序约兄弟，每饮，赏庖役白金多或至二百，噫！宴劳之滥，自此始矣。①

到世宗朝严氏父子当国，穷奢极欲的风气，遂达顶点。例如严家子孙的生活：

严嵩孙严绍庚、严鹄等尝对人言，一年尽费二万金，尚苦多藏无可用处。于是竞相穷奢极欲。②

严嵩门下鄢懋卿的生活：

恃严嵩之势，总理两浙、两淮、长芦、河东盐政。性奢侈，至以文锦被厕，白金饰溺器。其按部尝与妻偕行，制五彩舆，令十二女子舁之，道路倾骇。③

朱国桢把这时代和永乐时代比较说：

永乐时阁臣子弟至附舟潜行，盖国初规制如此。即大臣不敢过分，何况子弟？余入京见阁臣子弟驾驿舟极宏丽，气势烜赫，所司趋奉不暇，乡里亲戚皆缘为市。其风大约起于严氏父子，后遂不能禁，且尤而效之也。④

万历初年名相张居正奉旨归葬时，沿途地方官挖空心思趋奉：

一真定守钱普创为坐舆，前舆后室，旁有两庑，各立一童子供使令，凡用舁夫三十二人。所过牙盘上食味逾百品，犹以为无下箸处。⑤

---

① 《承启堂稿》卷二六，《故锦衣党蓝田墓志铭》。

② 田艺蘅：《留青日札》。

③ 《明史》卷三〇八，《严嵩传》。

④ 《涌幢小品》卷九。

⑤ 《明史》卷二一三，《张居正传》。

闹阔的风气，也影响到民间婚姻，索重聘，陪厚嫁，有类唐代的卖婚。徐渭记浙东情形：

吾乡（山阴）近世嫁娶之俗浸薄，嫁女者以富厚相高。归之日，担负舟载，络绎于水陆之涂，绣袱冒箱笥如鳞，往往倾竭其家。而有女者益自矜高，闭门拱手以要重聘。取一第若被一命，有女虽在襁褓，则受富家子聘，多至五七百金，中家半之，下此者人轻之，谈多不及也，相率以为常。①

崇祯十二年（1639 年）杨嗣昌上疏说：

海内士大夫自神皇末年相习奢侈，凡宫室车马衣服器用之属，无不崇饰华丽，迈越等伦。即或清高自命，宦橐无多，亦称贷母钱，缔构园亭卉木，耽娱山水诗文，以是优游卒岁为快。其亲串朋好，偶逢吉庆生辰，相率敛钱，造杯制帐，更迭酬赠，以为固然。臣等身在流俗之中，沿染至今，皆不能免。②

堵允锡上疏斥奢淫之习说：

冠裳之辈，怡堂成习，厝火忘危。膏粱文绣厌于口体，宫室妻妾昏于志虑，一簋之费数金，一日之供中产，声伎优乐，日缘而盛。夫搢绅者士民之表，表之不戒，尤以成风。于是有纨绔子弟，益侈豪华之志，以先其父兄。温饱少年，亦竞习裘马之容，以破其家业，挟弹垆头，呼卢伎室，意气已骄，心神俱溃，贤者丧志，不肖倾身，此士人之蠹也。于是又有游手之辈，习谐媚以蛊良家子，市井之徒，恣凶谲以行无赖事，白日思群，昏夜伏莽，不耕不获，生涯问诸傥来，非士非商，身业寄于亡命，狐面狼心，冶服盗质，此庶人之蠹也。如是而风俗不致颓坏，士民不致饥寒，盗贼不致风起者，未之有也。③

大声疾呼，无人理睬，流贼起而明遂亡。

---

① 《徐文长文集》卷二〇，《赠妇翁潘公序》。

② 《杨文弱集》卷三三，《访据疏》。

③ 《堵文忠公集》卷二〇，《救时二十议疏》。

从上文所引的从正统到崇祯的史料看，可见这是一个时代的风气，也是造成这时代的这一阶级的风气。

这一阶级的生活趣味，全部建筑在金钱上。一生的前半期耗费在科举上，等到登科入仕以后，八股文固束之高阁，即切身的现实的如何做事，如何从政，国家的、民族的、社会的问题都一概不管。却用全副精神来讲求物质的享受，一般地说，都饱食终日，无所用心，只刻意谋生活的舒适，纳姬妾，营居室，筑园亭，侈饮食，备仆役，再进而召伎女，养优伶，事博弈。雅致一点或附庸风雅的更提倡玩古董，讲版刻，组文会，究音律。这一阶级人的生活风趣影响是文学、美术、建筑学、金石学、戏曲、版本学……使之具有特殊的时代的面目。

八股家幸而遭遇机缘，得了科名时，第一步是先起一个别号，如什么斋什么甫庵之类，以便于官场和同一阶级人的称呼。顾起元引王丹丘说，以为此风自嘉靖以后始盛。他说：

> 正德中士大夫有号者十有四五，虽有号，然多呼字。嘉靖年来，束发时即有号，末年奴仆舆隶俳优无不有之。①

第二步是娶一个姨太太，沈德符说：

> 搢绅羁宦都下，及士子卒业辟雍，久客无聊，多买本京妇女，以伴寂寥。②

王崇简也说：

> 明末习尚，士人登第后，多易号娶妾。故京师谚云：改个号，娶个小。③

第三步是建筑适合身份的居室，做大官的邸舍之多，往往骇人听闻。例如严嵩得罪籍没时的家产清单，光是第宅房屋一项，在江西原籍共有六千七百零四间，在北京的共一千七百余间。④ 陆炳用事时，

---

① 《客座赘语》卷五，《建业风俗记》。

② 《万历野获编》。

③ 王崇简：《冬夜笺记》。

④ 参见田艺蘅：《留青日札》。

营别宅至十余所。① 郑芝龙在唐王偏安一隅的小朝廷下，秉政数月，增置仓庄至五百余所。② 顾起元说：

> 正德以前，房屋矮小，厅堂多在后面。或有好事者，画以罗木，皆朴素浑坚不淫。嘉靖末年，士大夫家不必言。至于百姓有三间客厅费千金者，金碧辉煌，高耸过倍，往往重檐兽脊如官衙然。园囿僭拟公侯。下至勾栏之中，亦多画屋矣。③

仕宦阶级经构园亭风气之盛，大概也是嘉靖以后的事。陶奭龄说：

> 少时越中绝无园亭，近亦多有。然其间亦有人已之辨菜径棘篱，林木蓊翳，内有清池数亩，修竹数千，洞房素闼，具体而微，北牖延风，南荣宾日，身可休老，子孙可诵读，亲朋过从，亦可觞咏，为己者也。岩夫雕阑绮榭，杰观危楼，修廊引带其间，花径汇缘而入，标奇踞胜，带霓饮云，使夫望之者欲就，就之者欲迷，主人有应接之烦，无燕处之适，此为人者也。④

奭龄是万历时人。可见在嘉隆以前，即素称繁庶的越中，仕宦阶级尚未有经营园亭的风气。园亭的缔构，除自己出资建置外，大抵多出于门生故吏的报效，顾公燮说：

> 前明搢绅虽素负清名者，其华屋园亭，佳城南亩，无不揽名胜，连阡陌。推原其故，皆系门生故吏代为经营，非尽出己资也。⑤

王世贞记南京名园，王公贵戚有太傅园，西园，魏公南园、西园，锦衣东园，万竹园，西园，徐锦衣家园，金盘李园，徐九宅园，莫愁湖园，同春园，凤台园，武定侯园；士人则有市隐园，武氏园，正贡士杞园，遯园，逸园，尔祝园，吴孝廉园，何参知露园，卜太学味斋园，许典客长卿园，李象先茂才园，许长卿新园，无射园，

---

① 参见《明史》卷三〇七，《陆炳传》。
② 参见林时对：《荷锸丛谈》卷四。
③ 《客座赘语》卷五，《建业风俗记》。
④ 《小柴桑喃喃录》卷下。
⑤ 《消夏闲记摘抄》卷上。

汤太守熙台园，陆文学园，方太学园，张保御园，李民小园，武文学园，太复新园，华林园等园。① 娄东（太仓）一邑有田氏园，安氏园，王锡爵园，杨氏日涉园，吴氏园，季氏园，尝氏杜家桥园，王世贞弇州园，王士骐约园，琅玡离赀园，王敬美澹园等数十园。② 北京则有米仲诏湛园，勺园，漫园，宣家园，清华园等名园。③ 全国名都大邑，都竞相建筑，园亭建筑学由之盛极一代，西洋教士东来后，将东方建筑意境带回欧洲，大大地影响了十七八世纪时代的欧洲园亭建筑。园中多凿水叠假山，郎瑛记：

近日富贵家之叠假山，是山之成也，自不能如真山之有生气，春夏且多蛇虺，而月夜不可乐也。④

张南垣至以叠石成名，为当时人造风景、园亭艺术专家，黄宗羲说：

三吴大家名园皆出其手。其后东至于越，北至于燕，召之者无虚日。⑤

对于饮食衣服，尤刻意求精，互相侈尚。正德时大臣宴会，赏赉庖役动至数百金。万历时张居正牙盘上食味逾百品，犹以为无下箸处。陶奭龄说：

近来人食酒席，专事华侈，非数日治具，水陆毕集，不敢轻易速客。汤饵者蔌，源源而来，非惟口不给尝，兼亦目不周视，一筵之费，少亦数金。⑥

“一簋之费数金，一日之供中产。”平居则“耽耽逐逐，日为以腹谋”。张岱自述：

越中清馋，无过余者。喜啖方物。北京则苹婆果，黄鼠，

① 参见《弇州山人四部稿·游金陵诸园记》。
② 参见《弇州山人四部稿·娄东园亭志》。
③ 参见《燕都游览志》。
④ 《七修类稿》卷二。
⑤ 《撰杖集·张南垣传》。
⑥ 《小柴桑喃喃录》卷上。

马牙松。山东则羊肚菜，秋白梨，文官果，甜子。福建则福橘，福橘饼，牛皮糖，红腐乳。江西则青根，丰城脯。山西则天花菜。苏州则带骨鲍螺，山查丁，山查糕，松子糖，白圆，橄榄脯。嘉兴则马交鱼脯，陶庄黄雀。南京则套樱桃，桃门枣，地栗团，窝笋团，山查糖。杭州则西瓜，鸡豆子，花下藕，韭芽，元笋，塘栖蜜橘。萧山则杨梅，莼菜，鸠鸟，青鲫，方柿。诸暨则香狸，樱桃，虎栗。嵊则蕨粉，细榧，龙游糖。临海则枕头瓜。台州则瓦楞蚶，江瑶柱。浦江则火肉。东阳则南枣。山阴则破塘笋，谢橘，独山菱，河蟹，三江屯蛏，白蛤，江鱼，鲥鱼，里河鲢。远则岁致之，近则月致之，日致之。①

"家常宴会，但留心烹饪。庖厨之精，遂甲江左。"② 争奇斗巧，普通的作法不足以标新立异，于是别出蹊径，惨杀物命：

京师…宰杀牲畜，多以惨酷取味，鹅鸭之属，皆以铁笼罩之，炙之以火，饮以椒浆，毛尽脱落，未死而肉已熟矣。驴羊之类，皆活割取其肉，有肉尽而未死者，冤楚之状，令人不忍见闻……巨珰富戚，转相效尤，血海肉林，恬不为意。③

在这风气之下，专讲饮食烹调的食谱茶谱酒谱便成为这阶级的流行著作，饮食口腹之学也成为专门之学了。

同样衣服也由布而细绢，由浅色而淡红。隆万时范濂说：

布袍乃儒家常服，迩年鄙为寒酸，贫者必用细绢色衣，谓之薄华丽，而恶少且从典肆中觅旧段旧服，翻改新起，与豪华公子列坐，亦一奇也。春元必穿大红履，儒童年少者必穿浅红道袍，上海生员冬必服绒道袍，暑必用鬃巾绿伞，虽贫如思丹，亦不能免。稍富则绒衣巾盖益加盛矣。④

巾帽则变易更多，花样翻新，不可究诘。范濂又记：

---

① 《陶庵梦忆》卷四，《方物》。

② 《陶庵梦忆》卷八，《张东谷好酒》。

③ 《五杂俎》。

④ 《云间据目抄》。

余始为诸生时，见朋辈戴桥梁绒线巾，春元戴金线巾，搢绅戴忠靖巾。自后以为烦，俗易高士巾、素方巾，复变为唐巾、晋巾、汉巾、褊巾，丙午（1546年）以来，皆用不唐不晋之巾，两边玉屏花一对。而少年貌美者加犀玉奇簪贯发。综巾始于丁卯（1567年）以后，其制渐高，今又渐易。盈纱巾为松江上产，志所载者，今又有马尾罗巾、高淳罗巾，而马尾罗者与综巾似已乱真矣。童生用方包巾，自陈继儒出，用两飘带束顶，边亦去之，用吴门直罗头法，而猾儿更觉雅俏。瓦楞综帽在嘉靖初年唯生员始带，至二十年外则富民用之，然亦仅见一二，价甚腾贵。皆尚罗帽、纻丝帽。故人称丝罗必曰帽缎……万历以来，不论贫富皆用综，价亦甚贱，有四五钱七八钱者，又有朗素密结等名。①

此外又有玉壶巾、明道巾、折角巾、东坡巾、阳明巾等名色。②妇女服饰，正德时多用璎珞：

正德元年（1506年）妇女多用珠结盖头，谓之璎珞。③

嘉靖以后则愈趋繁杂，范濂说：

妇人头髻在隆庆初年，皆尚圆褊，顶用宝花，谓之挑心，两边用捧鬓，后用满冠倒插，两耳用宝嵌大环，年少者用头箍，缀以圆花方块。身穿裙袄，袄用大袖圆领，裙有销金拖。自后翻出挑尖顶髻，鹅胆心髻，渐见长圆，并去前饰，皆尚雅装，梳头如男人直罗，不用分发鬓髻，髻皆后垂，又名堕马髻，旁插金玉梅花一二对，前用金铰丝灯笼簪，两边用西番莲稍簪插两三对，发眼中用犀玉大簪横贯一二枝，后用点翠卷荷一朵，旁加翠花一朵大如手掌，装缀明珠数颗，谓之鬓边，花插两鬓边，又谓之飘枝花。耳用珠嵌金玉丁香。衣用三领窄袖，长三尺余，如男人穿褶，仅露裙二三寸。梅条裙拖，膝裤拖初尚刻

① 《云间据自抄》。

② 参见余永麟：《北窗琐语》。

③ 《明史稿·五行志二·服妖》。

丝，又尚本色，尚画，尚插绣，尚堆纱，近又尚大红绿绣，如藕莲裙之类，而披风便服并其梅条去之矣。①

髻则愈后愈高，董含说：

余为诸生时，见妇人梳髻高三寸许，号为新样。年来渐高至六七寸，蓬松光润，谓之壮丹头，皆用假发衬垫，其垂至不可举首。又仕官家或辫发螺髻珠宝错落，乌靴秃秃，貂皮抹额，闺阁风流，不堪过目，而彼自以为逢时之制也。②

生活上的穷奢极欲，再进一步便是狎妓。唐宋以来的官妓，到明初仍沿其制，刘玉记：

（南京）江东门外，洪武间建轻烟、淡粉、梅妍、翠柳四楼，令官妓居之，以接四方贵客大贾，及士大夫休沐时往游焉。后士大夫多耽酒悦色废事，渐加制限。③

胡纳亦记：

台、温二郡，经方氏籍据之后，全乖人道。其地多倡家，中朝使者以事至，多挟倡饮，有司疲于供应。熊君鼎为浙佥事，下永嘉令籍倡家数千，悉械送之京。④

至宣德三年（1428 年）左都御史刘观挟妓宴饮被斥，《明史》记：

时未有官妓之禁，宣德初臣僚宴乐，以奢相尚，歌妓满前。观私纳贿赂，诸御史亦贪纵无忌。⑤

次年复有萧翔等挟妓废事案：

七月丙寅，给事中贾谅、张居杰劾奏行在户部郎中萧翔等不理职务，日惟挟妓酣饮恣乐。命悉下之狱。上谓尚书夏原吉

---

① 《云间据目抄》。

② 《三冈识略》。

③ 《已疟编》。

④ 《见闻录》。

⑤ 《明史》卷一〇五，《刘观传》。

等曰：饮酒人之常情，朕未尝禁。但君子当以廉耻相尚，倡优贱人，岂宜亵狎。近颇闻此风盛行，如刘观辈尤甚，每趁人邀请，辄以妓自随，此辈仿效，若流而不返，岂不大坏礼俗。大臣者小臣之表也，卿当以朕此言偏谕之。①

一月后政府遂申令禁约，现任官不许狎妓：

八月丙申，上谕行在礼部尚书胡濙曰：祖宗时文武官之家，不得挟妓饮宴。近闻大小官私家饮酒，辄命妓歌唱，沈酣终日，怠废政事，甚者留宿，败坏礼俗。尔礼部揭榜禁约，再犯者必罚之。②

替代官妓的是变形男娼的小唱，沈德符说：

京师自宣德顾佐疏后，严禁官妓，搢绅无以为娱，于是小唱盛行，至今日几如西晋太康矣。③

史玄记：

唐宋有官妓侑觞，本朝惟许歌童答应，名为小唱。而京师又有小唱不唱曲之谚。每一行酒止传唱上盏及诸菜，小唱伎俩尽此焉。小唱在莲子衙衕，门与倡无异。其侏好者或乃过于倡，有耽之者往往与托合欢之梦矣。④

但非现任官吏即不受此禁例之束缚，勾栏盛况并不因之减色。驯至士人以老称妓，茅元仪曾愤慨地说：

近来士人称妓每曰老，如老一老二之类。老者吾辈所尊，而尤物所忌，似不近人情。⑤

17世纪初年，轻薄文人至以科举名次来标榜妓女，称为花榜，冰华梅史《燕都妓品序》：

燕赵佳人，颜美如玉，盖自古艳之。矧帝都建鼎，于今为

① 《明宣宗实录》卷五六。

② 《明宣宗实录》卷五七。

③ 《万历野获编》卷二四。

④ 《旧京遗事》。

⑤ 《暇老斋杂记》卷四。

盛。而南人风致，又复袭染薰陶，其艳宜惊天下无疑。万历丁酉庚子间（1596—1606）。其妖冶已极。

有状元、榜眼、探花之目。同时曹大章有《秦淮士女表》，萍乡花史有《广陵士女殿最表》。① 可见这风气之普遍。余怀记南京教坊之盛，甚至说：

南曲衣裳妆束，四方取以为式。②

崇祯中四方兵起，南京未遭兵燹，这一阶级在国亡家破的前夕，依然征歌召妓：

宗室王孙，翩翩裘马，以及乌衣子弟，湖海宾游，靡不挟弹吹箫，经过赵李。每开筵宴，则传呼乐籍，罗绮芬芳，行酒纠觞，留髡送客，酒阑棋罢，堕珥遗簪，真欲界之仙都，升平之乐国也。③

明代后期的色情小说，最著者如《金瓶梅》，就是代表这时代的作品。清初孔尚任的《桃花扇》所描写的秦淮河教坊盛况，也是这时代的写实之作。

和妓女、小唱并行——或者可以说部分由妓女、小唱改业的有女戏和男戏。女戏之盛行亦为隆万以后之事，徐树丕说：

十余年苏城女戏盛行，必有乡绅为之主，盖以倡兼优，而搢绅为之主。充类言之，不知当名以何等，不肖者习而不察，滔滔者皆是也。④

以排演女戏著称的艺术家有朱云崃，以音乐著，张岱说他：

朱云崃教女戏，非教戏也，先教琴，先教琵琶，先教提琴弦子箫管鼓吹歌舞，借戏为之，其实不专为戏也。郭汾阳、杨越公、王司徒女乐，当日未必有此。⑤

---

① 参见《图书集成·艺术典》卷八二〇。

②③ 《板桥杂记》。

④ 《识小录》卷上。

⑤ 《陶庵梦忆》卷二。

刘晖吉以布景著：

> 若刘晖吉奇情幻想，欲补梨园从来之缺陷，如唐明皇游月宫，叶法善作法，场上一时黑魆地暗，手起剑落，霹雳一声，黑幔忽收，露出一月，其圆如规，四下以羊角染五色云气，中坐常仪，桂树吴刚，白兔捣药。轻纱缦之内，燃寒月明数株，光焰青黎，色如初曙，撇布成梁，遂蹑月窟，境界神奇，忘其为戏也。①

朱楚生则以科白著：

> 朱楚生，女戏耳，调腔戏耳，其科白之妙，有本腔不能得十分之一者。盖四明姚益城先生精音律，与焦生辈讲究关节，妙入情理，如《江天暮雪》、《霄光剑》、《画中人》等戏，虽昆山老教师，细细摹拟，断不能加其毫末也。②

至男戏则可分为三种，第一种是职业伶人，第二种是业余消遣，第三种是贵家戏社。职业伶人游行城乡，搭草台，临时演唱，民间重迷信，酬神赛会，必招戏班演戏，是近代最重要的民间娱乐，汤来贺《梨园说》：

> 自元人王实甫、关汉卿作俑为《西厢》，其字句音节足以动人，而后世淫词纷然继作。然闻万历中，家庭之中，犹相戒演此，恶其导淫也，且以为鄙陋而羞见之也。近日若《红梅》、《桃花》、《玉簪》、《绿袍》等记，不啻百种。括其大意，则皆一女游园，一生窥而悦之，遂约为夫妇，其后及第而归，即成好合，皆徒撰诡名，绝无古事可考，且意俱相同，毫无可喜，徒创此以导邪。近来各乡从前质朴者，因演戏而习冶容矣。闻某村演戏，席罢之后，妇女逐优人而去矣；又见有嗜戏之家，处子怀孕，淫乱非常矣……然乡村信神，咸矫诬其说，谓不以戏为祷，则居民难免疾病，商贾必值风涛，是以莫能禁之。③

---

①② 《陶庵梦忆》卷四。

③ 《图书集成·艺术典》卷八一七。

故事的公式化，游园、定情、及第、好合四个段落，以及第为必然的中心，正是反映这个时代和这个时代人的趣味。浙江绍兴一城就聚有这类伶人至数千人之多，刘宗周《与张太符太守书》：

> 梨园之为天下病，不能更仆数，虽三尺童子知之，而于吾越为独甚。斗大一城，屯拥数千人，夜聚晓散，日耗千金，养奸诲盗，且挟宦家之势以陵齐民，官司不敢问。①

伶人服饰至有值千金以上者。② 甚至在崇祯十四年（1641 年）吴中奇荒之后，仍大规模演戏，徐树丕说：

> 辛巳奇荒之后……而优人鲜衣美食，横行里中，人家做戏一本，费至十余金，而诸优犹恨恨嫌少。甚至有乘马者，乘舆者，在戏房索人参汤者，种种恶状。然必有乡绅主之，人家惴惴奉之，得一日无事，便为厚幸矣。③

业余消遣的，东南到处多有，浙江各地称为戏文子弟，陆容说：

> 嘉兴之海盐，绍兴之余姚，宁波之慈溪，台之黄岩，温州之永嘉，皆有习为倡优者，名曰戏文子弟，虽良家子不耻为之。其扮演传奇，无一事无妇人，无一事不哭，令人闻之，易生悽惨，此盖南宋亡国之音也。其赝为妇人者名妆旦，柔声缓步，作夹拜态，往往逼真。④

江西则有永丰腔，唐顺之说：

> 永丰又素善为优，闾里浸淫传习，谓永丰腔。使民淫于欲而匮于财。⑤

贵家戏社则由巨家家优排演，供私人欣赏，角色俱经精选，陈懋仁说：

---

① 《刘子文编》卷八。

② 参见黄宗羲：《南雷集·子刘子行状》。

③ 《识小录》。

④ 《菽园杂记》。

⑤ 《荆川文集》卷一〇，《唐郎中嘿庵墓志铭》。

优伶媚趣者，不吝高价，豪奢家攘而有之，蝉鬟传粉，日以为常。①

明末最著者为山阴张家和桐城阮家。山阴张家从万历时理学名臣张元忭起到张岱三世都以声伎著名，张岱自述：

我家声伎，前世无之。自大父于万历年间，与范长白、邹愚公、黄贞父、包涵所诸先生讲此道，遂破天荒为之。有可餐班……次则武陵班……再次则梯仙班……再次则吴郡班……再次则苏小小班……再次则平苑茂子班。主人解事日精一日，而傒僮技艺，亦愈出愈奇。②

张岱自己也工于妙解音律，工于填词度曲。③ 傒僮到其家，至谓之“过剑门”。曲中经其一顾，声价十倍。④ 阮大铖则是明末最负盛名的戏曲作家，他的家伎的表演，名震一时，张岱说：

阮圆海家优美讲关目，讲情理，讲筋节，与他班孟浪不同。然其所打院本又皆主人自制，笔笔勾勒，苦心画出，与他班卤莽者又不同。故所搬演本本出色，脚脚出色，出出出色，句句出色，字字出色。⑤

这一般乡绅不但谱制剧曲，蓄优自娱，并能自己度曲，厌倒伶工。沈德符记：

近年士大夫享太平之乐，以其聪明，寄之剩技。吴中搢绅，留意音律，如太仓张工部新、吴江沈吏部璟、无锡吴进士澄时俱工度曲，每广座命伎，即老优名倡俱遑遽失措，真不减江东公瑾。⑥

我们假如把明代的剧作家的身份做一统计，将发现大部分是属于本文所说的这一阶级，主要的如朱权、丘濬、王世贞、汪道昆、

① 《泉南杂志》。

② 《陶庵梦忆》卷四，《张氏声伎》。

③ 参见《陶庵梦忆》卷七，《冰山记》。

④ 参见《陶庵梦忆》卷七，《过剑门》。

⑤ 《陶庵梦忆》卷八，《阮圆海戏》。

⑥ 《万历野获编》卷二四。

梁辰鱼、汤显祖、陆采、张凤翼、梅鼎祚、屠隆、李玉、阮大铖……除开第一个是亲王外，其他的全是进士，官阶从内阁大学士到县令。假如再和元曲的作家相比，则将发现元曲的作者大多数是平民和吏胥，而明代传奇的作者则大半是文人达官。这一对比的事实，从平民的艺术转变为贵族的艺术（文辞之细腻佳丽，故事题材之从日常生活转变为科名团圆），也正是这整个时代的趋势的说明。

仕宦阶级的另一种娱乐是赌博。缙绅士大夫至以赌博为风流，随便举几个例子，如祝允明：

长洲祝允明好酒色方博。

皇甫冲：

长洲皇甫冲博综群籍，通挟丸击球音乐博弈之戏，吴中轻侠少年咸推服之。

何士璧：

福清何士璧跅跑放迹，使酒纵博。

韩上桂：

万历间，韩上桂为诗多倚待急就，方与人纵谈大噱，呼号饮博，探题立就，斐然可观。①

最通行的赌博有两种，一种是马吊，始行于天启中，顾亭林说：

万历之末，太平无事，士大夫无所用心，间有相从赌博者。至天启中始行马吊之戏。而今之朝士若江南、山东几于无人不为此。有如韦昭论所云：穷日尽明，继以脂烛，人事旷而不修，宾旅阙而不接。②

其发展自南而北，申涵光说：

赌真市井事，而士大夫往往好之。至近日马吊牌，始于南中，

① 钱谦益：《列朝诗集·小传》。

② 《日知录》。

> 渐延都下，穷日累夜，纷然若狂。问之，皆云极有趣。吾第见废时失事，劳精耗财，每一场毕，冒冒然目昏体惫，不知其趣安在也?①

另一种是叶子戏，源于小说《水浒传》，以政府所出缉捕水浒群盗赏格数目及所指名之人图形博胜负，名为斗叶子，成化英宗时即已盛行于东南，陆容记：

> 斗叶子戏，吾昆城上至士夫，下至童竖皆能之。予游昆庠八年，独不解此，人以拙嗤之。近得阅其形制，一钱至九钱各一叶，一百至九百各一叶。自万贯以上皆图人形，万万贯呼保义宋江，千万贯行者武松，百万贯阮小五，九十万贯活阎罗阮小七，八十万贯混江龙李进，七十万贯病尉迟孙立，六十万贯铁鞭呼延绰，五十万贯花和尚鲁智深，四十万贯赛关索王雄，三十万贯青面兽杨志，二十万贯一丈青张横，九万贯插翅虎雷横，八万贯急先锋索超，六万贯混江龙李海，五万贯黑旋风李逵，四万贯小旋风柴进，三万贯大刀关胜，二万贯小李广花荣，一万贯浪子燕青，或谓赌博以胜人为强，故叶子所斗皆才力绝伦之人。非也。盖宋江等皆大盗，详见《宣和遗事》及《癸辛杂识》。作此者盖以赌博为群盗劫夺之行，故以此警世。而人为利所迷，不自悟耳。记此庶吾后之人，知所以自重云。②

到万历末年，成为民间最流行的赌博，进士甚至有“以不工赌博为耻”的情形。内容又小变，有“闯”，有“献”，有“大顺”三牌，吴伟业说：

> 万历末年，民间好叶子戏，图赵宋时山东群盗姓名于牌而斗之，至崇祯时大盛。有曰闯，有曰献，有曰大顺。初不知所自起，后皆验。③

举国上下，都淫于赌博，结果是如沈德符所说：

---

① 《荆园小语》。

② 《菽园杂记》。

③ 《绥寇纪略》卷一二。

> 今天下赌博盛行。其始失货财，甚则鬻田宅，又甚则为穿窬，浸成大豁劫贼。盖因本朝法轻，愚民易犯。①

崇祯流寇四起，都自立名号，赌惯了叶子戏的就以叶子戏上最脍炙人口的绰号自名，闯、大顺之外，如闯塌天、立地王、一堵墙、曹操、老回回之类，大体上都是从叶子戏上的绰号演变而来的。

除狎妓、捧戏子、赌博这一类事以外，自命风流或附庸风雅的，则进而搜集古董书画，沾沾自喜，号为收藏家。明代前期称这一类人为“爱清”。陆容说：

> 京师人家能蓄书画及诸玩器盆景花木之类，辄谓之爱清。盖其治此，大率欲招致朝绅之好事者往来，壮观门户。甚至投人所好，而浸润以行其私，溺于所好者不悟也。②

嘉靖以后，此风大盛，巧取豪夺，无所不至。沈德符说：

> 嘉靖末年，海内宴安。士大夫富厚者，以治园亭教歌舞之隙，间及古玩。如吴中吴文恪之孙，溧阳史尚宝之子，皆世藏珍秘，不假外索。延陵则稽太史应科，云间则朱太史大韶，携李项太学，锡山安太学、叶户部辈不吝重赀收购，名播江南。南都则姚太史汝循、胡太史汝嘉亦称好事。若辇下则此风稍逊，惟分宜相国父子（严嵩、世蕃），朱成公兄弟（希孝、希忠），并以将相当途，富贵盈溢，旁及雅道，于是严以势劫，朱以货取，所蓄几及天府。张江陵（居正）当国亦有此嗜。董其昌最后起名亦最重，人以法眼归之。③

严家籍没后，抄没清单中有石刻法帖三百五十八册轴，古今名画刻丝纳纱纸金绣子卷册共三千二百零一轴。④ 这些书画的内容和源流都具见于文嘉的《钤山堂书画记》。⑤ 内中有宋张择端《清明上

---

① 《万历野获编补遗》卷三。

② 《菽园杂记》。

③ 《万历野获编》卷二六。

④ 参见田艺蘅：《留青日札》。

⑤ 参见《胜朝遗事》本。

河图》一画，据李东阳的《怀麓堂集》、王世贞《弇州山人四部续稿》、四艺蘅《留青日札》和《钤山堂书画记》、钱谦益《初学集》等书的记载，此图的主人有宜兴徐氏（溥）、西涯李氏（东阳）、陈湖陆氏、昆山顾氏（懋宏）、袁州严氏（嵩）、内府、嘉禾谭梁生等主人。徐、李、严三家都是宰辅，陆、顾则为世族。① 由此可见这时代这风气之盛！可是从学术的立场看，这时代人对于古物的态度只是一种玩意、珍宝，收藏的风气虽盛，研究的成绩像两宋的《集古录》、《金石录》、《钟鼎彝器款识》、《东观余论》、《隶释》，讲形制，讲花纹，究文字，正史实的著作，却一部也没有。金石学、考古学的成为专学，直需等到下一个对明学反动的清代，在学术史上虚过三百年，真是值得令人惋惜的一件事。勉强地说，这时代人对金石学的贡献，是搜集和保存古物，供给下一代人研究的基础。

另外一种兴趣是刻书，由于上文所说“书帕”的需要，外任或出使官进京时的人情或贿赂都以新刻书为贵，于是各地竞相刻书，各官竞相刻书，刻前人著作，刻经史，刻本朝人著作，刻自己著作，刻丛书，刻类书。书籍的数量的陡增和普遍，可说是这时代对于近代文化的一大贡献。我们试读明初宋濂的《送东阳马生序》，可知元末明初这一段时期书籍是如何缺乏，如何难得。这种情形直到正德末年还是无大进步，顾亭林说：

> 其时天下惟王府官司及建宁书坊乃有刻板，其流布于人间者，不过“四书”、“五经”、《通鉴》、《性理》诸书，他书即有刻者，亦非好古之家不蓄。②

到正德以后，随吏治风气之日坏而刻书日益增多，刻工印刷日益坏，所刻书日益滥，内容芜陋，灾梨祸枣，嘉靖时唐顺之至大声疾呼抨击此等陋习，他指出当代文集之多而滥说：

> 仆居闲偶想起宇宙间有一二事，人人见惯，而绝是可笑者。其屠沽细人有一碗饭吃，其死后则必有一篇墓志。其达官贵人

① 参见吴晗：《〈金瓶梅〉的著作时代及其社会背景》，载《文学季刊》，1934 年创刊号。
② 《亭林文集》卷二，《抄书自序》。

与中科第人稍有名目在世间者，其死后则必有一部诗文刻集。如生而饮食，死而棺椁之不可缺者，皆不久泯灭。然其往者灭矣，而在者尚满屋也。若皆存世间，即使以大地为架子，亦安顿不下矣。此等文字，倘家藏人畜者，尽举祖龙手段作用一番，则南山竹木煤炭当尽减价矣。可笑可笑！

他又说：

居常以刻文字为无廉耻之一节，若使吾身后有闲人作此业障，则非吾敢知。至于自家子弟，则须有遗嘱说破此意，不欲其作此业障也。①

又说：

今世所谓文集者，遍满世间，不为少矣。其实一字无用。彼其初作者，莫不妄意于不朽之图，而适足以自彰其陋，以取诮于观者，亦可谓木灾而已。②

可惜他身后仍然有闲人替他刻文集，刻杂著，做此业障！其实不但是文集之多而滥而已，丛书、类书也一样。刻书到无新书可刻，而又非新书不够炫耀，不够送“礼”时，只好偷工减料，杂抄、类书应市。或者取巧，窃取已刻丛书，截足去腕，改头换面，伪造作者和书名，作为一新丛书出面。欺世盗名，贻误学者，明代后期刻书之草率，和类书、丛书之饾饤瓜剖，恶劣万状，原因就在于此。

再就现存的明人文集而论明代的文学，明初的一些文人，如宋濂所说到底还是曾经钻研经史，博读子集，学有根底的。自科举兴而开始有不读书的风气，士子除“四书”以外，不读他书。到中期王世贞、李攀龙反抗这潮流，提倡复古，不读唐以后书，唐以前的书，《史》、《汉》、诸子还是非读不可的。到后期三袁（宗道、宏道、中道）、钟惺、谭元春力反王李之说，遍主唐宋，文坛上有公安体、竟陵体之目，却索性唐以前也不读，唐以后亦不读，空疏之上加上浅薄，矫揉造作，模仿晋人语调，造一二隽语，今人名之为小品文。其弊正如禅宗不立文字，白痴村夫只要会一两句口头禅，会喝会打，便可自

① 《荆川文集》卷五，《答王遵岩书》。

② 《荆川文集》卷五，《典卜无锡书》。

命禅学，机锋。这是八股制度所产生的机锋文学，也是亡国文学。

由于乡里的、同年的、同门的观念，在政治上也因之而分党立派，乡谊重而国事轻，年谊重而是非乱。谈迁说：

> 万历末朝士分党，竞立门户。有东林之党，无锡顾宪成、高攀龙，金坛于玉立等废居讲学，立东林书院，而常、镇人附之。有昆山之党，则顾天埈及湘潭李胜芳，苏人附之。有四明之党，则沈一贯，浙人附之。有宣城之党，则汤宾尹，而宁国、太平人附之。有江右之党，则邹元标。有关中之党，则冯从吾，各同省人附之。冯尝督学山西，则山、陕合。冯、邹又讲学相善，又江右、山、陕合也。闽、楚、粤、蜀远不具论。庚戌大计，江右淮抚李三才庇东林而诸党左矣。时攻东林俱见罪，四明至楚粤无一人台省者。天启初东林独盛，起邹元标，而江右亦东林也。江夏熊廷弼原江右籍，楚东林也，福清叶白高、归德侯执躬秉政，天下咸奔走焉，仕途捷径，非东林不灵，波及诸生，如复社、几社不一而足，家驰人骛，恐汉末标榜不是过也。①

大致地说，可以分为东林和非东林两派：

> 万历三十八年……先是南北言官群击李三才、王元翰，连及里居顾宪成，谓之东林党。而祭酒汤宾尹、谕德顾天埈各收召朋徒，干预时政，谓之宣党、昆党，以宾尹宣城人，天峻昆山人也。御史徐兆魁、乔应甲、刘国缙、郑继芳、刘光复、房壮丽，给事中王织徽、朱一桂、姚宗文、徐绍吉、周永春辈则力挑东林，与宾尹、天埈声势相倚，大臣多畏避之。②

非东林系统复杂，即东林亦以地分左右：

> 东林中又各以地分左右，魏大中尝驳苏松巡抚王象恒恤典，山东人居言路者咸怒。及驳浙江巡抚刘一焜，江西人亦大怒。③

东林党人多名儒学者，以讲学相高，其意见往往可左右政治。

---

① 《枣林杂俎·逸典》。

② 《明史》卷二二四，《孙丕扬传》。

③ 《明史》卷二四四，《魏大中传》。

非东林则多不为物论所予，为东林所攻击，窘而附于内廷的阉宦，由此又成为外廷的清流和内廷的阉人争夺政权的局面。两方互相排挤攻击，争门户，争封疆，争“三案”，争京察，不胜则纠纷错杂，不可究诘，这一派上台，那一派下野，此伏彼起，只图顾全乡谊年谊，置国家利害于不顾。这一阶级是这帝国政权的基础，基础崩溃，所建设的政权自然也就瓦解了。

年轻一点的举、贡、生员，贵家公子，受了上一代分党立派的刺激，则组织文社，自相标榜，以为名高。顾公燮说：

> 文社始于天启甲子（1624年）张天如等之应社……推大讫于四海。于是有广应社、复社。云间有几社，浙江有闻社，江北有南社，江西有则社。又有历亭席社，昆阳云簪社。而吴门别有羽朋社，武林有读书社。山左有大社。佥会于吴，统于复社。①

其学风好糅杂庄老，混合儒释，顾亭林说：

> 当万历之末，士子好新说，以庄老百家之言，窜入经义，甚者合佛老与儒为一，自谓千载绝学。②

空谈性命，不切实际。有讲求经世实用之学者则共目为迂，为疏，为腐，陶奭龄说：

> 士大夫膏肓之病，只是一俗。世有稍自脱者，即共命之为迂为疏为俗。于是一入仕途，即相师相仿，以求入于俗而后已。如相率而饮狂泉，亦可悲矣。③

以抨击剿袭为能事，一书新出，即有一书讥评之，诗文则仿效时贤，亦步亦趋，了无生气。④ 黄宗羲讥为学骂，他说：

> 昔之学者学道也，今之学者学骂也。矜气节者则骂为标榜，志经世家则骂为功利，读书作文者则骂为玩物丧志，留心政事

---

① 《消夏闲记摘抄》卷下。

② 《亭林文集》卷五，《富平李君墓志铭》。

③ 《小柴桑喃喃录》卷下。

④ 参见《南濠楛语》。

者则骂为俗吏，接庸僧数辈则骂考亭为不足学矣，读艾千子定待之尾则骂象山、阳明为禅学矣，濂溪之主静则曰盘桓于腔子中者也，洛下之持敬则曰是有方所之学也。逊志骂其学误主，东林骂其党亡国，相讼不决，以后息者为胜。①

这上下两代人有四字宝诀，在登政府时应用，曰调停，曰作用，于慎行说：

近世士大夫有四字宝诀，自谓救时良方，不知乃其膏肓之疾也。进退人才用调停二字，区画政机用作用二字。此非圣贤之教也。夫贤则进，否则舍，何假调停？政可则行，不可则止，何烦作用？君子以调停为名，而小人之朋比者托焉；君子以作用为方，而小人之弥缝者借焉，四字不除，太平不可兴也。②

甚至以留心国事为多言多事：

编修倪元璐屡疏争时事。同乡前辈来宗道谓曰：渠何事多言！吾词林故事，惟香茗耳。时谓宗道清客宰相云。③

又有三法，谢肇淛说：

今之仕者，为郡县则假条议以济其贪，任京职则假建言以文其短，居里闬则假道学以行其私。举世之无学术事功，三者坏之也。④

我们可以学他的话说：明代之无学术事功，是由于这个特殊的社会重心，这个特殊的新仕宦阶级所构成的社会风气和制度。由于这种风气和制度所造成的人生哲学是读书取科第，做官要贪污，居乡为土豪。学术不能疗贫，事功不能致富，则此时代之无学术事功，正是此时代之本色。何怪之有！

1943年1月10日于昆明瑞云巷三号

---

① 《南雷文案》卷一〇，《七怪》。

② 《谷山笔麈》卷一六。

③ 林时对：《荷锸丛谈》卷二。

④ 《五杂俎》卷一五。

"高丽女"考

元顺帝北走以后，蒙古人在中国的政治势力虽被扫除，可是他们的风俗、习惯等等，仍有一部分不能带走，而遗给新朝。最显著的，在宫廷生活方面，如"高丽女"和高丽火者、海东青等，都是元末贵族的时髦玩意，蒙古人虽然走了，这风气仍被明宫所保存，一直到16世纪初期才渐渐消灭。

蒙古人和高丽人的通婚，在元朝以前，已很普遍，高丽王朝有好几位君主是尚蒙古公主的。同时蒙古的贵族家庭也以蓄养高丽婢妾相侈尚。但在宫廷中，在元世祖以前，似乎尚无高丽女的进纳习惯。权衡在《庚申外史》里说："初世祖皇帝家法，贱高丽女子，不以入宫。"可证。但是这一条家法，不到三十年便被破坏，《元史·文宗本纪》说："至顺二年（1331年）夏四月戊申，以宫中高丽女子不颜帖你赐燕帖木儿。"《庚申外史》卷上记时徽政院使宦者高丽人秃满歹儿者首荐高丽女子祁（奇）氏于帝，祁氏性慧黠，有宠于帝。至元二年（1336年）立为次皇后，居于圣宫，至元五年（1339年）生皇太子爱育失黎达腊。因为祁氏的得宠，元廷遂屡次向高丽求索处女，至元元年（1335年）曾一度因台臣言禁止。《元史》说，顺帝次皇后完者忽都本高丽女，选入宫有宠，遂进为后，而其时选择未已，台臣言国初高丽首先效顺，而近年屡遣使往选媵妾，使生女不举，女长不嫁，乞禁止。从之。据《朝鲜史略》则此举实出于朝鲜人之请求："忠肃王四年元罢求童女。时本国典仪副令李殷在元言于御史台，御史台代作疏请罢，帝免之。"

祁皇后的得宠，不但使高丽女见重一时，并且把当时的日常生活高丽化。《庚申外史》卷下记："祁后亦多蓄高丽美人，大臣有权者，辄以送之。京师达官贵人必得高丽女然后为名家。高丽女婉媚善事人，至则多夺宠。自至正以来，宫中给事使令，大半为高丽女。以故四方衣服鞋帽器物皆依高丽样子。”明朱有墩元宫词：“昨朝进得高丽女，大半咸称奇氏亲。”可见至元元年（1335年）的罢求童女，只是暂时的停止，不久仍复频频征索。

明初定都南京，和保存蒙古贵族社会习尚最深的北京隔离，洪武、建文二朝无遣使采女的举动。但太祖宫中却有高丽妃，《明史》公主传记有韩妃，“含山公主母高丽妃韩氏”。严从简《殊域周咨录》卷一《朝鲜》记，有周妃，初元祖尝索女子于高丽，得周谊女纳之于宫中，后为我朝中使携归（时宫中美人有号高丽妃者，疑即此女）。韩妃不详所自来，周谊女得自元宫，非从高丽征索而来。到永乐迁都北京后，重复沾染这习尚。《明史》朝鲜传记：“时朝鲜纳女后宫，立为妃嫔者四人。”四妃仅权氏《明史》卷一一三《后妃传》有传：“恭献贤妃权氏朝鲜人。永乐时朝鲜贡女充掖庭，妃与焉。资质秾粹，善吹玉箫，帝爱怜之，七年封贤妃，命其父永均为光禄卿。明年十月侍帝北征，凯还薨于临城，葬峄县。”王世贞《弇山堂别集记》卷十八《中国夷官互居》：“权贵妃父光禄卿永均，任顺妃父鸿胪卿添年，李昭仪父光禄少卿文，吕婕妤父光禄少卿贵真，崔美人父鸿胪少卿得霏皆朝鲜人也。虽贵至列卿而尚居朝鲜。至宣德中永均以讣闻，赐白金米布。”王妃父皆爵汉官而仍居朝鲜。明代高丽女的记载只此。

按《朝鲜李朝实录》载，明廷征索高丽女事极详尽，可补正中国史乘处极多。据《实录》，历次被征的有处女、执馔婢、歌女三种，事先特遣使臣敕取，朝鲜政府为特置进献色，在选女期间，下教禁婚嫁。初选由朝鲜政府，再选、三选由中国使臣。使臣照例为朝鲜所进贡的太监，苛索烦扰，朝鲜为之疲敝。《李朝太宗实录》卷十五至十六记第一次选女情形说：“戊子八年（永乐六年，1408年）四月甲午朝廷内史黄俨等来。俨宣谕云：‘恁去朝鲜国和国王说，有生得好的女子选拣几名将来。’上叩头曰：‘敢不尽心承命。’置进献色，采童女，禁中外婚嫁。七月戊申内史黄俨与议政府同选京外处女于景福宫，俨怒其无美色，挫辱任事者甚至。己酉分遣各道巡察司更选处女。辛亥黄俨等如阙再选处女。乙卯黄俨等如景福宫更视处女。九月丁未命更选处女。十一月丙辰黄俨等以工曹典书权执中女，仁宁府右司尹任添年女，恭安府判官李文命女，护军李贵真女，中军副司直崔得霏女，从者十二名，火者十二名还京师。"入宫后的情形，《李朝太宗实录》卷十七记："三月初九日帝幸北京，本国所进处女权氏被召先入，封显仁妃，其兄永均除光禄寺卿，秩三品，赐彩缎六十匹，彩绢三百匹，锦十匹，黄金二锭，白银□锭，马五匹，鞍二面，衣二袭，钞三千张，余皆封爵有差。"并且因为权氏的缘故，令朝鲜使臣改由陆道入朝，同卷记："帝待永均特厚，引入内殿谓曰：除汝崇班。欲令近侍，然尔妹在此，尔亦不还，老母当有不豫之情。命尔还国。往谨乃心，恭事国王，尔不闻古事欤？毋以怠荒累及朕躬。永均朝辞，帝谓之曰：你再来时休从海上过，只从旱路上来。你那来的使臣，教他旱路上来。"权永均于永乐七年（1409年）四月回朝鲜，五月明廷又派黄俨来索处女。《李朝太宗实录》卷十七记："俨口宣圣旨：去年你这里将进去的女子，胖的胖，麻的麻，矮的矮，都不甚好，只看你国王敬心重的上头，封妃的封妃，封美人的封美人，封昭容的封昭容，都封了也。王如今有寻下的女子，多便两个；小只一个更将来。"这时候前一年择下未进的处女犹禁婚嫁，经朝鲜王和明使婉商，始许解禁。卷二十记，经过一番骚扰以后，假借为上王求药物的名义，派使赴京报告已选就女子二名，恰巧因为北征蒙古，中国兵兴，直到永乐八年（1410年）十月方才派人来取选就女子郑氏。卷二十一记，前一年十月班师南还时，权氏以病卒于济南路。宫中因之频起大狱，卷二十八永乐十二年（1414年）九月条记："元闵生传奉圣旨，皇后没了之后，教权妃（即显仁妃）管六宫的事来。这吕家（吕美人）和权氏对面说道，有子孙的皇后死了，你管得几个月，这般无礼。我这里内官二个和你高丽内官金得金良，他这几个做实兄弟，一个银匠家里借这砒霜与这吕家。永乐八年间回南京去时，到良乡把那砒霜研造末子，胡桃茶里头下了与权氏吃杀了。当初我不知道这个缘故，去年两家奴婢肆骂时节，权妃奴婢根底说道，你的使长药杀我的妃子，这般时才知道了。问出来所果然。这几个内官银匠都杀了，吕家便着烙铁烙一个月杀了。你回到家里，这个缘故备细说的知道。和权永均根底也说。吕家亲的再后休着他来。”这一次案件被杀的有好几百人。一直到永乐二十二年（1424年）才发觉吕氏是被诬陷。据《李朝世宗实录》卷二十六，这诬陷者也为了另一疑狱被杀，连坐死者到二千八百人。所进六妃亲父之俸禄，奉旨由朝鲜关发，《李朝太宗实录》卷二十一：“十一年（永乐九年，1411年）四月壬辰林整赍来礼部咨曰：奉圣旨光禄寺卿权永均，少卿郑永厚、吕贵真、李文命，鸿胪寺卿任添年，少卿崔得霏合得的俸，因路远关不将去，着王就本国关与他，钦此。”

明廷之向朝鲜求女，纯系宫廷意旨，不使外廷得知。《李朝太宗实录》卷二十二，永乐九年（1411年）八月黄俨来传谕曰：“帝更求有姿容处女，其得郑允厚女不令朝官知。”永乐十五年（1417年）四月贺正使通事元闵生回自京师，密启帝求美女。据《李朝太宗实录》卷三十三，五月壬寅遣左军总制元闵生如京师奏曰：“永乐十五年四月初四日通事元闵生回自京师，言本年正月二十一日钦受赏赐，宣进表使李都芬及元闵生等入右顺门内，有权婆婆、黄俨等对闵生等说道：恁回去国王根底说了，选一个的当的女儿，奏本上填他姓名年纪来。听此于在城及各道府州郡县文武两班并军民之家尽情拣选到女儿一名，待候进献。今先将女儿生年月日及亲父职事、姓名、籍贯、开坐谨见奏闻……奉喜大夫宗簿副令黄河信女子，年十七岁，辛巳五月初三日亥时生，本贯尚卅。”卷三十四载，同年七月使臣黄俨、海寿复来择女：“聚处女黄氏、韩氏等十余于勤政殿，令两使臣择之，以韩氏为第一。八月己丑使臣以黄氏、韩氏还，韩氏兄副司正韩确、黄氏兄夫录事金得章跟随，侍女各六人，火者各二人从之，路旁观者莫不垂涕。”入宫后韩氏被宠，以韩确为光禄少卿。据《李朝世宗实录》卷二十五，永乐二十二年（1424年）七月条记成祖命朝鲜使进处女和执馔婢，幸亏成祖死了，这一次的选女骚扰得安然逃过。

据《李朝世宗实录》卷二十六，永乐朝高丽女的结局是第二次大狱时，任氏、郑氏自经死，黄氏、李氏被鞫处斩，崔氏、韩氏殉葬大行皇帝。权氏先病死，吕氏于第一次大狱被烙死。

洪熙即位不到一年即崩，宣德在他父亲死后几个月，据《李朝世宗实录》卷三十一，即派使臣到朝鲜征索“年少的女儿”和“会做茶饭的女仆”。卷三十二载，宣德元年（1426 年）四月：“癸卯请使臣昌盛、尹凤、白彦于便殿择处女，取都总制成达生等女七人；执馔婢子十人，十人痛哭不辍。”卷三十三载，七月丙午：“三使臣行。七处女自上林园入勤政殿，分入有屋轿子，成氏独入一轿，其余则二人共一轿，执馔婢子及从婢皆乘马，其父母亲戚阑街哭送，观者亦皆流涕。”卷三十四载，入朝时进女使臣均奉命假称进马使，成氏、车氏择吉入宫，余皆以幼弱仍留于外。卷三十九载，太监白彦则以执馔婢故蒙赏：“使臣白彦使执馔婢造酒果豆腐以进，帝甚嘉之。即除彦御用监少监，赐冠带。”卷四十四载，所进七女则茹苦万状：“宣德四年（1429 年）四月少卿韩确赍成车、卢、安、吴、崔等七女所赠书信以来，及以书及易剪发藏之重囊，书中之词，皆叙其艰辛过活之意。亲及兄弟见之涕泣曰，平生相见惟此发耳。左右掩泣太息。”卷三十六载，永乐崩时韩氏殉葬后，太监昌盛、尹凤又奏其季妹貌美，遣使来采。卷三十九载，宣德三年（1428 年）十月使臣以韩氏行：“都人士女望韩氏之行叹息曰：其兄韩氏为永乐宫人竟殉葬，已可惜也，今又往焉！而有垂泣者，时人以为生送葬。”据《明成宗实录》卷一〇六，宣宗崩后，韩氏以阿保功有宠于成化皇帝，与宦官郑同相结，劝帝屡使郑同于朝鲜敕进服玩饭食之物，备尽细碎，诛求无厌，为生民巨病。又敕令韩氏之族每岁充圣节使入朝，金银彩缎赏赐无极。卷一六二载，历事四朝凡五十七载，嫔御以下咸拟曰女师，称老老而不名。成化十四年（1483 年）韩妃死，赐谥恭慎，吏部尚书万安撰墓表，户部尚书刘珝撰墓志铭。在过去几十年中，明廷因朝鲜太监和朝妃的怂恿，频频向朝鲜征索食物器服玩具，一针之微，亦所必取，使命沓至，朝鲜上下为之困穷疾首。

到她死后，才算喘过一口气来。

据《李朝世宗实录》卷四十四，宣德四年（1429年）五月又敕使进贡“会歌舞小女儿五名，会做甜食大女儿二十名。”卷四十五载，同年七月进献使权蹈奉表贡会做茶饭的妇女十二名，学乐的小妮子八名。卷六十二载，宣德八年（1433年）十月又遣使索能办理膳事女子十数人。卷六十二载，十一月贡执馔婢子宝金等二十名如京师。卷六十六载，宣德九年（1434年）十二月复来求办膳儿女，敕曰：“王先次所遣来制造膳羞儿女，皆调和精美，造办便捷，而作豆腐尤精妙，后次所遣来者皆佳，然均不及前者。敕至王可更选巧慧妇女十数人，令巧习制作馔羞及造豆腐之类悉皆精熟如前次所遣者，待后遣中官到国中就带来京。”卷六十七载，宣德十年（1435年）正月帝崩，英宗即位，颁登基诏于朝鲜，罢征所需人口。这时英宗才是一个八九岁的小孩子，外廷又有三杨辈诸老臣当国，历史上“高丽女”的名词从此不复再见，据《明英宗实录》卷三、《李朝世宗实录》卷六十七，前此所选取进宫的处女、从婢九名，唱歌婢七名，执馔婢三十七名也于宣德十年（1435年）三月发还本国。据《李朝世宗实录》卷二十六，发还人中有金黑一名，是永乐时韩妃乳母。韩妃殉葬时：“仁宗亲入辞诀，韩氏泣谓仁宗曰：吾母年老欲归本国。仁宗许之丁宁。及韩氏即死，仁宗欲送还金黑，宫中诸女秀才曰：近日鱼吕之乱（即第二次大狱），旷古所无，朝鲜国大君贤，中国亚匹也。如此之乱，不可使知之。仁宗召尹凤问曰：欲还金黑，恐泄近日事也，如何？凤曰：人各有心，如何敢知之！遂不送金黑，特封为宫人。”十年后幸得放还，朝鲜政府也顾虑到这一点，据卷六十八，特旨禁饬，“四月己巳传旨礼曹曰：宫禁之事，所常秘密。今出来婢子等久居中朝，凡禁掖之事习见详知。脱有亲旧问宫掖事，无视婢子辈不顾大礼，悉以告之，则有乖谨密之意。令使婢辈毋得开说，他人毋得访问。如或有漏泄见露，则问者言者传说者并置重法。”这不但是下国畏惧天朝的心理表现，并且也替天朝的君主保全死后的体面。

成弘以后，中国国力渐衰，对高丽不能再用从前那样高压的手段，高丽女不再征纳入宫。代替这名词的有色目女，沈德符《万历野获编》记：“后正德间回回人于永上言：高丽女白皙而美，大胜中国。因并取色目侯伯及达官女入内，盖亦有所本。”

1935年1月10日

关于吐蕃、朵甘、乌斯藏、西藏几个名词的资料

一、吐蕃

“吐蕃”一词始见于唐代，在吐蕃全盛时期，除现在西藏地方而外，还包括今青海、西康等地区，《新唐书·吐蕃传》：“吐蕃本西羌属，盖百有五十种，散处河、湟、江、岷间。”

“蕃”字明以前读“播”，或读“翻”。唐代读“吐蕃”为“吐播”。《甥舅联盟碑》：“今蕃汉二国所守见管封疆，洮、岷以东属大唐国界，其塞以西，尽是大蕃土地。”又说：“其洮、岷之东，大唐供应。清水县以西，大蕃供应。”碑文中的“蕃”、“大蕃”，在藏文中是བོད་དང་བོད་ཆེན་པོ，译作汉音就是“播”（Bod），“播青布”译作“大蕃”。

唐时吐蕃把现在西藏地方称为 བོད་ཡུལ（播隅），把吐蕃统治下地区叫做བོད་ཆེན་（播青布，意为大播），统治下的人民称为བོད་པ（播巴）。红军长征时在藏区建立的博巴政府，就是用的播巴这个词。

“吐”字对音有多种说法，一、阿里地区藏族称拉萨地区为སྟོད་བོད།（Stod bod），意为上部西藏，吐即 Stod 的对音。二、吐蕃的对音为 Lho—bod，藏文ལྷོ་བོད，即山南地区，因吐蕃族兴起于山南，故被周围各族称为吐蕃。还没有定论。

9 世纪时，阿拉伯商人苏雷曼到过中国，851 年写了一本东方旅行记，书中把吐蕃拼作 Tibbat（土伯特）。

13 世纪的《马可波罗游记》把吐蕃拼作 Tibet。现在西方人叫

西藏作 Tibet，是从阿拉伯人的 Tibbat 读变来的。

二、朵甘

吐蕃强盛时，曾统治下多康六岗（སྨད་མདོ་ཁམས་སྒང་དྲུག།），包括现在青海、甘南、川西北、甘孜和昌都地区。青海、甘南、川西北在藏语中称为“安多”，简称为“多”，元明时译作“朵”。甘孜、昌都地区在藏语中称为“康”，这个地区的人民为“康巴”，元明时译作“甘”。把这两个地区合称，藏语称为“多康”（མདོ་ཁམས།），元明时读作“朵甘”，或“朵甘思”。

三、乌斯藏

元明时指现在的前后藏为乌斯藏。

吐蕃最强盛时候的中卫藏四“如”（དབུས་གཙང་རུ་བཞི།），就是现在的前后藏。前藏在藏语中称为དབུས།，元明时读作“乌斯”，清人读为“卫”。后藏在藏语中称为གཙང་།，读作“藏”。前后藏合在一起，元明时称为“乌斯藏”，清人称为“卫藏”。

乾隆有“乌斯藏即卫藏说”：“以乌合斯为卫音而中义，藏则切匝阿为藏音，其义则净之谓也……夫藏之内属，肇自元代。”

元代仍沿唐旧称吐蕃，在北京设宣政院，掌释教僧徒及吐蕃诸族之事。在河州（今甘肃临夏）设吐蕃等处宣慰司都元帅府，在青海（朵）、西康（甘）设朵甘思招讨使，在西藏设乌斯藏、纳里速、古鲁孙三路宣慰使司都元帅府。纳里速即阿里，古鲁孙即三郭。并在前后藏地区设立十三个万户府。

明朝沿元之旧，仍称青海、西康为朵甘，前后藏为乌斯藏。在两地各设行都指挥使司，下设宣慰司二，元帅府一，招讨司四，万户府十三，千户所四。在河州设西安行都指挥使司，管辖朵甘和乌斯藏两个都指挥使司。

明朝不再称藏族地臣为吐蕃。

四、西藏

“西藏”一词据现在所知，始于 1710 年（清康熙四十九年）。（再花些工夫，可能找到更早的文献。）

《清圣祖实录》卷二百四十一：“康熙四十九年三月戊寅，议政大臣等议：拉藏及班禅胡土克图、西藏诸寺喇嘛等，会同管理西藏事务侍郎赫寿疏请颁赐波克塔胡必尔汗以达赖喇嘛之封号。”

这个波克塔胡必尔汗就是六世达赖喇嘛。

十年后（1720 年）《康熙御制平西藏碑文》，有“爰记斯文，立石西藏”之语。

清初叫西藏为图伯特、土伯特和西藏，也有叫唐古忒的。唐古忒是党项族，满族把党项族和藏族当作一个民族。在有的地方把西藏也叫做唐古忒，这是错误的，在《平西藏碑文》中，“图伯特”和“西藏”两词还并用。

雍正五年（1727）设置驻藏大臣，西藏才成为正式名称，嘉庆以后，“图伯特”、“土伯特”、“唐古忒”都不用了，统一用“西藏”这一名称。

“西藏”这一名词是汉藏混合物，藏是藏话，西是汉话，指的是在祖国的西部，是清朝创造出来的。

乾隆“乌斯藏即卫藏说”：“卫既以中为义，则今之所谓前藏之说何居？曰：此更非唐古特之本有，而兴于今之韦言也。然以今日疆域言之，自打箭炉取道，由东南迤及西南，先经喀木（晗按：即甘，即康），次卫，次藏，是全藏形势固宜前喀木而后藏，而卫适其中处之地。喀木之‘木’为半字音，应从‘喀’字，而其义则边界之谓也。今称前后藏者，则因二地有达赖喇嘛、班禅额尔德尼居之，而达赖喇嘛位居长，遂并以藏属之，更易中为前。而今自京都目之，且统以为西藏云耳。”

题《碧血录》*

在厂甸巡礼，凡帙巨者虽翻阅不忍释，顾终不敢一置问。偶于海王村侧一小摊得此书，价才三角，大喜，持归。次日复往，凡《知不足斋丛书》中之关于文史者三四十种，悉数捆载来，尽残帙不为人重，每种不过三四角即可得之，素所渴想之《梦粱录》亦于此次得之，惜为十五卷本，暇当持与北平馆藏本校补。穷儿暴富，展现垂数日，一一为著录，亦俨然自视为藏家矣，可笑亦复可叹。

上俞平伯小说史课，读完此书，胸中不知是甜是辣，因想及自己将来如何死，若死在床上则未免太笨拙，最好是自己作一主意，想一洒脱干净死法，活得不耐烦便撒手告别，岂不快哉！

一九三三　二月廿日　辰伯

---

* 《碧血录》，杨大洪等著，《知不足斋丛书》之一种。——编者注

历史中的小说

一、小说与历史

小说和历史，尤其是和一般人所谓正史，在过去，假如要把这两种记载相提并论，或更进一步，从而说明两者间的关联、因果的时候，至少要被社会加以“丧心病狂”的罪名，甚而至于“大逆不道”。

这理由很简单，历史的被尊崇已经有了两千多年的历史，内中一部分用断代体裁写成被排入一长系列的史统中的记载，被推尊为正史的也已经有了几百年的历史。至于小说，被提高被承认为“大雅”，为“专门之学”，那才不过是最近三十年来的事。

史书和小说的分野，在外表上看，正如道貌俨然的程颐、朱熹和风流倜傥的柳永、周邦彦，正如“以文载道”的韩愈和诙谐滑稽的东方朔。在著作者的身份方面，史家的被公认需要具备“史学、史识、史才”，小说家所需要的只是文辞。在著作的内容方面，史书有所谓义例、体裁、纲纪、表志、书法……种种限制和方式，小说不需要什么，唯一的骨干只是“故事”。在读者方面，史书有的专为帝王或贵族而写，为士大夫之流而写，它的目的是把过去的政治情形缩写在一枚大镜子里面，供读者的取法和鉴戒，小说则无论他的读者是士大夫，是平民，它的意义不过止于“茶余饭后的谈助”。政治关系的轩轾决定了两者在过去两千多年前的命运，历史被抬入皇宫，小说则被弃掷在垃圾堆中，不为正人君子者流所重。此外儒家势力的垄断两千年来的政治——即使是仅仅一个假面具——也给予小说一个永远不能抬头的厄运，因为，正如上文所譬，儒家要装着一个严肃的外表，而小说则是一个顽皮淘气的小孩。儒家肚子里装着整肚子的大道理，而小说则并不需要什么王道、霸道。儒家不语怪力乱神，小说家所要正是这个。儒家要维持礼教风纪，小说家正反之，他们所描写的正被儒家认为“越礼犯伦”。他们所攻击的是旧社会的弱点，而这弱点却又为儒家所死命掩蔽拥护。

以此，历史在历代目录学者的眼光中，无论那一本目录书的编录体例如何，始终占了最重要的地位和最多的篇幅，小说则大多被视为杂家或竟全不著录。以此，一部史书的作者极少不为人知，而小说则差不多有十分之九的作者是被湮没，被遗忘，这原因是有的被逼不敢自承为作者，有的是故匿真名，冀免攻击，有的是不为人重视，因而被埋灭无闻。以此，史书在散佚的记录中占最少的数量，而小说则幸存到现在的最多不过是原有数量的几十分之一。

史书和小说的过去命运虽然被安排得太相悬殊，但在实际上，历史和小说却始终保持着极密切的关系，广义地说历史和小说不过是名词的不同，事实上是同一的。我们可以从任何一部小说中看出那小说所从产生的时代的社会情形、思想情形、经济组织，同时也可从任何一部正史中找出无量数的任何一部小说同一的记载。假如我们假定历史这一名词的意义是指“记载着过去人类活动的故事，生活方式演进的经程，文化嬗变的痕迹”的时候，那我们可以说任何一部小说都具备有这条件。假如我们假定小说这一名词的内涵是“记载一个或若干个相联系的寻常的或不寻常的故事，加以渲染”的时候，那我们在任何一部正史中都可找出合于这一条件的记载。

社会间诸关系的发动力是同一的，因之它所反映于时代的思想也自有其规律。我们如能真确地了解一时代的社会组织，同时就可以知道和这社会相关联的一切事物。正如古生物学者在捡到一根古生物的遗骸时，无论它是如何残缺不完，由于比较和综合的研究，便可推究出这一古生物的全体结构及其生活状况一样地明显。历史和小说一样地是时代的产物，我们如能深切地明白这是一个什么时代，就可推究出这时代能产生一种怎样的产品。在另一面我们也可以在任何一部被遗忘或失去时代标识的历史或小说中，推究出这一作品应属于某一时代。

假如是这一社会这一地域虽已经历了一个极长时期的陶镕，甚至经过一二十世纪，而其社会组织根本未经大变动的时候，那无疑地这一长时代中绝不能产生一种完全不同意识的产品。（我们不能说在这时期中没有丝毫变动，社会是永远在变动的，不过有时限于特殊因素的阻碍，使它变得极慢，或者进二步退一步，和前一时期不易分别出来。）另一方面我们拣取两种不同时期的作品来作一比较的研究，也就立刻可以知道在从某一时期到另一时期的中间的社会情形有无显著的变动。

历史，尤其是所谓正史，因受了种种体裁义例的束缚，被装在一个庞大的严肃的假面具之下，绝不容许有非严肃的事物掺入，又因为著作的动机是为帝王、贵族、士大夫阶级，所以所收采的主要材料，也只限于他们这一系列的谱系传记和相斫相骂的记录。小说并不是“御用”的产物，无所谓拘忌和束缚，以社会史料的价值论，与其读完一部某时代的史书，其了解程度反不及看完一部那同时代的小说。不过我们如把眼光稍为转换一下，在读历史的时候，抛去了史家所认为最严肃的部分，去抓住它的弱点，史家所不自觉而又不能避免的时代所付与的弱点，这一弱点我们不妨替它杜撰一个新名——历史中的小说，因而求出其当时社会的背景，小说的流行趋势，和两者的相互关系，这也未始不是一件有趣的事。

《明史》是官修正史中最好的一部，时代也最和我们相近，现在我们拿它当一例证，应用这一新观点来作一新的研究。

二、《明史》中的志怪小说

《明史》所包括的时代从洪武元年到崇祯十七年（西历 1368—

1644)，三百年。《明史》的纂修时期是从顺治二年到乾隆四年(1645—1739)，前后约共百年。因此在研究明史的时候，我们应当知道这书所记载的是从14世纪后半期到17世纪上半期的史事，它的纂修人的时代却属于17、18两世纪。历史的目的是在求真。纂修人所采录的当然是他们所认为真确无疑的史料。以此就《明史》的史料而论，所记载的是14世纪到17世纪的社会史料，同时却也表明了17、18两世纪人对于同一时代思想的态度。

从小说演进的历史来看，秦汉间属于神话与传说时代（今所见汉人小说皆属伪托），六朝则多言鬼神及志怪，唐宋产生传奇文，题材多取裁于男女间情事及通常生活，宋人又喜言怪异，元明间有讲史起，明人又喜谈神魔及人情小说，清代则流行讽刺、人情、狭邪、侠义、公案、谴责小说。大抵由非人而至人，又由人而至非人，恰如波涛起伏，随时代而异其趋向。若就史书而论，则除记人类活动外，实亦兼收志怪、鬼神诸非人的记载。虽数量有多寡不同之别，以大旨论，则在史书中，人与非人的记载，两千年来实有平行的趋势。且两者每互纠而不可分。

先就非人的鬼神、志怪而论，自秦汉间到我们所叙述的时代，甚至于一直到我们自己所处的时代实属同一信仰时期。这信仰是“天人合一”，天地一大宇宙，人身一小宇宙，天人互相感应，最好的人的能耐就是“能明天人之际”。稍后鬼神果报之说输入，又和天人合一说混杂，形成一种奇怪的非驴非马式的信仰。例如名人或恶人的出生，必和天上的星辰或神祇有关。《明史》卷一百四十一《景清传》：

> 一日早朝，(景)清衣绯怀刃入。先是日者奏异星赤色犯帝座甚急，成祖故疑清。及朝，清独着绯。命搜之，得所藏刃。

景清上应天上赤色异星，成祖则在天上亦有帝座。帝座下应人王，非人事所能挠，即所谓天命。卷二百九十九《周颠传》：

> 太祖将征友谅，问曰：“此行可乎?”对曰：“可。”曰：“彼已称帝，克之不亦难乎?”颠仰首示天，正容曰：“天上无

他座。”

若不应天象，即使成了大事，登了宝座，也还是为鬼神所不容，卷三百九《李自成传》：

自成谓真得天命，牛金星率贼众三表劝进，乃从之，令撰登极仪，诹吉日。及自成升御座，忽见白衣人长数丈，手剑怒视，座下龙爪鬣俱动，自成恐，亟下。铸金玺及永昌钱皆不就。

若名臣伟人则多为紫衣神降生，卷一百八十三《倪岳传》：

倪岳，上元人。父谦奉命祀北岳，母梦绯衣人入室，生岳，遂以为名。

卷二百八十三《薛瑄传》：

薛瑄，河津人。母齐梦一紫衣人谒见，已而生瑄。

或梦日而生，卷二百八十六《李梦阳传》：

李梦阳，庆阳人。母梦日堕怀而生，故名梦阳。

或梦星而生，卷三百九《李自成传》：

李自成，米脂人。父守忠，无子，祷于华山，梦神告曰："以破军星为若子。"已，生自成。

或梦神而生，卷三百《李伟传》：

李伟，神宗生母李太后父也。儿时嬉里中，有羽士过之，惊语人曰："此儿骨相，当位极人臣。"嘉靖中，伟梦空中五色彩辇，旌幢鼓吹导之下寝所，已而生太后。

在李太后未生前，她的父亲尚是孩子的时候已具必生太后的贵相。卷一百九十五《王守仁传》：

守仁娠十四月而生，祖母梦神人自云中送儿下，因名云，五岁不能言。异人拊之，更名守仁，乃言。

无心中说破异征，便被罚做哑子，若不遇见异人，也许明朝后期的历史要换一个样子了。韩文是文彦博转生，卷一百八十六本传：

生时父梦紫衣人抱送文彦博至于家，故名之曰文。

史可法则是文天祥转生，卷二百七十四本传：

祖应元举于乡，官黄州知府，有惠政。语其子从质曰："我家必昌。"从质妻尹氏有身，梦文天祥入其舍，生可法，以孝闻。

其生平亦约略相似。名臣伟人不但在未生前即已注定，并且即使在死时也必表现有异征。如王恕、雍泰死时均有雷霆之声，卷一百八十二《王恕传》：

正德三年四月卒，年九十三。平居食啖兼人。卒之日少减，闭户独坐，忽有声若雷，白气弥漫，瞰之暝矣。

卷一百八十六《雍泰传》：

瑾诛，复官致仕。年八十卒。卒时榻下有声若霆者。

杨爵则因名属鸟类，其先祖杨震曾有一段大鸟的故事。故其死时亦有大鸟之异。卷二百九《本传》：

一日晨起，大鸟集于舍。爵曰："伯起之祥至矣！"果三日而卒。

或则死后为神，卷一百四十《道同传》：

(同条朱亮祖不法事奏之)，未至，亮祖先劾同讪傲无礼状，帝不知其由，遂使使诛同，会同奏亦至，帝悟，以为同职甚卑而敢斥言大臣不法事，其人骨鲠可用，复使使宥之，两使者同日抵番禺，后使者甫到，则同已死矣。县民悼惜之，或刻木为主，祀于家，卜之辄验，遂传同为神云。

卷一百六十一《周新传》：

(纪纲诬奏周新)，后帝若见人绯衣立日中，曰"臣周新已为神，为陛下治奸贪吏"云。

若忠臣之死，则异征更多。小至蝇蚋，亦知此尸为忠臣而不敢近，且有烈风异云之异。卷二百八十九《孙燧传》：

燧生有异质，两目烁烁夜有光。死之日，天忽阴惨，烈风骤起，凡数日，城中民大恐，走收两（燧与许逵）尸，尸未变，黑云蔽之，蝇蚋无近者。

卷一百四十二《陈彦回传》：

张彦方龙泉人。应诏勤王，帅所部抵湖口被执，械至乐平斩之。枭其首谯楼，当暑月一蝇不集，经旬面如生，邑人窃葬之清白堂。

无知如犬虎，亦知对忠臣表敬意，卷二百六十三《朱之冯传》载野犬独不食其尸：

贼至城下，总兵王承允开门入之，讹言贼不杀人，且免徭赋，则举城哗然皆喜，结彩焚香以迎。左右欲拥之冯出走，之冯斥之，乃南向叩头草遗表劝帝收人心励士节，自缢而死。贼弃尸濠中，濠旁犬日食人尸，独之冯无损也。

卷二百七十九《严起恒传》记虎负其尸出水且为营葬：

孙可望将贺九仪怒，格杀起恒，投尸于江，时顺治八年二月也。起恒既死，尸流十余里，泊沙渚间，虎负之登崖，葬于山麓。

贺逢圣之死，且有神守其尸，卷二百六十四本传：

贼陷武昌，执逢圣，叱曰："我朝廷大臣，若曹敢无礼！"贼麾使去，遂投墩子湖死也。贼来自夏，去以秋云。大吏望衍以祭，有神梦于湖之人，我守贺相殊苦，汝受而视之，有黑子在其左手，其征是。觉而异之，俟于湖，赫然而尸出，验之果是，盖沉之百有七十日，面如生，以冬十一月壬子殓，大吏挥泪而葬之。

黄观妻及颜容暄之死，均有血影石之异。卷一百四十三《黄观传》：

初，观妻投水时，呕血石上，成小影，阴雨则见，相传为大士像。僧舁至庵中，翁氏见梦曰："我黄状元妻也。"比明，沃以水，影愈明，有愁惨状。后移至观祠，名翁夫人血影石，今尚存。

卷二百九十二《尹梦鳌传》：

凤阳知府颜容暄囚服匿于狱，释囚获之，容暄大骂，贼杖杀之，血浸石阶，宛如其像，涤之不灭，士民乃取石立冢，建祠奉祀。

即忠臣所书墨迹，亦复显示灵异。卷二百九十五《王励精传》：

王励精官崇庆知州，十七年张献忠陷成都，州人惊窜。励精朝服北面拜，又西向拜父母。从容操笔书文天祥"成仁取义"四语于壁，登楼缚利刃柱间，而置火药楼下，危坐以俟，俄闻贼骑渡江，即命举火，火发，触刃贯胸而死。贼叹其忠，葬敛之。其墨迹久逾新，涤之不灭。后二十余年，州人建祀奉祀，祀甫毕，壁即颓，远近叹异。

忠臣之尸虽火亦不焚，卷二百九十二《王焘传》：

王焘官随州知州。十年正月大贼奄至，且守且战，相持二十余日，无大风雪，守者多散。焘知必败，入署整冠带自经，贼焚其署，火独不及焘死所，尸直立不仆，贼望见骇走。已，觅州印，得之焘所立尺土下。

凡事皆有前定，生固有所自来，即生平遭遇及死法皆早已注定，不能强求或避免。如陆完事败谪戍福建靖海卫，其戍所已早见于梦中，卷一百八十七本传：

初完尝梦至一山曰大武，及抵戍所，有山如其名，叹曰："吾戍已久定，何所逃乎？"竟卒于戍所。

卷二百九十四《卢学古传》记朱士完之死节，已先见梦于其初举乡试时：

有朱士完者，潜江举人。乡试揭榜夕，梦墨帜堕其墓门，

> 粉书“乱世忠臣”四字。至是贼破承天，长驱陷潜江，士完被执，械送襄阳，道由泗港，啮指血书已尽节处，遂自经。贼所过焚毁，士完所题壁独存。

关永杰亦同，卷二百九十三本传：

> 状貌奇伟，类世人所绘壮缪侯像。崇祯四年会试入都，与侪辈游壮缪祠，有道士前曰：“昨梦神告，吾后人当有登第者，后且继我忠义，可语之。”永杰愕然颇自喜，已果登第，后官睢陈兵备佥事。陈州破，格杀数贼，身中贼刃而死。

人生不但完全被命定，无丝毫人的自由，而也在被祖宗的枯骨所束缚，人之所以为人，只在“听天由命”。如卷二百六十二《汪乔年传》记李自成祖墓事：

> 初，汪乔年之抚陕西也，奉诏发自成先冢。米脂令边大受，河间静海（按当作任丘，《任丘县志》边大受作边大绶）举人，健令也。诇得其族人为县吏者，掠之，言：“去县二百里曰李氏村，乱山中十六冢环而葬，中其始祖也。相传，穴仙人所定，圹中铁灯檠，铁灯不灭李氏兴。”如其言发之，蝼蚁数石，火光荧荧然，斲棺，骨青黑，被体黄毛，脑后穴大如钱，赤蛇盘，三四寸，角而飞，高丈许，咋咋吞日光者六七，反而伏。乔年函其颅骨腊蛇以闻，焚其余，杂以秽，弃之。

三、《明史》中的前知者与神鬼

人能穷天人之变，明天人之际，即能前知。因为人身即一小宇宙，天之风云雷雨，即人之咳喘喜怒，人可由表情而探知其内心及举动，天亦可由其表情以究其意向。即数百年后事亦可预知，卷三十记诸葛亮预言张献忠之死：

> 成都东门外镇江桥回澜塔，万历中布政余一龙所修也。张献忠破蜀毁之，穿地取砖，得古碑，上有篆书云：“修塔余一

龙，拆塔张献忠，岁逢甲乙丙，此地血流红，妖运终川北，毒气播川东，吹箫不用竹，一箭贯当胸。汉元兴元年，丞相诸葛孔明记。”清兵西征，献忠被射而死，时肃王为将。

程济预言燕兵叛变月日和祭碑除名，卷一百四十三《牛景先传》：

程济朝邑人，有道术。惠帝即位，济上书言某月日北方兵起，帝谓非所宜言，逮至将杀之。济大呼曰：“陛下幸囚臣，臣言不验，死未晚。”乃下之狱，已而燕兵起，释之。

徐州之捷，诸将树碑纪功，济一夜往祭，人莫测。后燕王过徐，见碑大怒，趣左右椎之，再椎，遽曰：“止，为我录文来。”已，按碑行诛，无得免者。而济名适在椎脱处。

刘基且能预知飞炮及否，趣太祖易船。卷一百二十八本传：

太祖自将救洪都，与陈友谅大战鄱阳湖，一日数十接。太祖坐胡床督战，基侍侧，忽跃起大呼，趣太祖更舟，太祖仓卒徙别舸，坐未定，飞炮击旧所御舟立碎，友谅乘高见之大喜，而太祖舟更进，汉军皆失色。

周颠能预知风时，多著灵异，明太祖是一个佛门弟子，也替他写一篇《周颠仙传》来张扬其事。卷二百九十九本传：

太祖携之行，舟次安庆，无风，遣使问之，曰：“行则有风。”遂命牵舟进，须臾风大作，直抵小孤。

宇宙形成的元素是金木水火土五行，相生相胜。如能明白这五个元素的生胜之理，也就可以决定未来的事和求得所需要的事。例如《刘基传》说：

时湖中相持三日未决，基请移军湖口扼之，以金木相犯日决胜，友谅走死。

大旱则决滞狱即可以致雨：

大旱，请决滞狱，即命基平反，雨随注。(同上)

卷一百八十《汪奎传》：

汪舜民官福建按察使，岁旱，祷不应，躬莅临福州狱，释枉击轻罪者，所部有司皆清狱，遂大雨。

通常的方法是祈祷于神。卷二百八十一《汤绍恩传》：

汤绍恩官绍兴知府。岁大旱，徒步祷烈日中，雨即降。

《丁积传》：

官新会知县。岁大旱，筑坛圭峰顶，昕夕伏坛下者八日，雨大澍，而积遂得疾以卒。

卷二百六十七《马从聘传》：

耿荫楼天启中任临淄知县，久旱，囚服暴烈日中，哭于坛，雨立澍。摄寿光，祷雨如临淄。

卷一百六十二《杨瑄传》：

山东旱饥盗起，改盛颙为左都御史往抚。颙至，露祷，大雨霑溉，槁禾复苏。

卷一百八十一《方克勤传》：

永嘉侯朱亮祖尝率舟师赴北平。水涸，役夫五千浚河，克勤不能止，泣祷于神，天忽大雨，水深树尺，舟遂达，民以为神。

清官祈雨最灵，一求就下，成为求雨专家。卷二百六十三《蔡懋德传》：

官井陉兵备。旱，懋德祷即雨，他乡争迎以祷，又辄雨。

卷二百九十一《彦胤绍传》：

陈三接知河间县，岁旱饥，人相食。三接至，雨即降。

也有用威吓当时城隍神的手段以致雨者，卷二百五十九《熊廷弼传》：

岁大旱，廷弼行部金州，祷城隍神，约七日雨，不雨毁其庙。及至广宁，逾三日，大书白牌封剑，使使往斩之，未至，风雷大作，雨如注，辽人以为神。

卷三百六十六《王章传》：

出按甘肃，两河旱。章檄城隍神："御史受钱或戕害人，神殛御史毋虐民。神血食兹土，不能请上帝苏一方，当奏天子易尔位。"檄焚，雨大注。

在遇到他们所认为不能解决的事，如水灾、蝗灾、虎灾、痼疾等情形的时候，唯一的方法也只是向神祈祷，求神恩惠。如卷二百六十一《邱民仰传》：

官东安知县。河啮，岁旱蝗，为文祭祷，河他徙，蝗亦尽。

一祷之力，竟能使河徙故道，真是太便宜的事！卷二百八十一《谢子襄传》：

子襄治处州，声绩益著。郡有虎患，岁旱蝗，祷于神，大雨二日，蝗尽死，虎亦遁去。

《汤绍恩传》：

绍恩遍行水道，至三江口，见两山对峙，喜曰："此下必有石根，余其于此建闸乎?"募善水者探之，果有石脉横亘两山间，遂兴工，先投以铁石，继以笼盛甃屑沉之，工未半，潮冲荡不能就，怨讟烦兴，绍恩不为动，祷于海神，潮不至者累日。工遂竣。

日照民江伯儿祷神求疗母疾，甚至杀子以祀。卷二百九十六《沈德四传》：

日照民江伯儿母疾，割肋肉以疗，不愈，祷岱岳神；母疾瘳，愿杀子以祀，已果瘳，竟杀其三岁儿。

在神祇中也有像《史记》所描写的那种游侠一流的人物，见了忠臣孝子节妇一流人遭了不幸时，便自动地出来帮忙。卷二百八十九

《花云传》：

云被执，妻郜赴水死，侍儿孙瘗毕，抱其三岁儿行，被掠至九江。孙夜投渔家，脱簪珥属养之，乃汉兵败，孙复窃儿走渡江、遇偾军，夺舟弃江中，浮断木入苇洲，采莲实哺儿，七日不死，夜半有老父雷老挈之行，逾年达太祖所，抱儿拜泣，太祖亦泣，置儿膝上曰："将种也。"赐雷老衣，忽不见。

卷三百二《李孝妇传》的神僧，也是成功不居和雷老同一行径：

李孝妇名中姑，适江西桂廷凤。姑邓患瘵疾将不起，妇涕泣忧悼，闻有言乳肉可疗者，心识之。一日煮药，献香祷灶神，自割一乳，昏仆于地，气已绝，廷凤呼药不至，出现见血流满地，大惊呼救，倾骇城市，邑令长皆诣其庐，命亟治，俄有僧踵门曰："以室中蕲艾傅之，即愈。"如其言，果苏，比求僧不复见矣。乃取乳和药奉姑，姑竟获全。

神或从梦中指示，作义务医生，卷二百九十四《徐学颜传》：

母疾，祷于天，请以身代。夜梦神从授药，旦识其形色广觅之，得荆沥，疾遂愈。

或指示窖藏，使节妇不致饿死。卷三百二《玉亭县君传》：

万历二十一年河南大饥，宗禄久缺，纺绩三日，不得一餐，母子相持恸哭。夜分梦神语曰："汝节行上闻于天，当有以相助。"晨兴，母子述所梦皆符，颇怪之。其子曰：取屋后土作坯，易粟。其日掘土得钱数百，自是每掘辄得钱。一日，舍旁地陷，得石炭一窖，取以供爨，延两月余，官俸亦至。

或指示孝子以父兄所在，使得完聚。卷二百九十七《赵重华传》：

七岁时，父廷瑞游江湖间久不返，重华长谒郡守请路引，榜其背曰万里寻亲……且行且乞，遇一老僧呼问其故，笑曰："汝父客无锡南禅寺中。"语讫忽不见，重华急趋至寺，果其父，出路引示之，相与恸哭，留数日乃还云南。

《丘绪传》：

绪生母黄，为嫡余所逐，不相闻已二十年。一夕，梦人告曰："若母在台州金鳌寺前。"辗转追寻，卒得母迎归，备极孝养。（节录）

王原之寻得其父，则靠神祠一梦，得人解释：

正德中父珣以家贫役重逃去，既娶，号泣辞母去，遍历山东南北，去来者数年。一日渡海至田横岛，假寐神祠中，梦至一寺，当午炊莎和肉羹食之。一老父至，惊觉，原告之梦，请占之，老父曰："若何为者。"曰："寻父。"老父曰："午者，正南位也，莎根附子，肉和之，附子脍也。求诸南方，父子其会乎。"原喜谢去，而南逾洺漳至辉县带山，有寺曰梦觉，原心动，入访之，其父果在。

黄玺之寻得其兄，亦靠神示：

兄伯震商十年不归。玺出求之，经行万里不得踪迹，最后至衡州，祷南岳庙，梦神人授以"缠绵盗贼际，狼狈江汉行"二句，一书生告之曰："此杜甫《舂陵行》诗也。舂陵今道州，曷往寻之。"玺从其言，果得伯震以归。

孝肃皇后之寻得失去之弟，系由伽蓝神梦示，且与英宗同时梦见。卷三百《周能传》：

先是孝肃有弟吉祥，儿时出游去为僧，家人莫知所在，孝肃亦若忘之。一日梦伽蓝神来言："后弟今在某所。"英宗亦同时梦。旦遣小黄门以梦中言物色，得之报国寺伽蓝殿中。

施邦曜之作兽吻，亦由神示。卷二百六十五本传：

魏忠贤欲困之，使拆北堂，期五日，适大风拔屋，免谯责。又使作兽吻，仿嘉靖间制，莫考，梦神告之，发地得吻，嘉靖旧物也。忠贤不能难。

遇有人间不平事时，天亦表示意见，如卷三百七《门达传》：

逯杲所遣校尉诬宁府弋阳王奠壏母子乱。帝遣官往勘，事已白。靖王奠壏等亦言无左验。帝怒责杲，杲执如初，帝竟赐奠壏母子死。方舁尸出，大雷雨，平地水数尺，人咸以为冤。

有时且采积极行动，卷三百二《马氏传》：

马氏年十六归诸生刘濂，十七而寡，翁家甚贫，利其再适，必欲夺其志……阴纳沈氏聘，其姑诱与俱出，令女奴抱持纳沉舟，妇投河不得，疾呼天救我，须臾风雨昼晦，疾雷击舟，欲覆者数四，沈惧，乃旋舟还之。

甚至为人复仇，卷三百一《姚孝女传》：

招远有孝女不知其姓。父采石南山，为蟒所吞。女哭之，愿见父尸同死，俄倾大雷电击蟒堕女前，腹裂见父尸，女负土掩，触石而死。

鬼的灵异也不下于神，死后的性情完全和生前无异，且能附生人体和人对话。卷一百六十五《毛吉传》是一个好例子：

方吉出军时，赍千金犒，委驿丞余文司出入，已用十之三。吉既死，文悯其家贫，以所余金授吉仆，使持归治丧。是夜，仆妇忽坐中堂作吉语，顾左右曰："请夏宪长来。"举家大惊，走告按察使夏壎，壎至，起揖曰："吉受国恩，不幸死于贼。今余文以所遗官银付吉家，虽无文簿可考，吉负垢地下矣。愿亟还官，无污我。"言毕仆地，顷之始苏。于是归金于官。

亦能报生前之仇，卷一百七十三《范广传》：

广与石亨、张軏不相能。及英宗复辟，亨、軏恃夺门功，诬广党附于谦，谋立外藩，遂下狱论死。明年春軏早朝还，途中为拱揖状，左右怪问之，曰"范广过也"。遂得疾不能睡，痛楚月余而死。

卷一百六十二《尹昌隆传》：

吕震数陷昌隆，谷王谋反事发，以王前奏昌隆为长史，坐以同谋，诏公卿杂问，昌隆辩不已，震折之，狱具，置极刑死，夷其族。后震病且死，号呼尹相，言见昌隆守欲杀之云。

《刘球传》：

球下诏狱，王振属指挥马顺杀球，顺深夜携一小校持刀至球所，球方卧，起立大呼太祖太宗，颈断，体犹植，遂支解之，瘗狱户下。顺有子病久，忽起捽顺发，拳且击之曰："老贼，令尔他日祸逾我，我刘球也。"顺惊悸，俄而子死，小校亦死。球死数年，英宗北狩，振被杀，朝士立击顺，毙之。

《列女传二》记蔡烈女死后拘凶人自首事：

蔡烈女，少孤，与祖母居，一日祖母出，有逐仆为僧者来乞食，挑之不从，挟以刃，女徒手搏之，受伤十余处，骂不绝，宛转死灶下，贼遁去。官行验，忽来首伏，官怪问故，贼曰："女拘我至此。"遂抵罪。

《列女传三》又记刘烈女死后报仇的直事：

刘烈女钱塘人。少字吴嘉谏。邻富儿张阿官屡窥之，一夕缘梯入，女呼父母共执之，将讼官，张之从子倡言刘女诲淫，缚人取财，人多信之。女呼告父曰："贼污我名，不可活矣。我当诉帝求直耳。"即自缢，盛暑待验，暴日下无尸气。嘉谏初惑人言不哭，徐察之，知其诬也，伏尸大恸，女目忽开，流血泪数行，若对泣者。张延讼师丁二执前说，女傅魂于二曰："若以笔污我，我先杀汝。"二立死。时江涛震吼，岸土裂崩数十丈，人以为女冤所致，有司遂杖杀阿官及从子。

子孙有危祸时，其祖宗之鬼不能挽回，聚哭暗中，卷一百八十八《蒋钦传》：

钦复草疏劾刘瑾，方属草时，灯下微闻鬼声，钦念疏上且掇奇祸，此殆先人之灵欲吾寝此奏耳。因整衣冠立曰："果先人，盍厉声以告。"言未已，声出壁间，益凄怆，钦叹曰："业已委身，义不得顾私，使缄默负国，为先人羞，不孝孰甚。"复坐奋笔曰："死即死，此稿不可易也。"声道止。

卷一百八十九《何遵传》：

林公黼夜草疏时，闻暗中泣叹声，不顾。

或指示出自己死处，使其子孙得以觅骨安葬。卷一百三十四《王溥传》：

初溥未仕时，奉母叶氏避兵贵溪，遇乱与母相失，凡十八年。尝梦母若告以所在。至是从容言于帝，请归省坟墓，许之，且命礼官具祭物。溥率士卒之贵溪，求不得，昼夜号泣。居人吴海言：夫人为贼逼，投井中死矣。溥求得井，有鼠自井出，投溥怀中，旋复入井，汲井索之，母尸在焉，哀呼不自胜，乃具棺敛，即其地以葬。

卷二百八十五《戴良传》：

丁鹤年，回回人。至正壬辰武昌被兵，鹤年年十八，奉母走镇江，母殁，盐酪不入口者五年。避地四明……及海内大定，牒请还武昌，而生母已道阻前死，瘗东村废宅中，鹤年恸哭行求。母告以梦，乃啮血沁骨，敛而葬焉。

卷二百九十六《李德成传》：

幼丧父。元末，年十二，随母避寇至河滨，寇骑迫，母投河死。德成长，娶妇王氏，抟土为父母像，与妻朝夕事之。方严冬大雪，冰坚至河底，德成梦母曰："我处冰下，寒不得出。"觉而大恸，旦与妻徒跣行三百里抵河滨，卧冰七日，冰果融数十丈，恍惚若见其母，而他处坚冻如故。久之乃归。

四、《明史》中的公案小说及其他

在幼稚的农业社会中，农人不敢有什么奢望。他们唯一的安慰只是在一个安定的环境中能本分地过活着。只要能活，吃苦也是本分。在积极方面，他们唯一的希望是能使农产品丰收，不遭什么天灾人患的困厄，因此一遇到旱灾、水灾，地方上的父母官唯一的办法便是把这责任交给神。只要地方官真能像样地玩一套求神许愿的把戏，机会碰得巧，灵，这一方的老百姓得救，这一地方官也就成了理想的好官，“万家生佛”。居多是神道不给面子，不灵，这一方的老百姓就遭了殃，只好吃草根树皮捧着肚子过日子，反正老天爷要这样，活该挨饿，没办法。在消极方面，老百姓唯一的希望是能过平平安安的日子。一遭了不幸的事，非得打官司不可的时候，他们需要一个像包龙图那样的清官，能一是一，二是二，把案子断清楚，只要不受冤，不吃亏，也就心满意足，愿意这好官永远不离开。在官的方面，碰到没办法的旱、水灾，唯一的办法是求神，在碰到没办法的疑案的时候，唯一的办法也是求神，或者找一个兆头去猜谜。反正判错了案子，大不了丢官，碰巧判准，还可以得一个好名声。求神，又不费脑力，又省事，又显得勤劳，又对老百姓的脾胃，真是一个做官的好办法。

老百姓理想的好官是清官，是包龙图，因此能判案能求神的好官也特别多，下面所引的一些就是那时代的公案。能判案的官分两级，第一级是人官，用一切人事所及的方法去察情，观色，分析，研究，决定所受理案件的是非。第二级是神官。人官所认为办不了的事，才去请教神官。例如卷二百八十九《黄宏传》：

> 知万安县。民好讼，讼辄祷于神。宏毁其祠曰：“令在，何祷也。”讼至辄片言折之。

民不祷于人官而先祷于神官，这是越诉。人官所能解决的公案不应诉于神官。人官判案的方法有凭主观的方法，察情观色以定罪人之是非者，如卷一百四十《王观传》：

> 杨卓官广东行省员外郎。田家妇独行山中，遇伐木卒欲乱之，妇不从被杀。官拷同役卒二十人皆引服。卓曰：“卒人众，必善恶异也，可尽抵罪乎！”列二十人庭下，熟视久之，指两卒曰：“杀人者汝也。”两卒大惊，服罪。

卷一百五十《刘季箎传》：

河南逆旅朱、赵二人异室寝，赵被杀，有司疑朱杀之，考掠诬服。季箎独曰："是非夙仇，且其装无可利。"缓其狱，竟得杀赵者。

卷一百五十八《章敞传》：

山西盗发，捕逮数百人。敞察其冤，留词色异者一人，余悉遣生。明日讯之，留者盗，余非也。

卷一百五十九《刘孜传》：

邢宥出巡福建。民十人被诬为盗，当刑呼冤，宥为缓之，果得真盗。

《杨继宗传》：

善辨疑狱。河间获盗，遣里民张文、郭礼送京师。盗逸，文谓礼曰："吾二人并当死，汝母老，鲜兄弟，以我代盗，庶全汝母子命。"礼泣谢，从之。文桎梏诣部，继宗察非盗，竟辨出之。

雍泰刚廉强直，亦以折狱名。卷一百八十六本传：

民妾亡去，妾父讼其夫密杀女匿尸湖石下。泰诘曰："彼密杀汝女，汝何以知匿所？且此非两月尸，必汝杀他人女，冀得赂耳。"一考而服。

和谢士元的辨田券，都是应用科学的考证方法。卷一百七十二《张瓒传》：

谢士元长东人。天顺七年擢建昌知府。地多盗为军将所庇。士元以他事持军将，奸发辄得。民怀券讼田宅，士元叱曰："伪也，券今式，而所讼乃二十年事。"民惊服，讼为衰止。

客观地凭物证人证的综合结果以决是非。卷一百五十《刘季箎传》：

民有为盗所引者，逮至，盗已死，乃召盗妻子使识之，听其辞，诬也，释之。

扬州民家，盗夜入杀人，遗刀尸旁，刀有记识，其邻家也，官捕鞫之，邻曰："失此刀久矣。"不胜掠，诬服。季篪使人怀刀就其里潜察之，一童子识曰："此吾家物。"盗乃得。

《虞谦传》：

严本官大理寺正。苏州卫卒十余人夜劫客舟于河西务，一卒死，惧事觉，诬邻舟解囚人为盗，其侣往救见杀，皆诬服。本疑之曰："解人与囚同舟，为盗，囚必知之。"按验果得实，遂抵卒罪。

卷一百五十八《鲁穆传》：

漳民周允文无子，以侄为后，晚而妾生子，因析产与侄，属以妾子。允文死，侄言儿非叔子，逐去，尽夺其资。妾诉之。穆召县父老及周宗族密置妾子群儿中，咸指儿类允文，遂归其产。民呼"鲁铁面"。

卷一百六十一《周新传》：

（浙江）冤民系久，闻新至，喜曰："我得生矣！"至果雪之。

初，新入境，群蚋迎马头，迹得死人榛中，身系小木印。新验印，知死者故布商，密令广市布，视印文合者捕鞫之，尽获诸盗。

一商暮归，恐遇劫，藏金丛祠石下，归以语其妻。旦往求金不得，诉于新。新召商妻讯之，果商妻有所私。商骤归，所私尚匿妻所，闻商语，夜取之。妻与所私皆论死。

其他发奸摘伏，皆此类也。

周忱、戚贤则均以机警决狱，卷二百八《戚贤传》：

归安县有萧总管庙，报赛无虚日。会久旱，贤祷不验，沉木偶于河。居数日，舟过其地，木偶跃入舟，舟中人皆惊，贤徐笑曰："是特未焚耳。"趣焚之，潜令健隶入岸旁社，诫之曰：

“水中人出，械以来。”已，果获数人。盖奸民募善泅者为之也。

卷一百五十三《周忱传》：

性机警，尝阴为册记阴晴风雨。或言某日江中遇风失米，忱言是日江中无风。其人惊服。

有奸民故乱其旧案尝之，忱曰：“汝以某时就我决事，我为汝断理，敢相绐耶。”

人官如能不畏豪强，替百姓伸冤理枉，则往往因此知名。卷一百七十七《李秉传》：

官延平推官。沙县豪诬良民为盗而淫其室，秉捕治豪，豪诬秉坐下狱。副使侯轨直之，论豪如法。由是知名。

卷一百八十一《张淳传》：

授永康知县。吏民素多奸黠，连告罢七令。淳至，日夜阅案牍，讼者数千人，剖决如流，吏民大骇，服，讼浸减。凡赴控者，淳即示审期，两造如期至，片晷分析无留滞，乡民裹饭一包即可毕讼，因呼为“张一包”，谓其敏断如包拯也。

《明史》告诉我们张淳捕盗的两个著例：

巨盗卢十八剽库金，十余年不获。御史以属淳，淳刻期三月必得盗，而请御史月下数十檄。及檄累下，淳阳笑曰：“盗遁久矣，安从捕！”寝不行。吏某妇与十八通，吏颇为耳目，闻淳言以告十八，十八意自安。淳乃令他役诈告吏负金，系吏狱，密召吏责以通盗死罪，复教之请以妇代系，而己生营赀以偿。十八闻，亟往视妇，因醉而擒之。及报御史，仅两月耳。

久之，以治行第一赴召去永，甫就车，顾其下曰：“某盗已事，去此数里，可为我缚来。”如言迹之，盗正濯足于河，系至，盗伏辜。永人骇其事，谓有神告，谆曰：“此盗捕之急则遁，今闻吾去乃归耳。以理卜，何神之有！”

其最为社会及后人所乐道者是人官的微行，人官变服装成一种职业人的模样，私自下乡去探案，察访。卷二百八十一《周济传》：

正统初，擢御史，大同镇守中官以骄横闻，敕济往廉之。济变服负薪入其宅，尽得不法状还报，帝大嘉之。

周新的微行入狱一事，尤为后来公案小说所本，卷一百六十一本传：

新微服行部，忤县令，令欲拷治之，闻廉使且至，系之狱。新从狱中询诸囚，得令贪污状，告狱吏曰："我按察使也。"令惊谢罪，劾罢之。

周忱久抚江南，亦以微行民间为人著称，卷一百五十三本传：

既久任江南，与吏民相习若家人父子。每行村落，屏去驺从，与农夫饷妇相对，从容问所疾若，为之商略处置。……暇时以匹马往来江上，见者不知其为巡抚也。

次之是神官的决狱，有几种不同的方式。第一种方式是人官不能解决，因而乞灵于神，卷一百六十一《张昺传》记虎来伏罪事：

寡妇惟一子，为虎所噬，诉于昺。昺期五日，乃斋戒祀城隍神。及期，二虎伏庭下，昺叱曰："孰伤吾民，法当死。无罪者去。"一虎起敛尾去，一虎伏不动，昺射杀之，以畀节妇，一县称神。

卷二百八十一《李骥传》记狼来伏罪：

有嫠妇子啮死，诉于骥，骥祷城隍神，深自咎责。明旦，狼死于其所。

《谢子襄传》记城隍神获盗事：

有盗窃官钞，子襄檄城隍神。盗方阅钞密室，忽疾风卷堕市中，盗即伏望。

又记黄信中事亦同：

盗杀一家三人，狱久不决，信中祷于神，得真盗，远近称之。

卷二百三十四《马经纶传》记神遣蝴蝶指示真盗：

林培为新化知县。民有死于盗者不得，祷于神，随蝴蝶所至获盗，时惊为神。

卷二百三十三《谢延赞传》：

谢相为东安知县。奸人杀四人弃其尸，狱三年不决，相祷于神，得尸所在，狱遂成。

《张昺传》所记邪神妖巫数事尤怪异：

昺性刚明，善治狱，有嫁女者，及婿门而失女，互以讼于官，不能决。昺行邑界，见大树妨稼，欲代之，民言树有神巢其巅，昺不听，率众往伐，有衣冠三人拜道左，昺叱之，忽不见，比伐树，血流出树间，昺怒，手斧之，卒仆其树，巢中堕二妇人，言狂风吹至楼上，其一即前所嫁女也。

妖巫不怕刑笞，只有官印能治他：

有巫能隐形，淫人妇女，昺执巫痛杖之，无所苦，已，并巫失去。昺驰缚以归，印巫背鞭之，立死。

卷一百六十《石璞传》又记猜谜获盗事：

璞善断疑狱。民娶妇，三日归宁，失之，妇翁讼婿杀女，诬服论死。璞祷于神，梦神示以麦字。璞曰："麦者两人夹一人也。"比明，械囚趣行刑，未出，一童子窥门屏间，捕入则道士徒也。叱曰："尔师令尔侦事乎?"童子首实，果二道士匿妇槁麦中，立捕，论如法。

第二种方式是神或鬼先示以征象，如旋风大旱，或动物如蛇蛙之属代死者诉冤，因而祷神，为之平反。卷一百八十五《黄绂传》：

官四川左参政。按部崇庆，旋风起舆前不得行，绂曰："此必有冤，吾当为理。"风遂散。至州，祷城隍神，梦若有言州西寺者。寺去州四十里，倚山为巢，后临巨塘，僧夜杀人沉之塘下，分其赀。且多藏妇女于窟中。绂发吏兵围之，穷诘，得其状，诛僧毁其寺。

卷二百二《王时中传》：

官鄢陵知县。尝出郊，旋风拥马首，时中曰："冤气也。"迹得尸眢井，乃妇与所私者杀之，遂伏辜。

卷一百六十一《周新传》：

一日视事，旋风吹叶堕案前，叶异他树，询左右，独一僧寺有之。寺去城远，新意僧杀人，发树果见妇人尸，鞫实殛僧。

决狱失当，则天必示变，卷一百六十一《张昺传》：

铅山俗，妇人夫死辄嫁，有病未死，先受聘供汤药者。昺欲变其俗，令寡妇皆具牒受判，署二木。曰"羞"，嫁者跪之；曰"节"，不嫁者跪之。民傅四妻祝誓死守，舅姑给令跪"羞"木下，昺判从之，祝投后园池中死。邑大旱，昺梦妇人泣拜，觉而识其里居姓氏，往诘其状，及启土，貌如生，昺哭之恸曰："杀妇者吾也。"为文以祭，改葬焉，天遂大雨。

蛇虽然是一种讨厌的爬虫，也能替死人诉冤。卷二百八十一《叶宗人传》：

尝视事，有蛇升阶，若有所诉。宗人曰："尔有冤乎？吾为尔理。"蛇即出，遣隶尾之，入饼肆炉下，发之得僵尸。盖肆主杀而瘗之也。邑民以为神。

卷二百八十九《熊鼎传》记蛙诉冤事：

宁海民陈德仲支解黎异，异妻屡诉不得直。鼎一日览牒，有青蛙立案上，鼎曰："蛙非黎异乎？果异，止弗动。"蛙果弗动。乃逮德仲鞫实，立正其罪。

马能报仇，卷二百八十九《王祯传》：

祯官夔州通判，成化二年荆襄石和尚流劫至巫山，督盗同知王某者怯不救，祯面数之，即代勒所部兵民……击散之。还甫三日，贼复劫大昌，祯趣同知行，不应，指挥曹能、柴成与同知比，激祯……往，伪许相左右。祯上马挟二人与俱，夹水阵。既渡，两人见贼即走，祯被围……死。所乘马奔归，血淋漓，毛尽赤……子广鬻马为归赀，王同知得马不偿直。榇既行，马夜半哀鸣。同知起视之，马骤前啮项，捣其胸，翼日呕血死。人称为义马。

石能作怪，卷二百八十一《王源传》：

西湖山上有大石为怪，源命凿之，果获石骷髅，怪遂息。乃琢为碑大书："潮州知府王源除怪石。"

天人合一，人心不但能通于天心，且能通于禽兽及一切自然界象征。最著的例是孝子的感应，如章溢、蔡毅中、王俊、石鼐、谢用诸传所记的反风却水却虎诸异迹。卷一百二十八《章溢传》：

父殁未葬，火焚其庐，溢搏颡籲天，火至柩所而灭。

卷二百九十七《谢用传》：

用居丧以孝闻。邻人失火延数十家，将至用舍，风反火息。

《王俊传》：

母卒，俊扶榇还葬，刈草莱为茇舍，寝处茔侧。野火延爇将及，俊叩首痛哭，火及茔树而止。

杨敬母殁，柩在堂，邻家失火，烈焰甚迫，敬抚柩哀号，风止火灭。

《石鼐传》：

父殁，庐墓初成。天大雨，山水骤涨，鼐仰天号哭，水将及墓，忽分两道去，墓获全。

精诚所至，即使是六月也能结冰，卷二百十六《蔡毅中传》：

方母病，盛夏思冰，盂水忽冻。

虎亦能知礼不犯，卷一百五十《师逵传》：

少孤，事母至孝。年十三，母疾，思藤花菜，逵出城南二十余里求之，及归，夜二鼓，遇虎，逵惊呼天，虎舍之去，母疾寻愈。

卷二百九十六《谢定住传》：

年十二，家失牛，母抱幼子追逐，定住随母后，虎跃出噬其母，定住奋前击之，虎逸去。取弟抱之，扶母行，虎复追啮母颈，定住再击之，虎复去。行数步，虎还啮母足，定住复取石击虎乃舍去。母子三人并全。

最惨的莫如割臂割肝去治尊长的疾病，因为在这混杂的天人合一论下生活者的老实人，以为天人相通，在遭了人力所不能治疗的痼疾时候，忍死割肉或能引起天和神的同情心，赐以神迹的痊愈。并且他们也真相信人身上的紧要部分和致死部分的肝、心等有疗疾的神秘功效。打开史书的孝义传一看，所记载的差不多全是这一类残酷非人的记载。在此举两个例，卷三百一《杨泰奴传》：

张氏姑病，医百方不效，一方士至其门曰："人肝可疗。"张割左胁下得膜如絮，以手探之没腕，取肝二寸许，无少痛，作羹以进，姑病遂瘳。

卷三百二《倪氏传》：

姑鼻患疽垂毙，躬为吮治不愈。乃夜焚香告天，割左臂肉以进，姑啖之愈，远近称孝妇。

五、社会思想的联系

在以上所引据的若干史实中，显著地是属于神权时代的情形。假如我们打开任何一部古代的记载，从最早的龟甲文、《诗》、《书》、《左传》、《史记》、《汉书》，以至最现代的新闻纸，无例外地可以找出同样的描写存在着。至少，在19世纪最后一年以前的一长系列的年代是属于同一神权时期。

我们不能说在这长时期中没有任何变动，没有进化，因而形成上述诸多情形的永远连续状态。从历史的演进来看，无例外地生产技术是有了显著的进步，政治组织是有了显著的进步，尤其是统治者的统治方法，时代愈后愈精明，但是，这种演进的速度，并不像我们所意象的“进化”这一名词的涵义那样快，几千年的经过在人类的继续经程中只是一个极渺小短促的时期。举例说，我们在这一篇短文中替过去的一长时期加上一个“神权时代”的名词，绝对不是件过分的举动。我们知道在辽远的古代有若干神是在管理着人世的事务的，例如最著名的农神相土，后稷，水神河伯，战神社神，以至五祀，五帝，上帝之属。同时据上文的引证，我们发现在 18 世纪上半期以前，仍属于这一时代，神仍操有最大最高的权威，无论是士大夫，是老百姓，都覆育在神的权威之下。所唯一的不同，只是神的现代化、政治化，最高的主宰有上帝，在各地方的有城隍神。遇有困难问题发生时，神是最后被请求者。即使在 19 世纪以前，在义和团运动失败以前，也仍属于这个历史时期。即使是在今天，我们仍可在种种记载中，并且我们也可以实际体察到在比较落后的所在，仍有求雨、迎神、造龙王庙、请神治病……种种可怪的现象。尤其是在日常生活中，一打开旧式的历书，便反映出整个社会对于神的信仰及敬礼的仪节、拘忌、祝祷……神的权威仍笼罩着最大多数的大众，能离开神的怀抱只是一部分最少数的现代人，并且这一小部现代人中的一部又已走到另一个神的怀抱中去。最大多数神权时代人和最少数现代人的矛盾生活，就造成了今日的社会。

就本文所引证的时代而论。除了 17 世纪初年西洋科学思想曾一度拜访过我们的古国碰了钉子回去以外，和过去任何时代比较，实在不能发现有什么显著的差异。农民仍占着全人口的最大多数，仍生活在社会的最下层，仍旧安于过去的简陋的农业生产技术，他们的最大希望只是能够吃苦过活，能有好官，不剥削他们或者比较剥削得轻一点的好官。受了冤，吃了苦，遭了水旱，最好的办法仍是求神。在工业方面，仍旧只有苟延岁月的手工业，算是农家的副产品，并且限于局部的乡鄙，被操纵在地方小商人的手腕中。矿山在前半期不许开采，说是恐怕损坏了地气。后半期基于用银的逼切，大举地由中央政府开采，结果因为不懂开矿的方法，和办事官吏、太监的横暴，非但赔了资本得不到矿产，并且由于过度高压的缘故，发生了若干次大规模的农民叛乱。商业也被操纵在少数有政治势力的大商人和贵族手中，国内的大经营如中盐，国外如南洋、日本和后期的中西贸易，都被把握在这少数特殊阶级手中。退闲的官吏和皇家的亲族、佞幸，同时就是当时的最大商人。他们可以得特殊的方便和专利去中盐，他们可以不顾海禁的法令而下海。无政治势力的小商人绝对不能和他们竞争，结果只有投降或失败。国家的和皇家的费用全部由农民负担，遇有需要，农民的负担随时加增，加税以后便成定律，农民只有挨着饿肚子静待第二次的额外加征。基于政治的原因，如江浙赋税之特别加重；基于天时的原因，如西北之屡遭旱灾，如黄河流域的水灾，农民无法纳税，唯一的办法，只有抛去一切作流民——逃荒。自耕农受不了捐税的压迫变成流民或奴仆，小地主同样受不了高压，唯一的办法是投靠在有政治势力的官吏——无论是在朝的或退休的——和有政治势力的地主，受政府保护的进士、举人、秀才等等门内作家人，牺牲一部分的或全部的利益去受他们的保护。并且农民所有产时时有凭空被夺的可能，诸王的出封照例由朝廷赐以田地，如福王就藩，河南、河北、山东诸地的农民立时被夺的田达几万顷，其他公、侯、宦幸、高级官吏和皇家的庄田更不可以数计。此外如清军、勾军、开矿、采木、榷税、进奉……都是农民最大的困厄，并且是无法避免的灾难，加上因受不了压迫而起的农民叛乱，兵事的骚扰，长期的蒙古人的南侵，倭寇的纵掠沿海，建州部落的长期战事，内地诸落后部族的变乱，向外出动如安南、朝鲜的兵事。皇家的浪费，如大建筑之频繁，宫廷用费之大量增加，对道教、佛教的崇奉靡费，传奉官之滥予，对外部族的抚赏……在在给农民以致命的摧残。官吏、乡绅、贵族、科举人物……在实际上是最有势力的大地主。同时最大的商人也从这一集团中出来，或至少和这一集团有联系。他们在操纵着政治，运用政治的力量去压榨无告的农民。农民唯一的办法只是希望有一个好官替他们稍为减轻一些苦痛，和希望神能给他们以一个好日子过。

这一集团的统治者也利用着神来搪塞，利用着好官来缓和群众。

在上层的这一集团中，他们也彼此互相利用着天人合一论和五行说、鬼神论与儒家哲学混合着的杂牌事物来彼此互相利用欺骗。定命论是他们宣传的利器，主子永远是主子，奴才永远是奴才，人生一切事物，在未有形迹前已有上帝替你安排好，你只能“顺受其正”，要反抗，要改革，全不中用。忠、孝、节、义是人生最高的行为，他们不惜在史乘中，在任何记载中，替合乎这四个标准的人们留下一个极大的地位来表彰，宣扬，他们会替你立牌坊，盖专祠，拨墓田，赐祭葬，不惜供献以一切的虚荣，使看的人效法。于是抹脖子的，上吊的，投河的，割肝的，割股的……一切这样做着的老实人，便都得到神的赞许，人的颂扬，而表现出无数的奇迹、怪事。一辈接着一辈，无量数万人的热血，凝固了一个朝代的统治权，形成一种特殊的社会意识。

神的权威联系了两个不同的阶级，几千年来的历史就因这联系而推进。神在监察着每个人的行事，做事要“于神明无愧”，立身要“为神鬼所钦”，换句话说就是人的行为要合神意。合乎这标准的，人们就会替他装点上许多神迹，反正被装点者永远不会出来否认。反之就要“为神明所弃”，“为天地所不容”，凡是在事业上失败或生命被截短的都被加以这一类判案，因为这被判决者也永远不能出来抗议。神是统治者的工具，同时统治者也在代行着神的职权。农民永远没有得到新知识的机会，便永远地被这一杂牌的统治的统合思想所控制。即使在农民中能有机会成为知识分子，明白了一切的时候，他已成了另一集团的分子，用同样的方法来压制农民，来造成他自己的地位了。

在这样的环境中，在这样一个同环境的长系列的年代中，这一传统的统合思想在操纵着一切。结果是利用者被利用者以及被压迫者全都忘了其所以，可为天经地义。小说家记载了这些事情的时候，被人目为“志怪”、“好奇”，历史家同在这环境中，并且特别负着宣传和教训的大任，不能例外地也记载着这些小说家所收的小说，因为他们装有一副严肃的面具，便被推尊为“历史”。

小说和历史只有描写上的繁简不同。实际上在同一环境，在同一社会思想下的产品，绝对不能产生完全不同的事物，这两者只有名词上的区分，在材料上的事实完全一致。历史小说不用说了，即使是通常的小说，从最早的《搜神记》、《拾遗记》、《谢小娥传》、《玄怪录》、《稽神录》、《夷坚志》等等，和《太平广记》所收的宋以前的小说，以至明清人之《三言二拍》、《今古奇观》、《阅微草堂笔记》，以及《疑狱集》、《续疑狱集》、《三侠五义》、《小五义》、《续小五义》、《施公案》、《彭公案》、《包公案》等等不同作者不同时代的作品，我们能说这些小说和上文从《明史》所引出的有任何不同之点吗？我们不妨再举一个例证，《今古奇观》中有一篇《徐老仆义愤成家》，是脍炙人口的作品，《明史》也收采了。卷二百九十七《阿寄传》：

> 阿寄者淳安徐氏仆也。徐氏昆弟析产而居，伯得一马，仲得一牛，季寡妇得阿寄，时年五十余矣。寡妇泣曰："马则乘，牛则耕，老仆何益!"寄叹曰："主谓我不若牛马耶!"乃画策营生，示可用状，寡妇尽脱簪珥，得白金十二两，畀寄，寄入山贩漆，期年而三倍其息，谓寡妇曰："主无忧，富可致矣。"历二十年，积资巨万。为寡妇嫁三女，婚二子，赍聘皆千金。又延师教二子，输粟为太学生。自是寡妇财雄一邑。及寄病且死，出枕中二籍，则家巨细悉分之，曰："以此遗两郎君，可世守也。"既殁，或疑其有私，窃启其箧，无一金，所遗一妪一儿，仅蔽缊掩体而已。

在上文我们曾说过历史家装有一副严肃的面貌，儒家"不语怪力乱神"。小说是语"怪力乱神"的。也不戴假面具，所以为过去一般正人君子所鄙弃。在事实上，历史家多半是儒家，至少是不反对儒家的同路人，照理他们所认为正史的史乘中，不应有"怪力乱神"的小说成分。可是据上文的分析，极明显地所谓正史中原来也包含着一切小说家喜欢所记载的小说。这理由极容易解释，第一点是被动的，历史家属于统治者这一集团，为了巩固他们的地位，使他们忽略了他们应该注意奉行的训条，并且也忘记了戴面具，大作纸上的宣传，作后一辈的榜样。第二点是自动的，在同样的环境中，不自觉地采取了这类材料。他们不能离开时代，因之他们也摆脱不掉这时代所表现的特征。第三点是因袭的，《明史》三成取材于实录、地志、野史、私家文集、碑版状志，一些过去人的记载。过去人所记载着的一些小说，他们也就照样写了下来。

过去的小说和历史同属于神权时代的产物。以史的眼光来看，历史中有小说，在历史家是弱点，在研究者即是研究的好资料。

1934，2月1日于北平

（原载《文学》第6期中国文学研究专号，1934年）

《太平天国史纲》序*

过去的学者以为一个好史家的必须具备的条件是史才、史学、史识和史德。我以为一本好的历史著作之出见，最主要的条件是时、地、人。才、学、识、德都是属于人的训练。没有好史家当然不能产生好的历史著作，可是有了好史家，而不给以客观条件的方便，不得其时，不得其地，也绝对不能有好的成绩出来。

太平天国起义到现在已经过了 86 年了。太平天国的灭亡也已过了 70 年。在这 70 年的历史进展中虽然发生两种改变，第一是政治情势的改变，太平天国所曾努力推翻而不能达到目的的清政府，已为其后一代的革命军所推翻。第二是社会思想的改变，太平天国所曾努力建设而未完成的工作，已经在这几十年中逐渐地部分地实施，清政府所看作万恶的叛逆到民国成立后被推衍为革命的前驱，湘、淮军所斥为异端邪教的设施，到后来也被恭维为救世的硕谋。在湘、淮军或革命家的宣传者的口头和笔下，或失之矫，或失之诬，往往不免有扭曲史实和附会解释的地方。到现在，距离民国的成立已有 25 年了，意气和感情的障蔽一去，自然可以比较清楚地认识太平天国的真相。同时，在这几十年中，国内各地和国外伦敦、巴黎诸博物馆所发见的太平天国新史料层出不穷，给予太平天国史的研究者以新途径和新凭藉，这应该是写一本好的太平天国史的时候了。

关于地，道光三十年太平军发难于广西金田，此后十几年的长期战争中都以两广子弟为中坚人物。从另一方面看，这 15 年战争，简直可看作两广和湖南的地方战争。过去所有的关于太平天国的著

* 《太平天国史纲》，罗尔纲著，1937 年由商务印书馆出版。——编者注

作，除清政府的官书对太平天国加以恶意的歪曲的记载以外，其他私人著作也大抵多出于两广子弟的敌人湘、淮军文士之手，投井下石，他们是不肯尊重他们的敌人的。在新式交通工具未输入中国以前，两广在地理上和民俗上、文化上都自成一区，他们的生活习惯、言语、信念，都不易为外省人所了解。例如太平天国何以能在两广起事？何以能在数月之间即蔚成绝大的势力？两广的子弟何以一哄而起，从乱如归？客家人何以成为太平军的中坚的势力？凡此都有其经济的、社会的、历史的、地理的原因，绝非湘、淮文士所能了解，更不用说清政府的御用文士！以此，理想的太平天国史的作者应当是两广人，尤其是太平军起事的策源地——广西浔江流域的学者为最合式。地方性的了解和史料的采辑的特殊方便是一本好著作的必要条件。

我的朋友罗尔纲先生是一个受过历史训练和文学训练的人。他是广西浔州的土著，在童年已经饱听了关于太平天国的遗闻轶事，父老的传说和太平军名将的遗迹使他发生极大的兴趣。五年前他回到他的家乡去，写了一部《太平天国广西起事史》，他已经把一个广西人所能利用的广西材料尽量地采撷了。可是他不肯满足，愈深入的研究使他愈感到史料的缺乏。同时，他也不肯相信片面的史料，他需要一个更大的园地供他活动。因之，他舍弃了他的固定职业，重新回到北平来，利用北平的公私藏书，点点滴滴地作太平天国史的研究。在祁寒酷暑的困穷生活之下，在儿女哭闹的包围之下，他以一般朋友所笑为“病夫”的体质，在为生活而工作的八小时机械的苦工以后，往往写作到午夜！在这五年不间断的工作中，他陆陆续续地写定了几十篇呕心沥血的著作。每一篇写成后，改而又改，往往费了好几倍的写作工夫，一直改到他自己满意终肯甘休。可是再过一两个月后，他又在把已发表的经过几多次删改的文章在涂改了。他的时代使他不肯用湘、淮文士那种侮辱敌人的看法，同样地，他的历史训练也使他不肯偏信太平军自身和后来革命宣传家的记载。他的乡土观念引起他的研究兴趣和研究的方便，可是在他的著作中，他绝不肯稍存“乡曲之见”，替他的乡先辈辩护或掩饰。他的细密矜慎的工夫，加之以沉潜的冷静的分析，广博的深入的探讨，结果成功了这本可贵的小书。他虽不为新奇可喜之论，却没有一章，没有一段，不具有他的独特的见解。在这本书中所提及的人物和典章制度的研究，都只是采取他过去所做考证工作的结论。这一些考证文章是写定这本书的基础，也同时刊行，别名《太平天国史丛考》，读者最好能取以参看，更能看出作者的学力和态度。

尔纲先生在友朋中是最虚心和最谨慎的一个人。他的理想中的太平天国史的完成预定在二十年以后。这本小册子之出版，完全出于史学研究会一班朋友的催迫，作为史学丛书的第一种。称为“史纲”而不曰“史”，正可以看出作者理想中的全史的计划。

病于万寿疗养院的第三十五天，承作者的好意，让我能在玉兰花下快读一过，为了医生禁止读书和构思，只能替读者简单地在此为这本书著作的时和地和书的作者作一介绍。至于这本被介绍的书的内容，还是让读者自己去细心领略吧！

1936，4 月 24 日

吴晗于平西万寿疗养院十一号

《太平天国史丛考》序*

在北平住久了，觉得什么都很合式，只要这地方还能保持它的历史上的光荣的时候，真舍不得离开。可是，有时候也似乎感到有些缺憾，这地方没有竹子。

竹子的好处可爱处如王子猷所说的“一日不可无此君”的风致且不说，单就那嫩笋的美味说，也就够令人怀念了。笋的可爱处又不只是其滋味，单就那剥笋时，去了一层又一层的笋箨，愈剥得多，笋便愈小，到了剥得无可再剥，只剩下一小握光润洁白的笋心时，不由得起了一种快感，喘一口气，表示满足。在竹林中采笋和剥笋，是儿时最感觉兴味的工作。虽然隔了十几年，已经到了每礼拜天非刮胡子不可的时候了，可是有时还不免“发怀古之幽情”，念念不忘江南的竹子。

近几年来，又时时领略到这种阔别已久的情绪了。在我的朋友罗尔纲兄每一篇文章写成后和出版后，我总是他的第一个读者。每次读后，便不禁回想到童年时喜爱剥笋的兴趣和剥笋时的心情。

尔纲在友朋中是最忠厚笃实的一个，可是在著作上所表现的却是一个不安分的打破砂罐问到底的人。他不肯轻信，也不肯武断地否认一切记载的可靠性。他善于怀疑，可是绝不肯任主观以吹求。在研究过程中所遇到的每一问题或史实，他不肯轻易地放过。他先要追求这问题在历史上的地位，已否解决，如已解决，他们的证据是否可信，如未解决，症结何在？接着他用全力考证这问题，恰像剥笋似地一层一层地剥去这问题所堆附的外障，穷根究底，一直剥到笋心才肯甘休。再接着，他还不肯以问题本身的解决为满足，他

---

* 《太平天国史丛考》，罗尔纲编著，1943年由正中书局出版。——编者注

还要问为什么这史实成问题，为什么这史实为许多外障所蔽而成问题。把这一切都解决以后，才肯放心地在他的太平天国史中叙述这一件新发见的旧问题所包含的真相，或者是旧史料所发见的新问题，和旧史实的新估价，给他在历史中以一个恰好的位置。

剥笋时第一要顾到笋心的完整，同时对于笋箨也应相当注意，脾气坏或者性子急的人是不能好好地做这工作的。一大群的小孩子在旁边，等着剥下的笋箨，中间挖几个孔作鬼脸儿玩。因之，在剥的时候，一定要细心地，循着笋箨的生长的螺旋性，一层层剥下来，才能保得箨和心的双方完整。在太平天国的史料中，一部分是出于官方——清廷和湘、淮军的文士，一部分则是太平天国本身的文献及其同情者的记载。入主出奴，双方都有可信的和故意装做或掩饰的不可信部分。究竟哪一部分是真史实，哪一部分是假史实？又如何在假史实所包围的一团中，审慎地剥出真史实？所剥下的假史实虽然是废物，可是要知道它如何生长，如何包围，和真史实的距离及关系，也是不能不好好地给它处理一下的。尔纲虽然不惯于剥笋，可是他的历史训练，他的审慎的、不苟且的、忍耐的精神，却最适合于做这历史上的剥笋工作。

剥笋虽然有趣，采笋时更有趣。在漫天的绿荫之下，踏着乱草，东张西望地在找嫩笋。偶然得到一棵鲜嫩的便高兴得了不得。可是这里边也有一个尺寸，大约高在五寸以内的多半是新笋，嫩嫩的挺好吃。高出五寸外的便只有笋尖可吃，再高的已成竹子，只中看不中吃了。这是采笋的秘诀，不产竹子的北方的孩子是不能理会的。尔纲在研究太平天国史的过程中，也发见了一柄最好的史尺。他用这尺子来鉴别史料的真伪和传说，记载之可靠性，百无一失。原来太平天国是一个宗教的政治组织，从初起到亡国都始终在严格的宗教规条之下活动着。根据他们的宗教思想和戒律建设起政府、社会、典章、文物制度，而成功一个宗教王国。以此，太平天国的宗教思想和戒律便是研究太平天国史的史尺，太平天国的活动是不许和他们的宗教规条冲突的，以此用这尺子去测量，一切记载和传说凡是和这尺寸不合的，绝对不会可靠。例如太平天国尊崇“天父上主皇上帝”，天德王的称号是与天齐德的意义，是触犯太平天国信条的，因此，可知天德王之为伪托。又如太平天国在习俗上和文字上都有若干忌讳和特殊的称谓仪式，凡是抵触这些特殊情形或相反的，至少可知这传说或著作的作者不明白太平天国的情形的，他的记载的可靠性由此可知。作者用这准确的尺子测知了官书和私家记载的捏造伪托部分，同时也用这尺子校量太平文献的真实性。这是最科学的最合理的考证法。

我只会剥笋，到现在也还想领略那不可再得的儿时情绪。恰巧尔纲最能用剥笋的方法来研究历史，他的方法和态度最合我的兴趣，因此我最喜欢他的文章。尔纲也因为我最能用剥笋的情绪来读他的文章，以为我深知他的工作甘苦的经过，要我给他在这本五年来的考证文章的结集前写一小序。论我对作者的敬佩和友谊，尤其是在我是他的每篇文章的第一读者的关系上，自然不应推辞。可是，我病了已经五十天，医生不允我作研究工作，因此，只能在病榻上把我的所时常怀念着的儿时情绪和对于作者所知道的几点比附谈及。若云序文，则吾岂敢。

吴晗于平西万寿疗养院

二十五年五月八日

论 皇 权

谁在治天下

在论社会结构里所指的皇权，照我的理解应该是治权。历史上的治权不是由于人民的同意委托，而是由于凭借武力的攫权、独占。也许我所用的“历史”两个字有语病，率直一点说，应该修正为“今天以前”。我的意思是说，在今天以前，任何朝代任何形式的治权，都是片面形式的，绝对没有经过人民的任何形式的同意。

假如把治权的形式分期来说明，秦以前是贵族专政，秦以后是皇帝独裁，最近几十年是军阀独裁。“皇权”这一名词的应用，限于第二时期，时间的意义是从公元前221到公元1911，有2100多年的历史。

皇权是今天以前治权形式的一种，统治人民的时间最长，所加于人民的祸害最久，阻碍社会进展的影响最大，离今天最近，因之，在现实社会里，自觉的或不自觉的毒素中的也最深。例子多得很，袁世凯不是在临死以前，还要过八十三天的皇帝瘾吗？溥仪不是在逊位之后，还在宫中作他的皇帝，后来又跑到东北，在日本卵翼之下，建立伪满洲国，作了几年康德皇帝吗？不是一直到今天，乡下人还在盼望真命天子坐龙庭，少数的城里人也还在想步袁世凯的覆辙吗？

在封建的宗法制度下，无论是贵族专政，是皇帝独裁，是军阀独裁，都是以家族作单位来统治的，都是以血统的关系来决定继承的原则的。一家的家长（宗主）是统治权的代表人，这一家族的荣辱升沉，废兴成败，一切的命运决定于这一个代表人的成败。在隋代有一个笑话，说是某地的一个地主，想作皇帝，招兵买马，穿了龙袍，占了一两个城市，战败被俘，在临刑时，监斩官问他，你父亲呢？说太上皇蒙尘在外。兄弟呢？征东将军死于乱军之中，征西将军不知下落。他的老婆在旁骂："都是这张嘴，闹到如此下场!"他说："皇后，崩即崩耳，世上岂有万年天子?"说完伸脖子挨刀，倒也慷慨。这一个历史故事指出为了作几天、作一两个城市的皇帝，有人愿意付出一家子生命的代价。为了这一家子的皇权迷恋，又不知道有几百千家被毁灭、屠杀。

"成则为王，败则为寇。"流氓刘邦，强盗朱温，流氓兼强盗的朱元璋，作了皇帝，建立皇朝以后，史书上不都是太祖高皇帝吗？谥法不都是圣神文武钦明启运俊德成功，或者类此的极人类好德性的字眼吗？黄巢、李自成呢？失败了。是盗、是贼、是匪、是寇，尽管他们也作过皇帝。旧史家是势利的。不过也说明了一点，在旧史家的传统概念里，军事的成败决定皇权的兴废，这一点是无可置疑的。

皇帝执行片面的治权，他代表着家族的利益，但是，并不代表家族执行统治。换言之，这个治权，不但就被治者说是片面强制的，即就治者集团说，也是独占的、片面的。即使是皇后、皇太子、皇兄皇弟，甚至太上皇、太上皇后，就对皇帝的政治地位而论，都是臣民，对于如何统治是不许参加意见的；一句话，在家庭里，皇帝也是独裁者。正面的例子，如刘邦作了皇帝，他老太爷依然是平民，叨了人的教，让刘邦想起，才尊为太上皇，除了过舒服日子以外，什么事也管不着。反面的例子，石虎的几个儿子过问政事，一个个被石虎所杀。李唐创业是李世民的功劳，虽然捧他父亲李渊作了些年皇帝，末了还是来一手逼宫，杀兄屠弟，硬把老头子挤下宝座。又如武则天要作皇帝，杀儿子，杀本家，一点也不容情。宋朝的基业是赵匡胤打的，兄弟赵匡义也有功劳，赵匡胤作皇帝年代太久了，"烛影斧声"，赵匡义以弟继兄。后来赵匡胤的长子德昭，在北征后请皇帝行赏，也只是一个建议而已，匡义大怒说，等你作皇帝，爱怎么办就怎么办！一句话逼得德昭只好自杀。从这些例子，可以充分说明皇权的独占性和片面性。权力的占有欲超越了家庭的感情，造成了无量数骨肉相残的史例。

皇帝不和他的家人共治天下，那么，到底和谁共治呢？有一个著名的故事，可以答复这个问题，和皇帝治天下的是士大夫。故事的出处是宋李焘《续资治通鉴长编》卷二二一。

> 熙宁四年（公元 1071）三月戊子，上召二府对资政殿，文彦博言："祖宗法制具在，不须更张，以失人心。"上曰："更张法制，于士大夫诚多不悦，然于百姓何所不便。"彦博曰："为与士大夫治天下，非与百姓治天下也。"上曰："士大夫岂尽以更张为非，亦自有以为当更张者。"

这故事的有意义，在于第一，辩论的两方都同意，皇权的运用是与士大夫治天下，非与百姓治天下。第二，文彦博所说的失人心，宋神宗承认是于士大夫诚多不悦，人心指的是士大夫的心。第三，文彦博再逼紧了，宋神宗就说士大夫也有赞成新法的，不是全体反对。总之，尽管双方对于如何巩固皇权——即保守的继承传统制度或改革的采用新政策——的方案有所歧异，但是，对于皇权是与士大夫治天下，皇权所代表的是士大夫的利益，决非百姓的利益，这一基本的看法是完全一致的。

那么，为什么皇帝不与家人治天下，反而与无血统关系的外姓人士大夫治天下呢？理由是家人即使是父子兄弟夫妇，假如与皇帝治天下的话，会危害到皇权的独占性、片面性，"太阿倒持"是万万不可以的。其次，士大夫是帮闲的一群，是食客，他们的利害和皇权是一致的，生杀予夺之权在皇帝之手，作耳目，作鹰犬，六辔在握，驱使自如，士大夫愿为皇权所用，又为什么不用？而且，可以马上得天下，不能以马上治天下，马上政府是不存在的。治天下得用官僚，官僚非士大夫不可，这道理不是极为明白吗？

士大夫治天下也就是社会结构里的绅权，这问题留在论绅权时再说。

皇权有约束吗？

皇权有没有被约束呢？费孝通先生说有两道防线，一道是无为政治，使皇权有权而无能。一道是绅权的缓冲，在限制皇权，使民间的愿望，能自下上达的作用上，绅权有他的重要性。（这条防线不但不普遍，而且不常是有效的。）于此，我们来讨论费孝通先生所指的第一道防线。

假如费先生所指的无为政治的意义，即是上文所引的文彦博的话："祖宗法制具在，不须更张。"因承祖先的办法，不求有利，但求无弊，保守传统的政治原则，我是可以同意的。或者如另一例子，《汉书·曹参传》说他从盖公学黄老治术，相齐九年，大称贤相，萧何死，代为相国，一切事务，无所变更，都照萧何的老办法做，择郡国吏谨厚长者作丞相史，有人劝他作事，就请其喝酒，醉了完事。汉惠帝怪他不治事，他就问："你可比你父亲强？"说："差多了。""那么，我跟萧何呢？""也似乎不如。"曹参说："好了。既然他俩都比我俩强，他俩定的法度，你，垂拱而治，少管闲事；我，照老规矩做，不是很好吗？"这是无为政治典型的著例。这种思想，一直到17世纪前期，像刘宗周、黄道周一类的官僚学者，还时时以"法祖"这一名词，来劝主子恪遵祖制。假如无为政治的定义是法祖，我也可以同意的。

成问题的是无为政治并不是使皇帝有权而无能的防线。

相反，无为政治在官僚方面说，是官僚作官的护身符，不求有功，但求无过，好官我自为之，民生利弊与我何干，因循、敷衍、颟顸、不负责任等等官僚作风，都从这一思想出发。一句话，无为政治即保守政治，农村社会的保守性、惰性，反映到现实政治，加上美丽的外衣，就是无为政治了。（关于这一点，无为政治和农业的关系，我在另一文章农业与政治上谈到。）

在皇帝方面说，历史上的政治术语是法祖。法祖的史例很多，一类如宋代的不杀士大夫，据说宋太祖立下遗嘱“不杀士大夫”。从太祖以后，大臣废逐，最重的是过岭，即谪戍到岭南去，没有像汉朝那样朝冠朝衣赴市，说杀就杀，不是下狱，就是强迫自裁。甚至如明代的夏言正刑西市。为什么宋代特别优礼士大夫呢？因为宋代皇帝是“与士大夫治天下”的缘故。一种例如明代的东西厂和锦衣卫，两个恐怖的特务机构，卫是明太祖创设的，厂则从明成祖开头，这两个机构作的孽太多了，配说祸“国”殃民（这个“国”严格的译文是皇权），反对的人很多，当然以士大夫为主体，因为士大夫也和平民一样，在厂卫的淫威之下战栗恐惧。可是在祖制的大帽子下，这两个机构始终废除不掉。到明代中期，士大夫们不得已而求其次，用祖制来打祖制，说是祖制提人（逮捕）必须有驾帖或精微批文（逮捕状），如今厂卫任意捉人，闹得人人自危，要求恢复祖制，捉人得凭驾帖；这样，两个祖制打了架，士大夫们在逻辑上已经放弃原来的立场，默认特务可以逮捕官民，只不过要有逮捕状罢了。前一例因为与士大夫治天下，所以优礼士大夫，政治上失宠失势的不下狱，不杀头，只是放逐到气候风土特别坏的地方，让他死在那里（宋代大臣过岭生还的是例外），从而争取士大夫的支持。后一例子，时代不同了，士大夫不再是伙计，而是奴才，要骂就骂，要打就打，廷杖啦、站笼啦、抽筋剥皮，诸般酷刑，应有尽有，明杀暗杀，情况不同，一落特务之手，决无昭雪之望，祖制反而成为残杀士大夫的工具了。

从这类例子来看，无为政治——法祖并不是使皇权有权而无能的防线。

从另一方面看，祖先的办法，史例，有适合于提高或巩固皇权的，历代的皇帝往往以祖制的口实接受运用。反之，只要他愿意作什么，就不必管什么祖宗不祖宗了。例如要加收田赋，要打内战，要侵略边境弱小民族，要盖宫殿等等，一道诏书就行了。好像明武宗要南巡，士大夫们说不行，祖宗没有到南边去玩过，不听，集体请愿，大哭大闹，明武宗发了火，叫都跪在宫外，再一顿板子，死的死，伤的伤，无为政治不灵了，年青皇帝还是到南边去大玩了一趟。

那么，除祖宗以外，有没有其他的制度或办法来约束或防止皇权的滥用呢？我过去曾经指出，第一有敬天的观念，皇帝在理论上是天子，人世上没有比他再富于威权的人，他作的事不会错，能指出他错的只有比他更高的上帝。上帝怎么来约束他的儿子呢？用天变来警告，例如日食、山崩、海啸，以及风、水、火灾、疫疠之类都是。从《洪范》发展到诸史的五行志，从董仲舒的学说发展到刘向的灾异论，天人合一，天灾和人事相适应，士大夫们就利用这个来作政治失态的警告。但是，这着棋是不灵的，天变由你变之，坏事还是要做，历史上虽然有在天变时，作皇帝的有易服避殿素食放囚，以至求直言的诸多记载，也只是宗教和政治合一的仪式而已，对实际政治是不能发生改变的。

第二是议的制度，有人以为两汉以来，国有大事，由群臣集议，博士儒生都可发表和政府当局相反的意见，以至明代的九卿集议，清代的王大臣集议，是庶政公之舆论，是皇权的约束。其实，并不如此。第一，参加集议的都是官僚，都是士大夫。第二，官高的发言的力量愈大。第三，集议的正反结论，最后还是取决于皇帝个人。第四，议只是皇权逃避责任的一种制度，例如清代雍正帝要杀他的兄弟，怕人说闲话，提出罪状叫王大臣集议，目的达到了，杀兄弟的道德责任由王大臣集议而减轻。由此，与其说这制度是约束皇权的，毋宁说它是巩固皇权的工具。

此外，如隋唐以来的门下封驳制度、台谏制度，在官僚机构里，用官僚代表对皇帝诏令的同意副署，来完成防止皇权滥用的现象，一切皇帝的命令都必需经过中书起草，门下审核封驳，尚书施行的连锁行政制度，只存在于政治理论上，存在于个别事例上。所谓“不经凤阁鸾台，何谓为敕？”诏令不经过中书、门下的，不发生法律效力。可是，说这话的人，指斥这手令（墨敕斜封）政治的人，就被这个手令所杀死，不正是对这个制度的现实讽刺吗？又如谏官，职务是对人主谏诤过举，听不听是绝无保证的，传说中龙逄、比干谏而死，是不受谏的例，史书上的魏徵、包拯直言尽谏，英明的君主如唐太宗、宋仁宗明白谏官的用意是为他好，有受谏的美名，其实，不受谏的史例更多。谏诤的目的在于维护政权的持续，说是忠君爱主，其实也就是爱自己的官位财产，因为假如这个皇权垮了，他们这一集团的士大夫也必然同归于尽也。

从上文的说明，所得到的结论，皇权的防线是不存在的。虽然在理论上，在制度上，曾经有过一套以巩固皇权为目的的约束办法，但是，都没有绝对的约束力量。

假如从另一角度来看，上文所说的这一些，也许正是费孝通先生所说的绅权的缓冲。不同的是我所指的这一些并不代表民间的愿望，至多只能说是士大夫的愿望，其方向也不是由下而上的，而是皇权运用的一面。这些约束不但不普遍，而且是常常无效的。

（原载《观察》第4卷第6期，1948年4月3日）

论绅权

“绅权固当务之急矣！”

前几天，读到胡绳先生的《梁启超及其保皇党思想》（《读书与出版》第三卷第三期）。他指出梁启超是主张“兴绅权”的人，以兴绅权为兴民权的前提：

> 受“甲午之战”失败的刺激，又受“维新运动”宣传的影响，湖南省出现了一批新的绅士，他们企图以一省为单位实行一些新政，达到省自治的目的，以便在全国危亡时，一省还可自保。这样的想法在当时各省的绅士门阀中都有，不过在湖南，因地方长官同情卵翼这些想法，所以特别发达。梁启超入湘后，除办时务学堂外，又和当地绅士合组南学会。康有为这时仍全神贯注于向皇帝上书，而梁启超则展开了在湖南绅士中的工作。他甚至鼓吹“民权”，但他说的却是：“欲兴民权，宜先兴绅权；欲兴绅权，宜以学会为之起点。”又说：“绅权固当务之急矣，然他日办一切事舍官莫属也。即今日欲开民智，开绅智，欲假手于官力者尚不知凡几也。”（《上陈宝箴书》）——由此可见，他的想法是在官僚的支持下建立地方绅士的权力，这就是他的“民权”思想。

这一段话不但清理出五十年前梁启超的绅权论，也指出五十年前一般绅士对救亡维新的看法。其要在“欲兴民权，宜先兴绅权（开绅智）；欲兴绅权，宜以学会为之起点”。结论是学会为兴民权之起点的起点，而办这些事，欲假手于官力者不知凡几也。

梁启超先生本人是当时的绅士，他看绅权和民权是两件事，绅权和官权则是一件事，无论就历史的或现实的意义说，都是正确的。

五十年前的保皇党，五十年后的自由主义者，何其相似到这步田地？历史是不会重演的，绅权也无从兴起，即使有更多的“援”，更多的“货”，也还是不相干！

“为与士大夫治天下”

官僚、士大夫、绅士，是异名同体的政治动物，士大夫是综合名词，包括官僚、绅士两专名。官僚、绅士必然是士大夫，士大夫可以指官僚说，也可以指绅士说。官僚是士大夫在官时候的称呼，而绅士则是官僚离职、退休、居乡（当然居城也可以），以至未任官以前的称呼。例如梁启超以举人身份，在办学堂，办报，办学会，非官非民，可以作官，或将要作官。而且，已经脱离了平民身份，经常和官府来往，可以和官府合作。

绅士的身份是可变的，有尚未作官的绅士，有作过多年官的绅士，也有作过了官的绅士，免职退休，不甘寂寞，再去作官的。作过大官的是大绅士，作过小官的是小绅士，小官可以爬到大官，小绅士也有希望升成大绅士，自己即使官运不亨，还可指望下一代。不但官官相护，官绅也相护，不只因为是自己人，还有更复杂的体己利害关系。譬如绅士的父兄亲党在朝当权，即使不是权臣而是御史之类有弹劾权的官咧。更糟的是居乡的宰相公子公孙，甚至老太爷、老岳丈，一纸八行，可以摘掉地方官的印把子，这类人不一定作过官，甚至不一定中过举，一样是大绅士。至于秀才、举人、进士之类，眼前虽未作官，可是前程远大，十年八年内难保不作巡方御史，以至顶头上司，地方官是决不敢怠慢的。《儒林外史》上范进中举后的情形，便是绝好的例子。

以此，与其说，绅士和地方官合作，不如说地方官得和绅士合作。在通常的情形下，地方官到任以后的第一件事，是拜访绅士，联欢绅士，要求地方绅士的支持。历史上有许多例子指出，地方官巴结不好绅士，往往被绅士们合伙告掉，或者经由同乡京官用弹劾的方式把他罢免或调职。

官僚是和绅士共治地方的。绅权由官权的合作而相得益彰。

贪污是官僚的第一德性，官僚要如愿的发扬这德性，其起点为与绅士分润，地方自治事业如善堂、积谷、修路、造桥、兴学之类有利可图的，照例由绅士担任；属于非常事务的，如办乡团、救灾、赈饥、丈量土地、举办捐税一类，也非由绅士领导不可，负担归之平民，利益官绅合得。两皆欢喜，离任时的万民伞是可以预约的。

上面所说的地方自治事业，和现代所谓"自治"意义不同，不容混为一谈。而且，这类事业名义上是为百姓造福，实质上是为官僚绅士聚财，假使确曾有一丝丝利及平民的话，那也只是漏出来的涓滴而已。现代许多管税收的衙门墙上四个大字"涓滴归公"，正确的解释是只有一涓一滴归公，正和这个情形一样。

往上更推一层，绅士也和皇权共治天下。

绅权和皇权的关系，即士大夫的政治地位在历史上的变化，大体上可以分三个时期，第一时期从秦到唐，第二时期从五代到宋，第三时期从元到清。当然这只是大概的划分，并不包含有绝对的年代意义。

具体的先从君臣的礼貌来说吧，在宋以前，有三公坐而论道的说法，贾谊和汉文帝谈话，不觉膝之前席，可见都是坐着的。唐初的裴监甚至和高祖共坐御榻，十八学士在唐太宗面前也都还有坐处。可是到宋朝，便不然了，从太祖以后，大臣在皇帝面前无坐处，一坐群站，三公群卿立而论政了。到明清，不但不许坐，站着都不行，得跪着奏事了，清朝大官上朝得穿特制的护膝，怕跪久了吃不消。由坐而站而跪，说明了三个时期君臣的关系，也说明了绅权的逐步衰落和皇权的节节提高。

从形式再说到本质。

前一时期的典型例子是魏晋六朝的门阀制度。

汉代的若干世宦家族，如关西杨氏、汝南袁氏之类，四世三公，门生故吏遍天下，庄园遍布州县，奴仆数以千计，有雄厚的经济基础。在黄巾动乱时代，地方豪族如孙策、马超、许褚、张辽、曹操之类，为了保持土地和特殊权益，组织地主军队保卫乡里，造成力量，有部曲，有防区，小军阀投靠大军阀，三个大军阀三分天下，这两类家族也就占据高位，变成高级官僚了。大军阀作了皇帝，这些家族原是共建皇业的，利害共同，在九品中正的选举制度下，"上品无寒门，下品无势族"，大官位为这些家族所独占。东晋南渡，司马家和王、谢等家到了建康，东吴的旧族顾、陆、朱、张诸家虽然是本地高门，因为是亡国之余，就吃了亏，在政治地位上屈居第二等。这些高门世执国政，王、谢子弟更平步以至公卿，到刘裕以田舍翁称帝，陈霸先更是寒人，在世族眼光里，皇家只是暴发户，朝代尽管改换，好官我自为之。士大夫集团有其传统的政治社会经济以至文化地位，非皇权所能增损，绅权虽然在侍候皇权——因为皇帝有军队——目的在以皇权来发展绅权，支持绅权。经隋代两帝的有意摧残，取消九品中正制，取消长官辟举僚属办法，并设进士科，用公开的考试制度，以文字来代替血统任官，但是，文字教育还是要钱买的，大家族有优越的经济地位、人事关系，唐朝三百年的宰相，还是被二十个左右的家族所包办。

门阀制度下的绅权有历史的传统，有庄园的经济基础，有包办选举的工具，甚至有依门第高下任官的制度，有依族姓高下缔婚的风气，高门华阀成为一个利害共同的集团。并且，公卿子弟熟习典章制度，治国（办例行公事）也非他们不可。在这情形下，绅权是和皇权共存的，只有两方合作才能两利。而且，皇帝人人可做，只要有军力便行。士大夫却不然，寒人门役要成为士大夫，等于骆驼穿针孔，即使有皇帝手令帮忙，也还是办不到。何事非君，绅权可以侍候任何一姓的皇权，一个拥有大军的军阀，如得不到士大夫的支持，却作不了皇帝。

考试制度代替了门阀制度，真正发挥作用是10世纪的事。

经过甘露之祸，白马之祸，多数的著名家族被屠杀。经过长期的军阀混战，五代乱离，幸存的士族失去了庄园，流徙各地，到唐庄宗作皇帝，要选懂朝廷典故的旧族子弟作宰相都很不容易了。宋太祖太宗只好扩大进士科名额（唐代每科平均不过三十人，宋代多至千人）。用进士来治国，名额宽，考取容易，平民出身的进士在数量上压倒了残存的世族。进士一发榜即授官，进士出身的官僚绅士和皇权的关系是伙计和掌柜，掌柜要买卖作得好，得靠伙计卖劲，宋朝家法优礼士大夫，文彦博说为与士大夫共治天下，正是这个道理。

和前一时期不同的，前期的世族子弟有了庄园，才能中进士作官，再去扩大庄园。这时期呢，作了官再置庄园，名臣范仲淹置苏州义庄，派儿子讨租，讨得几船谷子便是好例子。

更应该注意的是印刷术发明了，得书比较容易，书籍的流通比较普遍，知识也比较不为少数家族所囤积独占，平民参加考试的机会增加了；“遗金满籯，不如教子一经”。念书，考进士，作官，发财，“万般皆下品，惟有读书高”。“天子重英豪，文章教尔曹”。政府的提倡，社会的鼓励，作官作绅士得从科举出身，竭一生的聪明才智去适应科举，“天下英雄入我彀中”，皇权永固，官爵恩泽，出于皇帝，士大夫不能不为皇帝所用，共存谈不上，共治也将就一下了。皇家是士大夫的衣食饭碗，非用全力支持不可，士大夫是皇家的管家干事，俸禄从优，有福同享，君臣间的距离不太近，也不太远，掌柜和伙计间的恩意是密切照顾到的。

从共存到共治已经江河日下了。元明清三代连共治也说不上，从合伙到作伙计，猛然一跌，跌作卖身的奴隶，绅权成为皇权的奴役了。

蒙古皇朝以马上得天下，也以马上治天下，军中将帅就是朝廷的官僚，军法施于朝堂，朝官一有过错，一顿棍子板子鞭子，挨不了被打死，侥幸活着照样作官。明太祖革了元朝的命，学会了这一套，殿廷杖责臣僚，叫作“廷杖”，在历史上大大有名。光打还不够，有现任官镣足办事的，有戴斩罪办事的。不但礼貌谈不上，连生命都时刻在死亡的威胁中。皇帝越威风，士大夫越下贱，要不作官吧，有官法硬给绑出去，非作不可，再不干，便违反了皇章，“士不为君用”，得杀头。君臣的关系一变而为主奴，说是主奴吧，连起码的主子对奴才的照顾也不存在的。前朝的旧家巨室被这个党案、那个逆案给扫荡光了，土地财产被没收。老绅士绝了种，用八股文所造成的新绅士来代替，新绅士是从奴化教育里成长的，不提反抗，连挨了打都是“恩谴”，削职充军，只要留住脑袋便感谢圣恩不尽，服服帖帖，比狗还听话。到清朝，旗人对皇帝自称奴才，汉官连自称奴才的资格也不够，不但见皇帝得跪，连见同事的王爷贝勒也得跪。到西方强国来侵掠，打了几次败仗，订结了多少次屈辱条约以后，皇权动摇，洋权日盛，对皇权的自卑被洋人所代替，结果是洋权控制了皇权，洋教育代替了八股，旧士大夫改装为知识分子以及自由主义者，出奴入主，要说说洋人所说的话，要听听国外的舆论，要做做外国人所示意的，在被谴责被训斥之后，还得陪笑脸，以兴绅权为兴民权之起点，办报纸，立学会，假手于官力，为自己找“新路”，这些绅士除了服装以外，面貌是和五十年前那些人一模一样的。

绅权在历史上的三变，从共存到共治，降而为奴役，真是一代不如一代。历史说明了两千年来绅权的没落和必然的淘汰。梁启超的时代过去了，我们今天来研究这一五十年前被提出的课题，不但很有趣，也是很重要的。

关于历史上绅士所享受的特权，将在另一文中讨论。

（原载《时与文》第3卷第1期，1948年4月）

再论绅权

一、士庶之别

唐代柳芳论魏晋以来的士族——绅士家族——在政治上的特权说：

> 魏氏立九品，置中正，尊世胄（世代作官的），卑寒士（祖先不曾作过官的），权归右姓（大家族）已。其州大中正、主簿，郡中正、功曹，皆取著姓士族为之，以定门胄，品藻人物，其别贵贱，分士庶，不可易也。①

士族的成立是由世代作官而来的，凡三世有三公的称为膏粱，有尚书、中书令仆（射）的为华腴，祖先作过领（军）、护（军）而上的为甲姓，九卿和方伯的为乙姓，散骑常侍、大中大夫的为丙姓，吏部正员郎为丁姓，统称四姓，也叫右族。

就个别的绅士家族而论，士族南渡的为侨姓，王、谢、袁、萧是大族；东南土著叫吴姓，朱、张、顾、陆最大；山东为郡姓，王、崔、卢、李、郑是大族；关中的郡姓以韦、裴、柳、薛、杨、杜最著名；代北为虏姓，如元、长孙、宇文、于、陆、源、窦等家族都是。从4世纪到10世纪大约七百年间，中国的政治舞台被这三十个左右的绅士家族所独占。

士族子弟作官依族姓门第高下，有一定的出身，甲族子弟二十岁便任官。后门则须满三十岁才能考试作小官。② 名家有国封的，初

---

① 《新唐书》卷一九九，《柳冲传》。

② 参见《南史》卷六，《梁武帝纪》。

出仕便拜员外散骑侍郎。① 谢景仁到三十岁才作著作佐郎，有人替他抱屈说，司马庶人父子怎么能不垮？谢景仁这样人三十岁才做这个官！② 甚至同一家族，还分高下，王家有乌衣诸王和马粪诸王两支，马粪王是甲族，甲族是不作台宪官的；王僧虔作御史中丞，自己解嘲说，这是乌衣诸郎的坐处，我将就作一下。③ 至于作郎官的，那更是绝少的事。④

北魏孝文帝曾和廷臣辩论士庶任官的典制。

孝文帝问："近世高卑出身，各有常分，此果如何？"

李冲对："未审上古以来，张官列位，为膏粱子弟乎？为致治乎？"

孝文帝："当然是为致治。"

李冲："然则陛下何为专取门品，不拔才能乎？"

孝文帝："苟有过人之才，不患不知。然君子之门，借使无当世之用，要自德行纯笃，朕故用之。"

李冲："傅说、吕望，岂可以门第得之？"

孝文帝："非常之人，旷世乃有一二耳。"

秘书令李彪："陛下若专取门第，不审鲁之三卿，孰若四科？"

著作佐郎韩显宗："陛下岂可以贵袭贵，以贱袭贱？"

孝文帝："必有高明卓然、出类拔萃者，朕亦不拘此制。"

不久，刘昶入朝。

孝文帝告诉刘昶：

> 或言唯能是寄，不必拘门，朕以为不尔。何者，清浊同流，混齐一等，君子小人，名器无别，此殊为不可。我今八族以上，士人品第有九，九品之外，小人之官复有七等。若有其人，可起家为三公。正恐贤才难得，不可止为一人，浑我典制也。⑤

这段谈话说明士庶在政治上的相对地位，士是君子，是清流，

---

① 参见《南史》卷二十，《谢弘微传》。

② 参见《南史》卷十九，《谢景仁传》。

③ 参见《南史》卷二十二，《王僧虔传》。

④ 参见《南史》卷二十二，《王筠传》

⑤ 《资治通鉴》卷一百四十。

是德行纯笃的。庶人呢，是小人，是浊流的，是要不得的。要维持治权，就得分别士庶，使之高卑出身，各有常分。

其次，士族都是大地主，大庄园的占有者。大量土地的取得手段是兼并，官僚资本转变为土地资本。更重要的方式是无条件的占领，非私人的产业如山林湖沼，豪强的绅士径自封占，据为己有，这情形到处都是，皇权被损害了，严立法禁，不许绅士强占，可是绅士集团不理会，政府没办法，妥协了，采分赃精神，依官品立格，准许绅士有权按照官品高下封山占水，下面一段史料说明了5世纪中期的情形：

> 扬州刺史西阳王子尚上言：山湖之禁，虽有旧科，人俗相因，替而不奉，炋山封水，保为家利。自顷以来，颓弛日甚，富强者兼岭而占，贫弱者薪苏无托，至渔采之地，亦又如兹，斯实害人之深弊，为政所宜去绝，损失旧条，更申恒制。

子尚是皇族，代表皇家利益要求重申禁令，政府当局根据壬辰诏书所立法制，占山护宅强盗律论，赃一丈以上皆弃市，尚书右丞羊希以为：

> 壬辰之制，其禁严刻，事既难遵，理与时弛，而占山封水，渐染复滋，更相因仍，便成先业，一朝顿去，易致怨嗟。今更刊革，立制五条：凡是山泽，先恒炋爈，养种竹木杂果为林芿，及陂湖江海鱼梁鳅鮆场，恒加功修作者，听不追夺。官品第一第二听占山三顷，第三、第四品二顷五十亩，第五、第六品二顷，第七、第八品一顷五十亩，第九品及百姓一顷，皆依定格，条上赀薄。若先已占山，不得更占，先占阙少，依限占足。若非前条旧业，一不得禁。有犯者水土一尺以上，并计赃依常盗律论。停除咸康二年壬辰之科。从之。①

即承认过去的封占为合法，并规定各官品的封占限额。皇权向绅权屈伏了，绅士由政治的独占侵入经济，享有封山占水的特权。

此外，士族还有不服兵役的特权。②

---

① 《南史》卷三十六，《羊玄保传》。

② 参见《南史》卷三十四，《沈怀文传》。

二、士大夫和寒人

士族是一个特殊的阶级，不但严格讲求谱系阀阅、郡望房次、官位爵邑，来保证朝廷官位的占有，并且严格举行同阶层的通婚，用通婚来加强右族的团结。当时寒人要加入这个集团，比登天还难。随便举几个例子，如宋文帝时的要官秋当、周赳，不见礼于同官张敷，《南史》卷三十二《张敷传》：

> 敷迁正员中书郎，中书舍人秋当、周赳并管要务，与敷同省名家，欲诣之，赳曰：彼若不相容接，便不如勿往，讵可轻行？当曰：吾等并已员外郎矣，何忧不得共坐。敷先旁设二床，去壁三四尺。二客就席，敷呼左右曰：移我远客！赳等失色而去。

徐爰被拒交于王球、殷景仁：

> 中书舍人徐爰有宠于上，上尝命王球及殷景仁与之相知。球辞曰：士庶区别，国之章也，臣不敢奉诏。上改容谢焉。①

蔡兴宗不礼王道隆，王昙首见秋当不命坐，王球拒接弘兴宗：

> 齐明帝崩，右军将军王道隆任参国政，权重一时，蹑履到兴宗前，不敢就席，良久方去，竟不呼坐。元嘉初中书舍人秋当诣太子詹事王昙首不敢坐。其后中书舍人弘兴宗为文帝所爱遇，上谓曰：卿欲作士人，得就王球坐，乃当判耳。殷、刘并杂，无所益也。若往诣球，可称旨就席。及至，球举扇曰：君不得尔！弘还，依事启闻。帝曰：我便无如此何！②

纪僧真要作士大夫，被拒于江敩：

> 永明七年（公元489）侍中江敩为都官尚书。中书舍人纪僧

① 《南史》卷二十三，《王球传》。

② 《南史》卷二十九，《蔡兴宗传》。

> 真得幸于上，容表有士风。请于上曰：臣出于本县武吏（《南史》作臣小人出自本县武吏），遭逢圣时，阶荣至此，为儿昏得荀昭光女，即间无所复须。唯就陛下乞作士大夫。上曰：此由江斅谢沦，我不得措意，可自诣之。僧真承旨诣斅，（登榻）坐定，斅便命左右曰：移吾床远客。僧真丧气而退，告武帝曰：士大夫故非天子所命。①

南朝中书舍人关谳表启，发署诏敕，为天子亲信，权倾天下，最是一时要官。历来多用寒人武吏。② 虽然地要权重，有的还承皇帝特敕，要求和士大夫交游，可是，都被拒绝了，士庶不但有别，而且，士族深闭固拒，绝对不给寒人以礼貌，更不必说准许寒人参加士大夫集团了。

在朝廷如此，在地方也是一样，最著的例子是庾荜父子，庾荜拒邓元起作州从事：

> 荜为荆州别驾。初梁州人益州刺史邓元起功勋甚著，名地卑琐，愿名挂士流。时始兴忠武王憺为州将，元起位已高，而解巾不先州官，则不为乡里所悉。元起乞上籍出身州从事，憺命荜用之，荜不从，憺大怒，召荜责之曰：元起已经我府，卿何为苟惜从事？荜曰：府是尊府，州是荜州，宜须品藻。憺不能折，遂止。

庚乔又拒范兴话作州主簿：

乔复仕为荆州别驾。时元帝为荆州刺史，而州人范兴话以寒贱仕叨九流，选为州主簿，又皇太子及之，故元帝勒乔听兴话到职。及属元日，州府朝贺，乔不肯就列，曰：庚乔忝为端右，不能与小人范兴话为雁行。元帝闻，乃进乔而停兴话。兴话羞惭，还家愤卒。③

① 《资治通鉴》卷一三六；《南史》卷三十六，《江斅传》。

② 参见《南史》卷六十，《傅昭传》；卷七十七，《恩幸传序》。

③ 《南史》卷四十九，《庚荜传》。

寒人处处碰壁，被摈于士大夫集团之外，只有两条路可走，一条是以才力得主知，挤到要地，作要官，却作不了大官、清流官。一条路是从军，用战功用武力来抢地盘，进一步抢政权，篡位作皇帝，如刘裕和陈霸先，前者是田舍翁，后者是寒人，便是著例。

寒人被抑勒出清流之外，和寒人有同样情况，庶人中的工商，凭借雄厚的财力，操奇计赢，长袖善舞，要进一步保障既得利益，和发展业务，也用尽一切手段，挤进政治舞台来了。绅士们感觉威胁，一致抗拒，运用政治权力，限制工商出仕，抑勒工商不入流品，工商任官的只能任低级官。如公元477年的法令：

> 北魏太和元年，诏曰：工商皂隶，各有厥分，而有司纵滥，或染流俗（流俗，《北史》作清流）。自今户内有工役者，官止本部丞，若有勋劳者，不从此制。①

到隋文帝开皇十六年（公元596）更下诏制定，工商不得仕进。② 唐制工商杂类不得预于仕伍③，“依选举令：官人身与同居大功以上亲，自执工商，家专其业者不得仕。其旧经职任，因此解黜，后能修改，必有事业者，三年以后听仕。其三年外仍不修改者，追毁告身，即依庶人例”④。则不但工商不能入仕，连已入仕的官人同居大功以上亲也不许经营工商业了。

三、一千年后的绅权

隋唐以降，门阀被摧毁了，士族在社会大动荡中逐渐式微了。李唐时代的二十个左右大家族已经不完全是六朝时代的三十家族，到宋代这些家族都听不见说起了。考试制度代替了门阀制度，新官僚代替了旧官僚。

---

① 《资治通鉴》卷一三四。

② 参见《资治通鉴》卷一七八。

③ 参见《旧唐书》卷四十八，《食货志》上；卷四十三，《职官志》。

④ 《唐律疏议》四，《诈伪》。

虽然如此，前代士族的特权仍然遗留给后代的新绅士。绅士的本质变了，绅权并没有什么大变。试举明代的例子来作对照。

明代士庶两阶级的分别，从大明律名例条关于文武官犯私罪一款最清楚。这条例规定："文武官职，举人，监生，生员，冠带官，义官，知印，承差，阴阳生，医生，但有职役者，犯赃犯奸，并一应行止有亏，具发为民。"发为民就是褫夺绅士所享的特权。

绅士最重要的特权是免役，关于见任官的免役，洪武十年（公元1377）二月特降诏令说：

> 食禄之家，与庶民贵贱有等。趋事执役以奉上者，庶民之事。若贤人君子，既贵其身而复役其家，则君子野人无所分别，非劝士待贤之道。自今百司见任官员之家，有田土者输租税外，悉免其徭役，著为令。①

见任官是作官的本人，见任官的父兄子弟则是乡绅。两年后又令"自今内外官致仕还乡者，复其家终身无所与"②。则不但见任官，连退休官也享有免役权了。嘉靖二十四年（公元1545）规定，京官一品免三十丁，二品二十四丁，至九品免六丁，外官各减一半。③ 不但见任或退休官员，连学校生员除本身外，也免户内差徭二丁。④ 明代的里役最为人民所苦，有二十亩产业的中农，要是不出一个秀才，一轮到值役，便立刻破产。⑤ 里役有里长、甲长两种，十年轮值一次，原则上是由殷户充当的，殷户中最殷实的是绅士，绅士不服里役，负担便全部转嫁给平民了。16世纪末年，大概现年里役，得破费一百两银子，恰是中人的家当。至于一被签为南粮解户，即使是中小地主，也非破产不可。⑥ 以一般情形而论，大县有秀才千人以上，假定这县有十万顷田地，秀才占五万顷，余下的五

① 《明太祖实录》卷一一一。

② 《明太祖实录》卷一二六。

③ 《皇明太学志》二。

④ 《大明会典》卷七十八，《学校》。

⑤ 《温宝忠遗稿》五，《士民说》。

⑥ 刘宗周：《刘子文编》五，《责成巡方职掌疏》。

万顷的地主就得当十万顷的差；秀才如占九万顷，余下的一万顷得当十万顷的差，一句话，地方上的绅士愈多，人民愈倒霉，绅士愈富，人民愈穷，贫富的对立也更尖锐。①

其次是豁免田赋，正德十六年（公元1521）的优免事例，规定京官三品以上免田四顷，五品以上三顷，七品以上二顷，九品以上一顷。嘉靖二十四年又改为京官一品免粮三十石，二品二十四石，到九品免粮六石，外官减半。② 生员无力完粮，可以奏销豁免。甚至可以于每月朔望到知县衙门恳准词十张，名为乞恩，包揽富户钱粮立于自名下隐吞，一年约摸有二百两银子，也够花销了。③

其次是居乡的礼貌，洪武十二年的诏令规定："致仕官居乡里，惟于宗族序尊卑如家人礼。若筵宴则设别席，不许坐于无官者之下。如与同致仕者会则序爵，爵同序齿。其与异姓无官者相见，不必答礼。庶民则以官礼谒见，敢有凌侮者论如律，著为令。"④ 婚丧之家，招待绅士另辟一室名大宾堂，不和平民共起坐。出门坐大轿，扇盖引导，有的地方官还送门皂、吏书、承应。生员出门，也有门斗张油伞前导。⑤

畜养奴婢也是特权之一，明制庶民是不许存养奴婢的，《明律·户律》："庶民之家存养奴婢者，杖一百，即放从良。"

法律所赋予的特权之外，还有法外的权力。把持官府，嘱托词讼，武断乡曲，封山占水，甚至杀人，无所不为，例子太多了，不必列举。这一类非法权力的形成，赵南星有一解释："乡官之中多大于守令者，是以乡官往往凌虐平民，肆行吞噬，有司稍稍禁戢，则明辱暗害，无所不至。"⑥ 以为守令官小，不敢得罪比他大的乡官。顾公燮以为是师生和同年的年谊作怪："缙绅尤重师生年谊，平昔稍有睚眦，即嘱抚按访拿。甚至门下之人，遇有司对簿将刑，豪奴上

① 参见顾炎武：《亭林文集》一，《生员论中》。
② 参见《皇明太学志》二。
③ 参见顾公燮：《消夏闲记摘钞》中。
④ 《明太祖实录》卷一二六。
⑤ 参见《消夏闲记摘钞》；徐学谟：《世庙识余录》二十。
⑥ 《赵忠毅公文集》十三，《敬循职掌剖露良心疏》。

禀主人呼唤，立即扶出，有司无可如何。其他细事虽理曲者，亦可以一帖弭之。”其实最主要的原因，还是皇权对绅权的有意宽容放纵，士大夫成为皇权的统治工具，只要不直接和皇权冲突，违反皇家的利益，动摇皇家的基础，区区凌虐剥削百姓的琐事，皇家是不会也不肯加以干预的。

一千年后的明代情形，和魏晋南北朝没有什么两样，理由是封建关系不变，绅权也不变。

（原载《时与文》第3卷第9期，1948年6月）

官僚政治的故事

一、航海攻心战术

明崇祯十五年（公元 1642 年）九月，李自成决黄河，灌开封，十月，大败明督师孙传庭于郏县、南阳。十一月，清军分道入侵，连破蓟州、真定、河间、临清、兖州，北京震动。

兵科给事中曾应遴上条陈，提出航海攻心战术。大意是由政府造战船三千艘，载精兵六万，从登莱渡海，直入三韩，攻后金国腹心。这样一来，清军非退不可。崇祯帝大为嘉许，以为真是妙算，可以克敌制胜，手令“该部议奏”。

造船是工部的职掌，作战归兵部管。工部署印侍郎陈必谦复奏：照老规矩，和作战有关的工程，由兵、工二部分任，请特敕兵部分造战船一千五百艘。

内阁票拟（签呈），奉旨“工程由兵、工二部分任，即日兴工”。

造船要一笔大款子，工部分文无有，估价工料银是六百万两。于是上奏：“因内战交通断绝，地方款项不能解京。本部库藏空空，无可指拨。只有开封、归德等府积欠臣部料价银五百多万两，可以移作造船之用。”

这时候，开封被水淹没，归德等府为农民起义军占领。内阁奉旨：“着工部勒限起解，造船攻心，以救内地之急。”

兵部尚书张国维也说：“部库如洗，只有凤阳等府积欠臣部马价银四百余万两，足现在正额，不必另行设法。应速催解部，以应造船之用。”

事实上，凤阳一带经几次战争破坏，加上蝗灾、旱灾，已经上十年没有人烟了。

内阁票拟，奉旨："下部勒限起解，以应部用。"

这是闰十月中旬的事，正当嘉许、拨款、勒限，以及"兴工"的时候，清军又已攻破东昌、兖州了。

工部想想不妙，到头来还是脱不了干系，又提出具体建议，说是："战船经费，虽已有整个计划。但是如今京师戒严，九门紧闭。工匠绝迹，无从兴工。原有都水司主事奉派到淮安船厂打造漕船，彼处物料现成，工匠众多，不如就令带造战船，刻日可成，庶不误东征大事。"

内阁又票拟，奉旨依议，特给勒谕，以专责成。

这时候已经十二月初旬了。

船厂主事没有拿到一文钱，要造三千条战船，自然办不了。又上条陈说："造船攻心，大臣妙算，事关国家大计，当然拥护。不过臣衙门所造的是内河运粮之船，并非破浪出海之船。运船、海船，构造不同，形式不同，材料不同，帆桅不同，索缆器物不同，操驾水手不同，当然，建造的工匠也不同。如随便敷衍承造，一旦误事，负不起责任。要造海船，要到福建、广东去造，材料、工匠都合式，不如特敕闽广抚臣，勒限完工，就于彼处招募水手，由海道乘风北上，直抵旅顺口上岸，奋武以震刷皇威，快睹中兴盛事。此系因地因材，事有必然，并非推诿。"

公文上去了，到第二年二月中旬，内阁票拟，奉旨："下部移咨福广，敕限造船，以纾京畿倒悬之急。"由都察院移咨闽广抚臣照办，是二月底的事。

五月，清军凯旋，京师解严。

九月，两广总督沈犹龙、福建巡抚张肯堂会衔奏报，第一段极口称颂阁臣的妙算，圣主的神威。第二段说臣等已经召集工人，预备木料，拥护国策，以成陛下中兴盛业。第三段顺笔一转，说是不过如今北方安定，而闽广民穷财尽，与其劳民伤财，造而不用，不如暂时停工。

内阁票拟，奉旨下部："是！"

于是这件纠缠了一年，费了多少笔墨的航海攻心战术的公案就此结束。

所谓官僚政治，有三个字可以形容之：一骗，二推，三拖。

曾应遴要凭空建立一个六万人的海军，一无钱，二无兵，三无计划，更谈不到组织、训练、武器、服装、给养、运输、指挥这一些大问题。信口胡柴，提出口头建议，这是骗。

崇祯帝何尝不明白这道理，只是明白了又怎么样呢？当时无处借款，也无人助战，无友邦支持，一切都无，总得要表示一下呀，于是手令“该部议奏”，也是骗。

工部说这工程该和兵部分任，这是推。

阁臣签呈，由兵、工两部分任，一个钱不给，叫人从纸上空出一队海军，这是骗。

工部说钱是有的，在沉沦的开封，和沦陷的归德。兵部说我也有钱，在十年无人烟的淮西，这又是骗。

建议，再建议，签呈又签呈，一上一下个把月，这是拖。

骗而下不了场，又一转而推，工部把这差使推给船厂主事，船厂主事推给闽广抚臣，又是奏本、票拟，从北京到淮安，淮安到北京，又从北京到闽广，闽广到北京，（中间还有从闽到广，从广到闽，会衔这一段公文旅行。）来来去去，去去来来，半年过去了，从推又发生拖的作用，推和拖本质上又都是骗。

最后，清兵撤退了，皆大欢喜，内阁以一“是”字了此公案。

大事化为小事，小事化为无事。

从骗到推，到拖，而无。这故事是中国官僚政治的一个典型例子。

也有人说，过去中国的政治，是无为政治，那么，就算这故事是一个无为政治的故事吧。①

二、碰头和御前会议

清末大学士瞿鸿禨的傈直、遇恩，《圣德纪略》和金梁（息侯）

---

① 参看戴笠、吴殳：《怀陵流寇始终录》卷十五，《和看花行者的谈往》。

的《四朝见闻》、《光宣小纪》两书，有许多地方可以互相印证。

在瞿中堂的书里，所见到的满纸都是碰头，见皇上碰头，见太后碰头，上朝碰头，索荷包碰头，赐宴碰头再碰头。碰头大概和请安不同，据金息侯的记载，请安是双膝跪在地下，两手垂直的，而碰头则除此以外，似乎还得弯腰把额角碰在地面上吧。《汉书》上邓通见丞相申屠嘉首出血不解，大概是清人所谓碰响头，碰得额角坟起，以至出血。古书上所谓“泥首”，大概也是以首及泥的意思。不过，虽然碰头于古有据，而碰头之多，之数，之津津乐道，满纸都是，则未可以为渊源于古，只能说是清代的特色。

清人作官的秘诀，相传有六个字：“多碰头，少说话。”

年老的官僚多半要作一个护膝，即在膝盖上特别加上一块棉质的附属品，以为长跪时保护膝盖之用。

左宗棠有一次在颐和园行礼，跪久了，腰酸向前伏了一会，立时被弹劾，以为失仪。

军机大臣朝见两宫议事，一顺溜跪在拜垫上，有几个便殿，地方窄挤成一团，名位低的军机跪得比较远，什么也听不见，议是谈不上的。

照例，一大堆文件，皇太后翻过了，出去上朝，在接见第一批臣僚的短短时间内，军机大臣几人匆匆翻了一下，到召见时，有的事接头，大部分都莫名其妙。两个坐着，一群人跪着，首班跪近，还摸着一点说什么，其余的便有点不知所云了。往往弄得所答非所问，丈二和尚摸不着头脑。说了一阵子，国家大事小事便算定局。

王大臣会议也是这个作风，小官说不了话，大臣不敢说话，领班的亲王不知道说什么话，讨论谈不上，争辩更不会有。多半是亲王说如此如此，大家点头，散会。以后再由属员拟稿，分送各大臣签署奏报。

金息侯叹气说：“这真是儿戏!”其实儿戏又何可厚非，小孩子到底天真，这批老官僚的天真在哪里？道道地地的官僚作风而已，儿戏云乎哉！（本节仅凭记忆）

（原载《中国建设》第7卷第1期，1948年10月1日）

海瑞骂皇帝

在封建时代，皇帝是不可侵犯的，连皇帝的名字都要避讳，一个字不幸成为“御讳”，就得缺笔闹残废，不是缺胳膊，就是缺腿，成为不全的字。① 人们不小心把该避“御讳”的字写了正字，就算犯法，要吃官司，判徒刑。至于骂皇帝，那是很少听说过的事。真正骂过皇帝，而又骂得非常痛快的是海瑞。海瑞骂嘉靖皇帝最厉害的几句话说：“现在人民的赋役要比平常多许多，到处都是这样。您花了许多钱，用在宗教迷信上，而且一天比一天多，弄得老百姓都穷的光光的，这十几年来闹到极点。天下人民就用您改元的年号嘉靖，取这两个字音说，‘嘉靖’皆净，家家穷得干干净净，没有钱用。”这样大胆直接骂皇帝的话，不仅嘉靖当了几十年皇帝没有听见过，就是从各朝各代的古书上也很难找到。但却句句刺痛了他的要害，嘉靖又气又恼，十分冒火。

原来嘉靖做皇帝时间长了，懒得管事，不上朝，住在西苑，成天拜神作斋醮（宗教仪式），上青词。青词是给天神写的信，要写得很讲究，宰相严嵩、徐阶都因为会写青词得宠。政治腐败到极点，朝臣中有人提意见的，不是杀头，便是革职，监禁，充军，吓得没人敢说话。海瑞在嘉靖四十五年（公元 1566 年）二月上的治安疏，便是针对当时的问题，向皇帝提出的质问，要求改革。他在疏中说：

“你比汉文帝②怎么样？你前些年倒还做些好事。这些年呢，只

---

① 例如宋太祖名叫赵匡胤，“胤”字在其他地方用时要避“御讳”，少写一笔，写作“胄”。

② 西汉皇帝。他执行减轻租役的政策，免收全国赋税十二年，促进了社会生产的发展，国家开始呈现富饶的景象。

讲修道，大兴土木。二十多年不上朝，滥派官职给人。跟两个儿子也不见面，人家以为你薄于父子。以猜疑诽谤杀戮臣下，人家以为你薄于君臣。尽住西苑不回宫，人家以为你薄于夫妇。弄得天下吏贪将弱，到处有农民暴动。这种情况，你即位初年也有，但没有这样严重。现在严嵩虽然罢相了，但是没有什么改革，还不是清明世界。我看你远不如汉文帝。”

嘉靖自比为尧，号尧斋。海瑞说他连汉文帝也不如，他怎么能不冒火。海瑞接着又说：

“天下的人不满意你已经很久了，内外大小官员谁都知道。

“你一意修道，只想长生不老，你的心迷惑了。过于苛断，你的性情偏了。你自以为是，拒绝批评，你的错误太多了。你一心想成仙得道，长生不老。你看尧、舜、禹、汤、文王、武王①哪个活到现在？你的老师陶仲文教你长生之法，他已经死了。他不能长生，你怎么能求长生呢？你说上天赐你仙桃、药丸，那就更怪了，桃、药是怎么来的呢？是上天用手拿着给你的吗？

“你要知道，修道没有什么好处，应该立即醒悟过来，每天上朝，研究国计民生，痛改几十年的错误，为人民谋些福利。

“目前的问题是君道不正，臣职不明，这是天下第一件大事。这事不说，别的还说什么！”

嘉靖看了，大怒，把奏本丢在地下，叫左右立刻逮捕海瑞，不要让他跑了。宦官黄锦在旁边说：“听说这人自知活不了，已向妻子作临死告别，托人准备后事，家里的佣人都吓得跑光了，他不会逃。这个人素性刚直，名声很大，居官清廉，不取官家一丝一粟，是个好官呢！”嘉靖一听海瑞不怕死，倒愣住了，又把奏本拣起来，一面读，一面叹气，下不了决心。过了好些日子，想起来就发脾气，拍桌子骂人。有一天发怒打宫婢，宫婢私下哭着说：“皇帝挨了海瑞的骂，却拿我们来出气。”嘉靖又派人私下查访，有谁和海瑞商量出主意的。同官的人都怕连累，看到海瑞就躲在一边，海瑞也不以为意，

① 尧、舜、禹、汤、文王、武王都是我国上古时代或古代传说中的贤君。

在家等候坐牢。

嘉靖有时自言自语说："这人真比得上比干①，不过我还不是纣王。"他叫海瑞是畜物，口头上和批处海瑞案件的文件上都不叫海瑞的名字。病久了，又有气，和宰相徐阶商量，要传位给太子，说："海瑞的话都对，只是我病久，怎么能上朝办事呢？"又说："都是自己不好，不自爱惜，闹了这场病。要是能上朝办事，怎么会挨这个人的骂。"下令逮捕海瑞下狱，追查主使的人。刑部论处海瑞死刑，嘉靖也不批复。过了两个月，嘉靖死了，新皇帝即位，才放海瑞出来，仍回原职，作户部主事②。

海瑞大骂皇帝，同情他和支持他的人到处都是，他的名声越来越大了。万历十四年（公元1586年），海瑞被人向皇帝诬告，青年进士③顾允成、彭遵古、诸寿贤替他辩诬申救，写的文章中说："我们从十几岁时，就听说海瑞的名声，认为是当代的伟人，永远被人瞻仰，这是任何人都不能赶得上的。"这是当时青年人对他的评价。

刘勉之

（原载《人民日报》，1959年6月16日）

---

① 比干是殷纣王的叔父，因为谏纣王的荒淫残暴，而被剖心杀害。

② 是户部的官员。

③ 科举取士制度，在乡试的次年由取得举人资格的人，于北京举行会试。会试合格的，再由皇帝亲自主持一次考试叫做殿试。殿试结果，分为三甲，一甲仅三名，是状元、榜眼、探花，称"进士及第"；二甲称"进士出身"；三甲称"同进士出身"；统称进士。

清官海瑞

海瑞反对浪费，反对贪污，廉洁俭朴，是明朝著名的清官，也是封建时代著名的好官。

他以举人任福建延平府南平县儒学教谕①，一到任便申明教约：学生除参见拜揖外，不许送礼；送酒食请先生吃的俗例，一概不许举行。上官觉得很奇怪，后来弄清楚了，对他十分敬重。

提学御史到学宫行礼，县官和县学训导都跪着迎接，只有海瑞站着，不肯跪，说这是学校，是师长教学生的地方，不是衙门，不应该跪。他正好站在两个训导中间，人们传开了，叫他作“笔架博士”。

嘉靖三十七年（公元1558年）他升任浙江淳安知县。研究了县里情况，知道人民痛苦万状，叹气说：“天下事都被秀才官做坏了。不止是不才的官，贪污残暴，专门弄钱，就是好官，也是公道和私心，时时在心中斗争，常常搜括民脂民膏来拉拢朋友，博取好名声。百姓穷了，又都说是朝廷赋税重。我看不可以这样说，因为赋税虽重，还有定额，离十中收一不远；可是额外的无名的负担却多得不得了，这并不是朝廷规定的，是地方上自己规定的！”明朝制度，知县薪俸不多，但按田粮里甲征收的常例却很多。海瑞把常例革了，只领应得的薪水。过去供应县衙都是里甲负担，每人每年要出四五两银子，海瑞算了账，每人只收两钱银子，一切用度，都在这笔钱上开销。上官下命令要县里送钱给境内的乡官，从前是要多少就得给多少的，海瑞却不然，看罚款积存情况，有就送一点，没有就不

① 明代各府、州、县设立有儒学，管理本地的学务。县学的正教官叫做教谕，副教官叫做训导。

送。按当时规矩，知县上京朝见，要带许多金银绸缎，分送有关京官。老百姓都说，朝见年是京官收租的年头。这笔贿赂来源，旧例每年由百姓摊派，每里一两，淳安县有八十里，三年合计银二百四十两。外加朝见年的特别摊派，每人出银二钱，共银一百六十两。临行时，各里还得送礼，县官还可以从罚款和其他杂项中想主意，加上其他摊派，做为上京本钱。其中要送七十二两给知府，十二两给府里的官员，六两给府吏，其他便是知县自己的了。海瑞在任内上京两次，只用路费银四十八两，送吏十二两，造户口册十一两七钱五分，其他旧例，一概革除。巡抚、按院出巡，地方官必须送钱给这两个衙门的师爷，不这样做，会出祸事。海瑞坚决不肯，说："充军也好，死罪也好，都甘心忍受，这等小偷勾当却干不得。"京中要人要送礼物，外官入京讲"交际"（实际是贿赂），当时人认为要做官，不这样做是不行的。海瑞说："全天下的官都不给上官行贿，难道就都不升官？全天下的官都给上官行贿，又难道都不降官？怎么可以拿这个来自欺欺人呢！"他只靠月薪过活，穿的是布袍子，吃的是粗米饭，衙门里有空地，自己种菜，家人上山砍柴。他为母亲过生日，买了两斤肉；总督胡宗宪当作新鲜事，到处告诉人。

他离开淳安任所到吏部听调，大冷天还穿着一件破丝棉袍子，吏部①侍郎朱镇山劝他做件官服，才买了一件黄绢的袍子。

海瑞一生除有祖田十余亩以外，自己没有添置过田产。有人假冒海瑞的名义在他家乡琼州（在广东海南岛澄迈以东，会乐以北地带）一带放债买田，海瑞听到后便写信给琼州知府说："我从做官到现在，从未回过家，俸金收入，仅仅足用，此外别无分文放债，也没有添什么田产。"请琼州知府严加查办。海瑞从作教谕到巡抚，做了十八年官，只买了一所值一百二十两银子的住宅，还是从薪俸节余的钱存起来的，此外便什么也没有添置。田产只有祖传田十亩。清丈时县吏照顾他，少算一亩八分，他知道了，不答应，一定要照实在田亩算。一家吃用，都从这祖传的十亩田里出，时常吃不饱。

① 吏部掌管全国官吏的任免、升降等职务。

同乡青年来谈学问，讲经义，实在饿很了，只好用手按着肚子，一面还谈着话，客人走了，边谈边送，不让人知道他挨饿。

万历十三年（公元1585年）海瑞被起用为南京吏部右侍郎，这时他已经七十二岁了。到任后，发现兵马司随便开票要坊（街）上人办公宴和其他支应。一调查，各衙门有三百多张票，都是要地方上供应，不付钱的。他叹一口气说："南京人民，要支应南京千百个官员出入用度，这怎么得了，难怪百姓苦了。吏部是六部之首，怎么可以不为百姓设想。"立刻出布告禁革，连办事官吏公同凑的份子和新任贺礼，一概革除。不久，升南京都察院右都御史。万历十五年（公元1587年）十月十四日，死在任上。死前三天，兵部送来柴火银子，多算了七钱，还叫人扣回去。死后，同官替他清点遗物，全部家财只有俸金十多两银子，绫、绸、葛各一匹，清苦得比一般寒士还不如。佥都御史王用汲看了，忍不住哭出声来，和同官商量，大家凑一点钱，替他办丧事。

海瑞一生刚直，反对模棱两可，圆滑处世，自号刚峰，人们都称他刚峰先生。死后谥①忠介。在明朝末年，海忠介公是全国皆知的人物，特别是苏州、松江一带的人民，一提起海都堂，便喜笑颜开。恨他骂他的人也有，是少数人，是吃过他苦头的大地主和乡绅。

赵彦

（原载《北京日报》，1959年7月22日）

---

① 封建时代按照一定的规则和条件，给死人立个名号，来表彰他的生平，叫做谥。一般是指的皇帝给死去的大臣取的号。忠介是海瑞死后的谥号。

爱国的历史家谈迁

公元 1647 年，是清朝顺治四年。四年前的五月初一，清摄政王多尔衮入北京。同一天明宗室福王入南京，过了十二天作了皇帝，改次年年号为弘光。第二年五月清军入南京，弘光被俘，明朝亡国。

丁亥（1647 年）八月间，浙江海宁县的一个村落麻泾，村边一片枣林里，住着一位老秀才谈迁，此人既老且穷，半夜里忽然被小偷光顾，破衣烂衫，什么也没有动，只偷走一部文稿，叫做《国榷》。

这部书是谈迁编的明朝编年史，从公元 1328 年到公元 1645 年，每年按月按日编的大事纪。内容主要根据明朝的实录和一百多家明朝史家的著作，经过细心的编排考订，写了改，改了再写，一连改了六次才编成的一部大书。

他是一个穷秀才，买不起书，当时也没有图书馆可以借书。明朝实录是记载每一皇帝在位时的编年史，没有刻本，只有少数的大官僚家里才有传抄本。他为了研究明朝历史，托人情、拉关系、左求右求，好容易才求通了邻县的几家大乡绅，经常跑一百多里路，带着铺盖伙食去抄书，抄了多少年，费了多少精力，终于把这部五百多万字的大书编成了，十分得意。纵然刻不起版，不能传布开去，但是，只要有了稿子，将来总会有机会出版的。

他为什么要编这部书？公元 1621 年，他二十九岁，那一年，母亲死了，在家守孝。他原来对历史有兴趣，读了不少书，积累了丰富的历史知识，恰好得到一部陈建著的《皇明通纪》，便仔细阅读，不料越读越生气，书里记载的史事有很多错误，见解也很肤浅，心想这样的书不是害人吗，不但糟塌人的时间，还给人以错误的史实和看法。便下决心自己编写。编书的主要根据是明朝实录，经过仔细研究，有几朝实录也很不可靠，例如《明太祖实录》是经过三次改写的，改一次便隐没了不少历史真相。明孝宗的实录是正德时的奸臣焦芳编的，凡是他所不满意的好人都乱骂一通，把白的说成黑的，很不可靠。为了求得历史事实的比较真实可靠，他便发愤通读所能借到抄到的一百几十家明朝历史家的著作，互相对证比较，一条条的札记，按年月分别放在有很多抽屉的柜子里，再按年月按事综合研究，择善而从，编成这部书。总之，他原来编《国榷》的目的是从历史的真实性出发的，要通过自己的辛勤劳动，编成一部可信的国史。

不料1644年清人入关，1645年弘光被俘，这一年他已经五十三岁了。亡国之恸，十分悲愤，在所著《枣林杂俎》里写上一段题记说："我的祖先，因南宋亡，避难搬到海宁的枣林。如今不到四百年，又是南宋亡国时的局面了。我年纪大了，说不上哪个早上晚上死去，能逃到哪里去呢？桃花源在哪里呢？只好在枣林算了！"崇祯、弘光这两朝是没有实录的，他便根据当时的《邸报》（政府公报）继续编写，认为国虽亡了，但史不可亡，保存故国的真实历史，是亡国遗民应尽的责任。从此，他的著作，署名为江左遗民，原来他名以训，字观若，也改名为迁，字孺木，纪念亡国的哀痛。

书写成了，慢慢传开了。他家虽穷，但这部书却是件大财富。当时有的人有钱有地位，却缺少社会名望，很想有部书出版，流传后代。但写书要有学问，要花苦工夫。知道谈迁生性耿介，拿钱是买不动的，便只好偷了。结果，这部花了二十七年时间、改了六次才编成的书被偷走了，谈迁一生的精力白费了。

谈迁遭受了这样严重的打击，伤心得很，在大哭一场之后，下定决定：我的手不是还在吗？再从头干吧！

为了保存祖国的真实历史，也为了通过历史给后代人以深刻的教育，于是，这位五十多岁的老人，满头白发，背着雨伞、包袱、干粮、纸笔，跑到嘉善、归安、吴兴、钱塘，向乡绅大族说好话求情，借书抄书，读遍了有关的参考书，抄得了所需要的材料，不顾严寒，不顾酷暑，以炽盛的精力，像三十年前一样又投身到学术的战斗中。

这样，经过了四年，他已经六十岁了，又第二次完成了《国榷》的初稿。

但是，还有困难。南方虽然有许多大乡绅，有些史书可以借读借抄，毕竟他们注意的是举业，更多收藏的是八股帖括之类。有好多性质较为专门的书对他们没有用，因之也就看不到。更重要的是万历到崇祯这几十年的史事，由于党争翻复，各人的立场不同，记载也就是非不一，同一事有许多不同的说法，差别很大。崇祯一朝史事，有许多记载是得之传闻的，很不可信。要多找书读，要多找人谈，特别是找身经其事的人谈，要达到这样要求，就非到北京不可。

北京怎么能去呢？没有路费，即使借到钱，到北京后的吃住又怎么办呢？

谈迁过去的职业是当官僚的幕友，替东家代写些应酬文字，办些文墨事务。例如 1642 年他就胶东高弘图之聘，做高的记室，一直到 1645 年高弘图罢相为止，在当时官僚中有些名气。1653 年义乌朱之锡进京做弘文院编修，聘谈迁做记室，约他一路从运河坐船进京，谈迁多年来的愿望实现了，一口答应。在北京朱家住了两年半，除了替朱之锡做些文墨工作以外，便用全力搜集史料和访问有关史事的人物，补充和纠正《国榷》这部书。

当时在北京有不少藏书家，著名的一个叫曹溶，浙江秀水人，由于同乡关系，谈迁写信给他，见了面，曹溶答应借书并且介绍别的藏书家。由曹溶的介绍，他又认识了太仓吴伟业和武功霍达。这三个人都是现任官员，都是明朝崇祯时的时士，都收藏了很多外边不经见的秘书。其中吴伟业熟识明末掌故，亲身经历过许多事变，是当时的大名士，交游相当广泛，从此谈迁便经常和他们往来，问以先朝遗事，一一笔录。又借到《万历实录》和《崇祯邸报》，和《国榷》原稿核对。

他到北京去的时候是带着《国榷》去的，把原稿送给曹溶、吴伟业、霍达，要求他们指出错误，随时改正。

此外，他到处访问明朝的降官、贵族子孙、太监、官僚贵族、门客、城市和乡村居民，只要有一点线索，就不放过。他还访问历史遗迹，如景泰帝和崇祯帝的坟墓，金山明代皇族丛葬地区，香山和西山的古寺等等。从运河北上和南下时，所过城市也都核对史书，记载有关事迹。到1656年回家时，已经记录了几千张纸的材料，满载而归了。

朱之锡序他的《北游录》，描写谈迁搜访史料的情形说："为了访问遗迹，登山涉水，脚都起了泡，有时迷了路，只好请看牛的小孩和雇工带路，觉得很高兴，不以为倦，人家笑他也不理会。到一个村子里，就坐下笔记，一块块小纸头，写满了字，有时写在用过的纸背上，歪歪扭扭的，很难认出。路上听到的看到的，一堵围墙，一块破碑，也不放过，只要耳目所能接触的都用心记下，真是勤勤恳恳，很感动人。"

这两年多的生活，使他的历史知识更丰富了，《国榷》的史料质量更提高了。除此以外，他还把所作诗文编成《北游录》，内容包括在北京时的日记和见闻记录，北游的旅程，把一部分材料补充了以前所著的《枣林杂俎》。

他在学术上有很大收获，但在精神上则很痛苦。因为他只是一个穷老秀才，一个替人帮忙的幕客，这样的身份求人借书，访人问事都不是很容易的。他在给朋友信中诉苦说："我不善于说话，年纪又大，北京游人多得像蚂蚁，成天去拜访贵人，听候接见，往往早上去等中午，有时得等到晚上才能见着面，简直受不了。北京气候又干燥，到处是尘土，鼻子口腔都脏得很。无处可去，只有离住所两里外的报国寺有两棵松树，有时跑到树下坐一会，算是休息了。"他早就要回南方，只因东家挽留不放，后来朱之锡奉命修书，想来或者可以看到一些难得的秘书，一打听内阁的书也都残缺不全了，没有了指望，便决心回家了。

1657年他又应聘作幕友到山西，一来是为了生活，二来也想趁机会去拜哭平阳的张慎言墓。张慎言是弘光时的吏部尚书，高弘图的朋友，很契重谈迁。这年十月，他还没有到平阳，就病死在路上，年六十五岁。

谈迁的《国榷》，三百年来只有传抄本。二十五年前我因为要查对一些材料，曾在前中央研究院历史语言研究所翻阅了一遍，因为不能外借，没有机会细读。想望了这多年，现在中华书局终于把它出版了，这是学术界的一件大好事。对爱国的历史家谈迁说，隔了三百年出版了他的著作，他应该十分高兴。对学习历史的我来说，也是绝好的今昔对比，从前看不到的书现在却搁在我的书桌上，不但有机会细读《国榷》，而且还能读到他的《北游录》，比较深切地了解谈迁这个人，十分感动，也十分高兴。这篇短文的目的，介绍这部书，也介绍这个人。这书的编写经过，这人对历史的求真精神和顽强的研究精神是值得我们学习的。

1959 年 7 月 14 日

（原载《新观察》1959 年第 15 期）

谈文成公主

文成公主是我国历史上有贡献的妇女，她在青年时代受命嫁给吐蕃（音播）赞普松赞干布，使唐蕃亲如一家，建立舅甥关系，保持了三十一年的和平，广大的唐人蕃人得以休养生息，都对她十分尊重。一直到今天，她的事迹还为汉藏人民所喜闻乐道，田汉同志这个剧本正是根据汉文史料和藏族民间传说写成的。

唐朝唐太宗统治的贞观年间（公元627—649），是我国历史上繁荣昌盛的时代。当时的长安是世界上的文化中心，许多国家、许多民族都派学生来留学。对外贸易也很发达，穿着各种民族服装的商人，在长安到处都可以看到。

正当唐太宗在位时期，今天祖国大家庭成员之一的藏族，当时叫做吐蕃，出现了有才能的统治者松赞干布，他和唐太宗一样，年纪很轻便带领军队，战胜攻取，统一了长期分裂的各个地区。他不止是一个成功的军事家，同时，他还是一个有远见的政治家，深知必须和唐朝和好，才能使两族人民安居乐业。从公元634年便派使臣到长安建立友好关系，并要求迎娶唐朝的公主，这个愿望到641年达到了。

唐太宗虽然很英武，在军事上有很大的成功，但却主张和吐蕃和好。公元630年他大破突厥。635年平定吐谷浑，封吐谷浑王诺曷钵为河源郡王，后来又把弘化公主嫁给他。吐谷浑在吐蕃的北面，吐谷浑和唐朝建立政治和亲戚关系以后，新兴的唐朝和新兴的吐蕃便有了更多的接触。虽然长安和逻些（拉萨）相去很远，唐太宗却高瞻远瞩，采取民族团结的方针，除厚待吐蕃来使，派使臣回访以外，决定把宗室女文成公主远嫁，并通过送亲使节，带去大量的农具、种子、医药、书籍、百工技艺和医生，以后又应公主的请求，送去蚕种、碾、硙等生产工具和造酒工人、汉文秘书等等。对吐蕃的文化、生产发展很有帮助。

应该指出，当时的吐蕃文化也曾对唐朝起了作用，汉文史籍曾经记载松赞干布五次求亲，每次都带来了大量的金帛和珍玩，640 年的一次就送来珍玩几百件，虽然史书没有详细记载名目和形式，但是据几十年后有一次吐蕃使臣带来的工艺品，唐朝皇帝大为赏识，曾经特地公开陈列展览，让官员们都来欣赏这一史实看来，吐蕃当时的手工工艺水平是相当高的。

这个剧本把我们带到一千三百年以前，通过舞台艺术，演员的深刻表情，把这一段唐蕃结亲的佳话，具体地生动地展现在我们面前。这个剧本不止反映了历史的真实性，同时，又通过艺术的浪漫手法，有夸张，有集中，把这段历史写得更美丽，更可爱。

主题是唐蕃和好、团结，但是，有曲折，有迂回。当时的实际情况是两方面都有主张和平、赞成结亲的人，也有主张打仗、破坏结亲的人。主张和平团结的唐朝方面以唐太宗、魏徵为首，吐蕃方面是松赞干布和禄东赞。反对派唐朝方面的代表人物是侯君集，吐蕃方面是俄弥勒赞和恭顿。这两派有明争，有暗斗，最后是唐太宗和松赞干布的主张胜利了，文成公主一行终于到达逻些，举行了盛大的婚礼。

完成这个任务的人是青年的文成公主。她年轻，美丽，决心完成她父亲的委托，八千里远嫁，不向困难低头。在她到达拉萨以后，虽然汉文史料上没有记载她的什么活动，但是，从今天藏族人民对她的有关传说的喜爱来看，对松赞干布和她的敬仰尊重来看，从以她到达为标识，缔结两族人民的友谊，促进了文化和经济的交流，维持一个时期的和平安定局面来看，她对当时，对历史是有贡献的，在今天祖国大家庭的历史中，她是有地位的。

这个剧本里吐蕃的蕃字读音也应该说明一下，当时吐蕃人自称为蕃或大蕃，蕃音播，一直到今天，藏族人民还自称为播。明朝以后把蕃读成翻，是错误的，应该纠正回来。

（原载《北京晚报》，1960 年 4 月 15 日）

海瑞的故事

一

海瑞的时代，是明封建王朝从全盛走向衰落的时代。他生在正德九年，死于万历十五年（1514—1587），一生经历了正德、嘉靖、隆庆、万历四个皇帝。这几十年中，社会情况发生了很大变化，土地更加集中了。皇帝侵夺百姓的土地，建立无数皇庄，各地亲王和勋戚、贵族、大官僚都有庄田，亲王的庄田从几千顷到几万顷。嘉靖时的宰相严嵩和徐阶都是当时最大的地主。万历时期有一个地主的田地多到七万顷。农民的土地被地主所侵夺，沦为佃农、庄客，过着牛马般的生活。庄园的庄头作威作福，欺侮百姓。贵族和官僚的家里养着无数的奴仆，有的是用钱买的，有的是农民不堪赋役负担，投靠来的。他们终年为主人服役，除家庭劳役外，有的学习歌舞、演戏；有的纺纱织布，四出贩卖；有的替主人经营商业，开设店铺，没有工资，也没有自由，世代子孙都陷于同一命运。国家所控制的人口减少了，因为一方面农民大量逃亡，流散四方，另一方面一部分人口沦落为奴仆，户口册上的人口数字日渐减少。同时土地的数字也减少了，这是因为农民流亡，田地抛荒；庄田数目越来越大，庄田主的贵族和官僚想法不交或少交钱粮，这样，向国家缴纳地租的土地就越来越少。更严重的是中小地主和上中农为了逃避赋役，隐蔽在大地主户下，大地主的土地越多，势力越大，把应出的赋役分摊在农民的头上，农民的负担便越重，阶级矛盾便越尖锐。

这个时期，是阶级矛盾日益尖锐的时期。

贪污成为政治风气，正德时刘瑾和他的党羽焦芳等人，公开索取贿赂；嘉靖时的严嵩父子、赵文华、鄢懋卿等人，从上到下，都要弄钱，不择手段。以知县来说，附加在田赋上的各项常例①就超过应得的薪俸多少倍；上京朝见，来回路费和送京官的贿赂都要农民负担。徐阶是当时有名的宰相，是严嵩的对头，但是，他家就是松江最大的富豪，最大的地主，也是最大的恶霸。

京官、外官忙于贪污，水利没有人关心了，许多河流淤塞了。学校没有人关心了，府县学的生员名为学生，到考试时才到学校应付。许多农民产业被夺，田地没有了，却得照旧纳税，打官司的人愈来愈多了。

这个时期是政治最为腐败，贪污成为风气的时期。

也正是这个时期，倭寇（日本海盗）猖獗，沿海一带，经常受到倭寇的威胁。浙江、福建两省被倭寇侵略最严重。明朝政府集中了大量兵力，把这两省合成一个防御性的军事体系，设总督②管辖军事。军队增加了，军饷相应增加，这些负担也自然落在农民身上。

大地主的兼并，官吏的贪污，倭寇的侵略，使得农民生活日益困苦。表面上熙熙攘攘，一片繁荣景象，骨子里却蕴藏着被压抑的千千万万农民的愤怒，一触即发。

海瑞的时代就是这样一个时代。

二

海瑞任浙江淳安知县的时候，总督是严嵩的亲信胡宗宪。

淳安是山区，土地贫瘠，老百姓都很穷，山上只产茶、竹、杉、柏，山下的好田地都被大族占了，老百姓穷得吃不上饭。这个县又处在新安江下游，是水陆交通的枢纽，朝廷使臣，来往官僚过客，都要地方接待。例如经过一个普通官，就要用银二三十两；经过巡

① 常例是一种附加税，津贴知县用费，变相的但又是合法的贪污行为。

② 总督是地方的最高长官，辖一省或二、三省，总揽军民要政。

盐御史、巡按御史等监察官员①，要用银一二百两，巡抚②出巡，则要用银三四百两。这都要百姓赔垫。他们坐船要支应船夫，走陆路要支应马匹夫役。地方穷，负担重。

有一次，胡宗宪的儿子经过淳安，仗着是总督公子，作威作福，嫌驿站（传递文书的站）的马匹不称心，供应不周到，大发脾气，喝令跟人把驿吏捆了，倒挂在树上。驿站的人慌了，跑到县衙要办法，海瑞说："不慌，我自有主张。"他带人走到驿站，一大堆人在围着看热闹。鲜衣华服的胡公子还在指手划脚骂人，一看海瑞来，正要分说。海瑞不理会，径自进驿站去，一看胡公子带的大箱子小箱子几十个，都贴着总督衙门封条，就有了主意。立刻变了脸色，叫人把箱子打开，都沉甸甸的，原来装着好几千两银子呢。海瑞对着众人说；"这棍徒真可恶，竟敢假冒总督家里人，败坏总督官声！上次总督出来巡查时，再三布告，叫地方上不要铺张，不要浪费。你们看这棍徒带着这么多行李，这么多银子，怎么会是胡总督的儿子，一定是假冒的，要严办！"把几千两银子都充了公，交给国库，写一封信把情由说了，连人带行李一并送交胡宗宪。胡宗宪看了，气得说不出话，怕海瑞真个把事情闹大，自己理屈，只好算了，竟自不敢声张。

海知县拿办总督公子的新闻轰动了淳安，传遍了东南，老百姓人人称快，贵族官僚子弟个个头痛，骂他不识时务。

更使人高兴称快的是另一件事：海瑞挡了都御史的驾，拒绝他入境。这在当时说来，是件了不得的骇人听闻的大事。

鄢懋卿是当时宰相大奸臣严嵩父子的亲信，嘉靖三十五年（1556年）以左副都御史的身份，出京来总理两浙（浙东、浙西）、两淮（淮南、淮北）、长芦、河东盐政。

都察院左副都御史是朝廷最高级的监察官员之一，出巡地方时

---

① 都察院是朝廷负责纠察弹劾的衙门，都御史、左右副都御史是都察院的正副长官。其下有佥都御史。这些都是都察院的高级监察官员。另外对地方各道派有监察御史，按其工作性质分巡按御史（管司法）、巡盐御史（管盐政）、提学御史（管教育）等。巡按御史出巡时亦称按院。

② 巡抚是比总督低一级的地方高级官员，管一省的军事和政治。也称抚台、都堂。

是钦差①，掌握着进退升降官吏的建议权。总理盐政是名目，实质上是皇帝要钱用，叫他从产盐、卖盐上打点主意，多搞些钱。

鄢懋卿以监察官、钦差大臣的身份，加上有严家父子作靠山，一到地方，威风得很，利用职权，收受贿赂，给钱的是好官，给多的便答应升官，给少的便找题目磨难，非吃饱了不走。总之，不管官大官小，什么地方，什么官，非给他钱不可，非给够了不走。不这样做，除非不打算做官才行。

不只送贿赂，还要大大地铺张供应、迎送。地方长官巡抚、按察使、知府②、知县，大大小小都得跪着接送。吃饭要供应山珍海味，住处要张灯结彩。在扬州，地方请吃饭，一顿饭就花了一千多两银子。他还带着老婆一起，老婆坐五彩搭的轿子，用十二个女子抬。连厕所都用锦缎做垫，便壶都用银子做。

一天，轮到要巡查严州（今浙江建德）了，要路过淳安。全县人都焦急，不知怎么办才好。

钦差、监察官、地方长官到地方巡查，照例都要发一套条约或告示，说明来意和地方应注意事项，并且大体上也都按着老规矩，照前任的抄一遍。告示内少不得要说些力戒铺张、务从节俭等冠冕堂皇的话。海瑞研究了好久，一想对了，即以其人之话还治其人之身。便对差官说，淳安地方小，百姓穷，容不下都老爷的大驾，请从别处走吧，省得百姓为难。他亲自写一封信给鄢懋卿，信上说：

> 细读您的布告，知道您一向喜欢简朴，不喜欢逢迎。您说："凡饮食供应，都应俭朴，不要过分奢侈，浪费人民钱财。"您又说："现在民穷财尽，宽一分，人民就得一分好处，一定要体谅。"您的种种恳切的教导，说的很多。我相信您的话是为国为民，是从心里说出来的，决非空话。
>
> 但是，您奉命南下以后，沿途情况，浙江派的前路探听的人都说，各处都办酒席，每席要花三四百两银子，平常伙食都

---

① 钦差是由皇帝特派出京，代表皇帝查办政务的官员。

② 明朝的时候，办理一省刑政和检查官员纪律的机关叫提刑按察使司，简称按察司，长官叫做按察使。明时一省分几个府，一府管几个州、县，府的长官叫知府。

是山禽野味，不易弄到的东西。供应极为华丽，连便壶都用银子做。这种排场，是和您颁行的布告大大相反的。

都察院长官出来检查盐政，是少有的事。因为少有，所以百姓有疾苦的要求告状，有贪酷行为的官要改正，百姓也会得到少有的好处。现在情况是州县怕接待不周到，得罪都察院长官，极力买办。百姓为出钱伤脑筋，怨声不绝。百姓没有得到少有的好处，反而苦于少有的破费。这可能是地方官属奉承您，以为您喜欢巴结、不喜欢说实话，揣摩错了您的真正用心吧。

盐法毛病，我晓得一些，没有全盘研究，不敢乱说。只是这一件事，是我耳闻目见的。您如来了，东西准备了，纵使您一概不受，但是东西既然买了，必然要用许多钱，百姓怨恨，谁当得起？地方官属以今时俗例来猜测您，我又很怕您将来会因为地方官属瞎张罗，不利于执守礼法，而后悔不及。这个害比盐法不通还要大，所以敢把这些意见一一告诉您。

义正辞严，话又说得很委婉。鄢懋卿看了，气得发抖，想寻事革掉他的官，但他是清官，名声好，革不得。就此过去，又气不过。只好放在心中，把这封信藏起来，批“照布告办”，严州也不去了。

严州知府正忙着准备迎接，听说都老爷忽然不来了，正在纳闷，怕出了什么岔子。后来才知道是海知县写了信，惹了祸。怕连累自己，大怒，海瑞一进来，就拍桌子大骂：“你多大的官儿，敢这样！”骂不停口。海瑞不说一句话，等骂完了，气稍平了，作了一个揖就走，以后也不再说什么。等到鄢懋卿巡查完了，走了，严州府上下官员一个也没出事，知府这才放了心，过意不去，见海瑞时连说；“好了淳安百姓，难为了你，难为了你！”

鄢懋卿恨极海瑞，要报复，叫他管下的巡盐御史袁淳想主意。袁淳也是恨海瑞的，他巡查地方时，海瑞照规矩迎送，迎的不远，送的也不远，供应不丰富，有什么需索，也是讨价还价。这回正好一举两得，也报了自己的私仇。这时海瑞已得朝命升任嘉兴通判（知府的副职），便找一个公文上的手续不对，向朝廷告发，把海瑞降职为江西兴国知县。

三

海瑞从江西调到北京，后来又调到南京做了几年官，在隆庆三年（1569年）六月才被派为江南巡抚，巡抚衙门设在苏州。第二年四月被革职回家，只作了半年多巡抚。

他最恨贪污，一上任，便发出布告，严禁贪污，打击豪强。他敢说敢做，连总督、都御史都不怕，谁还敢不怕他。属下的地方官员有贪污行为的听说他来了，吓得心惊胆怕，罪恶较大的赶忙自动辞官。有的大族用朱红漆大门，一听海都堂要来，怕朱红大门太显耀，连夜把大门改漆成黑色。管织造的太监，常时坐八人轿子，这时吓得减去一半。大地主们知道海瑞一向主张限田，要贯彻均平赋税的主张，实行一条鞭法①，也都心怀鬼胎，提心吊胆，时刻不安。

他在做江南巡抚的几个月中，主要做了两件大事。一件是“除弊”，一件是“兴利”。

除弊，主要的是打击豪强，打击大地主，要他们把非法侵占农民的田地退出一部分还给农民。

擒贼要先擒王，江南最大地主之一是宰相徐阶，这时正罢官在家。海瑞要他家退田，徐阶只好退出一部分。海瑞不满意，写信给徐阶，要他退出大半，信上说：

> 看到您的退田册，更加钦佩，您是这样使人意想不到的大贤大德。但是已退的田数还不很多，请您再加清理，多作实际行动。从前有人改变父亲的做法，把七个屋子储藏的钱，一会儿便都散光了。您以父亲的身份来改正儿子的做法，有什么做不到的呢？

---

① 一条鞭法是明朝万历年间，把丁役、土贡等都归并在田赋内，按亩征收的一种收税办法。

把非法侵占民田的责任算在他儿子账上，给他留点面子。

这样做，朝廷大官和地方乡官都怕了，人人自危，怨声四起。海瑞在给李石麓阁老信中说：

> 存翁（徐阶）近来受了许多小人的累，很吃了点苦头。他家产业之多，真叫人惊奇，吃苦头是他自取的。要不退出大半，老百姓是不会甘心的。有钱人尽干坏事，如今吃了苦头，倒是一条经验。我要他退出大半田产，也正是为他设想，请不要认为奇怪。

官僚舆论说他矫枉过直，搞得太过火了，他说并不过火。在给谭次川侍郎信上说：

> 矫枉过直，是从古到今一样的道理，不严厉的改革，便不能纠正过错。我所改革的都不是过直的事，一定会办好，请放心。

又说：

> 江南粮差之重，天下少有，古今也少有。我所到过的地方，才知道所谓富饶全是虚名，而苦难倒很严重，这中间可为百姓痛苦，可为百姓叹息的事，一句话是说不完的。

他不但要坚持下去，还要进一步解除百姓的痛苦，可惜几个月后，他便被革职丢官了。

徐家的田退出，徐阶的弟弟徐陟，作过侍郎，为非作歹，残害百姓，海瑞把他逮捕了依法制裁。地方官奉行政令，不敢延误，大地主们走不动的只好依法退田，有的便逃到别的地方避风头。穷人田地被夺的都到巡抚衙门告状申诉，海瑞一一依法判处。老百姓欣喜相告，从今以后有活路了。地主官僚却非常恨海瑞，暗中组织力量，制造舆论，要把他赶走。

退田只是帮助穷民办法的一种，另一种有效的办法是清丈，把土地的面积弄清楚了，从而按每块土地等级规定租税。以此，海瑞作知县，作巡抚，都以清丈为第一要事，在这基础上，贯彻一条鞭的法令，在一条鞭规定所应征收的以外，一毫不许多取。这对当时农民来说，是减轻徭役，明确负担，提高生活，发展生产的有效措施，是对人民的德政。

兴利是兴水利。江苏的吴淞江泄太湖之水，原来沿江的田亩，都靠这条江水灌溉。年代久了，没有修治，江岸被潮水冲蚀，通道填淤，一有暴雨，便成水灾，淹没田亩，水利成为水害。海瑞在亲自巡行调查之后，决定修治，正月兴工，同月又修治常熟县的白茆河、杨家滨等河，结合赈济饥民，用工代赈；他亲自坐小船往来江上，监视工程的进行，不久就都完工了，人民大得好处。原来老百姓是不敢指望开河的，一来想这样的政府不会做这样的好事，二来想要做也无非要老百姓出钱。因此流传的民谣中有两句话说："要开吴淞江，除是海龙王"。意思是永世也开不了。现在人民的愿望实现了，河修好了，没有花老百姓一个钱。

在朝官僚、在野的乡官大族都恨海瑞。过往官僚因为海瑞裁节交通机构过多的费用，按制度办事，奉朝命该供应马匹和交通工具的只按制度供应，节约民力和费用；凭人情但是不合制度的一概不供应，不管你是什么来头，这样一来，这些人受了委屈，也恨海瑞。他们先后向皇帝告状，说他偏，说他做的太过火，说他包庇坏人，打击乡绅，只图自己有个好名声，破坏国家政策。海瑞成为大官僚、大地主的公敌，被夺去巡抚职权，改督南京粮储，专管粮饷。这时，高拱作宰相，海瑞骂过他，他也是恨海瑞的，又把管粮的职务归并到南京户部①，这样，海瑞的职权全被剥夺，只好告病回家了。

在排挤、污辱、攻击海瑞，保卫自己的利益的这群朝官中，吏科给事中②戴凤翔是个代表人物。他向皇帝告状，说江南在海瑞的治理下，百姓成为老虎，乡官是肉，海瑞叫百姓拿乡官当肉吃，把乡官弄苦了。海瑞很生气，立刻回击，也上疏③给皇帝说：

---

① 明朝自永乐皇帝迁都北京后，仍在南京保留中央政府的组织，和北京同时设有吏、户、礼、兵、刑、工六部，分管各有关的政务。各部的长官叫做尚书，副长官叫做侍郎，户部是管财政经济的。

② 管检查吏部工作的官员。

③ 封建时代臣下向皇帝陈述事情的报告叫"疏"。

> 华亭县（今上海市松江县）乡官田宅特别多，奴仆特别多，老百姓十分怨恨。这种情况，恐怕在全国各地都找不出。……老百姓告乡官霸占田产的有几万人。……二十年以来，地方府县官都偏听乡官、举人、监生①的话，替他们撑腰，弄得老百姓的田产一天天少下去，乡官却一天天富起来。……凤翔说百姓是老虎，乡官是肉。他却不知道乡官已经作了二十多年老虎，老百姓做了二十多年的肉。今天乡官的肉，本是老百姓原有的肉；原先被抢走，如今还出来，本来也不是乡官的肉啊！何况过去乡官抢占老百姓十分，如今只还一分，还得并不多，却就大叫大闹子。我看凤翔在家乡，也是这样的乡官。

话说得非常锋利，有力量，既说明了情况，也指出了问题。乡官二十多年来作老虎吃老百姓，你们不说话。如今只要乡官还给老百姓原来属于他们自己的一点田地，而且只还了十分之一，你们就说老百姓是老虎吃乡官了。就说是肉吧，也是老百姓原有之肉，先前你们硬夺老百姓的肉，如今就该还，这有什么值得大惊小怪的。末了，一针见血地指出，戴凤翔替乡官诉苦，这些是乡官的话，也是戴凤翔自己的话，戴凤翔要是不在朝，住在家里，也一定是只专吃老百姓的老虎。

海瑞不断遭到乡官在朝代言人的攻击，很愤慨。他给人的信中说："一切计划，只有修治吴淞江的水患，因进行得快而成功了，其他都是将近成功就中止，怎么办，怎么办！这等世界，做得成什么事业！"给皇帝告养病的疏中说，在他巡抚任上所行兴利除害的一些办法，都是采访人民意见、研究过去制度而规定的，要求不要轻易改变。并说宰相光听一些不负责任的话，多议论，少成功，靠不住；满朝大官都是妇人，皇上不要听信他们。用"妇人"骂人，是封建时代的错误看法。用"妇人"骂人，而且把满朝大官一概骂尽，也是很不策略的。但是由此可见他的愤慨程度，同时也说明了海瑞这

---

①　科举取士制度，规定每隔三年开一次乡试，应乡试的是有秀才或监生资格的人，乡试取中的就称为举人。监生，即是对有入国子监读书资格的人的简称。

次罢官以后，在朝掌权的人一连十几年都没有理会他，连万历初年名相张居正也不肯起用他的原因。

是的，像海瑞这种爱护人民，一切为老百姓着想，不怕封建官僚势力，不要钱，不怕死的清官，在靠剥削人民存在的封建社会里，又怎么能站得住脚，做得成什么事业呢！

(原载《中国历史小丛书·海瑞的故事》，中华书局 1963 年第 2 版)

《海瑞的故事》再版题记

这本小册子是把三篇文章合在一起编成的。

第一篇《海瑞的故事》发表在《新观察》。第二篇《清官海瑞》，发表在《北京日报》，署名赵彦。第三篇《海瑞骂皇帝》，发表在《人民日报》，署名刘勉之。为了便于读者阅读，这次重版，把文中一些生僻的文字和名词，作了些注释和修改，内容也作了些调整。

初版刊入的第四篇文章《海瑞的历史地位》，因是论述性质，又已收入我的另一本著作《灯下集》中，这次删略了。

1962年4月